JN412157

# 공공투자분석론

이성근 · 임규채 · 함윤주

집 현 재

# 서 문

공공투자분석론은 공공의 목적을 띤 투자사업의 합리적인 결정을 위하여 그 타당성을 검토·분석하는 데 필요한 이론과 기법을 탐구하는 학문분야이다. 공공투자분석의 학문적 전통은 미시경제학, 후생경제학, 공공선택론에 그 뿌리를 두고 있다. 또한 공공투자분석의 접근방법은 크게 실증적 접근방법과 규범적 접근방법으로 구분된다. 최근에는 두 접근방법을 통합하여 종합적으로 접근하는 추세를 보이고 있다. 먼저 객관성에 기반한 실증적인 분석을 한 후 분석결과에 대한 가치판단을 하는 규범적인 접근을 하고 있다.

일반적으로 공공투자사업은 그 결정과정에서 타당성의 기준을 경제적인 타당성으로 범위를 좁혀서 경제적인 효과들만을 고려대상으로 한다. 경제적 타당성에도 몇 가지 기준이 있을 수 있으나 경제학의 대원칙은 최소의 비용을 들여 최대의 효과를 얻도록 자원을 이용하는 것이다. 공공투자분석은 이러한 대원칙에 입각한 평가기준을 중심으로 타당성을 분석하는 것이 주요 내용이다. 다시 말하면 비용편익분석(cost-benefit analysis)에 관한 이론과 방법론이 주된 내용이다.

오늘날 광범위한 재정지출은 선·후진국을 막론하고 모든 경제의 특징이다. 정부기능의 확대에 따른 공공경비의 팽창은 시대적으로 불가피한 현상이다. 다른 한편, 공공투자는 그 성격상 기회비용과 외부성이 존재하고, 투자재원은 조세에 기반하고 있다. 따라서 국민들로부터 증세에 대한 저항이나 세금감면에 대한 압력이 커지면서 정부는 합리적인 정책결정을 위해 공정하고 객관적인 공공투자분석을 해야 할 책무성이 있다.

이와 같은 공공투자분석, 특히 비용편익분석의 전통은 19세기 뒤피(J.

Dupuit)의 소비자 잉여라는 개념이 등장하면서부터이다. 그러나 실제로 공공투자분석이 본격적으로 적용된 것은 20세기 들어서 후생경제학이 발전된 이후부터이다. 후생경제학은 제한된 자원의 합리적 이용을 위해서는 공공투자의 효율성이 확보되어야 한다는 인식에 기반을 두고 있다. 이러한 시도가 실제적으로 적용된 것은 미국의 「홍수방지법(1936)」이라고 할 수 있다. 이 법안에서는 누구에게 돌아가든 연방사업에서 얻어지는 편익은 그 비용을 초과해야만 한다고 선언하였다. 1970년대 들어와서는 UN, OECD, IBRD와 같은 국제기구를 중심으로 공공투자분석과 관련된 기법이 더욱 발전되었다. 이후 후진국의 개발계획 또는 개발프로젝트 분석에도 광범위하게 적용되고 있다.

1980년대 이후부터는 선진국을 중심으로 비용편익분석 사용의 의무화가 시작되었고, 공공투자분석의 대상범위가 확대되어 환경에 영향을 주는 정책결정에는 필수적으로 비용편익분석을 도입하도록 하고 있다. 특히 환경과 관련된 분야에 있어서는 사후적 비용편익분석방법도 도입·적용하고 있다. 기존의 비용편익분석이 희소한 자원의 적정배분에 기반을 둔 사전적인 형태였다면, 최근 들어서는 과정적·사후적 비용편익분석방법도 적용되고 있다. 여기서 과정적 비용편익분석은 수행 중인 사업에 있어서 자원배분의 변경 가능성이 있을 때 사용하고, 사후적인 방법은 사업 완료 후에 그 사업의 유용성을 학습하기 위한 기회를 제공하기 위해 사용된다.

우리나라는 1960년대 발전행정 도입기의 정부투자사업은 주로 기술적인 타당성에 대해서만 분석했었다. 1990년대 들어 공공투자 결정을 위한 경제성분석과 함께 종합적 판단을 위해 기획재정부가 주관하는 예비타당성조사제도와 안전행정부 및 지방자치단체가 주관하는 투융자심사제도가 도입되었다. 예비타당성조사제도는 경제적 타당성을 주된 조사대상으로 삼는 것으로, 대규모 개발사업에 대한 우선순위, 적정 투자시기, 재원조달 방법 등의 타당성을 검증함으로써 재정투자의 효율성 증대를 목적으로 하고 있다.

한편, 최근에 안전행정부에서는 투융자심사제도의 내실화를 위하여 투융자심사센터를 설치·운영할 계획에 있다. 또한 2014년 5월 개정된 「지방재정법」에서는 지방재정영향평가 조항을 신설하고(제27조의6), 투자심사 조항(제37조)을 개정하였다.

저자들이 이 책을 쓰게 된 배경과 목적은 다음과 같다. 첫째는 정책적 차원에서 공공부문의 종사자들이 공공투자에 대한 합리적 결정과 실무능력을 함양할 수 있는 전문서적을 제공할 필요에 대한 인식이다. 둘째는 국가 또는 지방재정의 건전성·투명성 확보와 관련하여 공공투자분석의 사회적 수요가 앞으로 크게 증대될 것으로 전망되는 바, 이에 적합한 전문서적 개발이 필요하기 때문이다. 셋째, 기존의 비용편익분석론이 경제적 타당성에 기반한 기법 소개에 그치고 있어 종합적 판단을 할 수 있는 전문서적의 필요성이다. 마지막으로 공공분야와 관련 있는 대학의 학부·대학원과 공공 및 민간연구원 종사자들에게 공공투자에 대한 이해와 분석에 대한 이론 및 기법에 관한 학습자료를 제공할 목적으로 이 책을 저술하였다.

이 책의 구성은 크게 4부와 부록으로 구성되어있다. 제1부는 공공투자분석의 개관, 제2부는 공공투자분석의 이론, 제3부는 공공투자분석의 방법론, 제4부는 공공투자분석의 미래, 그리고 부록이다. 제1부인 공공투자분석의 개관에서는 공공투자의 기초, 공공투자분석의 개요, 그리고 공공투자분석의 관련 제도를 살펴보았다. 제2부 공공투자분석이론에서는 먼저 공공투자분석의 기초개념으로 소비자선택, 경제적 효율성, 지불의사액, 소비자 잉여, 사회적 후생을 정리하였다. 그리고 공공투자분석의 이론적 기초로 비용과 편익의 판별, 사회적 할인율, 잠재가격, 그리고 불확실성과 민감도 분석에 대해 논의하였다. 가치평가 이론에서는 특성가격접근법, 여행비용법, 조건부가치평가법, 컨조인트분석법, 생산함수접근법, 그리고 회피행위모형을 정리하였다. 제3부 공공투자분석의 방법론에서는 먼저 수요추정방법으로 정량적 방법은 추세분석법, 지수평활법, ARIMA법, 회귀분석법, 중력모형법을 정리하였다. 그리고 수요추정의 정성적 방법으로는 시나리오기법과 델파이기법을 정리하였다. 다음으로 경제성분석방법은 비용편익분석, 사회적 비용편익분석, 재무성분석, 비용효과분석을 소개하였다. 그리고 산업연관분석과 AHP분석에 대해 정리하였다. 마지막으로 지방재정력 및 투자가용재원 분석에 대해 정리하였다. 제4부 공공투자분석의 미래에서는 공공투자분석의 전망과 과제를 다루었다. 부록에서는 영문 서문과 목차를 수록하였다. 이는 저자가 몸담고 있는 대학의 학과가 교육부주관 국제개발협력분야 대학특성화 사업으로 선정되어 교육과정개발사업의 목적에 부합되게 일부 내용구성과 함께 책의 소개를 하기 위함이다. 또한 최근 우리나라가 국제개발협력사업의 일환으로 해외연수프로그램을 다수 운영하고 있어, 해외연수 참가자들에게 공공투자분석 관련 정보를 제공하기 위함이다.

저자들은 이 책의 독자층이 다양하리라고 생각한다. 대학의 공공분야 관련 학부생과 대학원생, 정책입안과 계획수립에 종사하고 있는 국가 및 지방공무원과 연구원, 그리고 공공 및 민간분야 관련 직업에 종사하고 있는 전문직 종사자가 대상이다. 특히 대학의 지역개발학, 도시 및 지역계획학, 행정학, 경제학, 사회복지학, 환경학, 부동산학, 관광학, 지리학 분야의 학부생 및 대학원생들에게 공공투자분석의 이해를 돕기 위한 유익한 도서가 될 것으로 기대한다.

훌륭한 공공분야 전문가 양성을 목표로 하고 있는 대학의 학부와 대학원에서 교재로 사용할 경우, 학부생에게는 공공투자의 기초, 공공투자분석의 이론적 기초, 공공투자분석 방법론을, 대학원생에게는 가치평가 이론과 수요추정 방법, 공공투자분석 방법론 가운데 산업연관분석, AHP분석, 투자가용재원분석에 초점을 맞추어 한 학기 내지 두 학기에 걸쳐 강의가 가능할 것으로 본다.

저자들은 이번에 공공투자분석론을 집필하면서 공공투자분석 분야의 국내외를 비롯한 많은 학자들의 연구업적에 크게 의존하였다. 이들 국내외 학자들에게 지면을 빌려 깊은 존경과 감사를 드린다. 그럼에도 불구하고 본서는 여러 가지 부족한 점이 있을 것이다. 이는 앞으로 계속 보완해 나갈 것을 약속드린다.

이번 집필과정에서 여러분의 도움을 크게 받았다. 먼저 영남지역개발연구회 회원들에게 감사한다. 특히 영남대학교 지역및복지행정학과에 강사로 있는 김종수 박사와 고수정 박사로부터 자료수집과 집필과정에 많은 도움을 받았다. 또한 편집과정에 연구실의 김규섭 박사가, 교정작업에 대학원 지역및복지행정학과 석박사통합과정의 서준교 군, 그리고 미국 University of Chicago 사회복지학과 석사과정의 이현지 양이 도움을 주었다.

마지막으로 열악한 출판환경에도 불구하고 기꺼이 출판을 승낙해 주신 도서출판 집현재 위호준 대표와 편집과정에 세심한 배려를 해준 전충영 상무께 감사를 드린다.

2014년 8월

이성근 · 임규채 · 함윤주

# 차 례

## 제1부 공공투자분석의 개관

## 제4부 공공투자분석의 미래

# 제 1 부

# 공공투자분석의 개관

# 제 1 장 공공투자의 기초

## 제 1 절 시장과 정부

### 1. 순수자본주의와 혼합경제

아담 스미스(A. Smith)의 보이지 않는 손(invisible hand)에 의한 기본정리[1]는 자유로운 경쟁체제하에서 시장의 힘에 의한 자원의 배분은 효율적이고 정부가 간섭할 필요가 없다는 것을 전제로 한다. 시장에는 가격의 신호기능이 존재하기 때문에 효율적인 자원배분이 가능해진다. 가격의 신호기능이란 가격이 경제적 자원의 상대적 희소성에 대한 정보를 자동적으로 제공해 주는 것을 의미한다. 이 정보를 바탕으로 하고 있는 경제 주체의 순응은 시장내에서의 자동적인 조정이 가능하게 한다. 이러한 과정에는 비용이 거의 수반되지 않으므로 계획경제에서 막대한 비용을 치러야만 정보를 수집할 수 있는 것과 좋은 대조가 된다. 시장경제는 다음과 같은 네 가지의 장점이 있다. 첫째, 이해관계 및 수급조건 변화를 자동적으로 조정할 수 있다. 둘째, 인간에 의한 인간 통제를 배제할 수 있다. 셋째, 자원의 효율적인 배분이 가능하다. 넷째, 불균형을 자동적으로 교정할 수 있다.

1) 보이지 않는 손에 근거한 '후생경제학의 기본정리'는 첫째, 몇 가지 조건이 충족될 때 경쟁적 시장에 의한 자원배분은 파레토 효율을 달성한다는 것이고, 둘째, 적당한 조건이 충족되면 그 역도 성립한다는 것이다.

자유방임적 자본주의는 경제문제의 해결을 위하여 완전자유시장제도에 의존하며 정부가 전혀 간여하지 않는 경제를 의미한다. 시장기구에 의하여 자원이 최적배분되기 위해서는 완전경쟁시장체제가 갖추어질 때만 성립할 수 있다.[2] 완전경쟁을 토대로 하는 자유시장제도는 재화가 지니고 있는 다음과 같은 문제들을 현실적으로 잘 해결하지 못한다는 단점이 있다.

첫째, 공공재(public goods & services)의 특수성을 들 수 있다. 공공재가 지니고 있는 비경합성과 비배제성으로 인하여 공공재의 공급을 위한 비용징수가 어려워지게 된다. 이러한 특징으로 시장에서의 공급이 감소하게 될 수 있다는 한계를 지니고 있다. 둘째, 외부성(externality)에 대한 효과적인 대처가 어렵다. 셋째, 자연독점(natural monopoly) 현상을 들 수 있다. 규모의 경제가 발생하는 경우 생산비를 감소하기 위하여 독점생산이 이루어지게 되고 이로 인하여 시장에서의 자유경쟁은 제한을 받게 된다. 넷째, 정보의 비대칭성이 존재한다는 것이다. 다섯째, 시장의 불완전성으로 인하여 서비스 이용의 공평한 배분이 어려워지게 되고, 소득분배의 불공평성으로 인하여 빈부격차가 심화될 수도 있다.

이를 성격별로 구분해 보면, 시장기구 자체가 지니고 있는 내생적 결함으로 시장이 효율적으로 작동할 수 있도록 보장하는 기본조건이 결핍되는 경우(공공재, 외부성, 규모의 경제), 시장기구의 외생적 결함으로 시장기구가 이상적으로 작동한다고 하더라도 문제를 해결하지 못하는 경우(소득분배 불균형), 시장이 지니고 있는 기능에 장애가 발생하는 경우(독점, 불완전경쟁)로 나누어 볼 수 있다. 이러한 시장기구의 결점은 정부의 정책적 간여를 필요로 하므로 현대 경제는 민간기업 부문과 공공부문이 혼합된 혼합경제체제(mixed economy)로 운영되게 되었다.

2) 완전경쟁시장의 기본적인 전제는 다음과 같다. 다수의 생산자와 다수의 소비자가 존재해야 하고, 담합이 없어야 하며, 시장에서 거래되는 동질의 생산품은 동일한 생산과정을 거쳐서 생산되어야 한다. 뿐만 아니라 공급자와 소비자가 알고 있는 정보가 같아야 하고(정보의 완전성), 자유로운 시장출입이 가능해야 한다. 그리고 시장에서의 행위자들은 합리적인 행동(이윤극대화의 행동)을 수행한다고 가정하고 있으며, 시장에서 거래되는 상품은 양도가 용이해야 한다.

## 2. 정부역할에 대한 입장

시장경제에 있어서 공공부문 혹은 정부의 역할에 대해서는 여러 가지 이론이 전개되어 왔다. 그것은 재정학뿐만 아니라 현실의 재정운영에도 큰 영향을 주고 있다.

공공부문 공급의 문제점은 구체적으로 큰 정부와 작은 정부의 문제, 공공적 경제활동과 민간적 경제활동의 역할 및 범위설정의 문제로 이해할 수 있다. 기본적으로 아담 스미스 이래의 야경국가는 정부의 역할범위를 순수공공재 공급에 한정하고 있으며, 이의 효율적 배분을 강조한다. 반면 케인즈적 복지정책, 복지국가적 대응은 정부의 역할범위를 확장시켜 정부의 적극적인 개입을 지지한다. 한편 확대된 정부의 비효율성을 제기하면서 등장한 신자유주의는 공공부문의 역할을 축소시키고 시장의 원리를 공공부문에도 적용해야 한다고 주장하고 있다.

### 1) 고전이론

18세기에 아담 스미스는 시장메커니즘에의 의존을 강조하면서 최소화된 정부의 의무로 세 가지를 제시하였다. 첫째, 정부는 사회를 다른 독립된 제 사회의 폭력과 진압에 대하여 보호할 의무가 있다. 둘째, 정부는 사회 각 구성원을 부정 또는 억압에서 보호해야 할 의무가 있다. 셋째, 정부는 일정한 공공시설을 설립하여 유지할 의무가 있다.

이러한 정부에 대한 한정적인 사고방식은 오늘날 효율성을 중시하는 학자들이 지지하고 있다. 즉, 정부의 역할을 시장경제에서는 불충분하게 공급되는 순수공공재의 공급, 시장메커니즘이 잘 작동하지 않는 시장의 실패에 대한 시정 등 거시적 수준의 정책에 한정하는 사고방식이다.

### 2) 케인즈 이론

케인즈 이론은 정부의 적극적인 역할과 개입(government intervention)을 강조한다. 케인즈(J. M. Keynes)는 1930년대의 경제대공황을 배경으로 시장경제하에서는 완전고용이 실현될 수 없음을 강조했다. 완전고용을 보장하는 유효수요의 수준이 가격메커니즘의 경직성 때문에 반드시 실현되지 않는다는 것이다. 그리하여 경제가 불완전고용의 상태에 그쳐 유효수요의 부족이 가격메커니즘에 의하여 신속히 해소되지 않을 때에는 정부가 유효수요를 조정해야 한다고 주장한 것이다. 즉, 거시적 수준에서 시장의 실패에 대한 시정을 위하여 각종 정책 혹은 규제를 바탕으로 정부가 개입해야 한다는 주장이다.

실업의 방지를 정부 의무의 하나로 들고 나온 케인즈주의는 모든 실업을 비자발적인 것으로 봄으로써 실업자 자신의 책임이 아님에도 불구하고 고통을 짊어진 존재로 봤다. 케인즈주의는 개인주의, 자기책임, 자주노력의 원칙에 수정을 가져오게 한 것이고 정부주도형 사회보장의 사상에 근거를 제공하게 된다.

### 3) 복지국가의 지향

정부의 사회보장에 대한 책임은 다음과 같다. 모든 국민은 건강하게 문화적인 최저한도의 생활을 영위할 수 있는 권리를 갖는다. 국가는 모든 생활부문에 있어서 사회복지 및 공중위생의 향상 및 증진에 노력하지 않으면 안 된다.

완전고용을 목적으로 한 경제활동의 안정화, 생존권에 따른 사회보장의 충실은 복지국가를 지향하는 것으로 최소한의 정부역할을 강조하는 고전적인 사고방식과는 대조적인 것이다.

이와 같은 복지국가론은 이론으로서의 재정학뿐만 아니라 전후 선진제국의 재정운영에 큰 영향을 미쳐 정부의 규모를 지속적으로 확대시키는 근거를 제공했다. 1960년대는 복지국가·케인즈주의의 이념이 선진제국의 많은 정책에 큰 영향을 끼쳤던 시대라고 말할 수 있다.

### 4) 거버넌스 체제

1970년대 이후 복지국가의 위기, 거대해진 정부의 비효율성 문제가 제기되면서 감축관리, 신행정(new public administration), 신자유주의에 대한 논의가 등장하게 된다. 정부부문에 대한 개혁의 추진과정에서 1990년대 이후부터는 공공부문 주체들간의 관계 재정립, 지방정부와 중앙정부의 역할과 기능 재정립에 대한 논의가 제기되었고 이 과정에서 등장한 것이 거버넌스(governance)이다. 이러한 거버넌스의 등장은 세계화와 신자유주의의 확산으로 인한 국민국가의 활동영역 축소, 정보화로 인한 국가운영주체 간의 관계 변화와 시민사회의 확산 등에 그 배경이 있다. 거버넌스는 분권화와 국가기능의 이양, 시민의 국정참여 등으로 나타나며, 이는 사회를 지배하는 기제와 조건을 변화시키면서 전통적인 국가의 역할에 도전하고 있다(김석준 외, 2000: 31-39). 이는 독일의 공사혼합기업, 일본의 제3섹터, 프랑스의 혼합경제회사, 미국의 PPP(public-private partnership) 등과 같은 민관합동방식의 사업추진 형태로 등장하였다.

한편 우리나라는 박근혜 정부의 출범 이후 공공정보의 적극적인 개방과 공유, 그리고 부처 간 칸막이를 없애 소통하고 협력하는 정부3.0이라는 정부운영 패러다임을 도입하였다. 이는 거버넌스에 기반을 두고 투명한 정부, 유능한 정부, 서비스 정부를 추진하고자 하는 것으로서 정부의 규모를 축소하고 정보를 제공함으로써 국민의 신뢰를 제고하고, 참여를 독려하기 위한 거버넌스의 일환이라고 볼 수 있다(정부3.0 홈페이지).

## 3. 정부형태에 대한 논쟁

### 1) 작은 정부

1970년대 후반 복지의 그늘 아래서 경제행위를 수행하지 않아도 일정 정도의 생활수준을 유지할 수 있는 계층이 확대되었다. 이들을 지탱하기 위하여 세율·사회보험료가 상승하였고, 근로자들의 노동, 저축, 투자의욕이 저하하는 문제가 발생하였다. 이로 인하여 복지국가와 케인즈주의의 사고방식에 대한 의문이 생기게 되면서 정부와 개인의 관계, 정부 간 역할분담관계 등에 대한 새로운 검토가 시작되었다. 또한 재정위기를 배경으로 신자유주의 혹은 신보수주의의 영향을 받아 작은 정부 이념이 재조명되기 시작하였다.

1970년대 후반부터는 정부의 역할범위를 조절하여 작은 정부를 지향하는 민영화와 시장 본래의 메커니즘을 중시하는 자유화가 지배적인 움직임으로 나타났다. 영국의 대처정권, 미국의 레이건정권, 일본의 나까소네정권들이 민간 활력을 중시하는 정책으로 전환하게 되었다. 1989년 동유럽의 자유화·민주화의 움직임도 그 경제적 측면에 주목하면 시장메커니즘을 중시하여 정부의 경제적인 책임이나 개입을 축소시킨 움직임으로 이해할 수가 있다.

우리나라의 경우는 1992년 김영삼 대통령이 취임하면서부터 작은 정부 슬로건을 내걸고 정부기구의 축소 및 통폐합, 공무원 감축, 규제완화 등을 추진하기 시작하였다.

### 2) 큰 정부와 정부실패

거시적 관점에서 큰 정부는 자원의 구축효과(crowding out effect)[3]가 발생할 수 있다는 문제를 가지고 있다. 즉, 정부가 경기를 활성화하기 위하여 민간기업에 대출을 증가시켜 주면 오히려 민간기업에서는 투자에 대한 경비지출이 감소하는 현상을 말한다. 미시적으로는 부의 유인효과를 지적하고 있다.

사적인 최적 의사결정의 한계부분에 정부가 개입하면, 특히 한계세율이 높아지면 부의 유인효과가 커지고 근로의욕, 저축의욕, 투자의욕을 저해할 우려가 있다는 것이다. 정부의 재분배정책이 증가하게 됨에 따라 부의 유인효과는 점점 커져서 민간경제의 자원배분 효율성을 축소하게 된다. 이를 피하기 위해서는 정부의 규모를 줄여야만 한다. 즉, 정부의 공적 역할을 축소시켜야만 하는 것이다.

정부부문의 성장은 자원을 필요로 하므로 과도한 확대가 아니더라도 정부규모가 커지게 되면 민간부문의 이용가능한 자원은 감소하게 된다. 정부

---

3) 정부지출이나 조세감면의 증가가 이자율을 상승시켜 민간소비 및 투자활동을 위축시키는 현상을 말한다.

의 규모를 판단할 때 또 하나의 중요한 점은 정부규모의 확대에 의한 편익이 민간활력의 저하라는 비용을 상회하고 있는가이다. 정부의 확대에 의한 수익과 비용에 관련한 문제는 민간활력을 어떻게 평가하는가와 관련된 것으로 학자들마다 다른 평가를 할 것이다. 또한 작은 정부가 필요한 이유로 정부의 공적 서비스에 대한 민간부문의 선호도가 과거와 다르다는 점이다.

### 3) 규제완화와 민영화에 대한 논의

일반적으로 공공재란 대중들에게 편익을 제공하기 위한 재화로, 비배제성과 비경합성이라는 속성을 지니고 있다. 재화의 속성에 따른 배제성과 경합성이라는 기준에 의하면 국방, 외교, 깨끗한 공기 등과 같이 비배제성의 속성이 강한 공공재를 순수공공재라고 한다. 순수공공재는 일반적으로 정부 또는 공공부문이 예산을 통하여 전적으로 생산·공급하게 된다. 그러나 공공재 가운데에서도 배제의 원칙을 어느 정도 적용할 수 있어서 시장경제에서도 생산·공급이 가능한 공공재가 있는데 이러한 공공재를 준공공재라고 한다. 따라서 준공공재는 정부뿐만 아니라 민간부문에서도 생산·공급될 수 있으며, 시장실패가 발생할 경우 정부가 개입을 통해서 시장기능을 보완할 수 있다는 특징을 지니고 있다. 이러한 특징으로 인하여 정부의 개입이 시장기능의 결함을 보완하기 위한 최소한의 수준에만 머물러야 한다는 주장과 공공성의 확보를 위하여 정부가 적극적으로 참여해야 한다는 주장이 존재하게 된다. 후자의 주장에 근거하여 준공공재의 성격을 지니고 있는 재화들에 대해서 공공성을 확보하기 위하여 정부에서는 공공기관을 설치하여 재화를 제공하여 왔다. 그러나 정부실패의 주장이 제기됨에 따라 1980년대 이후에는 시장의 기능을 강조하면서 정부가 국민경제의 개입을 축소시키고자 공기업의 민영화, 규제완화 등의 움직임이 나타났다.

### 4) 정부간 협력

세계화·지방화 시대의 도래로 지역분권화가 촉진되고, 교통·정보통신 기술의 발달로 인하여 인적·물적 교류의 확대 및 이해관계의 복잡화, 재정수요의 팽창, 광역행정 수요의 확대 등이 이루어졌다. 이에 따라 지방정부에게는 한정된 자원으로 지역주민들의 수요에 부응하기 위하여 서비스를 생산·공급하는 역할이 요구되었다. 그러나 지방정부나 중앙정부가 각각 완전히 자주적으로 처리하거나 정책을 결정·집행할 수 없는 부분들이 증가하고 있고 상호간 협의하에 처리할 수밖에 없는 사업들이 증가하고 있다. 즉, 특정정책추진에 있어서 자기완결범위가 좁아지고 있는 것이다(김영수, 2005: 255). 따라서 정책의 실효성 확보, 주민의사의 반영, 정부 간 갈등의 해소 등을 위하여 중앙정부와 지방정부 간의 협력, 지방정부 간의 협력, 공공부문과 민간부문 간의 협력이 강조되고 있는 추세이다. 이러한 정부 간 협력은 프랑스의 메트로 폴(metro-pole) 확산, 미국의 지방정부 간 연합(council of local governments), 타운 미팅(town meeting), 한국의 5+2 광역경제권(이명박 정부), 행복생활권(박근혜 정부), 4촌 정책연합 등의 모습으로 등장하였다.

## 제 2 절 공공재정의 기능과 정부형태

### 1. 공공재정의 개념

오늘날의 국민경제는 '보이지 않는 손'이 미치지 못하는 여러 가지 문제를 내포하고 있다. 즉, 시장에 내재하는 비경쟁적 요소, 외부효과 등으로 인하여 자원배분을 최적상태에 접근시킬 수 없다. 각 생산요소가 지니고 있는 상이한 특성 때문에 소득의 배분이 사회복지를 실현하기에는 불공평한 상태를 야기하고, 수요와 공급의 불일치 내지 통화가치의 불안정 때문에 경제는 불황과 호황의 파동(fluctuation)을 계속하게 된다. 따라서 시장메커니즘의 기능만으로는 자원배분의 왜곡, 소득분배의 불공평, 불완전고용 내지 인플레이션 등의 상황으로부터 바람직한 최적상태로의 회복이 어려운 경우가 발생한다.

따라서 정부는 국민경제의 안정과 성장문제에 대하여 정책목표를 제시하기도 하고 각종 규제법에 근거하여 시장메커니즘의 기능에 개입하기도 한다.

정부는 자원의 효율적 배분을 위하여 적절한 조정을 하여야 하고 이에 따라 발생할 비용부담과 이에 적절한 조세 지출정책을 시행하여, 공평한 소득분배를 위한 적절한 조치, 물가안정, 고용수준과 적정한 경제성장을 지속할 수 있는 정책수단을 강구해야 한다.

이러한 정부기능을 머스그레이브(R. A. Musgrave)는 자원배분 기능, 소득재분배 기능, 경제안정화 기능으로 분류하였고, 이 세 가지 분류는 지금까지 전통적 패러다임으로 받아들여지고 있다.

## 2. 공공재정의 기능

### 1) 자원배분 기능

머스그레이브에 따르면 "시장기능이 비경쟁적 요인 내지 정보의 불완전성으로 인하여 자원의 최적배분에 실패할 경우 정부의 보조적 기능이 필요하게 된다는 것이다." 따라서 "자원배분 기능이란 국민경제가 가지고 있는 희소한 자원을 상호 경쟁관계에 있는 다양한 수요 또는 용도에 사회전체의 효용이 극대화되도록 배분하는 것을 의미한다." 자원배분 기능은 민간부문과 공공부문 간의 자원배분, 현재의 소비와 미래의 소비(저축) 간의 배분 등이 주요기능으로, 이를 위하여 정부는 간접적으로 각종 규제와 유인장치를 갖추게 되는 것이다.

자본주의 시장경제체제 아래서는 자발적인 교환, 경쟁을 통하여 사적 욕구를 충족시키는 방향으로 자원을 배분한다. 그러나 독점적 요인, 경쟁의 불완전성, 공공재의 외부경제 또는 외부불경제 등 시장실패의 요인이 발생한다. 이러한 자원배분의 불균형상태를 시장실패라고 부르며, 자원의 배분을 최적상태로 환원시키기 위하여 정부에서는 재정정책을 활용하게 된다.

대부분의 일반과세에는 공공혜택의 수혜자와 공공재 생산의 비용 부담자가 동일인이 아닌 경우가 일반적이므로 여기서 소득분배의 문제가 발생하며, 자원배분에 있어서의 과세기능과 소득분배에 있어서의 과세기능은 서로 유기적인 관계를 갖는다.

### 2) 경제안정화 기능

경제안정화 기능은 시장기능의 불완전성으로 인하여 발생하는 실업과 인플레이션의 유발을 극소화시키는 일이며, 그렇게 함으로써 국민경제를 안정적인 성장경로로 유도하는 기능이다.

자유시장 경제체제내에서는 물가 및 고용변동과 같은 단기적 불안정현상이 발생하고, 장기적으로는 시장구조나 국제수지의 불균형으로 실업이나 인플레이션 현상이 발생하게 된다. 이러한 불안정상태가 자유시장 경제체제의 조정능력에 의해 해소될 것이라는 기대는 1930년대 세계 대공황과 이어지는 스태그플레이션 등으로 그 한계를 드러내게 되었다. 이에 따라 1930년대 대공황과 불경기를 극복하기 위한 케인즈 이론에 기초한 정부의 보완적 재정정책(compensatory fiscal policy)에 의해 경제안정화 기능이 각광을 받기 시작하였다. 그리고 장기적 관점에서 경제안정화 기능은 물가안정, 완전고용 및 적정한 경제성장을 달성해야 한다는 목표를 내포하고 있다.

경제안정화 기능은 국민경제가 국제적으로 고립되어 운영될 수 없고, 또한 교역과 자본이동(capital flows)에 서로 연계적 영향을 받고 있다는 점에서 복잡한 면을 가지고 있다.

### 3) 소득재분배 기능

소득재분배 기능은 시장기능에 의해 소득이 분배된 상태가 소망스럽지 못한 경우에 재정수단(fiscal instruments) 등에 의해 사회적 형평에 맞도록 부와 소득을 재분배하는 일이다. 이때 사회적 형평에 맞는 분배상태가 무엇인가는 결국 국민적 합의에서 얻어지는 사회적 가치 개념일 수밖에 없을 것이다.

여기에서 배분이란 소비자들의 선택에 의하여 재화 및 용역의 상대적 산출량이 결정되는 것을 의미한다. 그리고 선택은 소비자들의 선호와 소득에 따라 정해지게 된다. 다시 말하면 자원배분은 현재 소비자의 소득수준(개인의 능력, 상속 여부, 교육기회 여부 등의 함수)에 의해 결정된다는 것이다. 여기에서 적정한 분배가 무엇인가에 대한 문제가 제기되며, 적정한 분배의 기준은 가치판단의 문제로 정치적 과정에 속한다. 반면 소득재분배 기능에서는 피해자와 수혜자 간의 이해득실에 대해서도 고려해 보아야 한다. 정부의 후생사업에 관한 분석은 용이하나 조세의 부담이 누구에게 귀착되는지, 사회보장제도로 궁극적으로 혜택을 보는 사람이 누구인지 등에 대해서는 분명히 알 수 없다는 등의 문제점이 존재하기 때문이다.

## 3. 공공재정의 기능과 정부형태

머스그레이브는 정부의 세 가지 기능을 각급 정부조직계층 간에 수직적으로 어떻게 배분하는 것이 적절한지에 대해 다음과 같이 정리하였다.

경제안정화 기능과 소득재분배 기능은 주로 중앙정부에 의하여 실시되어야 한다. 경제안정화 기능은 그 실시의 범위가 전국적이어야 하는 금융정책에 중점이 있고 통화발행권은 중앙정부만이 가지고 있기 때문이다. 그리고 지방정부는 관할지역내의 문제에 대해서만 관심을 가지고 있어 지방정부 간의 배타적 경쟁 때문에 경제안정화 기능을 담당하기에는 부적당하다.

소득재분배 기능을 지방정부가 수행하는 경우 지방세목의 역진성과 지방정부 간 기능의 차이가 초래하는 주민이동성 때문에 실효를 거두기 어려울 뿐만 아니라 자원배분마저 왜곡(distort)시킬 우려가 있다. 그렇다면 자원배분 기능이 귀속되어야 할 정부계층은 어디인가? 이는 중앙정부와 지방정부의 수직적 계층구조의 설계문제와 관련이 있다.

원칙적으로는 각 주민공동체마다 사회재의 선호도가 다를 수 있고 주민공동체가 원하는 예산을 자치기구에 의하여 세울 수 있으므로 국방을 제외한 사회재의 대부분을 지방정부가 공급하는 것이 바람직할 것이다. 그러나 현실적으로는 지방정부 간의 비용편익의 파급효과(spillover of costs and benefits)가 비효율적일 수도 있다. 따라서 자원배분 기능은 중앙정부의 역할과 지방정부의 역할을 조화시키면서 지방정부의 자원배분 기능이 초래할 수 있는 여러 가지 단점을 보완할 수 있도록 정부계층 간의 기능분배 방향을 모색하여야 할 것이다.

최근 들어서 행정서비스 제공에 있어서의 자기완결성 범위의 축소 등을 이유로 광역정부와 기초자치단체 간의 역할의 재정립에 대한 논의가 이루어지고 있다. 또한 보다 효율적이고 실효성 있는 서비스의 제공을 위하여 공공서비스 공급의 광역화 현상이 이루어지고 있다. 반면 신공동체의 형성, 기초지자체의 과소화 추세 등으로 인하여 규모의 경제에 기반한 공공서비스 공급에 있어서의 생활권적 접근에 대한 논의가 제기되고 있다. 이러한 상황에서 비추어 보면 국민의 기초생활보장이나 경제적인 성장 등은 중앙정부의 책임하에 이루어져야 하나, 개발기능과 관련있는 자원배분은 국가와 지방의 역할을 명확하게 해야 할 필요가 있다. 행정서비스 공급의 광역화 추세, 보다 효율적인 서비스의 공급, 주민들에 대한 대응성 향상을 위해서는 국가주도의 개발에서 지방주도의 개발로 방향전환이 요구된다고 할 수 있다. 물론 이러한 방향전환은 단순히 이루어질 수 있는 것이 아니라 사무이양, 권한이양, 재정분권, 지방의 역량강화 등이 전제되어야 할 것이다.

## 제 3 절 공공투자의 본질

### 1. 공공투자의 의의

#### 1) 개 념

공공투자(public investment)란 정부 · 공공기관 등이 공공의 이익을 위해 공적인 목적으로 행하는 투자이다. 일반적으로 공공투자는 비배제성과 비경합성의 속성을 갖는 공공재를 대상으로 한다. 공공투자는 영리를 주된 목적으로 하는 민간투자(private investment)와 구분되며, 도로·교량·철도·항만·통신 등의 건설·관리 등이 대표적이다.

공공투자는 유효수요 촉진을 통해 고용을 증가시키는 데 유용하며, 사회기반시설 등에 투자되어 공공복리 증진에 이바지한다는 점에서 의의가 있다(이종수, 2009).

이러한 공공투자는 규모가 크고 많은 비용과 시간이 필요하며, 도중에 중단하기도 어렵다. 따라서 공공투자를 결정하기 전에 사회에 미칠 파급효과, 경제성 등을 고려하여 이를 토대로 사업계획을 수립하고 타당성 검토를 하는 것이 중요하다(방경식, 2011 수정인용).

### 2) 필요성

#### (1) 시장실패

완전경쟁시장의 여러 전제조건[4)]이 갖추어져야 시장이 제대로 된 역할을 수행하게 되는데, 현실의 시장은 이들 조건을 충족하기 어렵다. 따라서 시장이 불완전함에 따라 자원의 최적배분 즉, 파레토 최적(Pareto optimum)[5)]이 이루어지지 않게 되는데, 이 경우 개인과 사회는 후생감소를 감수해야 한다.

현실의 시장기구는 완전경쟁시장의 조건을 모두 충족시키기가 불가능하기 때문에 일반적으로 독점·과점 등 불완전경쟁시장을 형성하고 있다. 따라서 시장기구에 의한 자원의 배분은 완전경쟁시장의 조건에 비하여 낮은 수준의 산출량, 지나치게 높은 가격수준, 그리고 과다한 생산비용 등으로 말미암아 사회적 손실과 경제적 비능률을 가져오게 되므로 왜곡된 배분상태의 개선 즉, 파레토 개선(Pareto improvement)을 위한 수단으로 공공투자가 필요하다.

---

4) 완전경쟁시장의 전제조건은 위 각주 2) 참조(이 책 p. 4).

5) 파레토 최적이란 자원을 어떠한 방법으로 재배분해도 다른 사람의 효용을 감소시키지 않고서는 어느 누구의 효용도 증가시킬 수 없는 합리적인 자원배분 상태이다(이영환, 2010: 580-581).

### (2) 공공재

재화는 경합성(rivaliness)[6]과 배제성(excludability)[7]을 기준으로 할 때, 경합성과 배제성이 존재하는 사적재(private goods)와 비경합성과 비배제성이 존재하는 공공재(public goods)로 구분된다. 사적재는 시장메커니즘에 의해서 적정량이 공급될 수 있지만, 비경합성과 비배제성을 갖고 있는 공공재는 일반적으로 사회적 필요량보다 적은 양이 공급된다.

소비주체가 합리적인 경제인이라는 기본가정에서 볼 때, 수요를 현시한다는 것은 그만큼 소비자가 지불해야 할 가격이 상승한다는 것을 의미하게 된다. 따라서 다른 소비주체의 소비에 따라 자신의 효용이 침해받지 않고, 소비에서 배제할 수 있는 정도가 낮은 공공재의 경우는 수요를 과소되게 현시한다. 즉, 무임승차로 인하여 사회적 필요량만큼 적정공급이 이루어지지 않는다. 또한 공공재의 경우 대부분 대규모의 자본이 투입되고, 그 자본의 회임기간(gestation period of capital)이 장기적이기 때문에 시장메커니즘에 의해서 공급되는 데는 한계가 있어 공공투자가 필요하게 되는 것이다.

### (3) 외부효과

외부효과(external effect)란 어느 한 사람의 경제행위가 시장기구를 통하지 않고 타인의 경제활동 즉, 선택방법이나 선택범위에 영향을 미쳐서 무상으로 효용이나 생산의 증감을 유발하는 것을 의미한다.[8] 이러한 외부효과는 긍정적 영향을 미치는 외부경제(external economy)와 부정적 영향을 미치는 외부불경제(external diseconomy)로 구분할 수 있다.

시장메커니즘을 통하지 않은 거래가 발생할 경우에는 한정된 자원이 사회적으로 과소공급 혹은 과다공급되어 사회적 손실이 발생한다. 예컨대, 어떤 공장이 오수를 하천에 방류하면 환경파괴에 대한 비용은 공장주가 부담

---

6) 경합성이란 한 사람의 소비활동이 타인의 소비활동을 방해함을 의미하는 것이다.

7) 배제성이란 사회구성원 중 어느 한 사람을 특정상품이나 서비스의 혜택에서 제외시키는 것이 시장기구에 의해서 가능하다는 것이다.

8) 따라서 외부효과를 가격기구 내부에서 설명할 수 없는 비가격효과(non-price effect) 혹은 파급효과(spillover effect)라고도 한다.

하지 않기 때문에 그만큼 제품의 가격이 낮아져서 상품이 과잉공급되는 반면, 한정된 자원은 파괴·고갈되는 외부불경제가 발생한다. 외부경제는 이러한 외부불경제와 반대의 경우이다.

이처럼 외부효과에 의하여 자원의 최적배분이 실현되지 않을 경우에 외부효과와 관계된 당사자들 간의 자발적 교섭 혹은 정부의 직·간접적 개입으로 행동을 규제해서 자원배분을 파레토 최적 또는 파레토 개선을 하게 되는데, 이를 외부성의 내부화(internalizing an externality)[9]라고 한다. 일반적으로 외부성을 내부화하기 위해서는 외부효과에 대한 조정·통제가 필요하므로 그 과정에서 정부개입이 필요하게 된다.

#### (4) 소득재분배

시장메커니즘에 의한 자원의 배분은 경제적 효율성만을 중시하므로 사회적 형평의 문제는 깊이 다루지 않는다. 따라서 자원의 효율적 배분이 달성되어 파레토 최적상태가 실현된다 하더라도 그것은 어디까지나 주어진 소득과 재산의 분배상태하에서의 최적배분을 의미하는 것이지 형평적·이상적 소득분배의 실현을 의미하는 것은 아니다(임길진, 1995: 97-98).

어떠한 형태의 배분이 가장 바람직한 배분인가 하는 것(예컨대 수직적 형평인가 아니면 수평적 형평인가라는 문제 등)을 객관적으로 규정할 수 없지만 대체로 평등한 분배가 바람직한 것으로 여겨지는데, 현실적으로 시장기구가 이러한 분배정의를 실현하는 것은 불가능하므로 계획에 의한 정부개입이 필요하다.

---

9) 외부성의 내부화란 외부성 발생자의 고려 밖에 있었던 타인의 효용 또는 손익을 발생자의 효용 또는 이익계산의 내부에 포함한다는 의미이다. 이러한 외부효과를 내부화하는 방안에는 직접개입, 간접개입, 시장에 일임하는 방법, 교육 및 홍보방법 등으로 구분하기도 하지만, 최근 들어서는 사적 측면(개인 간의 협상을 통해 외부효과를 해결할 수 있는 경우)과 공적 측면(개인 간의 협상을 통해 외부효과를 해결할 수 없는 경우)으로 구분하고 있는 것이 일반적이다(이성근, 2006: 99).

## 2. 공공투자의 성격

공공투자는 국가나 지방자치단체가 행하는 자원배분의 일환이다. 공공투자는 영리를 추구하는 민간투자와는 달리 시장에서 효율적으로 공급되지 않는 부문을 대상으로 추진되는데 다음과 같은 특성이 있다.

첫째, 대규모이다. 공공투자는 대부분 국민들의 생활과 밀접한 관련성이 있는 사회기반시설의 건설 등으로 민간투자에 비해 규모가 상대적으로 큰 것이 일반적이다.

둘째, 막대한 재정투입이다. 공공투자는 규모가 대형인 것이 일반적이므로 재정의 지출규모도 크다. 하지만 재정의 한계가 있는 것이 현실이므로 필요한 경우 민간의 재원을 조달하는 방식도 활용된다.

셋째, 공공투자의 대상사업기간은 장기간이다. 대형 사회기반시설의 건설 및 운영에는 막대한 비용뿐만 아니라 많은 시간도 소요되는 것이 일반적이다.

넷째, 공공투자는 환경에 미치는 파급효과가 크다. 공공투자는 해당 지역과 주변 지역의 물리적·사회적·경제적 환경 등에 미치는 긍정적·부정적 효과가 크게 나타난다.

다섯째, 자본의 회임기간이 장기간 소요된다. 공공투자를 계획해서 실제 건설되기까지 민간투자와는 달리 사전적인 타당성조사 등 계획단계에서부터 건설단계의 총사업비 관리제도 등 많은 절차와 단계를 거쳐야 할 필요성으로 인하여 자본의 회임기간이 장기간 소요된다.

## 3. 공공투자의 주체와 유형

### 1) 공공투자의 주체

공공투자의 주체는 주로 정부부문, 공공기관 등이라 할 수 있다. 정부부문은 중앙정부와 지방자치단체로 구분된다. 공공기관은 「공공기관의 운영에 관한 법률」과 「지방공기업법」에 따라 설립된 국가 또는 지방자치단체의 공무를 수행하는 공기업·준정부기관·기타공공기관 등을 의미한다.

공공투자는 시장에 맡겨둘 경우 효율적으로 공급되기 쉽지 않은 공공재의 공급을 목적으로 하므로 공공부문이 주체가 되어 재정을 투입하는 것이다. 하지만 정부나 지방자치단체의 재정이 다양한 부문의 사회기반시설 등 재정수요를 모두 충족하기에는 한계가 있다. 이를 해결하기 위해 민간자본을 유치하여 투자하기도 하는데 민간부문의 역할범위가 점점 더 확대되고 있다. 양적·질적으로 증가하는 공공투자 수요를 충족하기 위하여 민간부문의 직접참여, 간접참여, 사무위탁, 민관협력 등 다양한 방식이 활용되고 있다.

### 2) 공공투자의 유형

정부나 지방자치단체 등이 사회적 후생의 극대화를 추구하기 위하여 시행하는 공공투자는 직접투자, 간접투자, 공동생산 등으로 구분하여 살펴볼 수 있다.

#### (1) 직접투자

일반적인 공공투자의 방법으로 정부나 지방자치단체 등이 정책계획에 의하여 직접 재정을 투입하여 사회적으로 필요한 재화나 용역을 공급하는 방법이다.

#### (2) 간접투자

통상 정부나 지방자치단체가 시장에 개입하는 방법에는 크게 규제정책, 유인정책 등이 있다. 공공투자 측면에서는 주로 유인정책이 사용된다. 민간경제의 시장실패를 시정하고자 시장에 필요한 재화나 용역 등의 공급을 유도하기 위하여 보조금을 지급하거나 수익성을 보장하여 줌으로써 민간부문이 직접참여 또는 민간자본의 참여 등을 할 수 있도록 하는 방법이다.

또한 해외자본의 투자유치를 통해 필요한 자본이나 기술 등을 이용하여 공공부문이 직접 투자하지 못하는 사업을 추진하는 방법도 간접투자의 일종이라 하겠다.

(3) 공동생산

공동생산이란 정부와 시민 등이 협력하여 공공서비스를 생산하고 참여하는 것을 말한다. 정부의 과도한 재정부담과 국민의 공공서비스에 대한 요구증가에 대한 문제를 해결하기 위한 대안으로 공공부문과 개인 및 제3섹터 등의 참여를 전제로 한 공공서비스의 공동생산 방안이 제기되었다(이성근, 1993: 91 수정인용). 공동생산은 민간참여를 통해 공공투자가 지속가능하도록 정부나 지방자치단체 투자관련 기관의 민영화나 제3섹터를 활용하는 방법으로 경쟁을 통해 공공투자의 효율성을 증진시킨다.

## 제 4 절 공공투자의 결정기준

### 1. 공공투자 결정기준의 개념

공공투자의 결정기준은 크게 사회적 형평성 기준, 경제적 효율성 기준, 실현가능성 기준으로 구분하여 살펴볼 수 있다. 공공투자의 효과는 시간과 공간 및 사회계층으로 확산된다. 전통적 접근(traditional approach)에서는 공공투자의 계층적 효과를 단순히 계층간 합으로 계산하고 할인율 결정에 주안점을 두었다. 그러나 최근 사회적 접근법(social approach)에서는 계층적 효과의 합이 문제가 있다고 보고, 배분적 가중치(distributional weight) 부여 및 빈부의 문제도 고려하고 있다. 이러한 사회적 접근의 기저에는 형평성의 이념이 존재하고 있으며, 사회적 형평성을 판단하기 위한 기준으로 Envy-free 기준과 Rawls 기준이 있다.

공공투자의 기준은 사회적 합의가 있어야 할 뿐만 아니라 조작적으로 정의될 수 있어야 한다. 이런 의미에서 위의 두 기준은 이론적 기준일 뿐 조작적(operational)이지 못하다. 이에 대한 대안으로 효율성을 중심으로 한 파레토 최적(Pareto optimum)과 칼도-힉스 기준(Kaldor-Hicks criterion)이 있다. 또한 공공투자는 실현성을 탐색하여 자원, 규범, 문제 등을 최적으로 조직화할 필요가 있다. 이에 정치적 실현가능성의 기준이 제기된다.

## 2. 사회적 형평성

### 1) Envy-free 기준

Envy-free는 서로 다른 선호를 가지고 있는 개인들에게 이질적인 재화를 어떻게 나누어 줄 것인가와 관련이 있는 공정한 배분게임이라고 할 수 있다. 즉, 다른 사람의 소유상태를 부러워하지 않는 상태를 의미한다고 볼 수 있다. 균등분배는 공평하게 이루어지나(복지의 극대는 아닐 수 있다) 역은 성립하지 않는다. 균등분배시는 교환을 통해 공평을 유지하면서 모두의 효용이 증가되는 상태로 나아갈 수 있다.

### 2) 롤스(Rawls) 기준

롤스(J. Rawls)는 원초적 상황이라는 가상적인 상황을 설정하고, 이는 모든 사람이 자신의 장래에 대해서 알 수 없는 상황이라고 가정하고 있다. 이러한 상황에서 사람들은 사회의 기본적인 질서에 대해서 원칙적인 합의를 이루게 되며, 장래에 대한 불확실성 때문에 원칙을 정할 때 사람들이 보다 공정한 태도로 임할 것이라고 가정하고 있다.

롤스는 정의의 원칙으로 첫째, 자유의 원칙, 둘째, 평등의 원칙(차등의 원리, 기회균등의 원리)을 제시하고 있다. 또한 차등의 원리에서 최소극대화의 원칙을 도출할 수 있다고 주장하고 있다. 이는 사회 내의 최소수혜자에게 그 불평등을 보상할 만한 이득을 제공할 때 가장 정당하다는 것이다.

롤스 기준은 상당히 실용적이나 응용의 측면에서 볼 때 곤란하며, 효율성에 위배되는 경우가 있다는 문제가 지적되고 있다. 그러나 소득재분배를 설명하는 기본적인 원리로서 작용하고 있다.

### 3) 정책평가 기준과 형평성

형평성은 효율성과 더불어 널리 적용되고 있는 기준이다. 정부의 정책이 형평성을 유지해야 한다는 것에는 아무도 이의를 제기하지 않을 것이다. 그런데 여기서 문제가 되는 것은 형평성이란 무엇이며 어떠한 상태를 가리키는 것이냐이다.

경제적인 입장에서의 형평성이란 일반적으로 소득분배상의 공평을 뜻하는 것이며, 소득분배를 향상시키는 정책을 공평한 정책이라 칭한다. 이론상 경제활동의 성과에 대한 사회적 선호를 나타내는 사회후생함수(social welfare function)를 설정할 수만 있다면 사회적으로 가장 소망스러운 소득분배상태를 밝혀주는 파레토 최적점을 선택할 수 있다. 그러나 사회적 후생함수가 어떠한 가치기준에 의하여 어떤 형태로 설정되는가에 따라 사회무차별곡선도 다양한 형태를 취하게 된다. 따라서 현실적인 최선의 방법은 분배의 형평성에 대한 개개인의 판단을 사회적으로 통합하는 것이며 여기서 얻어지는 결과에 따라 소득을 재분배하는 것만이 사회적으로 가장 소망스러운 소득분배 상황을 유지하는 길일 것이다.

## 3. 경제적 효율성

### 1) 파레토 기준

공공투자는 자원을 (재)배분하는 수단이며, 이러한 자원배분의 결과로 사회구성원 중 단 한 명의 복지수준이라도 향상되어야 할 것이다. 이러한 자원배분의 결과를 파레토 개선이라고 하고, 이러한 파레토 개선이 반복되어 자원배분으로 인해 사회 전체의 복지수준이 더 이상 향상되지 못하는 상황에 도달했을 때 그 상태를 파레토 최적상태라고 한다. 이를 측정하기 위해서 사용되는 기본가정으로는 첫째, 개인의 복지는 개인이 결정한다, 둘째,

사회전체의 복지는 그 사회구성원 개개인의 복지에 달려있다. 셋째, 다다익선이다. 실제로 공공투자사업으로 인해서 동시에 사회전체 구성원들의 복지수준이 향상된 것으로 볼 수 있으나, 일반적으로 자원배분의 결과에는 수혜자와 비용부담자가 있게 마련이다. 이때에는 일부 사회구성원의 복지수준이 감소했기 때문에 파레토 최적의 개념이 적용될 수 없다. 그러나 수혜자의 복지향상 정도가 피해자의 복지감소분보다 더 높다면, 전체적으로 복지수준이 향상된 것으로 볼 수 있을 것이다. 이런 경우를 들어 잠재적 파레토 개선(potential Pareto improvement)이라고 한다.

효율성은 사실 국민들의 후생이라는 측면에서 구성되어야 한다. 자원이 가장 효율적으로 배분된 상태 즉, 자원의 최적배분상태를 파레토 최적상태(Pareto optimality)라고 일컫는다. 즉, 자원의 최적배분상태란 다른 사람의 후생을 감소시키지 않고서는 어느 한 사람의 후생을 증가시키는 것이 불가능하도록 자원이 배분되어 있는 상태이다. 바꾸어 말하면 자원의 배분방향을 변경시킴으로써 어느 특정 사람(혹은 어느 특정 그룹)의 후생이 다른 사람에게 해를 끼치지 않고 증가될 수 있다면, 그것은 지금까지 자원이 최적인 상태로 사용되지 않았기 때문이며, 기존의 자원배분은 사람들의 욕구를 충분히 충족시키지 못했다는 의미에서 자원의 낭비가 있음을 뜻하고 있는 것이다.

파레토 최적상태에 근거한 효율성의 개념을 [그림 1.1]을 통하여 살펴 보기로 하자. 설명을 단순화하기 위하여 사회는 갑과 을의 2인으로 구성되어 있다고 가정한다. [그림 1.1]은 갑의 후생(효용)을 횡축에, 을의 후생(효용)을 종축에 표시하고 있다. 그림의 원점에서 우측으로 멀어질수록 갑의 후생은 증가하게 되며, 원점에서 위로 이동할수록 을의 후생은 증가하게 된다. 갑과 을의 후생은 경제적 자원을 적절히 사용하여 이들에게 필요한 여러 가지 재화와 용역을 생산함으로써 증가되는 것인데, 그러한 경제적 자원은 항상 제한되어 있으므로 갑과 을이 달성할 수 있는 후생의 수준 또한 제한되어 있다. 이러한 갑과 을의 후생의 경계를 밝히는 선이 그림 $Z_1 - Z_2$ 선이며, 이를 효용경계선(utility frontier) 혹은 후생경계선(welfare frontier)이라고 한다.

효용경계선의 바깥부분은 경제가 도달할 수 없는 부분이다. 즉, 그 바깥

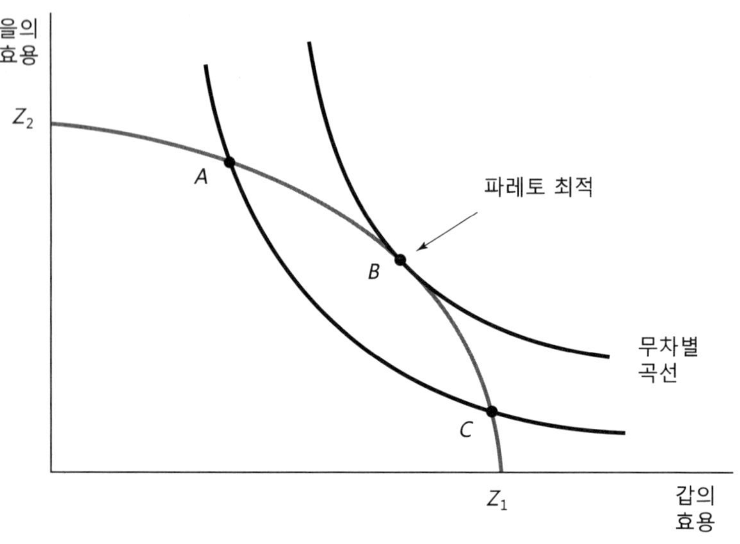


**▎그림 1.1 파레토 후생함수**

부분은 주어져 있는 자연상태에서는 갑과 을이 도달하기에 불가능한 후생수준인 것이다. 반면에 효용경계선상의 어느 점이나 또는 효용경계선의 안쪽부분은 경제가 도달 가능한 부분이다. 효용경계선상의 점은 바로 파레토최적배분상태에 있는 점이다. 예를 들어, 효용경계선과 무차별곡선이 접하는 지점인 $B$는 효율적인 자원배분 지점을 표시하고 있다. 왜냐하면 이 점에서 어느 다른 점으로 이동하여 어느 한 사람의 후생을 증가시키려 할 때는 다른 한 사람의 후생을 감소시키지 않고서는 그것이 불가능하기 때문이며, 따라서 파레토최적수준이 되는 점이다. 이와 같은 논리는 $Z_1-Z_2$ 선상의 $A$나 $C$점에 대하여도 똑같이 적용될 수 있는 것이다. 이렇게 볼 때 파레토최적배분상태에 해당되는 점은 $Z_1-Z_2$ 선상에 무수히 존재하고 있으며, 어느 특정한 점을 가리켜 그것만이 유일한 최적배분상태라고 얘기할 수는 없는 것이다. 그러나 $B$점 이외의 다른 지점들은 비록 파레토 최적이긴 하지만 $B$에 가까워질수록 접점하는 무차별곡선이 상향하여 전체후생이 증가하는 가능성을 내포하고 있다. 따라서 $B$가 사회적으로 가장 바람직한 배분점이 되는 것이다.

효용경계선상의 각 점들은 각기 서로 다른 갑과 을 간의 소득분배상태를

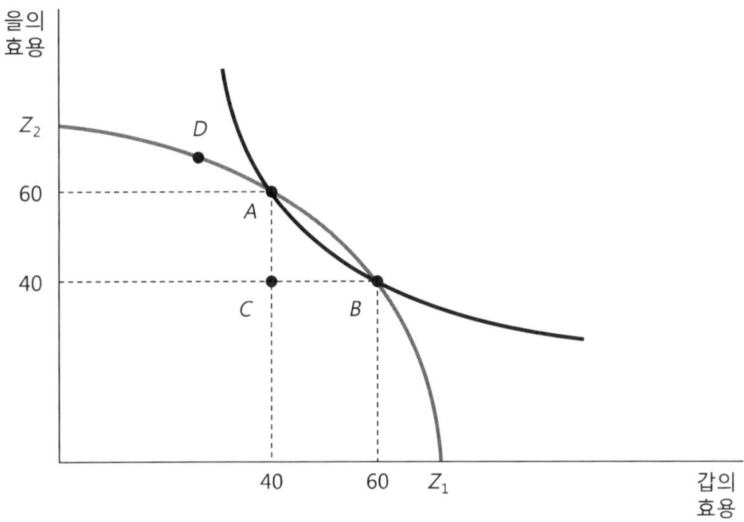


**▌그림 1.2 자원배분과 소득분배와의 관계**

내포하고 있다. 자원배분과 소득분배와의 관계를 살펴보기 위해 이제 이 사회가 식료품 한 가지만을 생산하고 자원을 가장 효율적으로 사용하여 식료품을 100개 생산하였다고 하자. [그림 1.2]에서 $A$점은 갑에게 40개의 식료품을, 을에게는 60개의 식료품을 제공해 주는 점이라 하고, $B$점은 갑에게 60개의 식료품을, 을에게는 40개의 식료품을 제공해 주는 점이라 상상해 보자. $A$점과 $B$점 모두 자원을 가장 효율적으로 배분하고 있는 점이며, 따라서 사회후생의 측면에서 보면 갑과 을에게 주어져 있는 여건 속에서 모두 극대후생을 제공해 주고 있는 점이다. 차이가 있다면 갑과 을 간의 소득분배가 양점에서 다르기 때문에 그들에게 돌아가는 재화의 몫이 다르다는 것이다. $A$점과 $B$점 중에 어느 것이 더 바람직한 상태인가는 결국 양점에 각기 내포되어 있는 소득분배의 상태가 사회 전체의 입장에서 어느 쪽이 더 바람직한 것인가에 좌우된다고 볼 수 있다. 그러나 앞에서 이미 언급된 바와 같이 바람직한 소득분배의 기준은 여러 가지가 있을 수 있으므로 결국 $A$점과 $B$점 중 어느 것을 택하느냐는 가치판단의 문제로 귀착되는 것이다.

그러면 그림의 $C$점을 살펴보자. 이 점은 분명히 비효율적인 점이다. 왜냐하면 $C$점에서는 자원의 배분방향을 바꿈으로써 어느 누구에게도 해를 끼치지 않고 특정인의 후생을 증가시킬 수 있기 때문이다. 예를 들어, $C$점에서 $A$점으로 이동함으로써 갑에게는 아무런 해가 없이 을의 후생을 증가시킬 수 있으며, 반대로 $C$점에서 $B$점으로 이동함으로써 을에게는 아무런 해가 없이 갑의 후생을 증가시킬 수 있는 것이다. 따라서 $C$점에서부터 $\triangle ABC$ 내의 이동은 갑과 을 양인에게 득이 되며 사회전체의 후생도 증가된다.

그런데 여기서 유의할 것은 $Z_1-Z_2$ 선상의 효율적인 모든 점들이 $Z_1-Z_2$ 선 안쪽의 비효율적인 모든 점들에 비해 항상 월등히 우수하다고 생각해서는 안 된다는 것이다. 예를 들어, 어떤 정책의 변경에 의해 자원배분의 방향이 효율적인 $D$점에서 비효율적인 $C$점으로 이동한다고 상상해 보자. 이것은 분명히 효율성이라는 기준하에서는 바람직하지 못한 정책임에 틀림없다. 그러나 이러한 정책은 을의 후생을 희생시키면서 갑의 후생을 증가시키고 있으므로 을이 고소득층이고 갑이 저소득층이라면 소득분배효과는 분명히 저소득층에 유리하게 되고 있는 것이다. 따라서 정책평가의 기준을 효율성보다는 다음에서 얘기하고자 하는 형평성에 더 많은 비중을 두고 있다면 $D$점에서 $C$점으로의 이동도 매우 바람직한 정책이라 평가될 수 있는 것이다. 물론 $D$점에서 시작하여 을에게서부터 갑으로 소득을 재분배시키고자 할 때 $C$점으로 이동하기보다는 $Z_1-Z_2$ 선상의 $A$점이나 $B$점, 혹은 $AB$ 사이의 어느 점으로 이동하는 것이 효율성이라는 측면에서 더 바람직할 것이다. 즉, $D$점에서 $A$점으로 이동함으로써 $C$점에서와 같이 혜택이 갑에게 주어지는 것은 물론이고, 을에게 있어서는 $C$점에 비해 더 유리한 상태에 놓여지게 되기 때문이다.

이상과 같이 정책평가의 기준으로서 경제적 효율성에 관하여 살펴보았는데, 적정 소득분배의 문제 때문에 효율성에만 입각한 정책평가에 많은 어려움이 있음을 알았다. 더욱이 모든 사람들의 후생은 각자가 스스로 측정하고 평가하는 것이므로 후생이 증가하느냐 감소하느냐의 측정도 현실적으로 매우 어려운 일이다. 효용(후생)측정을 위한 여러 가지 정보가 충분히 주어져 있어야 하는데, 현실사회에서는 이것이 여의치 않는 것이다. 그러나 이러한 여러 가지 약점에도 불구하고 정책평가의 기준으로서의 효율성은 경제학자에게는 가장 널리 사용되고 있는 기준이다.

### 2) 칼도-힉스(Kaldor-Hicks) 기준

칼도-힉스 기준(Kaldor-Hicks criterion)은 파레토 기준이 달성될 수 없을 때 개선 여부를 평가하기 위해서 활용하는 것으로서, 어떤 변화를 통해 이익을 얻는 사람에 의해 평가된 이익의 화폐가치가 손해를 보는 사람에 의해 평가된 손해의 화폐가치보다 더 클 때 이를 개선이라고 보고, 이것이 사회적으로 타당하다고 보는 것이다. 다시 말하면, 파레토 최적을 달성하지 못하는 *X*와 *Y*가 있을 때 *X*에서 *Y*로의 이동시 이 변화로 발생하는 특정인의 경제적 이득이 그 과정에서 발생하는 특정인의 손해를 보상하고 남으면 *X*에서 *Y*로의 이동이 사회적으로 타당하다고 보는 기준이다. 파레토 기준과 비교하자면, 보상을 통한 자유로운 재분배가 이루어지고 난 이후에 사회의 후생을 따진다는 점에서 차이가 있다.

그러나 이러한 보상이 실제로 일어나는 것이 아니라 단지 잠재적으로 행해질 수 있다는 것을 가정하고 있기 때문에 칼도-힉스 기준은 강한 비판의 대상이 되고 있다(이준구, 2008: 74).

## 4. 정치적 실현가능성

공공투자에 대한 결정은 정치적 연관성 안에서 형성·집행되고 평가되며, 가치의 강제배분이라는 성격을 지니고 있으므로 협상과 타협 또는 권력적 작용과 연관되는 성향을 지니고 있다. 따라서 공공투자는 정치적으로 매우 민감한 성격을 지니고 있다(강근복, 2002: 41). 따라서 정책델파이(policy delphi)와 실현가능성 평가기법(feasibility assessment technique)을 활용하여 공공투자대안에 대한 실현가능성을 평가해 볼 수 있다.

먼저, 정책델파이는 공공투자의 결과 예측뿐만 아니라 대안들 간의 우선순위를 비교·평가하는 데도 활용되는 직관적 판단방법이다. 이 방법은 공공투자 대안의 실현가능성에 대해서 판단하고 만약 제약조건 때문에 실현가능성이 낮을 경우 실현가능성을 증대시킬 수 있는 방안을 모색하는 데 도움을 줄 수 있다(강근복, 2002: 161-162).

둘째, 실현가능성 평가기법은 대안의 채택이나 집행에 찬성하거나 반대하는 집단의 영향력을 평가하고 그러한 대안이 현실적으로 채택되거나 집행될 수 있을 것인지를 사전에 분석하는 방법을 의미한다. 이 기법은 정치적 갈등이 전개되고 관련 집단 사이에 권력을 비롯한 정치·경제적 자원이 불균등하게 배분된 상황에서 대안의 선택과 집행이 어떠한 결과를 가져올 것인지를 예측하는 데 적합하다(강근복, 2002: 162; 나기산, 1994: 301). 이 방법의 절차를 살펴보면, 먼저 정책대안에 대한 특정한 입장을 가지고 있는 집단을 확인(반대 −1, 찬성 1)하고 이들의 관심사항에 대해서 확률을 추정한다. 다음으로 관련 집단들이 이용가능한 자원들에 대해서 주관적으로 추정한다. 마지막으로 이 자원들의 상대적인 영향력에 대해서 추정한다. 이 세 가지 요소는 모두 0～1 사이의 확률적인 요소로 표기되며 이 값을 모두 곱하여 실현가능성 점수를 판단해 볼 수 있다.[10] 실현가능성 평가기법은 공공투자 대안의 선택과정에 있어서 제기되는 정치적 실현가능성과 집행의 문제를 등한시한다는 비판을 극복하기 위한 유용한 방법이다(이성근, 2006: 410).

## 5. 공공투자 결정기준 간 상호관계

### 1) 효율성과 형평성

공공투자에 있어서 형평성의 기준점은 파레토 최적점일 수도 있고 아닐 수도 있다. 전술했듯이 경제적인 입장에서 형평성이란 소득분배상의 형평성을 의미하는 것이며, 이를 달성하기 위하여 교환(소득재분배)을 통하여 경쟁적 균형에 도달하게 된다면 형평성과 파레토 최적을 달성할 수 있는 방법이 될 것이다.

10) 실현가능성 지수는 대안에 대한 찬반입장×관심확률×소유자원이용률×자원의 상대적 영향력으로 계산되며, −1.0에서 1.0 사이의 값을 취하게 된다. 여기서 −1은 실현가능성이 전혀 없음을 의미하고, 1은 실현이 확실함을 의미한다.

▌표 1.1 자원배분을 통한 사회적 후생

| | A | B | C | 계 |
|---|---|---|---|---|
| X | 50 | 100 | 150 | 300 |
| Y | 90 | 90 | 90 | 270 |
| Z | 80 | 250 | 250 | 580 |

그러나 형평성 중 롤스 기준은 파레토 최적과 상충되는 속성을 가지고 있다. 예를 들어, 공공선택에서 X, Y, Z의 3명이 있다고 가정해보고 사회적인 후생은 〈표 1.1〉에서 제시된 계와 같다고 가정해보자.

위와 같은 상황이라면 롤스 기준에서는 형평성을 확보하기 위하여 최소 수혜자인 Y를 위한 정책에 대한 선호도가 가장 높고 다음으로 X, Y의 순이 될 것이다. 그러나 파레토 최적의 관점에서 생각해본다면 사회전체의 후생(효용)이 가장 큰 Z, X, Y의 순으로 대안을 선호하게 될 것이다. 이럴 경우에 어떤 대안을 우선적으로 고려해야 하는가가 문제로 남게 된다. 이를 해결하기 위해서 투표와 같은 집단적 의사결정방식이 동원되기도 한다.

공공투자의 속성상 조세를 기반으로 하기 때문에 기본적으로는 효율성 중심의 분석(비용편익분석)을 기반으로 한다. 효율성과 형평성은 공공투자의 주된 목표이나 이 둘 간에는 상충효과(trade-off)가 존재한다. 효과적으로 한정된 자원을 활용해야 하기 때문이다. 그러나 지나친 효율성 중심의 의사결정은 계층별 파급효과에 대한 고려가 미흡할 수 있으므로 형평성 기준 또한 고려되어야 하는 것이다. 형평성 기준은 또한 수혜대상이 누구냐에 따라서 수직적 형평성·수평적 형평성으로 구분될 수 있는데, 이중 수직적 형평성이 공공투자분석에 있어서 지역낙후도 분석 등으로 실현되고 있다.

효율성과 형평성의 단점을 보완하고 대안의 우선순위를 고려하기 위하여 투표와 같은 의사결정방식이 활용되기도 한다. 투표가 바람직한 의사결정방식으로 활용되기 위해서는 완비성(선호의 비제한성)과 이행성을 갖춘 집단적 합리성(합리적인 선호체계)을 갖추어야 한다. 여기서 완비성이란 모든 대안이 상호비교 가능해야 하고, 개개인의 선호들이 충분히 고려되어야 하며, 개인에게는 자신의 선호와 일치하는 대안을 선택할 수 있는 자유가 보장되어야 한다는 것이다. 그리고 이행성이란 선호체계의 일관성을 의미한다. 이 외에도 파레토 원칙을 지켜야 하고, 대안들은 모두 독립성을 갖추고 있어야 하며(독립성의 원리), 선호의 다원성을 갖추고 있어야 한다.

이러한 다섯 가지 조건을 모두 만족시키는 의사결정방식은 없다고 하면서 애로우(K. J. Arrow)는 불가능성의 정리를 주장하였다. 가장 이상적인 의사결정방식이 존재하지 않는다면 파레토 원칙에 입각한 대안선택이 가능할 것이나 현실적으로 적용이 어렵다는 단점이 있으며, 칼도-힉스의 기준을 활용한다고 해도 보상기준의 객관성과 실제 보상의 확보가 현실적으로 어렵기 때문에 실용성은 없다는 주장들이 제기되고 있다. 따라서 이를 극복하기 위해서 가장 많이 활용하는 방법이 다수결 투표방식이다.

투표의 역설(voting paradox)은 콩도르세의 역설(Condorset paradox)이라고도 하는데 집합체의 선호가 이행성의 공리를 충족하지 못해서 나타나는 현상을 말한다. A와 B 간의 선거에서 A가 승리, A와 C 간에서는 C가 승리하였다면 이행성의 공리상 B와 C 간에는 C가 승리해야 하지만 B가 승리하게 되는 것을 설명하는 것을 말하며, 그 이유로 투표자 중 일부가 다봉형 선호(multipeaked preference)를 지니고 있기 때문이라고 설명하고 있다.

예를 들면, 투표자 A, B, C가 있고 사과, 배, 감 중에서 하나를 과반수제로 결정한다고 할 때, A는 사과, 배, 감의 순으로 선호하고 있고, B는 감, 사과, 배, C는 배, 감, 사과의 순으로 선호도를 나타내고 있다. 이때 사과와 배 중 어느 것을 선택할 것인가에 대해서 투표를 하게 된다면 A와 B는 사과를 C는 배를 선택하게 되어 결국 사과를 선택하게 될 것이다. 그리고 사과와 감 중에서 선택하라면 감이 선택되게 될 것이다. 그 다음 배와 감 중에서 선택하라고 하면 결국 배가 선택될 것이다. 이렇게 되면 투표가 끊임없이 반복되는 현상이 일어나게 되는데 이러한 현상을 투표의 역설이라고 한다.

### 2) 효율성, 형평성, 실현가능성

공공투자분석의 각 대안을 결정하는 데 있어서는 자원의 유용성, 기술의 유효성, 가치수용성에 대한 고려가 있어야 한다. 자원의 유용성과 기술의 유효성은 비용편익분석을 통하여 고려되고, 가치수용성은 가치체계에의 적합 즉, 실현가능성으로 나타나게 된다. 공공투자분석에 있어서 실현가능성이란 대안이 선택되어 집행될 가능성을 의미한다. 이러한 실현가능성을 디징(P. Diesing)의 합리성을 기반으로 살펴보면, 기술적 실현가능성, 경제적 실현가능성, 사회적·행정적 실현가능성, 법적 실현가능성, 정치적 실현가능성으로 구분해 볼 수 있다(이성근, 2006: 72-74, 333-345). 이중 공공투자분석은 목표성취에 적합한 수단을 찾아내는 과정이므로 기술적 실현가능성의 요소를 갖추고 있고, 비용편익에 대한 고려와 같이 효율성을 추구한다는 점에서 경제적인 실현가능성을 추구한다고 볼 수 있다. 또한 사회구성요소, 계층간의 조화로운 통합성·형평성을 고려한다는 점에서는 사회적 실현가능성을 추구한다. 정치적 실현가능성은 사회적 합의의 모습으로 등장하게 된다. 공공투자분석은 경제적인 측면, 형평성적인 측면에 대한 분석과 법적·행정적 측면에 있어서의 실현가능성에 대한 고려를 수행하는 종합적인 의사결정의 성격을 지니고 있다. 공공투자분석은 이러한 종합적인 분석과정을 거쳐서 올바른 대안을 선택·결정할 수 있는 구조적인 장치를 마련해주는 것이며 이는 곧, 정치적 합리성으로 나타나게 된다.

## 탐구학습

1. 주요 개념
   - 시장실패와 정부간여
   - 작은 정부와 큰 정부
   - 공공재정의 개념과 기능
   - 공공투자의 개념과 성격
   - 공공투자의 주체와 유형
   - 사회적 형평성 기준
   - 경제적 효율성 기준
   - 정치적 실현가능성 기준

2. 토론과 과제
   - 정부역할에 대한 입장
   - 정부형태에 대한 견해
   - 공공재정의 기능과 정부형태
   - 공공투자의 결정기준 간 상호관계

## 참고문헌

강근복(2002), 정책분석론, 서울: 대영문화사.

김석준 · 이선우 · 문병기 · 곽진영(2000), 뉴거버넌스 연구, 서울: 대영문화사.

김동건(1986), 재정과 경제복지, 서울: 박영사.

김영수(2005), 정부간 상호협력 활성화 및 효율성 제고방안, 경기: 경기개발연구원.

김홍배(2013), 정책평가기법: 비용-편익 분석론, 경기: 나남.

박홍립(1991), 경제학원론, 서울: 박영사.

방경식(2011), 부동산용어사전, 부연사.

이성근(1993), "공공정책과정에 있어서 공동생산적 참여의 이론적 논의", 한국지역개발학회지, 제5권 제2호, 한국지역개발학회.

______(2006), 정책계획론, 경기: 법문사.

이영환(2010), 미시경제학, 서울: 율곡출판사.

이종수(2009), 행정학사전, 서울: 대영문화사.

이준구(2008), 재정학, 서울: 다산출판사.

임길진(1995), 미래를 향한 인간적 계획론, 서울: 나남출판사.

Lipsey, R. G. & Lancaster, K.(1956), "The General Theory of Second Best", *The Review of Economic Studies*, Vol. 24, No. 1, Oxford University Press.

Musgrave, R. A.(1959), *The Theory of Public Finance: A Study in Public Economy*, New York [etc.]: McGraw-Hill.

http://www.gov30.go.kr

# 제2장 공공투자분석의 개요

## 제1절 공공투자분석의 의의

### 1. 공공투자분석의 개념

#### 1) 공공투자분석

공공투자분석이란 공공의 목적을 띤 투자사업의 합리적인 결정을 위하여 그 타당성을 검토·분석하는 과정이다. 이 정의에서 타당성의 기준은 기술적인 타당성일 수도 있고 경제적인 타당성일 수도 있으며 법적인 또는 정치·행정적인 타당성일 수도 있다. 이 외에도 여러 가지 기준이 있을 수 있으며 그 타당성의 기준이 달라짐에 따라 분석내용이 크게 달라질 수 있다. 예컨대 타당성의 기준이 기술적인 타당성이면 분석내용은 주로 공학적인 내용이 될 것이다.

일반적으로 공공투자사업은 그 결정과정에서 타당성의 기준을 경제적인 타당성으로 범위를 좁혀서 공공투자로 인한 경제적인 효과들만을 고려대상으로 한다. 경제적 타당성에도 몇 가지 기준이 있을 수 있으나 경제학의 대원칙은 최소의 비용을 들여 최대의 효과를 얻도록 자원을 이용하는 것이다.

공공투자분석은 이러한 대원칙에 입각한 평가기준을 중심으로 타당성을 분석하는 것을 주요 내용으로 한다. 다시 말하면 비용편익분석(cost-benefit analysis)에 관한 이론과 문제점들이 주 내용이 된다. 그러므로 공공투자분석이란 공적인 목적을 띤 투자사업에 수반되는 각종 편익과 비용들을 분석·비교하여 합리적인 결정에 이르는 기법과 이론에 관한 연구라고 정의할 수 있을 것이다.

### 2) 공공투자분석과 비용편익분석

공공투자의 경제적 타당성을 분석하는 데 가장 널리 쓰이는 이론인 비용편익분석은 국민전체의 입장에서 본 사회적 비용과 편익을 다룬다. 비용편익분석은 후생경제학(welfare economics)에 뿌리를 두고 있어 응용후생경제학이라고도 불린다.

비용편익분석과 함께 많이 쓰이는 비용효과분석(cost-effectiveness analysis)은 편익의 판별이 곤란한 경우에 사용되는 비용편익분석의 특수한 예라고 할 수 있다. 이러한 비용편익분석은 분석 자체의 신뢰도에 대한 의문에도 불구하고 그 결과의 힘은 매우 강해 남용의 우려가 있다. 따라서 계획가는 비용편익분석의 이면에 있는 가정 내지 조건들을 정확하게 이해하여 결과의 해석과 적용에 신중을 기해야 할 것이다.

이는 공공투자사업이 민간부문에 사용될 자원을 공공부문에 투자하여 사회 전체의 복지증진을 도모하는 데 목적이 있기 때문이다.

공공투자사업의 편익은 사회복지의 증진이다. 그런데 공공투자는 재화의 타용도 사용을 포기한 것이므로, 타용도에 사용했을 때 발생할 편익만큼을 포기한 것이다. 이 포기한 편익이 비용이 된다. 따라서 비용과 편익은 같은 개념이라고 할 수 있다.

### 3) 공공투자분석의 유사개념

공공투자사업과 유사한 용어로는 재정사업이 있다. 재정사업을 협의로 해석하면 중앙정부의 세출예산에 의해 수행되는 사업만을 지칭할 수 있으나, 광의로 해석하면 지방자치단체뿐만 아니라 공공기관 등이 수행하는 투자사업이라고 볼 수 있다.

공공투자사업과 관련이 있는 사업으로 「사회기반시설에 대한 민간투자법」에 따른 민간투자사업이 있다. 민간자본을 유치해서 추진하는 민간투자사업[1]은 부족한 공공재원을 대신하여 민간의 자본을 활용하고자 하는 사업이다. 그러나 민간투자사업이라 하더라도 재정보조금 혹은 재정투자가 일정부분 이루어진 경우에는 경제성분석, 재무성분석 등을 활용하여 재정과 민자의 합리적 역할분담이 필요하다(김재형 외, 2000: 195-197 수정인용).

## 2. 공공투자분석의 필요성

광범위한 재정지출은 선·후진국을 막론하고 오늘날 모든 경제의 특징이다. 선진국은 국방, 수자원 개발, 교통망, 인력훈련, 기술의 평가 및 이전이 지출의 주류를 이룬다. 후진국은 통신 및 교통체계, 숙련된 노동력 축적, 교육·문화시설 등의 사회 하부구조에 대한 투자에 정부가 선도적 역할을 담당하고 있다. 정부기능의 확대에 따라 공공경비의 팽창은 시대적으로 불가피한 현상이다(김동건, 1986: 24-28). 이러한 상황 속에서 공공투자분석이 필요한 이유를 언급하자면 다음과 같다.

첫째, 공공투자 가용재원은 그 기반이 조세에 있다. 따라서 조세의 효율적인 이용을 통한 국민편익의 향상에 공공투자의 목적이 있다고 볼 수 있다. 그러나 공공투자사업은 대개 대규모로 이루어지고 종종 돌이킬 수 없는 결과를 초래하기 때문에 효율적이고 객관적인 분석에 기반을 둔 결정을 필요로 한다. 어떠한 사업이 채택 가능한 공공투자사업인가를 선택하는 과정은 비용편익분석의 과정과 동일시된다(Sassone & Schaeffer, 1978: 1-2).

---

1) 민간투자사업에는 정부고시사업과 민간제안사업이 있다. 정부고시사업은 사회간접자본시설과 관련된 중장기계획·국가투자사업의 우선순위에 부합하며 타당성 조사결과 민간의 참여가 가능할 정도의 수익성이 있다고 판명된 사업을 말한다. 민간제안사업은 민간투자사업기본계획에 포함·공고되지 않았거나 주무관청이 민간투자대상사업으로 지정·공고하지 않은 사업 중에서 민간투자방식으로 추진이 가능한 사업을 민간이 주무관청에 제안한 사업을 의미한다(대한국토·도시계획학회, 2011: 451).

둘째, 공공투자 가용재원의 한계를 들 수 있다. 세계적인 자원의 부족현상, 세수증가의 한계 등으로 인하여 정부는 착수하고자 하는 사업들에 대해 합리적인 선택을 해야만 한다. 따라서 다수의 경합하는 사업 중에서 합리적인 분석과정을 거쳐 효율적인 것으로 판단되는 사업을 선정하여 시행하는 것이 필요하다.

셋째, 공공투자에는 기회비용이 존재하기 때문이다. 가용재원의 한계로 인하여 합리적인 분석에 기반을 둔 일부의 사업들이 공공투자사업으로 선정된다. 이 경우 선택되지 않은 제사업들을 시행하지 않음으로 인하여 기회비용이 발생하게 된다. 따라서 이러한 기회비용을 최소화하기 위하여 공공투자분석이 필요하다.

넷째, 공공투자의 성격상 외부성이 존재하기 때문에 합리적이고 객관적인 분석이 요구된다. 공공투자는 기본적으로 시장메커니즘을 통하지 않은 거래를 양산하게 된다. 이 경우 외부효과가 발생하게 되어 한정된 자원이 사회적으로 과소공급 혹은 과대공급되는 현상이 발생하게 된다. 이러한 과소공급 혹은 과대공급현상을 예방하기 위하여 공공투자분석이 필요하다.

다섯째, 공공투자사업의 결정에 있어서 정치적 개입을 최소화하기 위하여 공공투자분석이 필요하다. 공공투자사업은 조세를 재원으로 하고 있기 때문에 정치적인 이슈의 대상이 될 수 있다. 대규모의 자원투입을 필요로 하는 공공투자사업이 정쟁의 대상이 된다면 공공재공급의 불균형을 초래할 수 있게 된다. 따라서 공공투자사업의 합리적인 의사결정을 위하여 객관적이고 합리적인 분석이 필요하다.

# 제 2 절 공공투자분석의 연혁

## 1. 공공투자분석의 도입

공공사업에 대한 평가는 1844년 프랑스의 공학자인 쥘르 뒤피(Jules Dupuit)의 '공공사업의 효용측정에 관하여(On the measurement of the utility of public works)'라는 논문에서 유래한다(배준구, 1984: 9). 동 논문에서 뒤피는 소비자 잉여(consumer's surplus)란 개념을 활용하면서, 어떤 사업의 산출량과 그 사업에서 얻을 수 있는 최저편익은 같다고 지적하였다. 이 경우 어떤 소비자들은 시장가격보다 더 높은 가격을 지불할 의사가 있기 때문에 보다 낮은 가격을 지불한 소비자들은 그만큼의 초과효용 즉, 소비자 잉여를 누리게 되는 것이다. 뒤피의 이러한 견해는 비용편익분석에 있어 기본적인 개념인 순사회적 편익(net social benefit)개념과 직결된다(Sassone 외, 1978: 4).

소비자 잉여는 사업으로부터 순복지 이득을 측정하는 것으로서 시장가격 이상으로 재화 혹은 용역에 대한 소비자의 지불용의를 의미한다(Dasgupta & Pearce, 1978: 11). 소비자 잉여에 대한 개념과 이론을 세련화한 학자로 마샬(K. Marshall), 호텔링(H. Hotelling), 힉스(J. R. Hicks) 등이 있다. 뒤피가 제시한 소비자 잉여의 개념은 자본사업의 사회적 결과를 측정하는 방법을 암시하고, 비용편익분석의 기초를 제공하였다(Sassone 외, 1978: 11).

## 2. 공공투자분석의 발달

19세기에 뒤피에 의해서 소비자 잉여라는 개념이 등장하였지만 실제로 공공투자분석이 본격적으로 적용된 것은 20세기 들어서 후생경제학이 발전된 이후부터이다. 후생경제학은 제한된 자원을 합리적으로 이용하기 위해서는 공공투자의 효율성이 확보되어야 한다는 인식에 기반을 두고 있다. 그리고 이에 기반을 두고 민간지출과 공공지출 간의 균형을 유지하는 데 주안점을 두고 있다(김동건, 2004: 6).

이러한 시도가 실제적으로 적용된 것은 미국의 「홍수방지법(1936)」이라고 할 수 있다. 이 법안에서는 누구에게 돌아가든 연방사업에서 얻어지는 편익은 그 비용을 초과해야만 한다고 선언하였다. 이후 1950년 연방하천유역위원회의 비용편익소위원회(The Sub-committee on Benefits and Cost of Federal Interagency River Basin Committee)에서 하천유역사업의 경제분석 실시안(Green Book)을 발표하였다. 1958년에 최종완성된 동 실시안은 오늘날 정부사업평가의 기초가 되었다는 평가를 받고 있다(김동건, 2004: 7).

1952년 예산국은 예산편람 A-47(Budget Circular A-47)을 통하여 제안된 여러 사업을 평가함에 있어 고려해야 할 사항들을 공포하였으나 국민총생산(GNP)으로 측정되는 이익만을 강조하고 국민소득으로 측정되지 않는 이익 및 손실과 소득분배의 문제들을 무시하였다고 비난받았다. 그렇지만 1960년대까지 사업평가를 위한 공식지침으로 활용되었다.

1962년 예산편람 A-47은 상원문서 97(Senate Document 97)인 '하천 및 관련 토지자원의 이용과 개발계획의 작성평가 및 재검토에 있어서의 정책기준 및 절차'로 대체되었다. 이는 다시 1973년 '하천 및 관련 토지자원 계획수립을 위한 원칙 및 기준'으로 대체되었으며, 여기에서 계획들 간의 상충관계(trade-off)를 분석하기 위하여 국가경제개발, 환경의 질, 지역개발, 그리고 사회복지의 네 가지 사항을 고려하기 시작하였다. 이러한 과정들은 미국정부에서 공공투자분석의 실질적인 적용과 기준을 마련하기 위한 노력이었으며, 이와 더불어 B/C기준, 평가기법에 대한 학문적 관심이 증가되었다.

1958년에 하버드 대학의 용수프로그램으로부터 엑스타인(Otto Eckstein, 1958)의 수자원 개발(water resource development), 맥킨(Roland N. McKean, 1958)의 체제분석을 통한 정부의 효율성(efficiency in government through system analysis), 크루틸라와 엑스타인(J. Krutilla & Otto Eckstein, 1958)의 다목적 하천개발(multiple purpose river development)이란 사례연구가 발표되었다.

또한 1962년에는 하버드 프로그램(Harvard Program)에 의한 수자원분야

사업평가작업이 나왔다. 그리고 1969년에 저개발국가에 있어 관개, 수력발전, 교통투자사업에 비용편익분석을 응용한 OECD(Organization for Economic Cooperation and Development)의 분석매뉴얼(manual of industrial project analysis)이 출판되었다(Sassone 외, 1978: 12-13). 1965년에는 존슨(L. B. Johnson)의 '위대한 사회건설'이라는 모토하에 확대된 사회프로그램들에 대해서 비용편익분석을 행하고 이에 따라 선정된 대안만을 예산에 반영하는 계획예산제도를 도입하였다. 정부에서 도입한 계획예산제도로 인하여 공공투자분석이 보다 정교하게 발전되었다고 할 수 있다(김동건, 2004: 7).

1970년대 들어와서는 UN(United Nations), OECD, IBRD(International Bank for Reconstruction and Development)와 같은 국제기구를 중심으로 공공투자분석과 관련된 기법을 더욱 발전시켜 후진국의 개발계획 또는 개발프로젝트의 분석에 광범위하게 적용하도록 하고 있다(김동건, 2004: 8).

1980년대 이후부터는 선진국을 중심으로 비용편익분석 사용의 의무화가 시작되었고,[2] 공공투자분석의 대상범위가 확대되어 환경에 영향을 주는 정책결정에는 필수적으로 비용편익분석을 도입하도록 하고 있다. 특히 환경과 관련된 분야에 있어서는 사후적 비용편익분석방법도 도입·적용하고 있다. 기존의 비용편익분석이 희소한 자원의 적정배분에 기반을 둔 사전적인 형태였다면, 최근 들어서는 과정적·사후적 비용편익분석방법도 적용되고 있다. 여기서 과정적 비용편익분석은 수행 중인 사업에 있어서 자원배분의 변경가능성이 있을 때 사용하고, 사후적인 방법은 사업 완료 후에 그 사업의 유용성을 학습하기 위한 기회를 제공하기 위하여 사용된다.

## 3. 우리나라의 공공투자분석

우리나라는 1960년대 발전행정 도입기에 정부투자사업에 대해서 기술적

2) 미국의 경우는 1980년대 초 레이건 대통령이 발표한 Executive Order 12291에 근거하여 비용편익분석이 일반화되었으며, 특히 규제계획에 있어서는 RIA(Regulatory Impact Analysis)가 의무화되었고, 클린턴 대통령 이후부터는 사후적인 비용편익분석 방법도 도입하고 있다.

인 타당성에 대해서만 분석했었다. 1990년대 들어서는 기획재정부 주관의 예비타당성조사제도와 안전행정부 주관의 투융자심사제도가 도입되었다. 공공투자 분석에서 경제적인 타당성이 중요하게 받아들여지게 된 것은 1990년대 도입된 '예비타당성조사제도(1999)'부터라고 볼 수 있다. 예비타당성조사제도는 대규모 개발사업에 대한 우선순위, 적정 투자시기, 재원조달 방법 등의 타당성을 검증함으로써 재정투자의 효율성 증가를 목적으로 한다(기획재정부, 2012). 조사대상 사업은 총사업비가 500억원 이상이면서 국가의 재정지원 규모가 300억원 이상인 건설사업, 정보화사업, 국가연구개발사업과 중기재정지출이 500억원 이상인 사회복지, 보건, 교육, 노동, 문화 및 관광, 환경보호, 농림해양수산, 산업중소기업 분야의 사업이다. 국고가 지원이 되는 사업이라면 지방자치단체 사업, 민간투자사업도 예비타당성조사의 대상이 된다. 우리나라에서는 한국개발연구원 공공투자관리센터에서 본 사업을 담당하고 있다.[3] 2010년부터는 정부차원의 연구개발사업에 대한 평가는 한국과학기술기획평가원의 재정투자분석본부에서 담당하고 있다.

또한 지방자치단체 차원에서도 서울시의 서울공공투자관리센터와 같이 지방자치단체의 재정투자사업에 대한 경제적 타당성 검토 등을 수행하고 있으며, 안전행정부에서는 투융자심사제도의 내실화를 위하여 투융자심사센터를 설치·운영할 계획에 있다. 또한 2014년 4월 개정된 지방재정법에서는 지방재정영향평가 조항을 신설하고(제27조의6), 투자심사(제37조)를 개정하였다. 먼저 공공투자사업을 신청하기 전에 지방재정에 미치는 영향을 평가하여 그 결과를 안전행정부장관에게 제출하도록 하였고, 투자심사 조항의 개정을 통하여 총사업비가 500억원 이상인 신규사업에 대해서는 안전행정부장관이 정한 전문기관에서 타당성조사를 실시하도록 하여 공공투자분석에 있어서의 객관성, 효율성, 표준화를 도모하고자 하고 있다.

---

3) 한국개발연구원의 공공투자관리센터는 1999년 예산회계법 시행령의 개정으로 예비타당성조사제도가 도입되면서 이를 수행하기 위하여 2001년에 설립되었다. 주로 재정사업성과평가업무와 예비타당성 조사, 타당성재조사 등 재정투자평가업무와 민간투자사업에 대한 사전·사후 평가를 실시하여 공공투자사업을 체계적으로 관리하는 게이트키퍼 역할을 수행하고 있다. 또한 공공투자관련 제도개선을 위한 연구를 추진하고 있다.

예비타당성조사는 경제성분석, 정책적분석, 지역균형발전분석 등에 대한 평가결과를 종합적으로 고려하여 결과를 발표하고 있어 단순히 경제적인 효율성뿐만 아니라 삶의 질과 같은 질적인 분야에 대해서도 분석한다는 특징을 지니고 있다. 이때 경제성분석을 위해서는 핵심적으로 비용편익분석을 기본적으로 활용하며, 필요한 경우 비용효과분석을 실시한다. 정책적분석을 수행할 경우는 환경적 가치, 저탄소·녹색성장에의 기여 등과 같은 특수항목과 정책의 일관성 및 사업준비정도, 사업 추진상의 위험요인 등을 정량적·정성적으로 분석한다. 지역균형발전 분석을 위해서는 지역낙후도 개선, 지역경제 파급효과, 고용유발 효과 등 지역개발에 미치는 요인을 분석한다. 이외에도 기술개발계획의 적절성이나 성공가능성, 기존 기술 및 사업과의 중복성 등을 분석하는 기술성도 분석한다. 각 분야별 분석이 끝나면 계층화 분석법(analytic hierarchy process: AHP)을 활용하여 종합분석하게 된다(기획재정부, 2012).

## 제 3 절 공공투자분석의 학문적 기초

### 1. 미시경제학적 전통

미시경제학은 국민경제를 구성하고 있는 개별 경제주체들의 경제행위를 현미경적으로 관찰하여 경제현상을 지배하는 원리를 규명하는 학문이다. 가계 혹은 기업의 경제행위를 지배하는 원리를 관찰하고 분석해서 이와 관련되는 가격현상·시장현상·자원배분 등의 문제들을 연구대상으로 하고 있다. 일반적으로 미시경제학에서는 모든 자원의 완전고용을 가정하고 있기 때문에 여러 가지 상대가격의 결정문제와 여러 가지 희소자원을 다양한 용도에 배분하는 문제에 분석의 초점을 둔다. 즉, 모든 자원의 완전고용을 가정한다면 모든 자원에는 희소성이 있게 되고, 희소자원들의 최적배분문제를 중요한 연구과제로 삼는다(박홍립, 1994: 1-2).

자원의 희소성이 지배하는 경제사회에서 이를 해결하는 제도적 장치는 일반적으로 시장기구(market mechanism) 또는 가격기구(price mechanism)이다. 자본주의경제에서 자원은 소비자의 욕구에 의해 시장기구를 통해 자동적으로 배분된다. 개별경제주체는 자신의 효용을 추구하기 위하여 재화나 용역과 같은 자원을 공급·소비하는 교환과정에서 시장가격이 결정된다.

개별경제주체들이 자원의 교환에 자발적으로 참여하게 되는 이유는 그 교환의 행위에서 모두가 이득을 얻을 수 있기 때문이다. 예를 들면 우리가 어떤 물건을 얼마만큼 샀다고 할 때, 그 대가로 지불되는 금액은 그 물건을 얻기 위해 최대한으로 지불할 의사가 있는 금액 즉, 그 물건을 사용함으로써 얻게 되는 가치보다 작게 된다. 교환에서 생기는 이득이라고 볼 수 있는 잉여를 소비자 잉여(consumer surplus)라고 한다(이준구, 1989: 193). 즉, 소비자 잉여는 소비자의 최대지불의사액과 실제 지불액의 차이이다. 생산자도 마찬가지로 생산자의 판매의사액과 실제 판매액의 차이에서 이득을 볼 수 있는데 이를 생산자 잉여라고 한다.

미시경제학에서의 소비자 잉여라는 개념은 후생경제학에서의 실천적 방법론인 비용편익분석에서 편익개념과 밀접한 관련을 가진다. 공공부문도 자원의 최적배분문제를 해결하여 공익의 극대화를 추구하는데 그 주요한 수단이 재정지출을 통한 공공투자사업이다. 공공투자사업에 의해 발생한 편익도 소비자 잉여의 증가분에 의해 산정되어진다. 따라서 공공투자분석은 미시경제학의 소비자 잉여이론 등에 이론적 기반을 두고 있다.

## 2. 후생경제학적 전통

미시경제학을 이론적 기초로 하여 생겨난 후생경제학적 접근은 기본적으로 자신의 이익 혹은 효용을 극대화하려는 수단합리적 경제인을 전제하고 있다. 그러나 후생경제학적 접근에 있어서도 예외적으로 국가만은 사회전체의 후생증진에 관심을 가지는 것으로 가정하고 있다.

후생경제학적 접근에 의하면, 완전한 정보를 가진 개인은 완전경쟁시장에서 합리적인 행동에 의해 최선의 선택 즉, 사회에 있어서 개인 전체의 선호(혹은 만족도)가 극대화되는 상태를 달성하게 된다. 이러한 후생경제학적 접근을 계획에 접목시키는 것은 시장제도가 충분히 기능한다는 전제하에서 이루어지는 합리적 의사결정을 공공부문에 적용하려는 시도(Haveman & Weisbrod, 1975: 171)라 할 수 있다.

그러나 시장경제에서 필연적으로 제기되는 문제는 바로 시장실패를 개선하기 위한 정부의 역할이다. 시장실패란 시장이 제 기능을 발휘하지 않아 사회적 후생의 극대화가 이루어지지 않는 것을 의미한다. 그러므로 후생경제학적 접근에서 정부의 역할은 바로 시장실패의 성질과 정도를 밝히고, 이를 개선할 수 있는 최선의 대안을 제시하는 것이다. 이러한 후생경제학적 접근에 있어서 방법론은 크게 사회후생함수, 파레토 기준, 비용편익분석, 비용효과분석 등이 있다.

먼저 후생경제학적 접근에서 공공투자는 가장 우선적으로 사회후생함수(social welfare function)를 구축해야 한다. 사회후생함수는 개인에 귀속되는 순편익 혹은 효용을 사회전체 차원에서 단순히 집계하는 방식이지만, 본질적으로 분배의 문제에 대해서는 가치판단[4)]을 필요로 하게 된다.

이러한 가치판단의 문제를 탈피하기 위해서 사용되는 방법이 파레토 기준(Pareto criterion)이다. 즉, 어떤 대안이 다른 사람의 후생을 감소시키지 않고서도 한 개인의 후생을 증대시킬 수 있다면, 그 대안은 선택되어져야 한다는 논리이다. 그러나 현실세계에서 어느 대안이든 다른 사람의 후생을 감소시키게 되는 바, 대부분의 경우 파레토 기준은 유용하지 못하다. 따라서 파레토 기준의 한계성을 보완할 수 있는 기준으로 칼도-힉스의 보상기준(Kaldor-Hicks criterion)을 제시할 수 있다. 이는 어떤 대안에 의해 후생이 감소하는 개인이 있어도 대안집행에 의해 후생이 증대되는 개인의 효용증가분이 타인의 효용감소분을 보상하고도 남음이 있는 경우 즉, 순후생이 증대되

4) 예컨대 부자와 가난한 자가 있을 경우 이들의 편익과 비용을 동일하게 다룰 것인가, 아니면 다른 방법으로 차별적으로 다룰 것인가 하는 가치판단의 문제가 제기된다.

는 대안은 정당하다는 기준이다.[5)]

다음으로 분배문제를 회피한 방법론으로 사용되는 것이 바로 비용편익분석(cost-benefit analysis)이다. 비용편익분석에서 탐구의 대상이 되는 것은 대안에 대한 모든 편익과 비용의 합계를 도출하는 것이다. 그 결과 편익비용비(B/C ratio)와 순현재가치, 순편익이 큰 대안으로 바람직하다.

따라서 후생경제학적 접근의 실천적 방법으로서의 비용편익분석은 바로 비용과 편익의 평가에 있다고 할 수 있는데, 평가시 주로 어려움에 부딪치게 되는 것은 편익의 평가이다. 일반적으로 경쟁시장이 존재하는 재화나 서비스의 경우 순편익은 시장가격에 반영되지만, 시장이 존재하지 않거나 불완전한 경우 편익의 평가는 어려움이 있다.

흔히 비시장 재화 혹은 서비스의 가치를 추정하는 가격을 잠재가격(shadow price)이라고 한다. 예컨대, 깨끗한 환경의 가치를 대기의 질과 부동산 가격 사이의 통계적 관계로 평가하거나, 자연환경의 가치를 사람들이 관광할 때마다 지불하는 교통비로 평가하는 것을 들 수 있다.

한편 편익을 화폐로 계산하는 것이 어려운 경우 비용편익분석보다는 비용효과분석을 사용하게 된다. 여기서 편익은 효용이나 화폐가 아닌 효과의 단위로 측정된다. 따라서 최선의 대안은 그 효과의 목표를 최저의 비용으로 달성하는 것이 된다. 이러한 비용효과분석은 편익이 쉽게 화폐로 환산되지 않는 순수공공재의 경우에 적합하고, 일정한 비용에 있어서 효과를 극대화하기 위한 대안모색기법으로 사용된다. 예를 들면, 일정한 예산의 제약 혹은 지역경제에 있어서의 비용부담의 제약하에서 대기의 질을 가장 크게 개선시킬 수 있는 방법은 무엇인가를 생각하는 것과 같은 경우이다.

후생경제학적 접근은 공공투자에 있어서 직접 응용되어 최선의 대안을 집행하기 위한 방법을 제공한다. 실제로 1902년 미국의 하천항만법에서 하천과 항만의 투자계획에 적용한 이후 홍수제어, 수자원개발관계의 프로젝트를 비롯해서 도로·공항의 건설, 교육훈련, 공공위생프로그램 등 다양한 공

5) 그러나 칼도-힉스의 보상기준에서 보상은 이론상으로 전제된 것이지 실제 보상하는 것을 의미하는 것은 아니다.

공투자분야에 널리 적용되고 있다.

## 3. 공공선택론적 전통

공공선택론적 접근은 미시경제학과 정치학 양면에 걸쳐진 분야이다. 멀러(Dennis C. Mueller)는 비시장적 의사결정에 관한 경제분석 혹은 정치에 대한 경제학의 응용이라고 정의하고 있다(Mueller, 1989). 즉, 경제인이 시장이 아닌 의사결정기구에 위치할 경우 어떤 일이 벌어질까 하는 것을 연구하는 접근방법이라 할 수 있다.

공공선택론적 접근에서의 인간관은 후생경제학적 접근과 동일하게, 개인은 이기적·합리적인 효용극대화를 목표로 하는 경제인이다. 공공선택론적 접근이 공공투자계획에 대한 이론적 기반을 제공하기 위해서는 ① 공공투자계획수립의 방안, ② 대안평가를 위한 기준, 그리고 ③ 기준에 의한 대안의 평가방법 등을 제공해야 할 것이다.

첫째, 공공투자계획수립방안을 살펴보고자 한다. 공공선택론적 접근방법은 시장을 전제로 하고 있으며, 따라서 공공투자계획은 후생경제학적 접근과 마찬가지로 공공재 혹은 준공공재를 공급하기 위해 존재하게 된다. 따라서 공공선택론적 접근에서 공공투자계획은 공공재 혹은 준공공재를 공급하기 위한 제도구축에 초점을 두고 있다.

한편 공공선택론적 접근에서 볼 때, 자발적으로 행동하는 개인을 전제할 경우에는 공공재가 과소공급된다는 주장이 있는 반면, 정부조직이 설립되어 스스로의 이익을 생각하는 공공계획가가 배치되면 공공재가 과잉공급된다는 주장이 병존하고 있다. 따라서 공공투자계획의 과제는 바로 공공재의 과소 혹은 과잉공급을 최소화하는 데 있다.

둘째, 대안평가를 위한 기준을 살펴보고자 한다. 공공선택론적 접근방법은 효용함수를 지닌 합리적인 개인만을 생각한다. 따라서 공공선택론적 접근방법에서 대안평가의 기준은 공공서비스를 소비하는 지역주민들의 선호를 집계한 것이 된다. 흔히 개인의 효용함수를 종합한 것으로 사회후생함수를 들 수 있다.

한편 현실에서는 합리적 의사결정방법으로 다수결이 많이 이용된다. 그러나 사회적 함수를 집계하는 과정에서 기본적인 조건이 충족되지 않으면 다수결 방법은 공공선택론적 접근에서 기준으로 작용할 수 없게 되므로 외부가치에 대한 판단이 필요하다. 이런 다수결의 역설을 해결하기 위한 연구가 많이 이루어지고 있는데, 대표적인 학자로는 부캐넌(James M. Buchanan)과 툴럭(Gordon Tullock)을 들 수 있다. 이들에 의하면 의사결정비용(의사결정에 필요한 사람들의 찬성을 얻기 위한 설득이나 보상 등의 비용)과 외부비용(찬성하지 않는 사람들이 사회적 결정에 따르지 않으면 안 된다는 사실로부터 생기는 비용)을 비교·검토해 양자를 합계한 총비용으로 사회적 선택에 필요한 사람수를 결정할 수 있다(Buchanan & Tullock, 1962). 그러나 의사결정비용과 외부비용은 역의 관계를 가지고 있다. 즉, 의사결정비용이 증가하면 외부비용은 감소하는 경향을 보이는데, 이는 반대의 경우도 동일하다. 예컨대, 소수의 찬성으로 사회적 결정이 가능한 공공투자계획이 있다면 의사결정비용은 감소하지만 외부비용은 증가한다. 공공투자계획에서 다수가 찬성하게 되면 외부비용은 감소하지만 반대로 의사결정비용은 증가하게 된다. 따라서 의사결정비용과 외부비용의 합이 최소가 되기 위해서는 공공투자계획이 한 사람 혹은 전체에 의해 수립되는 것이 아니라, 중간규모의 인원에 의해 수립될 가능성이 높다.

그러나 사회적 결정은 후생경제학적 접근의 경우처럼 개인선호의 합에 의해서 결정되기도 하지만, 반드시 개인의 현실적 선호에 의해서 결정되는 것이 아니라, 윤리적 혹은 비개인적 선호 등의 합에 의해서 결정되기도 한다(Harsanyi, 1955). 따라서 부캐넌과 툴럭(Buchanan & Tullock)은 소득분배상의 의사결정은 비개인적 선호에 근거한 일종의 사회계약에 근거해야 하고, 대안결정은 파레토 기준에 의해서 이루어져야 한다고 하였다(Buchanan & Tullock, 1962).

이상에서 살펴본 바와 같이 개인선호를 합한 사회적 선호가 바로 공공투자의 평가기준이 된다. 따라서 정부는 개인의 선호에 반응해서 공공재나 공공서비스를 제공하기 위한 수단인 것이다(E. Ostrom, 1971: 207).

마지막으로 대안의 평가방법을 살펴보고자 한다. 공공선택론적 접근은 사회적 선호를 기준으로 대안을 평가하는 방법을 채택하는 연역적 방법에 의존하고 있기 때문에 체계적·실증적 내용은 부족한 것으로 평가된다. 따라서 공공선택론적 접근방법의 공공투자계획은 처방적 측면에서 현실세계에 전폭적으로 응용하기에는 다소 부족하다. 공공선택론적 접근방법은 공공투자계획에 직접적으로 응용가능한 분석을 도출해내고 공공투자계획의 대응성을 제고하기 위해서 분권적 계획수립 및 상향적 계획수립의 중요성을 강조하고 있다.

## 제 4 절 공공투자분석의 대상과 접근방법

### 1. 공공투자분석의 대상

우리나라 공공투자분석은 재정지출이 이루어지는 모든 사업을 대상으로 한다. 공공투자분석의 대상이 되는 사업에 대한 일률적인 규정은 없는 상태이다. 이하에서는 우선 사업비를 기준으로 공공투자사업의 초기단계에서 실시하는 예비타당성조사의 대상사업과 투융자심사의 대상사업을 살펴보고, 다음으로는 시설물을 기준으로 해당 법률에서 규정하고 있는 기반시설, 공익사업 및 사회기반시설 등에 대하여 살펴본다.

#### 1) 사업비기준 분석대상

##### (1) 예비타당성조사의 대상사업

예비타당성조사의 대상사업은 정부 재정지원이 포함되는 국가직접시행사업, 국가대행사업, 지방자치단체보조사업, 민간투자사업 등이다. 기획재정부의 예비타당성조사 운용지침(2012)에 따르면 예비타당성조사의 대상인 신규사업을 다음과 같이 규정하고 있다.

첫째, 총사업비가 500억원 이상이면서 국가의 재정지원 규모가 300억원 이상인 건설사업, 정보화사업, 국가연구개발사업 등이다. 건설사업은 토목, 건축 등 건설공사가 포함된 사업을 말하며, 정보화사업 및 국가연구개발사업은 '예산안편성 세부지침'의 '세부사업유형별 지침'에 따라 정보화 예산 및 연구개발사업 예산으로 편성되는 사업이다.

둘째, 중기재정지출이 500억원 이상인 사회복지, 보건, 교육, 노동, 문화 및 관광, 환경보호, 농림해양수산, 산업·중소기업 분야의 사업이다. 기타 비투자 재정부문 사업은 프로그램 예산체계상의 분야·부문 분류에 따라 사회복지, 보건, 교육, 노동, 문화 및 관광, 환경보호, 농림해양수산, 산업·중소기업 분야에 해당되는 사업 중 총사업비가 500억원 이상이면서 국가의 재정지원 규모가 300억원 이상의 규정에 의한 건설사업, 정보화사업 및 국가연구개발사업에 해당하지 않는 사업이다.

#### (2) 투융자심사의 대상사업

투융자심사의 대상사업은 총사업비를 기준으로 심사주체가 다르다(안전행정부, 2013: 14-16). 시·군·구는 총사업비가 20억원 이상 40억원 미만인 신규 투융자사업 등을 심사한다. 시·도는 총사업비가 40억원 이상 200억원 미만인 신규 투융자사업과 시·군·구 사업 중 40억원 이상 200억원 미만 및 두 개 이상 시·군·구와 관련되는 신규 투융자사업 등을 심사한다. 안전행정부는 ① 총사업비가 시·도 200억원 이상, 시·군·구 100억원 이상인 신규 투융자사업, ② 총사업비 10억원 이상인 외국차관 도입사업 또는 해외투자사업, ③ 두 개 이상 시·도와 관련된 총사업비 200억원 이상인 신규 투융자사업, 두 개 이상 시·군·구와 관련된 100억원 이상 신규 투융자사업 등을 심사한다.

### 2) 시설물기준 분석대상

#### (1) 기반시설

「국토의 계획 및 이용에 관한 법률」에서는 기반시설을 교통시설, 공간시

**▌표 2.1 기반시설**

| 시설군(53개) | 세부시설 |
|---|---|
| 교통시설(10개) | 도로, 철도, 항만, 공항, 주차장, 자동차정류장, 궤도, 운하, 자동차 및 건설기계검사시설, 자동차 및 건설기계운전학원 |
| 공간시설(5개) | 광장, 공원, 녹지, 유원지, 공공공지 |
| 유통·공급시설(9개) | 유통업무설비, 수도공급설비, 전기공급설비, 가스공급설비, 열공급설비, 방송·통신시설, 공동구, 시장, 유류저장 및 송유설비 |
| 공공·문화체육시설 (10개) | 학교, 운동장, 공공청사, 문화시설, 체육시설, 도서관, 연구시설, 사회복지시설, 공공직업훈련시설, 청소년수련시설 |
| 방재시설(8개) | 하천, 유수지, 저수지, 방화설비, 방풍설비, 방수설비, 사방설비, 방조설비 |
| 보건위생시설(7개) | 화장시설, 공동묘지, 봉안시설, 자연장지, 장례식장, 도축장, 종합의료시설 |
| 환경기초시설(4개) | 하수도, 폐기물처리시설, 수질오염방지시설, 폐차장 |

자료: 국토의 계획 및 이용에 관한 법률 시행령(제2조 기반시설).

설, 공공·문화체육시설 등 7개의 시설군으로 구분하고 있고, 동법 시행령에서는 이를 53개의 세부시설로 나누어 규정하고 있다.

### (2) 공익사업

공공투자사업은 재정이 투입되므로 공공성과 공익성이 높은 사업이다. 「공익사업을 위한 토지 등의 취득 및 보상에 관한 법률」에서는 공익사업의 종류를 다음과 같이 제시하고 있다.

① 국방·군사에 관한 사업

② 관계 법률에 따라 허가·인가·승인·지정 등을 받아 공익을 목적으로 시행하는 철도·도로·공항·항만·주차장·공영차고지·화물터미널·궤도(軌道)·하천·제방·댐·운하·수도·하수도·하수종말처리·폐수처리·사방(砂防)·방풍(防風)·방화(防火)·방조(防潮)·방수(防水)·저수지·용수로·배수로·석유비축·송유·폐기물처리·전기·전기통신·방송·가스 및 기상 관측에 관한 사업

③ 국가나 지방자치단체가 설치하는 청사·공장·연구소·시험소·보건시설·문화시설·공원·수목원·광장·운동장·시장·묘지·화장장·

**표 2.2 사회기반시설 유형**

| 분야 | 소관부서 | 사회기반시설 유형 |
|---|---|---|
| 도로분야 | 국토교통부 | 도로 및 도로의 부속물, 노외주차장, 지능형 교통체계, 국가기간복합환승센터, 광역복합환승센터, 일반복합환승센터, 자전거 이용시설 |
| 철도분야 | 국토교통부 | 철도, 철도시설, 도시철도 |
| 항만분야 | 해양수산부 | 항만시설, 어항시설, 신항만건설 대상시설 |
| 항공분야 | 국토교통부 | 공항시설 |
| 수자원분야 | 국토교통부 | 다목적댐, 하천시설 |
| | 환경부 | 수도, 중수도 |
| 환경분야 | 환경부 | 하수도, 공공하수처리시설, 분뇨처리시설, 폐기물처리시설, 폐수종말처리시설, 하폐수처리수 재이용시설, 재활용시설, 공공처리시설 |
| 정보통신분야 | 미래창조과학부 | 전기통신설비, 정보통신망, 초고속정보통신망, 유비쿼터스도시기반시설 |
| | 국토교통부 | 공간정보체계 |
| 에너지분야 | 산업통상자원부 | 전원설비, 가스공급시설, 집단에너지시설, 신·재생에너지설비 |
| 유통분야 | 국토교통부 | 물류터미널 및 물류단지, 여객자동차 터미널 |
| 문화관광분야 | 문화체육관광부 | 관광지 및 관광단지, 청소년 수련시설, 전문체육시설 및 생활체육시설, 도서관, 박물관 및 미술관, 국제회의시설, 문화시설 |
| | 미래창조과학부 | 과학관 |
| | 국토교통부 | 도시공원 |
| 교육분야 | 교육부 | 유치원 및 학교 |
| 국방분야 | 국방부 | 군 주거시설 및 부속시설 |
| 주택분야 | 국토교통부 | 공공건설임대주택 |
| 복지분야 | 보건복지부 | 노인주거복지시설, 노인의료복지시설, 재가노인복지시설, 공공보건의료기관, 어린이집, 장애인복지시설 |
| 산림분야 | 환경부 | 자연휴양림, 수목원 |
| 산업분야 | 산업통상자원부 | 산업집적기반시설 |

자료: 한국개발연구원.

도축장 또는 그 밖의 공공용 시설에 관한 사업

④ 관계 법률에 따라 허가 · 인가 · 승인 · 지정 등을 받아 공익을 목적으로 시행하는 학교 · 도서관 · 박물관 및 미술관 건립에 관한 사업

⑤ 국가, 지방자치단체, 「공공기관의 운영에 관한 법률」 제4조에 따른 공공기관, 「지방공기업법」에 따른 지방공기업 또는 국가나 지방자치단체가 지정한 자가 임대나 양도의 목적으로 시행하는 주택 건설 또는 택지 조성에 관한 사업

⑥ ①~⑤사업을 시행하기 위하여 필요한 통로, 교량, 전선로, 재료 적치장 또는 그 밖의 부속시설에 관한 사업

⑦ ①~⑤사업을 시행하기 위하여 필요한 주택, 공장 등의 이주단지 조성에 관한 사업

⑧ 그 밖에 다른 법률에 따라 토지 등을 수용하거나 사용할 수 있는 사업

(3) 사회기반시설

우리나라에서는 「사회기반시설에 대한 민간투자법」을 제정하여 사회기반시설에 대한 민간의 투자 촉진, 창의적이고 효율적인 사회기반시설의 확충 · 운영을 도모하고 있다. 동법에 따라 민간투자사업으로 추진되는 사회기반시설로는 교통, 환경, 교육 등 16개 분야에 50여개 시설이 있다(표 2.2 참조).

## 2. 공공투자분석의 접근방법

공공투자분석의 접근방법은 크게 실증적 접근방법과 규범적 · 처방적 접근방법으로 구분할 수 있다. 실증적 접근방법은 실증주의에 입각하여 객관적인 입장에서 경험적 사실 또는 현상을 기술, 설명, 예측하는 것을 말한다. 즉, 논리적이고 객관적으로 경제현상을 설명하고 그 이유를 찾아 결과를 예측하지만 결과의 가치판단은 배제하는 접근방법을 말한다. 규범적 · 처방적 접근방법은 과학적인 근거보다 규범(norm)이나 기준(criteria)에 근거하여 실증분석에 대해 가치판단하는 분석을 말한다. 이에 대한 한 분파로서 후생경제학이 발달하였으며, 생산적 요소의 할당이 초래한 복지수준을 소망성이나

경제적 효율성으로 평가한다.

최근의 공공투자분석은 실증적 접근방법과 규범적·처방적 접근방법을 통합하여 종합적으로 접근하는 추세를 보이고 있다. 즉, 공공투자는 객관성을 구비하고 있는 실증적인 접근방법이 이루어지고 난 후 분석의 결과에 대한 가치판단을 해야 한다는 것이다.

반면, 공공투자분석의 편익을 산정하기 위한 접근방법은 크게 발생베이스와 귀착베이스로 구분할 수 있다(김상봉, 2004: 3-7). 전자는 공공투자의 편익이 발생하는 곳 또는 발생시점에서 산정하고자 하는 것이며, 후자는 국민소득 및 지수를 편익으로 보고자 하는 것이다. 발생베이스 접근법에서는 편익을 산정하기 위하여 마샬(A. Marshall)의 소비자잉여에 의한 접근법을 주로 활용하고 있다. 소비자잉여 접근법은 소비자가 재화를 이용하기 위해 지불해도 좋다고 생각하는 최고 지불의사액(willingness to pay: WTP)에서 실제로 그 재화의 구입을 위해 지불한 금액을 제한 것을 의미한다. 이와 더불어 일반화비용(generalized cost)[6]이란 개념을 사용한다. 예를 들면, 도로건설 투자의 타당성을 평가하기 위해서 도로이용자의 시간비용과 주행비용이 어느 정도 감소하는가? 또는 환경에 대한 영향(대기오염, 소음피해 등) 등이 비용으로 산정될 것이다.

귀착베이스 접근법은 사업이 초래한 각각의 효과가 파급과정을 거쳐 최종 귀착단계에서 어느 정도 편익이 발생하는가를 산정하는 방법이다. 귀착베이스의 편익은 공공투자사업에 의해 증가하는 실질소득액에 의해 평가가 가능하며 이를 국민소득접근법 혹은 지수접근법이라고 한다. 이 접근법은 공급제약을 고려하지 않기 때문에 결과적으로 편익의 추정치가 과대화되는 경향이 있다는 단점이 있다. 따라서 일반적으로 발생베이스 접근법을 활용하고 있다.

---

6) 어느 도시시설 및 재화를 이용하기 위해 필요한 1회 이용시의 비용이다. 이 비용에는 예를 들면 거주지에서 어느 도시시설 및 재화를 이용하기까지 소요되는 전체비용, 즉 가솔린 비용, 차량 마모비, 유료도로요금, 시간비용, 해당시설의 입장료 등을 포함하는 비용이다. 또한 사회복지시설의 정비 등에 의한 복지서비스를 생각하면 복지서비스를 향유하기 위해 필요한 비용을 종합한 것이 일반화비용으로 산정된다(김상봉, 2004: 5-6).

# 제 5 절 공공투자분석의 기본원리와 한계

## 1. 공공투자분석의 기본원리

자유시장하에서 자원의 배분은 경제적인 효율성에 의해, 소득의 배분은 형평성에 의해 결정된다. 직접투자, 세제 지원, 법제화 등의 정부활동을 통해 일정부분 시장의 실패를 개선할 수 있으며, 비용편익분석을 수행함으로써 정부의 개입이 어느 정도 시장실패를 개선하는지 파악할 수 있다.

비용편익분석은 세 분야의 각기 다른 학술적인 전통에 뿌리를 두고 있다. 후생경제학이 첫째이고, 미시경제학이 둘째이며, 공공선택론이 셋째이다.

앞에서 비용편익분석의 전통과 사상의 흐름에 대하여 논하였다. 후생경제학의 전통은 파레토 최적법칙이며, 이 법칙은 제안된 사업이 적어도 일부 사람들에게 이득이 되어야 하며 어느 누구도 손해를 입지 말아야 한다는 것이다. 승자가 패자에게 보상을 하면 파레토 최적상태에 도달할 수 있다. 실제 이러한 보상은 공공선택과정에서 집행된다. 그러나 보상 지불계획을 수립하는 데 이론적 · 실제적 문제가 있는데, 이를 보완하기 위해 칼도-힉스 기준이 제시되었다. 승자가 패자의 손실을 보상한 후에도 이득이 남아 있다면 이 기준에 부합한 것이며, 실제 보상이 이루어지지 않아도 순이익이 영(0) 이상이라면 이 기준에 부합한 것이다.

칼도-힉스 기준으로부터 비용편익분석의 기본원칙을 도출할 수 있다. 그 기본원칙은 선택된 대안이 사회의 순이익을 최대화시킬 수 있어야 한다는 것이다. 이 기본법칙은 공공선택론과 사무엘슨(Samuelsonian) 법칙에서 제시한 것과 동일한 해답을 제시하고 있다. 사무엘슨 법칙은 공공재 투자규모 결정시, 사회적 한계효용과 소비자의 한계지불의사액의 총합이 사회적 한계비용과 동일해야 한다는 것이다.

이러한 규범적인 기준은 민주주의 제도하의 적정 공공재 공급기준과 비교할 수 있다. 그중 하나가 민주주의 투표 과정의 결과물인 '중위계층 투표자 법칙'이다.[7] 만약 중위계층의 선호도가 대칭적이라면, 중위계층의 투표는 사무엘슨이 제시한 것처럼 사회의 순이익이 최대화된 상태인 것이다. 이는 또한 비용편익분석의 기본원칙의 결과와 일치할 것이다. 만약 그렇지 않다면 두 결과는 동일하지 못할 것이며 중위계층의 투표 결과와 경제적 효율성으로부터 도출된 사회 최적결과가 상충될 것이다. 다수결원칙(majority rule of voting)의 맥락에서 클라크조세,[8] 결탁, 의사진행 방해 등 다양한 방법이 공공재의 최적공급을 유도할 수 있다.

또한 여기서는 비용편익분석의 기본법칙을 적용하는 가이드라인도 설정되어야 한다. 그 하나는 편익-비용 비율을 계산하지 않는 것이다. 의사결정 시 순이익을 계산하여 사회적 이득과 손실을 정확히 측정할 수 없으며, 편익-비용 비율은 잘못된 가이드라인이 될 수 있다. 두 번째 방법은 비용효과성 테스트를 수행하여 누락된 정보를 보완할 수 있다. 이때 조사자는 같은 목적을 수행하는 두 개 이상의 사업을 비교하게 된다. 물리적이든 정치적이든 외부에서 기인한 문제에 의해 사업이 패키지화될 수 있기 때문이다. 세 번째 방법은 순이익 테스트를 이 패키지 사업에 적용하는 것이다.

## 2. 공공투자분석의 한계

비용편익분석 기법은 많은 나라와 국제기관에서 여러 가지 종류의 공공투자사업에 광범위하게 적용되어 왔고 최근 우리나라에 있어서도 국가투자사업이나 공공기관의 투자사업에 대해서 비용편익분석을 실시하고 있다.

이와 같이 비용편익분석의 응용이 빈번해지다 보니 이제는 비용편익분석의 기법을 남용하거나 심지어 어떤 특정한 투자사업의 타당성을 인위적으로 조작하기 위하여 악용하는 사례가 빈번히 발생하고 있고, 또 많은 사람들은 분석결과가 요약된 몇 개의 지극히 추상적이고 개괄적인 지표에 현혹되어

7) 중위계층 투표자 법칙은 투표자의 수요를 나열하고 선택된 투표 결과는 중위계층에 속한 투표자와 동일하다는 법칙이다.

8) 자신의 의사표명이 다른 사람에게 미친 순피해를 세금으로 부담한다는 의미이다.

분석결과 또는 비용편익분석 자체를 과신하는 결함마저 있다.

통상 소개되고 있는 비용편익분석의 지침 및 기법의 밑바탕에는 실로 방대하고 복잡하고 심오한 경제학이론(특히 후생경제학이론)이 깔려 있어 표면상에 나타나는 많은 경우들은 이론의 일부에 불과하다. 그럼에도 불구하고 많은 경우 그러한 이론적인 배경을 숙지함이 없이 표면상에 나타난 비용편익분석의 지침과 기법들을 중점적으로 습득하여 이를 기계적으로 현실문제에 적용한 결과 많은 이론상의 오류와 모순을 범하게 된다. 그러면서도 그러한 오류나 모순은 표면상에 드러나지 않은 채 기계적인 분석결과만이 수치로 표현되어 어떤 객관성이나 설득력을 가지고 통용되는 경우를 흔히 목격하게 된다. 심지어 비용편익분석의 지침과 기법에 나타난 내용들만이 비용편익분석의 전부인 것으로 착각하는 경우도 심심찮게 목격하게 된다.

비용편익분석의 이론적인 내용과 문제점들을 대략 세 가지 종류로 대별해 볼 수 있다.

첫째, 공공투자의 투자비는 그 투자로 인해서 그 국민경제가 잃는 것 즉, 기회비용의 개념에 입각하여야 한다. 따라서 그 공공투자에 투입된 투자비가 어떻게 조달되었는가도 살펴봐야 정당한 투자비를 산출할 수 있는 것이다.

둘째, 할인율문제는 경제학에서 오랜 논쟁의 대상이다. 시장이자율로 할인할 것인가, 시장이자율도 여러 가지가 있는데 그 중에 어떤 것을 취할 것인가, 시장이자율을 쓰지 않으면 어떤 할인율을 쓸 것인가 등등에 대해서 많은 논쟁이 있고 아직도 뚜렷한 해결책은 제시되고 있지 못하다.

셋째, 비용편익분석에서 소득재분배 효과에 대한 처리문제이다. 공공투자로 인한 편익과 비용은 모든 사람에게 골고루 귀속되는 것이 아니기 때문에 소득재분배 효과를 수반하게 된다. 그러면 이러한 소득재분배 효과를 비용편익분석에 포함시킬 것인지 아닌지 또는 소득재분배를 주목적으로 한 공공투자가 과연 타당한지 아닌지 등 매우 판가름하기 어려운 문제가 있다. 사실상 이러한 문제들은 가치판단에 관한 사항이어서 의견의 일치란 있을 수 없는 성격의 문제들이기는 하지만 비단 비용편익분석에서뿐만 아니라 경제학에 있어서도 많은 학자들 사이에 가장 열띤 논쟁의 대상이 되는 문제이기도 하다.

이상에서 열거한 문제들 즉, 공공투자에서 발생하는 편익의 판별 및 계량화, 비용의 판별 및 계량화와 할인율 결정, 공공투자의 소득재분배효과에 직·간접으로 연관된 여러 가지 문제들은 비용편익분석에서 핵심적인 문제들이다.

**탐구학습**

1. 주요 개념
   - 공공투자분석의 개념
   - 미시경제학적 전통
   - 후생경제학적 전통
   - 공공선택론적 전통

2. 토론과 과제
   - 공공투자분석의 필요성
   - 공공투자분석의 접근방법
   - 공공투자분석의 기본원리
   - 공공투자분석의 한계

## 참고문헌


기획재정부(2012), 2012년도 예비타당성조사 운용지침.

김동건(1986), 재정과 복지, 서울: 박영사.

김상봉(2004), "비용편익분석에 있어서 효율성과 형평성에 관한 논고", 한국행정학회 학술대회 발표논문집, 한국행정학회.

김재형 · 박은경 · 이승태(2000), 공공투자사업 예산관리의 효율화 방안 I, 한국개발연구원 공공투자관리센터.

대한국토 · 도시계획학회(2011), 도시계획론, 서울: 보성각.

박홍립(1994), 거시경제학, 서울: 박영사.

안전행정부(2013), 지방재정 투 · 융자사업 심사 매뉴얼.

이준구(1989), 미시경제학, 서울: 법문사.

Buchanan, J. S. & Tullock, G.(1962), *The Calculus of Consent*, Univ. of Michigan Press.

Dasgupta, Ajit K. & Pearce, D. W.(1978), *Cost-Benefit Analysis*, The Macmillan Press, Ltd.

Harsanyi, J. C.(1955), "Cardinal Welfare, Individualistic Ethics and Interpersonal Comparisons of Utility", *Journal of Political Economy*, Vol. 63.

Haveman, R. H & Weisbrod, B. A.(1975), "Defining Benefits of Public Programs to Identify and Attain Presidential Goals", *National Journal*, Vol. 5.

Mueller, D. C.(1989), "Mergers: Causes, Effects and Policies", *International Journal of Industrial Organization*, Vol. 7, No. 1.

Ostrom, E.(1971), "Institutional Arrangements and the Measurement of Policy Consequences", *Urban Affairs Quarterly*, Vol. 6.

Sassone, Peter G. & Schaeffer, William A.(1978), *Cost-Benefit Analysis*, Academic Press, Inc.

http://www.law.go.kr(국가법령정보센터).

# 제3장 공공투자분석 관련 제도

## 제1절 개 요

공공투자분석에 대하여 종합적이고 일반적인 내용을 규정하고 있는 법률은 현재 제정되지 않은 상태이다. 공공투자사업은 개별법에 의하여 기획되고 각각의 추진단계별로 관련이 있는 법령의 규정을 따라야 한다. 공공투자사업에 대한 분석에서 주로 활용되는 예비타당성조사, 지방재정 투융자심사, 재정력 분석, 투자가용재원 분석 등은「국가재정법」,「지방재정법」등에 규정되어 있다.

공공투자사업 중에 건설관련 사업이 많다는 점을 고려할 때 일반적으로 추진단계를 계획, 설계, 계약, 시공, 운영·관리 등으로 구분할 수 있다. 이 중에서 계획단계는 기본구상, 예비타당성 조사, 투융자심사, 기본계획과 사업수행방식 결정 등을 포괄하는 단계로서 공공투자분석에서 중요하게 다루는 단계라고 할 수 있다. 각 단계별 주요 업무와 관련 법률은 다음 〈표 3.1〉과 같다.

**▌표 3.1 공공투자사업 추진단계별 관련 법률**

<table>
<tr><th colspan="2">추진단계</th><th>주요 업무</th><th>주요 관련 법률</th></tr>
<tr><td rowspan="4">계획</td><td>기본구상</td><td>• 사업의 필요성<br>• 입지조건<br>• 규모 및 사업비<br>• 환경에 미치는 영향 등</td><td rowspan="6">• 국토의 계획 및 이용에 관한 법률<br>• 도시개발법<br>• 택지개발촉진법<br>• 주택법<br>• 산업입지 및 개발에 관한 법률<br>• 도시 및 주거환경정비법<br>• 도시재정비 촉진을 위한 특별법<br>• 도시재생 활성화 및 지원에 관한 특별법<br>• 도로법<br>• 도시철도법<br>• 하천법<br>• 건축법<br>• 측량·수로조사 및 지적에 관한 법률<br>• 건설기술관리법<br>• 국가재정법<br>• 지방재정법<br>• 사회기반시설에 대한 민간투자법<br>• 국가통합교통체계효율화법 등</td></tr>
<tr><td>예비타당성 조사 및 투융자심사</td><td>• 비용편익분석 등 종합 평가<br>• 지방재정투융자심사</td></tr>
<tr><td>기본계획</td><td>• 목표 및 기본방향<br>• 기간 및 수행계획<br>• 재원조달계획<br>• 사업시행계획 등</td></tr>
<tr><td>사업수행방식 결정</td><td>• 기술공모방식<br>• 입찰방식</td></tr>
<tr><td rowspan="2">설계</td><td>기본설계</td><td rowspan="2">• 설계 및 사업비<br>• 필요성 및 효과<br>• 기간 및 투자계획 등</td></tr>
<tr><td>실시설계</td></tr>
<tr><td>계약</td><td>입찰, 심사 및 계약체결 등</td><td>• 입찰공고, 자격심사<br>• 입찰집행<br>• 낙찰자 결정 및 계약체결 등</td><td>• 국가를 당사자로 하는 계약에 관한 법률<br>• 지방자치단체를 당사자로 하는 계약에 관한 법률<br>• 공유재산 및 물품 관리법<br>• 건설산업기본법<br>• 전기사업법, 정보통신공사업법, 소방시설공사업법<br>• 독점규제 및 공정거래에 관한 법률 등</td></tr>
<tr><td rowspan="2">시공</td><td>용지구입 등</td><td>• 감정평가</td><td>• 공익사업을 위한 토지 등의 취득 및 보상에 관한 법률<br>• 부동산 가격공시 및 감정평가에 관한 법률<br>• 감정평가에 관한 규칙 등</td></tr>
<tr><td>시공 및 준공</td><td>• 공사착공, 관리 및 감리<br>• 준공 및 시공평가 등</td><td>• 건설기술관리법<br>• 건설산업기본법<br>• 전기사업법, 정보통신공사업법, 소방시설공사업법<br>• 문화재보호법 등</td></tr>
<tr><td>운영·관리</td><td>운영, 유지, 관리</td><td>• 사용 및 안전성 평가<br>• 유지관리, 안전점검 등</td><td>• 시설물의 안전관리에 관한 특별법 등</td></tr>
</table>

자료: 심상달 외(2007: 48); 김정옥 외(2008: 8-9 수정인용).

# 제 2 절 공공투자심사제도

## 1. 예비타당성조사제도

### 1) 의 의

중앙정부에서 운용하는 예비타당성조사는 예산편성 및 기금운용 계획수립 과정에 활용하기 위해 실시하는 것이다. 이는 대형 신규 공공투자사업의 정책적 의의, 경제성 판단을 통하여 사업의 효율적인 추진방안을 모색하고, 예산낭비 방지, 재정운영의 효율성 제고에 목적이 있다. 예비타당성조사는 1999년 「예산회계법」 시행령을 근거로 하여 도입되었으며, 2006년 「국가재정법」 제정을 통하여 기본운영 틀이 법제화되었다.

예비타당성조사는 기획재정부 주관으로 대규모 계획에 대한 신규투자를 우선순위에 입각하여 투명하고 공정하게 결정함으로써 예산낭비 방지 및 재정운영의 효율성 제고에 기여함을 목표로 한다. 또한 각 부처가 수립한 사업계획에 대해 사업의 타당성 여부, 대안의 검토, 사업 추진과정에서 고려사항 등 사업 추진과 관련된 객관적이고 중립적인 정보를 사전에 충분히 제공하여 향후 사업 추진 여부, 적정 사업시기와 최적 사업규모 등의 결정이 합리적으로 이루어지도록 한다.

이러한 예비타당성조사는 경제적 타당성을 주된 대상으로 삼는다는 점에서 기술적 타당성을 주로 검토하는 타당성조사와는 차이가 있다(이종수, 2009).

### 2) 대상사업의 범위 및 요건

예비타당성조사의 대상은 총사업비가 500억원 이상이고, 국가의 재정지원 규모가 300억원 이상인 신규사업으로서 건설공사 포함사업, 정보화사업, 국가연구개발사업 등이 해당된다(국가재정법 시행령 제13조). 또한 2012년부터는 복지사업 등 중기재정지출[1]이 500억원 이상인 비건설 재정사업에 대해서도 장기비용추계, 효율적인 전달체계 및 추진대안을 제시하는 타당성분석을 거쳐서 사업을 실시하도록 규정하고 있다(기획재정부, 2012). 이러한 규정에도 불구하고 공공청사나 교정시설, 초중등 교육시설의 신증축 사업, 문화재 복원사업, 국가안보와 관계된 국방관련 사업, 남북교류협력에 관계되거나 국가간 협약·조약에 따라 추진하는 사업, 도로유지보수 등 단순개량이나 유지보수사업, 재해예방·복구지원 등 시급한 추진이 필요한 사업 등은 제외된다.

총사업비는 설계비, 보상비, 공사비 등 사업 추진에 소요되는 모든 경비를 합한 총금액으로 국고, 지자체 지원, 민간부담분 등이 포함되며, 원칙적으로 각 중앙관서의 장이 제시한 총사업비를 기준으로 한다. 그리고 총사업비에는 융자사업비도 포함되며, 국가재정지원 규모 산정시에는 융자사업비가 제외된다.

**▌표 3.2 예비타당성조사의 주요내용**

| 구분 | 내용 |
|---|---|
| 개념 | • 대규모 신규 사업에 대한 예산편성 및 기금운용계획을 수립하기 위하여 기획재정부장관 주관으로 실시하는 사전적인 타당성 검증 및 평가 |
| 법적 근거 | •「국가재정법」 제38조 및 동법 시행령 제13조 |
| 시행기관 | • 예비타당성조사 운용지침에서 공공투자관리센터 지정 |
| 도입배경 | • 1999년 이전 부실한 타당성조사로 다수의 무리한 사업 추진 |
| 도입목적 | • 대규모 재정사업에 대한 신규투자를 신중하게 추진하여 재정운영의 효율성 제고 |
| 대상사업 | • 신규사업으로 정부 재정지원이 포함되는 사업<br>－총사업비가 500억원 이상, 국고지원 규모 300억원 이상인 건설사업, 정보화사업, 국가연구개발사업 등<br>－중기재정지출이 500억원 이상인 사회복지, 보건, 교육, 노동, 문화 및 관광, 환경보호, 농림해양수산, 산업·중소기업 분야사업 등 |
| 면제사업 | •「국가재정법 시행령」 제13조 제2항에 해당하는 사업<br>－공공청사, 교정시설, 초·중등 교육시설의 신·증축사업, 문화재 복원 등 |

1) 신규사업 착수 이후 5년간 소요되는 재정지출을 합한 금액을 의미한다(기획재정부, 2012).

### 3) 예비타당성조사의 절차

예비타당성조사에 해당하는 사업을 예산 또는 기금운용계획안에 반영하고자 하는 경우 조사에 소요되는 기간을 감안하여 사업시행 전전년도까지 기획재정부장관에게 예비타당성조사를 요구하여야 한다. 예비타당성조사 요구는 매년 2회(7월, 11월) 예비타당성조사요구서를 작성하여 제출하고, 이와 동시에 디지털 예산회계시스템(D-Brain)을 통하여 사업별 요구서를 등록하여야 한다. 뿐만 아니라 기획재정부장관은 예산편성 및 기금운용계획 수립과 관련하여 필요하다고 인정하는 경우 해당 중앙관서장의 요구가 없더라도 예비타당성조사를 실시할 수 있다.

예비타당성조사 사업대상은 조사요구가 들어온 이후 중장기 투자계획과의 부합성, 사업계획의 구체성, 사업 추진의 시급성, 국고 지원의 요건, 지역균형발전 요인 또는 기술개발 필요성 등을 고려하여 재정사업평가 자문회의를 거쳐 선정한다. 선정된 사업은 기획재정부장관의 요청에 의해 한국개발연구원 공공투자관리센터(PIMAC)[2]에서 총괄하여 예비타당성조사를 수행하며, 국가연구개발사업의 경우는 한국과학기술기획평가원(KISTEP)[3]에서 총괄하여 수행한다. 예비타당성조사분석 수행기간은 4개월을 원칙으로 하며, 각 기관에서 수행한 예비타당성조사결과는 경제성분석, 정책적 분석, 지역균형발전분석 등에 대한 평가결과를 종합적으로 고려하여 제시한다(기획재정부, 2012).

---

2) 한국개발연구원 공공투자관리센터는 2005년 국토연구원 민간투자지원센터를 통합하여 공공투자사업의 효율성과 투명성을 높이고 체계적인 선진투자 시스템의 정착을 위해 설립되었다. 재정투자 사업에 대한 예비타당성조사, 타당성 재조사 등 재정투자 관련 연구와 함께 민간투자 적격성 조사, 시설사업 기본계획 검토, 입찰 평가 및 실시협약 체결을 위한 협상 지원, 관련 지침 개발 및 자금재조달 검토, 데이터베이스 관리, 교육 및 홍보 등의 지원업무와 공공기관 대상 예비타당성조사, 재정사업 심층평가와 공공투자 관련 기초연구 및 제도개선 연구 등의 업무를 수행하고 있다(한국개발연구원 홈페이지).

3) 한국과학기술기획평가원은 한국과학기술연구원 부설 과학기술정책연구평가센터에서 출발하여 2001년 7월 확대·개편되어 현재에 이르고 있다. 국가연구개발사업 예비타당성조사, 과학기술 미래예측·전략, 과학기술 정책·기획 및 조정, 정부연구개발사업 예산배분·조정 지원, 국가연구개발사업 분석·평가·성과 확산, 과학기술글로벌 협력·네트워크 구축 등의 업무를 수행하고 있다(한국과학기술기획평가원 홈페이지).

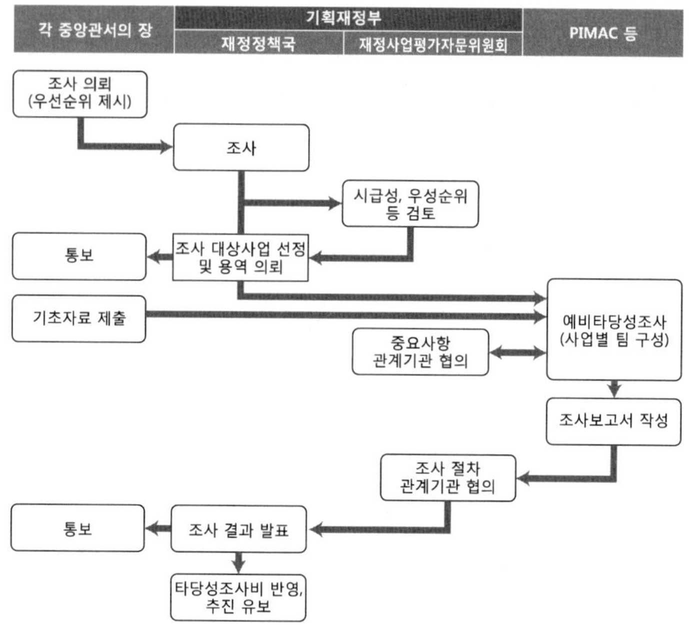


▎그림 3.1 예비타당성조사 추진절차

자료: 한국개발연구원.

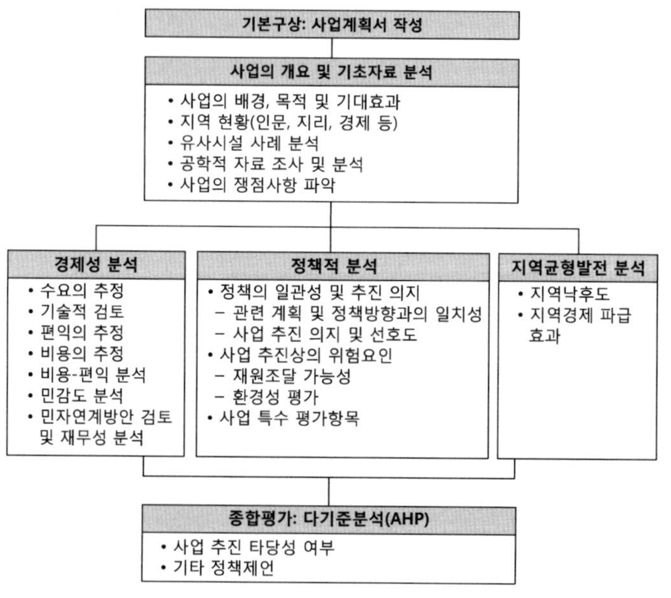


▎그림 3.2 예비타당성조사 수행절차

자료: 김재훈 · 이호준(2012: 11).

## 2. 투융자심사제도

### 1) 의 의

투융자심사제도는 지방예산의 계획적·효율적 운영과 각종 투자사업에 대한 무분별한 중복투자를 방지하기 위한 사건적 재정관리제도로 1992년 「지방재정법 시행령」에 근거하여 도입되었으며, 1994년 「지방재정법」 제30조에 관련 조항이 신설되었다.

지방재정 투융자심사제도는 국가 및 지방자치단체의 재원이 한정된 상황 하에서 지방재정의 계획적·효율적 운용을 보장하고, 국가계획과 지방계획의 연계, 합리적 예산편성을 통한 투자효율의 극대화에 의의가 있다. 또한 투자사업의 적정성과 사업의 우선순위를 판단하기 위하여 사업계획과 관련된 모든 요소와 미래에 발생 가능한 여건을 분석·검토하는 데 그 의의가 있으며, 이는 다음과 같은 관점에서 필요하다(이성근, 2006: 430). 첫째, 투자사업에 대한 경제적·사회적·재무적 타당성을 사전에 분석·평가하여 경제성이 낮은 투자의 억제와 투자사업의 부실화를 사전에 예방할 수 있다. 둘째, 지방자치단체가 가용재원을 고려하여 부문별 투자우선순위를 정함으로써 계획결정과 예산편성의 기초자료로 활용하여 투자효율의 극대화와 예산의 절약을 이룰 수 있다. 셋째, 투자심사과정을 거침으로써 투자사업에 대한 사업계획의 완비 및 시행전 사전보완, 투자사업의 결정을 위한 자료를 체계적으로 분석할 수 있다.

### 2) 심사대상사업 및 기준

투자심사대상사업은 세출예산상 사업예산에 해당되는 사업비와 행사성 경비로서 다음 회계연도부터 시행하고자 하는 모든 신규 투융자사업을 포함하고 있으며, 특별한 사유가 있을 경우 당해연도 사업도 심사가 가능하도록 운영하고 있다. 또한 매년 또는 격년제로 개최되는 행사성 사업의 경우에는 사업비가 직전대비 20% 이상 증액된 경우를 제외하고는 3년마다 투자심사

**❙표 3.3 사업비 규모에 따른 심사주체별 투자심사의 종류**

| 구 분 | | 내 용 |
|---|---|---|
| 자체 심사 | 시·군·자치구 | • 총사업비 20억~40억원 미만의 신규 투융자사업<br>• 총사업비 20억원 이상으로 전액 자체재원 추진 사업*<br>• 총사업비 5억~10억원 미만인 외국차관 도입사업 또는 해외투자사업<br>• 총사업비 5억~40억원 미만인 2 이상 시·군·구와 관련되는 신규 투·융자사업<br>• 총사업비 3억~5억원 미만의 행사성 사업과 홍보관 사업 |
| | 특별시·광역시·도·특별자치도 | • 총사업비 40억~200억원 미만의 신규 투융자사업<br>• 총사업비 40억원 이상으로 전액 자체재원 추진 사업*<br>• 총사업비 10억~200억원 미만인 2 이상 시·도와 관련되는 신규 투·융자사업<br>• 총사업비 5억~30억원 미만의 행사성 사업과 홍보관 사업 |
| 의뢰 심사 | 시·도 | • 시·군·구의 총사업비 40억~100억원 미만인 신규 투융자사업<br>• 시·군·구의 총사업비 5억~30억원 미만인 행사성 사업과 홍보관 사업<br>• 2개 이상 시·군·구와 관련되는 총사업비 40억~100억원 미만 신규 투융자사업<br>• 총사업비 20억원 이상인 시·군·구의 청사 및 문화·체육시설 신축사업(전액 자체재원 추진 사업 포함) |
| | 중앙(안행부) | • 총사업비가 시·도 200억원, 시·군·구 100억원 이상인 신규 투융자사업<br>• 총사업비가 각각 200억원, 100억원 이상으로 2개 이상 시·도 , 시·군·구와 관련되는 신규 투융자사업<br>• 총 사업비 10억원 이상인 시·도, 시·군·구의 외국차관 도입사업 또는 해외투자사업<br>• 시·도 또는 시·군·구의 총사업비 30억원 이상의 행사성 사업과 홍보관 사업<br>• 총사업비 40억원 이상인 시·도의 청사 및 문화·체육시설 신축사업(전액 자체재원 추진 사업 포함) |

주: *청사 및 문화·체육시설 신축사업은 제외
자료: 지방재정투·융자사업 심사규칙.

를 실시하도록 규정하고 있다. 사업비에는 설계비, 보상비, 입찰공고비 등 부대적 경비를 포함한 총사업비 개념으로 하고 있다.

투자심사대상사업은 다음 회계연도부터 시행하고자 하는 모든 신규투자 단위사업으로 세출예산구조상 세부사업의 사업예산에 해당되는 일반투자사업, 행사성 사업이다. 일반투자사업은 세출예산서의 경제성질별 분류상 투자사업비가 이에 해당되며, 형식적으로 당해 자치단체가 사업주체가 아니라 하더라도 실질적으로 재정지출이 수반되는 사업을 포함한다. 행사성 사업은 시설물·구조물 등을 임시적으로 설치·구축하는 경비와 각종 행사개최를 위하여 지출되는 경상경비를 포함하는 사업으로 정하고 있다. 투자심사의 주체는 당해 자치단체의 장이 되며, 사업비 규모에 따라 자체심사 또는 의뢰심사하여 그 결과를 기초로 예산편성에 반영하여야 한다.

또한 투자심사를 거쳐서 타당성을 인정받았으나 사업비가 50% 이상 늘어나거나,[4] 투자심사 후 3년 이상 사업추진이 지연 및 보류된 사업의 경우는 재심사를 거쳐야만 한다.

한편, 재해복구 등 원상복구를 목적으로 하는 사업과 안전행정부령으로 정하는 사업에 대해서는 재정투융자 심사를 적용하지 않는다(지방재정법 시행령 제41조).[5]

### 3) 투융자심사의 절차

투융자심사는 국가장기계획 및 경제·사회정책과의 부합성, 중·장기 지역계획 및 지방재정계획과의 연계성, 소요자금 조달 및 원리금상환능력, 재무적·경제적 수익성, 사업의 필요성 및 시급성, 주민숙원·수혜도 및 사업요구도, 사업규모 및 사업비의 적정성, 종합평가·분석의 8개 대항목을 기준

4) 투자심사 후 사업비가 50% 미만 늘어난 사업 중에서도 시·군·구 자체심사 투자사업 중 사업비가 20억원 이상 늘어난 사업, 시·도 자체심사 사업 중 사업비가 40억원 이상 늘어난 사업, 시·도의뢰심사 중에서 사업비가 50억원 이상 늘어난 사업, 중앙의뢰심사 중에서 사업비가 300억원 이상 늘어난 사업 등은 재심사 대상이다.

5) 심사제외 대상사업은, 안전행정부령으로 정하는 심사제외 대상사업으로는 관련 법령에 따라 추진하는 사업 20개(경지정리, 지적재조사사업, 국도대체우회도로, 광역상수도사업, 재해위험지역 및 하천정비, 수도권 대기환경개선 사업 등), 소방장비, 119구급장비 및 소방용 헬기구입. 공유재산의 대체취득, 민간자본 또는 외국자본인 사업, 국가지원재원사업 등이 있다. 또한 기타 심사제외 대상사업으로는 재해복구 등 기능복원 목적사업, 단순개·보수 및 소모품 교체사업, 국가주관행사로서 지자체에서 개최되는 행사성 사업, 민간자본(외국자본)과 국비로 이루어진 사업 등이 있다. 다만 「사회기반시설에 대한 민간투자법」 관련 사업 중 기획재정부 민간투자사업심의위원회의 심의 대상이 아닌 사업은 투융자심사대상에 포함된다.

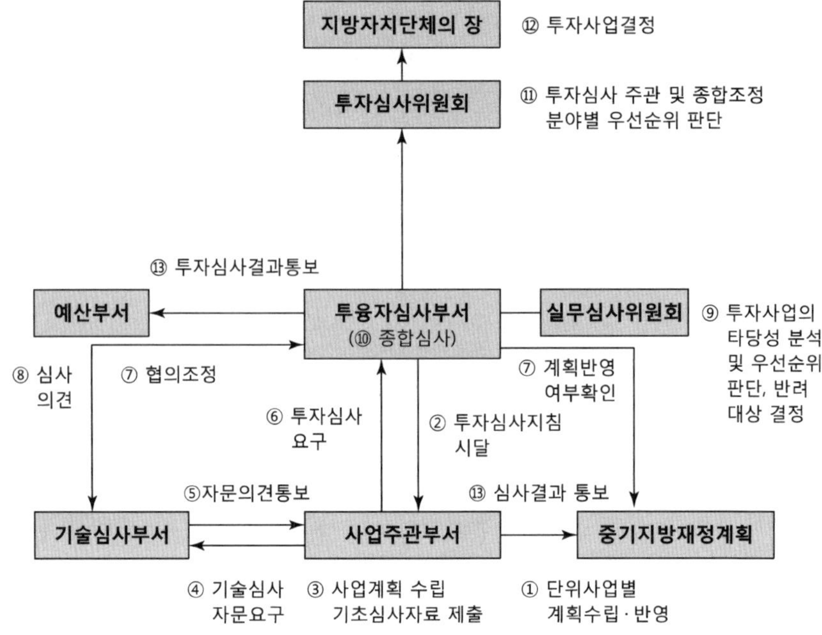


**▎그림 3.3 투융자심사의 절차**

자료: 안전행정부(2013: 24).

으로 수행된다(안전행정부, 2013).

심사의뢰 시기는 크게 정기심사와 수시심사로 구분할 수 있다. 해당사업의 기본계획 수립 이후부터 실시설계 용역 전까지 심사를 의뢰하여야 한다. 정기심사는 매년 3회(3월 31일, 7월 31일, 10월 31일)로 나누어 실시하되, 필요하다고 인정하는 경우 수시심사(투자심사의뢰서 제출일로부터 40일 이내)를 추가로 실시할 수 있다.

투융자심사의 절차는 지방자치단체의 사업 주무부서에서 단위사업별 계획을 수립하면서 시작된다(박병희 외, 2011). 해당부서에서 투융자심사자료를 작성하여 심사부서에 제출하면, 심사부서는 관련부서 공무원과 심사부서 공무원으로 실무투자심사위원회를 구성하여 사전실무심사를 수행하며, 총사업비가 500억원 이상일 경우 전문기관에 타당성 조사를 의뢰한다. 그리고 심사를 의뢰하고자 하는 경우 자치단체장은 단위사업계획서, 투자사업우선순위표, 회계별 가용재원판단서, 기타자료 등을 첨부하여 1차 심사는 시·도의 경우 2월 1일까지, 시·군·구의 경우 1월 15일까지[6] 투자심사의뢰서를 제출하여야 한다. 심사의뢰를 받은 기관은 투자심사결과를 심사완료일로부터 14일 이내에 지방자치단체장에게 통보하여야 하며, 투자심사결과는 적정, 조건부추진, 재검토, 부적정으로 구분하여 통보한다. 그리고 투자심사결과는 중기지방재정계획의 수립 등 지방재정관련 계획수립시에 반영하여야 한다.

## 3. 전망과 과제

### 1) 전 망

예비타당성조사제도는 공공투자사업을 대상으로 사전에 객관적·중립적으로 조사하여 경제성 분석, 정책적 분석 및 지역균형발전 분석과 투자우선순위 결정, 투자시기 및 재원조달 등 사업의 타당성을 검증함으로써 새로운 사업의 신중한 착수와 재정투자의 효율성을 높이기 위한 제도이다. 이 제도는 사업의 타당성이 뒷받침되지 않은 공공사업이 사전에 예산배정에서 제외되도록 함으로써 예산절감에 크게 기여하는 것으로 평가된다.

투융자심사제도는 재원이 한정되어 있다는 현실적인 상황하에서 예산편성 전에 사업의 타당성·필요성 등을 사전심사하여 지방재원을 효율적으로 배분하고 투자효율을 극대화하기 위한 제도이다.

예비타당성조사제도와 투융자심사제도의 시행으로 경제성이 낮은 사업을 사전에 예방하게 되었고, 예산 절약과 재정지출의 효율성 제고 등 긍정적인 효과를 가져왔다.

따라서 공공투자심사제도의 도입취지와 추진효과 등을 고려할 때 심사의 범위와 내용 등의 측면에서 확대되고 심도 있는 제도운영이 지속될 것으로 전망된다.

6) 시·도의 경우 2차 심사는 5월 31일까지, 3차 심사는 8월 31일까지 안전행정부장관에게, 시·군·구의 경우 2차 심사는 5월 10일까지, 3차 심사는 8월 10일까지 시·도지사에게 투자심사의뢰서를 제출하여야 한다.

### 2) 과 제

예비타당성조사제도는 주무부서에서 실시하고 있는 타당성조사 결과에 대한 불신과 통일된 조사항목 및 기준의 부재로 인한 문제점을 개선하기 위해 도입되었다. 이 제도의 발전을 위한 과제를 제시하면 첫째, 예비타당성조사의 실효성을 높이기 위해서는 철저한 운영계획을 세워야 하는데, 운영계획에 의해 편익과 비용의 규모 및 유형이 결정되기 때문이다. 운영계획의 초기정립은 추후 사업 진행을 원활히 도와주고 경제적·정책적 효과를 좀 더 정확히 분석할 수 있는 근거가 된다(손숙리 외, 2007: 136-137). 둘째, 예비타당성조사는 모든 사업을 보편적인 평가항목인 경제성분석, 정책적분석, 지역균형발전분석과 각 항목의 세부항목으로 구성된 AHP기법을 적용하여 종합평가한다. 하지만 각 사업의 특성을 고려한 다양한 세부 평가항목 및 기준 등을 설정할 필요성이 제기된다(오미영 외, 2010: 112 수정인용). 셋째, AHP평가기법 자체의 문제점도 있는 만큼 종합평가의 방법론에 대해서도 지속적인 고민을 통해 보다 합리적인 의사결정이 될 수 있도록 개선되어야 할 것이다.

투융자심사제도는 공공투자사업의 시행 여부를 결정하게 되는 사전평가로서 합리적인 운영과 발전방안에 대한 관심이 커지고 있다(안전행정부, 2014: 20-24). 이에 따라 2014년 5월 개정된 「지방재정법」에서는 심사의 객관성과 전문성을 제고할 수 있도록 안전행정부장관이 지정하는 타당성조사 전담기관으로 한국지방행정연구원 내 지방재정투자심사지원센터의 설치·운영이 도입되었다. 또한 지방자치단체가 채무부담행위·보증채무부담행위·예산외 의무부담을 한 투자사업이 실질적인 재정부담을 수반하는 사례가 지적됨에 따라 일반투자사업과 마찬가지로 투융자심사 대상에 포함하도록 규정하였고, 지방재정영향평가제도도 도입하였다.

투융자심사제도의 주요 개선과제를 제시하면 다음과 같다(이세구 외, 2010: 157-158). 첫째, 심사 관련부서의 전문성 강화가 필요하다. 주기적인 업무교육을 통해 투자분석기법을 습득하고 분석능력을 함양하는 등 실무인력의 전문성 강화가 요구된다. 둘째, 타당성조사 결과의 신뢰성 확보가 필요하다. 해당 분야의 전문가들이 타당성 조사기관과 결과에 대한 주기적인 검증을 실시하도록 의무화하고 결과반영기간의 제한도 요구된다. 셋째, 관련부서 간 업무연계 강화가 필요하다. 효율적인 재정투자를 위해서는 사업부서, 투자심사부서, 예산담당부서 상호간의 원활한 업무협조환경이 조성되어야 하는데 투자사업의 통합관리시스템 구축 및 활용이 요구된다. 넷째, 사후관리의 강화이다. 사업의 사후적인 점검과 분석 등 사후평가 수준을 강화하여 향후 유사사업의 계획 및 추진에 참고자료로 활용하도록 한다. 물론 사업의 전 과정에 걸친 모니터링 장치도 필요하겠다.

## 제 3 절 지방재정관리제도

### 1. 의 의

#### 1) 개 념

지방재정관리제도는 지방자치단체가 재정을 건전하고 효율적으로 운영하기 위하여 예산편성과 집행 및 결산과정에서 지방자치법, 지방재정법 등에 규정된 각종 예산관리기술을 의미한다. 또한 지방재정이 지역주민의 복지를 증진하기 위하여 필요한 재화와 서비스를 제공하는 데 소요되는 재원을 조달할 수 있는가, 지방세출 중 큰 비중을 차지하고 있는 주요 투자사업이 투자가치가 있는가, 효율적으로 운영되고 있는가를 점검하고 평가하는 일련의 제도를 말한다(김동기, 2005: 293).

#### 2) 필요성

지방재정관리제도는 건전하고 효율적인 재정운영의 실현을 위해 필요하다. 계획적 재정운영과 한정된 재원의 투자효율을 극대화하기 위한 투자기술 등 개별제도들이 시계열적 · 단계적으로 연계되어 유기적 · 체계적으로 통합될 때 지방재정관리제도의 기능도 전체적으로 활성화될 수 있다. 지방재정관리의 접근방법은 예산편성과정의 순차적 단계에 따라 예산편성과정에서의 재정관리와 편성된 예산의 집행과 결산과정에서의 재정관리로 구분할 수가 있다.

## 2. 주요내용과 특징

### 1) 예산편성 관련제도

예산편성은 관련 법규 · 조례 · 지방자치단체예산편성기준에 의거 편성하되 구체적인 예산편성활동은 지방자치단체가 자율적으로 결정하기 때문에 지방재정관리제도는 주로 예산편성과정에 초점이 모아지고 있다.

예산편성과 관련된 지방재정관리제도의 중요한 내용으로는 중기지방재정계획제도, 지방재정 투융자심사제도, 지방채발행제도, 주민참여예산제도, 성인지 예산제도 등이 있다.

#### (1) 중기지방재정계획제도

중기지방재정계획제도는 「지방재정법」에 근거하여 '국가계획-지역계획-재정계획-예산편성' 체계의 확립으로 국가재정과 재정운영의 연계성을 확보하도록 한다. 중기지방재정계획제도는 지방자치단체의 재정활동에 대한 지방의회의 통제기능을 강화하고 예산운영계획을 중 · 장기적인 관점에서 수립하며, 이를 기초로 재원배분방향을 설정함으로써 한정된 재원을 효율적으로 사용하여 지역개발과 주민의 복지를 최대한으로 향상시키기 위한 예산제도의 보완적 기능을 수행하는 재정관리제도이다(이성근 외, 2009: 222).

#### (2) 투융자심사제도

투융자심사제도는 「지방재정법」에 근거하여 지방재정의 건전성과 효율성을 제고하기 위하여 사용되고 있는 사전적 재정관리제도의 하나이다. 투융자심사제도란 국가 및 지방자치단체의 재원이 한정된 상황하에서 계획적이고 효율적인 지방재정운용을 위해 일정 규모 이상의 사업에 한하여 예산편성 전에 사업의 타당성과 효율성 등을 심사하는 것이다. 투융자심사제도는 지방재정의 계획적·효율적 운용을 보장하고, 국가계획과 지방계획의 연계, 합리적 예산편성을 통한 투자효율의 극대화에 의의가 있다(이성근 외, 2013: 345-347).

(3) 지방채발행제도

지방채란 지방자치단체가 주민복지의 증진이나 지역개발 등의 기능수행에 소요되는 재정수입의 부족을 보충하기 위해 자치단체의 과세권을 담보로 하여 외부로부터 자금을 차입하면서 부담하는 채무이다. 지방자치단체는 건전한 재정운영을 위해 「지방재정법」의 규정에 따라 모든 세출의 재원은 당해연도 내에 조달되는 수입으로 충당하는 것이 원칙이나 열악한 지방재정의 현실을 감안할 때 지방자치단체의 항구적 이익이 되거나 긴급한 재해복구 등 불가피한 경우에 한하여 지방채를 제한적으로 발행하여 충당할 수 있도록 제도화하고 있다(이성근 외, 2009: 75-76).

(4) 주민참여예산제도

주민참여예산제도는 주민참여의 일종으로서 지방자치단체의 예산운영과정에 지역 주권자이면서 납세자인 주민이 참여하는 제도를 말한다. 지역주민의 요구와 선호를 정확하게 반영하여 사회적으로 보다 효율적인 자원배분을 도모할 목적으로 도입되었다. 주민참여예산제도는 예산의 실효성 확보와 재정민주주의를 실현하기 위한 제도적 표현으로 예산의 투명한 공개, 지역주민의 사업 제안과 사업 우선순위 결정, 집행과정에 대한 감시, 성과평가에 대한 의견 제시, 관련제도의 개혁안 제시 등으로 구체화된다. 이와 같이 주민참여예산제도는 예산의 편성·심의·집행·회계검사·결산 등 전 과정에 걸쳐 이루어질 수 있으나 주로 집행부에 의한 예산편성과정에서 이루어진다

(김정완, 2009: 95-97).

#### (5) 성인지 예산제도

성인지(性認知) 예산제도는 국가 및 지방의 재정이 성평등한 방식으로 운영되도록 하여 공정하고 효율적인 자원배분이 이루어지도록 하는 제도이다(이형우 외, 2011: 171). 기획재정부(2010)는, 성인지 예산제도란 예산이 여성과 남성에게 미치는 효과를 예산의 편성, 심의, 집행, 결산 과정에서 고려하여 국가재원이 효율적이고 성평등한 방식으로 사용될 수 있도록 예산의 배분구조와 준칙을 변화시키고자 하는 것이라고 정의하고 있다. 지방자치단체장은 2013년 회계연도부터 성인지 예산서 및 결산서를 작성·제출하여야 한다. 우리나라는 성인지적 인식이 신장되지 못하였고, 예산이 성별로 미치는 영향에 대한 연구가 부족한 실정으로 제도의 정착을 위한 많은 노력이 필요하다.

### 2) 예산집행 및 결산 관련제도

지방자치단체의 재정운영과 관련하여 편성된 예산의 집행은 회계관련법규 및 절차 등이 구체화되어 있고 집행의 책임확보가 중요하므로 지방자치단체의 자율성보다는 정해진 법규 및 절차에 의거하여 집행하게 되었다. 따라서 집행과정에서의 지방재정관리제도는 마련되어 있지 않다.

그리고 예산의 집행결과인 결산은 편성된 예산의 집행내용을 기능별·성질별로 정리한 회계정보자료이며, 예산집행 및 결산과 관련한 지방재정관리제도의 중요한 내용으로는 결산결과의 재정분석·진단제도와 운용상황을 주민에게 알려주는 공시제도가 있다. 이러한 지방재정관리제도 중 예산편성에 영향을 주는 제도를 사전적 관리제도, 예산집행결과 환류하는 제도를 사후적 관리제도라고 말한다.

#### (1) 지방재정분석·진단제도

지방재정분석·진단제도는 「지방재정법」에 근거하여 지방자치단체의 재정여건이나 운영상태 또는 구조적인 문제를 체계적으로 분석하고 그 결과 파악된 현상이나 문제점에 대하여 재정진단 및 중기재정계획수립 등의 적절한 대응책을 모색하는 데 목적이 있다(김종희, 2006: 519).

지방재정분석은 지방자치단체장이 안전행정부장관에게 제출한 재정보고서를 기초로 하여 해당 지방자치단체의 재정현황과 운영실태를 객관적으로 검증하는 일련의 과정을 말한다. 지방재정진단은 지방재정분석결과 재정의 건전성과 효율성 등이 현저히 저하된 지방자치단체 및 재정위기가 우려되는 지방자치단체를 대상으로 정밀분석을 실시하여 재정건전화를 위한 대책을 강구하는 일련의 과정을 말한다.

### (2) 지방재정운영상황 공시제도

지방재정운영상황 공시제도는 지방재정의 정보를 공개하는 것으로 지방자치의 실현을 위해 회계연도마다 1회 이상 세입·세출예산의 편성 및 집행상황, 지방채 및 일시차입금의 현재액 등 재정운영에 관한 중요사항을 주민에게 공시하는 것을 말한다. 이를 위해 지방재정 정보공표체계와 청구공개체계를 구축하고 있다. 2014년 4월 개정된 지방재정법에 의하면 지방재정정보를 한눈에 알아 볼 수 있도록 통합공시를 신설하고, 그 내용으로는 지역통합재정통계, 지방공기업 경영정보, 투자심사사업, 지방보조금 관리현황, 성인지 예산서 등 주민 관심도가 높은 항목을 공시항목에 추가하고, 지방자치단체 관련 기관들의 관련 정보공개 항목도 확대하도록 하였다. 또한 안전행정부장관이 그 공시를 종합하여 지방자치단체 전체에 대한 통합공시가 이루어지도록 하고 있다.

지방재정운영상황 공시제도는 지역주민의 입장에서는 재정운영성과의 평가 및 감시, 시장정보·투자정보 제공 등의 측면에서 필요하고, 지방자치단체입장에서는 재정운영의 효율성 제고를 위한 정책결정지원 및 연구지원, 지방재정 위기의 경보기능 등의 측면에서 필요하다(이성근 외, 2009: 248-250).

**❙ 표 3.4 지방재정관리제도의 주요내용**

| 구분 | 재정관리제도 | 내용 |
|---|---|---|
| 예산편성 관련 제도 | • 중기지방재정계획제도<br>• 투융자심사제도<br>• 지방재정영향평가제도<br>• 예산편성기준 및 과목구분과 설정<br>• 지방채발행제도<br>• 주민참여예산제도<br>• 성인지 예산제도 | • 중기투자 및 재정계획 기준제시<br>• 주요투자사업의 예산편성 타당성 검증<br>• 사업의 지방재정 파급효과 분석<br>• 예산편성의 기본기준(매뉴얼) 제시<br>• 지방채예산편성의 결정<br>• 주민참여와 성별영향 고려 |
| 예산집행 및 결산 관련 제도 | • 지방재정분석 · 진단제도<br>• 지방재정운영상황 공시제도(통합공시)<br>• 부채관리관 지정 및 재정건정성관리 계획 수립 | • 예산집행결과의 종합분석<br>• 예산편성집행결과 등의 공개절차 및 방법<br>• 지방재정 통합공개시스템 구축 |

### 3) 특 징

지방재정관리제도의 주요 특징은 다음과 같다. 첫째, 중기지방재정계획은 예산편성연도를 포함한 향후 3개년도의 재원배분 계획으로 다년도 예산편성이라는 성격으로 운영되고 있다. 둘째, 지방재정 투융자심사는 계획에 반영된 재정사업 중 재원조달 및 투자효과의 타당성이 입증된 사업을 예산편성 대상으로 확정한다. 셋째, 지방채발행은 지방재정의 안정성을 해치지 않기 위해 대통령령이 정한 한도액의 범위 내에서 지방의회의 의결을 거쳐 채무를 조달한다. 넷째, 예산편성기준(매뉴얼)은 자치단체가 자율적으로 예산을 편성하되 전국적인 균형과 예산의 낭비를 억제하고 나아가 지방예산이 본질적으로 담고 있어야 할 건전성과 효율성을 확보하기 위해 「지방재정법」 제38조에 의거 안전행정부장관이 시달하고 있다. 다섯째, 집행결산 및 재정분석은 예산집행결과의 결산·분석을 통해 회계책임소재와 내용을 명확히 하고, 차기 예산편성에 반영하는 시계열적·동태적 관리로 접근하고 있다.

### 4) 상호관계

지방자치단체의 예산과정은 통상 3년을 말하고 있으며, 회계연도 개시 전 1년차는 예산편성 준비과정으로 예산안에 반영할 사업에 대한 중기재정

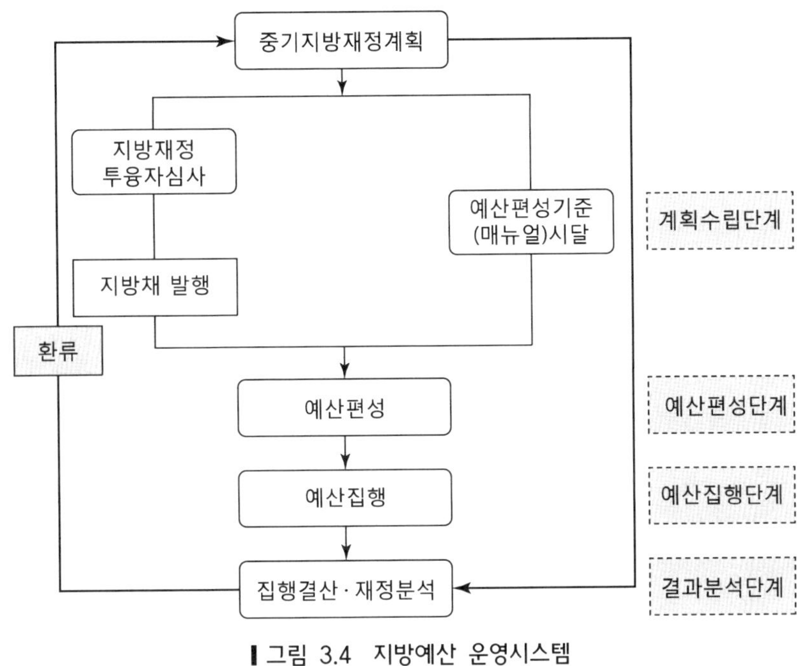


**▌그림 3.4 지방예산 운영시스템**

계획 수립 및 투융자심사를 거치고, 회계연도 개시 후 1년차는 편성된 예산의 집행결과를 결산하는 과정이다.

이러한 지방재정관리제도는 상호연계성을 가지고 중기지방재정계획 수립 → 지방재정투융자심사 → 예산편성 → 예산집행 → 집행결산 → 재정분석 → 재정환류의 과정 등 연속적으로 이루어지고 있다.

## 3. 전망과 과제

### 1) 전 망

지방재정관리제도의 접근방법은 예산편성의 전단계에서부터 편성단계, 집행단계, 집행 후 단계 등의 순차적 단계에 따라 구분할 수 있다. 그러나 이러한 단계에 따른 구분은 체계적인 이론이 정립되어 있지 않고 지방재정 운영과정에서 나타나는 것으로 향후 이에 대한 이론적인 정립이 반드시 필요한 부분이다.

지방재정관리제도의 목적은 지방재정을 분석·진단하여 미흡한 부분을 보완하고 중장기 계획에 따라 계획적으로 운영하며, 한정된 재원을 우선순위에 따라 건전하고 효율적으로 배분하는 것이다. 이를 위하여 각 개별 제도들이 시계열적·단계적으로 연계되어 있으며 유기적·시스템적으로 통합되어 있으므로 지방재정관리제도는 큰 틀에서 종합적으로 운영되어져야 한다.

### 2) 과 제

지방자치단체가 자기의 책임 아래 자주적으로 재원을 확보하고 이에 의거하여 합리적인 세출계획을 수립하며 운용·관리하는 시스템이 필요하다(김동기, 2005: 294). 따라서 지방화시대에 적합하도록 중앙정부의 과도한 개입과 획일적인 지침하달로 인하여 지방재정에 대한 자율성을 저해하지 않도록 하여야 할 것이다.

그리고 국가재정계획과 지방재정계획이 유기적·협력적으로 연계되고 국가차원의 장기적인 재정계획 시스템이 구축되어야 한다. 결국 국토종합계획과 국가재정계획이 연동되고 지역종합계획과 지역재정계획이 상호 연계되는 국가전체 차원의 중장기 재정계획의 수립과 이에 따른 지방재정계획 수립을 의무화하는 제도적인 시스템이 필요하다.

또한 국가재정계획의 수립에 따른 지방재정계획을 수립하는 제도적인 틀 속에서 지방자치단체의 재정능력과 특성을 충분히 고려하도록 자율성을 보장하고 경제환경의 변화에 따른 지방자치단체의 재정적 위기상황을 사전에 예측할 수 있도록 하는 재정운용에 대한 평가기능은 강화되어야 할 것이다.

# 제 4 절 공공투자의 재원

## 1. 공공투자재원의 의의

지방재정(local finance)이란 지방정부의 기능을 수행하기 위해 필요한 재원을 조달·지출·관리하는 것을 뜻한다. 국가재정이 국민경제의 성장·안정 및 소득분배에 주목표를 두고 있다면, 지방재정은 지역의 경제개발과 지방주민의 기본적인 욕구충족 및 복지증진에 그 목표를 두고 있다. 지방재정은 자원배분과 소득 재배분, 경제 안정의 기능 가운데 자원배분의 기능이 가장 중요하다.

지방정부가 지역개발을 추진하기 위해서는 지역개발사업에 대한 소요예산을 추정하고 이를 토대로 연차별 시행계획을 작성하도록 하며, 새로운 세원 발굴 등 지방재정의 확충방안을 고려하여 지방재정수입에 대한 예측을 수행하여야 한다. 지방재정수입 충당분 이외의 자금소요에 대해서는 민자유치, 중앙정부로부터 보조, 외자유치 등의 재원조달방안을 사업의 공공성과 수익성 등 각 사업의 특성에 따라 마련하여야 한다.

지방정부가 지역개발을 위해 사용할 수 있는 투자재원은 ① 지방자치단체의 자체재원, ② 중앙정부로부터의 재원, ③ 민간부문의 활용을 통한 재원 등으로 나누어 살펴볼 수 있다.

## 2. 지방자치단체의 자체재원

지방정부의 자체재원으로는 크게 지방세와 세외수입, 지방채, 지역개발기금 등으로 나눌 수 있다.

### 1) 지방세

지방세란 지방자치단체가 공공활동 수행에 필요한 재정수요를 충족하는

▌표 3.5 우리나라의 지방세 체계

| 구분 | | | 세제 내용 |
|---|---|---|---|
| 광역자치단체 | 특·광역시세 | 보통세 | 취득세, 레저세, 담배소비세, 지방소비세, 주민세, 지방소득세, 자동차세 |
| | | 목적세 | 지역자원시설세, 지방교육세 |
| | 도세 | 보통세 | 취득세, 등록면허세, 레저세, 지방소비세 |
| | | 목적세 | 지역자원시설세, 지방교육세 |
| 기초자치단체 | 구세 | 보통세 | 등록면허세, 재산세 |
| | 시·군세 | 보통세 | 담배소비세, 주민세, 지방소득세, 재산세, 자동차세 |

수단의 하나로 직접적인 보상이 없이 주민으로부터 강제적으로 징수하는 화폐수입으로서 가장 기본적인 재정수입이다. 지방세는 지방자치단체가 독자적으로 사용할 수 있는 자주재원의 성격을 가지고 있으며, 보조금과 달리 용도지정이 되어 있지 않은 일반재원이다.

현행 「지방세법」에 의하면 우리나라 지방세 제도는 11개 세목(2011년 지방세법 개정으로 14개 세목에서 축소)으로 구성되어 있다. 과세권자가 광역자치단체인 경우 특·광역시세 또는 도세로 구분되고, 기초자치단체인 경우 시·군세 또는 구세로 구분된다. 또한 조세의 사용목적이 한정되어 있는 목적세와 사용목적이 한정되어 있지 않고 일반적인 운영경비를 위해 징수하는 보통세로 분류할 수 있다.

### 2) 세외수입

세외수입은 지방자치단체 자체수입 중 세제의 성격을 갖지 않는 일체의 수입을 의미한다. 세외수입은 징수근거와 용도 형태가 다양한 것이 특징이며, 수입형성방법에 따라 광의, 협의, 최협의로 구분할 수 있다. 광의의 세외수입은 지방재정수입 가운데 지방세, 지방교부세, 국고보조금을 제외한 나머지 수입일체를 의미한다. 협의의 개념은 경상적인 세외수입만을 의미하고, 여기에는 일반회계와 특별회계에 의한 많은 종류의 수입이 포함된다. 최협의의 개념은 협의의 세외수입 가운데 특별회계에 의한 영업수입을 제외한 세외수입을 말한다. 여기에는 일반회계의 사용료, 수수료, 재산임대수입 등이 있으며 매년 반복적으로 징수되는 경상적 수입으로서, 세외수입 중 가장 보편적인 수입원을 말한다.

#### 3) 지방채

지방채란 지방자치단체가 정부 또는 민간부문으로부터 증서차입 또는 채권발행에 의하여 장기차입형태로 자금을 조달하는 것을 말한다. 지방채는 지방자치단체의 채무이나 우리나라는 안전행정부장관의 연초승인과 그 승인의 한도 내에서 지방자치단체 의회의 의결에 의해 발행하도록 하고 있어 지방채 개별승인제 대신 지방채발행 총액한도제를 운영하고 있다(지방재정법 제35조).

#### 4) 지역개발기금

지방자치단체는 급증하는 지역개발 투자수요에 필요한 재원을 효율적으로 조달하기 위한 방안의 하나로 지역개발기금을 설치·운영하고 있다. 그 이유는 계속 증대되고 있는 지역개발 투자수요에 현재의 빈약한 자주재원 규모나 재원조달기능이 미흡하기 때문이다. 지역개발기금을 구성하는 재원으로는 중앙정부의 재정자금, 지방세수 증대에 따른 추가세입, 금융기관차입과 차관, 공채발행 등을 들 수 있다.

## 3. 중앙정부의 의존재원

지방자치단체가 최소한의 행정수준을 유지하기 위해 필요한 재원을 보장해 주면서 아울러 자치단체 간의 재정력 격차를 시정하기 위해 국세수입의 일부 또는 기타 자금을 일정기준에 따라 지방자치단체에 배분하는 제도를 지방재정조정제도라 한다. 우리나라에서 국가와 지방자치단체 간의 지방재정조정제도로는 지방교부세, 국고보조금, 광역·지역발전특별회계가 있다.

### 1) 지방교부세

지방교부세(local share tax)제도는 지방재정조정제도 중 가장 핵심적인 것으로서, 국가수입 중 일부를 재정력이 취약한 자치단체의 행정운영에 필요한 재원으로 교부하여 지방자치단체 간 재정을 조정함으로써 지방행정의 균형적인 발전을 기하려는 제도라 할 수 있다. 지방교부세는 세원의 대도시 편재 등에 따른 문제를 합리적으로 조정하기 위한 조정재원으로서, 본질적으로는 지방세의 대체적 재원의 성격을 갖는 일종의 간접과징형태의 지방세라고도 할 수 있다.

### 2) 국고보조금

국고보조금은 국가정책상 필요가 있거나 또는 지방자치단체의 재정사정상 필요하다고 인정될 때 국가예산범위 안에서 지방자치단체에 교부하는 것으로 보조금 이외에 부담금, 조성금, 장려금, 위탁금 등이 포함된다. 보조금은 대부분 용도와 수행조건 등을 지정하는 조건이 붙게 되고, 일정 부분 자부담을 하여야 하며, 보조금 중 남은 잔액은 일반용도로 쓸 수 없다(김동기, 2008). 국고보조금은 지방자치단체의 재정력의 불균형을 조정할 목적보다는 일정한 지방행정수준의 유지와 특정사업의 장려를 목적으로 하고 있기 때문에 지역 간의 재정적 불균형을 조정하는 역할은 미약하다. 또한 국고보조금은 지방자치단체의 재정부담을 경감시키는 이점은 있지만 재정의 중앙통제 강화라는 문제점을 안고 있다.

### 3) 지역발전특별회계

지역발전특별회계는 지역의 특화발전 및 광역경제권의 경쟁력 향상을 위하여 지방자치단체에 예산을 지원하는 것으로서, 2005년부터 시행하던 국가균형발전특별회계를 2010년부터 광역·지역발전특별회계로 재편하였다. 광역·지역발전특별회계는 광역발전계정, 지역개발계정, 제주특별자치도계정으로 구분하고 있다. 한편 2014년 1월 개정된 국가균형발전특별법에 근거하여 2015년부터는 동 회계를 지역주민의 삶의 질 향상 및 지역경쟁력 강화를 위한 사업을 효율적으로 추진하기 위하여 지역발전특별회계로 재편할 계획이다. 지역발전특별회계는 생활기반계정, 경제발전계정, 제주특별자치도계정, 세종특별자치시계정으로 구분하여 운영할 계획이다.[7)]

지역발전특별회계는 참여정부 시절에 운용되던 지역혁신사업계정을 광역발전계정으로 전환하여, 규모화·광역화·협력화·상생화를 뒷받침할 목적으로 재원규모를 확대하였다. 또한 지역개발사업계정은 지역개발계정으로 전환하여 기초생활권의 지역개발사업, 지역문화·예술·체육 진흥, 기초관광자원 육성, 향토산업 육성, 농산어촌 생산기반확충사업, 상수도시설, 소상공인 지원사업, 대중교통 등이 지원대상이다.

지역발전특별회계는 지역행복생활권 기반을 확충하고, 지역경제 활력 및 회복투자 강화, 일자리·복지·의료지원 확대, 지역균형발전추진을 기본적인 방향으로 하고, 포괄보조금 사업을 확대하고자 하고 있다. 지역발전특별회계의 생활기반계정은 기존의 지역개발계정의 시도자율편성사업 20개, 시군구자율편성사업 4개를 확대하여 시도자율편성사업은 $20+\alpha$, 시군구자율편성사업은 5개 사업으로 하며 이는 자율사업을 다양화하기 위한 목적에 기반한다. 그리고 광역발전계정은 경제발전계정으로 개명하면서 기존의 5+2권역을 폐지하고 시·도 중심의 '지역협력권'으로 전환할 방침이다(기획재정부, 2014).

지금까지의 국가균형발전특별회계는 부처 간 이해관계에 따른 칸막이와 자치단체의 자율성 제약, 유사사업의 중복투자 등에 대해 지적을 받아왔다. 이에 따라 유사사업의 과감한 통폐합, 자치단체의 재정운영 자율성 확대, 자치계획권의 신장 등을 촉진하고자 지역개발계정 전체를 포괄보조금으로 운용하도록 하였다. 즉, 200여개에 달하였던 유사·중복사업을 대폭 통합하여 22개 사업군으로 재편하였다. 사업군 내에서는 지자체가 자율적으로 사업을 기획하여 추진할 수 있도록 하고 공모방식을 폐지하였다.

7) 기존의 광역·지역발전특별회계하의 광역발전계정은 경제발전계정으로, 지역개발계정은 생활기반계정으로 전환되고, 세종특별자치시계정이 신설되었다.

**표 3.6 광역·지역발전특별회계 편성체계 변경내용**

| 구 분 | 국가균형발전특별회계 | 광역·지역발전특별회계 | 지역발전특별회계 |
|---|---|---|---|
| 지역개발계정<br>(생활기반계정) | • 시·도자율편성사업<br>• 시·군·구자율편성 사업<br>• 국가 직접편성사업 | • 시·도자율편성사업<br>• 시·군·구자율편성 사업 | • 시·도자율편성사업<br>• 시·군·구자율편성 사업 |
| 광역발전계정<br>(경제발전계정) | • 시·도자율편성사업<br>• 국가직접편성사업 | • 국가직접편성사업 | • 국가직접편성사업 |
| 제주특별<br>자치도계정 | • 시·도자율편성사업<br>• 균형발전기반지원 사업<br>• 특행기관 이관사무<br>• 국가직접편성사업 | • 시·도자율편성사업 (기초생활권사업포함)<br>• 특행기관 이관사무<br>• 국가직접편성사업 | • 시·도자율편성사업 (시군구 기반구축사업 등 포함)<br>• 특행기관 이관사무<br>• 국가직접편성사업 |
| 세종특별<br>자치시계정 | – | – | • 시·도자율편성사업 (시군구 기반구축사업 등 포함)<br>• 국가직접편성사업 |
| 사회발전계정 | – | – | • 자율편성(일자리/복지·의료)<br>• 시군구자율편성사업 |

주: ( )는 2015년부터 시행예정인 지역발전특별회계의 명칭이며, 세종특별자치시계정은 신설 계정임.

예산지원 방식은 지자체 자율편성사업으로 시·도 자율편성사업과 시·군·구 자율편성사업으로 구분된다. 시·도 자율편성사업은 시·도 단위에 지역개발계정의 한도액(ceiling)을 설정하면, 시·도는 한도액 범위에서 관할 시·군에 대한 한도액을 산정하여 교부하는 방식이다. 그리고 시·군·구 자율편성사업인 기초생활권 개발사업은 기존의 농촌지역 및 낙후지역 대상 지역개발사업을 하나의 정책군으로 통합하여 도시활력증진지역, 성장촉진지역, 일반농산어촌지역, 특수상황지역으로 구분하여 교부되며, 그 내용은 〈표 3.7〉과 같다.

▌표 3.7 시·군·구 자율편성사업의 내용

| 주관부처 | 포괄보조 사업명 | 대상 | 보조율 |
|---|---|---|---|
| 국토교통부 | 도시활력증진지역 개발 | 99개 시·군·구 | 50% |
| | 성장촉진지역 개발 | 70개 시·군·구 | 100% |
| 안전행정부 | 특수상황지역 개발 | 15개 시·군 및 도서 | 80% |
| 농림축산식품부 | 일반농산어촌 개발 | 117개 시·군 | 70% |
| | 지역행복생활권 협력사업* | 56개 행복생활권 | 80~90% |

주: *는 2015년 지역발전특별회계 시행예정

한편, 2011년 신규사업부터는 시·군·구 자율편성의 내역사업을 폐지하고 포괄보조금의 용도자율성을 확대하는 차원에서 생활기반 확충, 소득창출, 지역경관 개선, 역량 강화 등 4대 기능으로 개편하여 운용하고 있다(지역발전위원회, 2013).

포괄보조금의 도입으로 지자체의 재정운영 자율권, 계획자치권 등이 신장하는 반면에, 책임성 확보를 통한 재정자원의 효율적 배분이 문제될 수 있다. 이 때문에, 정부는 지역개발계정은 소관부처가 포괄보조금 가이드라인을 제시하여 1차 평가를 실시하고, 지역발전위원회가 2차 종합평가하는 방식으로 사후평가에 대한 평가체계를 재정비하였다. 평가결과는 익년도 포괄보조금에 연계하여 시군별 인센티브 형태로 반영하여 지방재정의 자율성과 책임성 간 조화를 도모하고 있다.

## 4. 민간부문의 재원활용

지역개발에서 민간으로부터 재원을 조달하는, 방법은 지방자치단체 등 공공부문이 공공시설의 건설과 운영을 위하여 부족한 재원의 일부 또는 전부를 민간부문으로부터 조달하고 대신 민간부문에게 일정범위내 공공시설의 운영 및 수익을 보장하는 제도라고 할 수 있다. 민간자본을 유치하는 형태는 직접참여방법, 간접참여방법, 사무위탁방법, 그리고 민관협력방법(제3섹터) 등으로 나누어 볼 수 있다(박종화 외, 2004).

첫째, 직접참여방법은 민간부문에서 공공사업을 직접 시행하는 형태이다. 이 경우 민간부문이 건설, 자금조달, 그리고 운영까지 책임을 지는 형태로서 유료도로와 유료터널의 경우에 흔히 활용된다. 이 방법은 민간기업이 수익성 확보에만 치중하는 것을 방지하기 위해 요금이나 가격규제를 대개 병행하고 있다.

둘째, 간접참여방법은 민간부문이 자본참여만을 하는 경우이다. 시급한 지역개발사업이지만 지방자치단체가 재정적 여력이 없을 때, 민간의 자본을 직접 폭 넓게 활용하기 위하여 민간자본이 공공투자사업에 활용되는데, 정부보증채 발행, 공사·공단의 채권발행, 민간차입 등이 이에 해당한다.

셋째, 사무위탁형태의 계약(contracting out)방식이다. 이는 민간기업에 업무의 전부 또는 일부를 위탁해서 처리하는 형태로서, 폐기물 수거, 도로보수, 공항 운영, 탁아시설 운영 등과 같이 경비를 절약하고 서비스의 질을 개선할 수 있는 장점이 있다.

넷째, 민관협력(public-private partnership)형태이다. 이는 도시 및 지역문제를 해결하기 위하여 공공부문과 민간부문의 협력형태(제3섹터)로 사업을 추진하는 경우이다. 공공성이 요구되는 대규모의 사업에 민간부문의 기술·자금·경영능력 등을 활용하기 위하여 지방자치단체와 민간부문의 중간에 위치하여 공익성과 수익성을 동시에 확보하는 민관혼합출자 회사형태가 민관협력형태 내지 제3섹터방식이다.

### 1) 민관공동출자사업

민관공동출자사업은 공익을 추구하는 제1섹터인 공공부문과 사익을 추구하는 제2섹터인 민간부문이 결합한 제3섹터 형태라 할 수 있다. 지방자치단체와 민간부문이 공동으로 출자하여 설립하는 법인으로서 공익과 사익을 함께 추구할 수 있으며, 「지방공기업법」을 근거로 민관공동사업이 활발히 추진되고 있다. 민관공동출자사업은 지역개발사업과 관련하여 철도, 도로, 공항, 도시철도, 여객운항사업, 리조트, 관광개발, 교통터미널 건설 등 대상분야가 다양해지고 있는 추세이다.

민관공동출자사업의 기대효과는 ① 새로운 재원조달에 기여, ② 민간부문이 가지고 있는 창의력과 전문성 활용, ③ 공익성과 수익성의 조화로운 결합을 통한 민관 양 부문의 발전에 기여, ④ 지방자치단체로부터 독립성 보장을 통한 생산성 증대 등을 들 수 있다.

그러나 민관공동출자사업은 ① 민자유치의 어려움, ② 공익성 확보의 곤란, ③ 책임의 한계설정 곤란, ④ 대상사업 선정의 어려움, ⑤ 지방자치단체의 엄격한 통제장치, ⑥ 조세감면이나 보조금 등 재정지원 장치의 부재 등의 제약을 받고 있다(이승철, 2011).

### 2) BTL사업

BTL(build-transfer-lease)사업은 「사회기반시설에 대한 민간투자법」에 있는 민간투자사업 방식의 하나로서 임대형 민간투자사업이라고도 한다. 우선 민간부문이 자금을 투자하여 공공시설을 건설(build)하고, 시설의 완공시점에 소유권을 지방자치단체에 이전(transfer)하며, 일정기간 동안 시설의 사용 또는 이용권한을 가지고 그 시설을 지방자치단체에 임대(lease)하여 임대료를 받아 시설투자비를 회수하는 방식이다.

우리나라는 종전의 도로 등 교통시설 위주로 이루어지던 민간투자사업에서 민간이 직접 이용료 수익을 통해 투자금액을 회수하는 BTO(build-transfer-operate)방식을 주로 이용해 왔으나, 민간투자사업 대상이 수익에 취약한 교육·복지·문화 등 생활기반시설 분야까지 확대되면서 BTL방식의 민간투자사업이 활발해지는 추세이다.

BTL 방식의 시설 및 부대사업의 운영은 국가 또는 지방자치단체가 직접 운영하거나 사업자에게 위탁운영할 수 있으며 사업자에게 위탁하는 경우에 사업자는 일정기간 동안 적정 수익률에 의해 산정된 임대료와 유지관리비용을 더한 금액에 부대사업수익을 제외한 만큼을 정부 및 지방자치단체로부터 지급받게 된다.

BTL사업은 민간자본을 활용하여 지자체의 재정지원사업의 폭을 넓힐 수 있으며, 민간부문은 확실하게 투자비의 회수를 보장받을 수 있다. BTL사업은 교육시설, 환경시설, 주거시설, 문화 · 복지시설, 도시철도사업 등에 널리 활용되고 있다.

BTL사업에서 민간부문의 참여체계를 살펴보면 다음과 같다(이승철, 2011). ① 지자체는 민간부문으로부터 투자를 유치할 공익시설을 선정하고 기본사업계획을 수립하여 민간사업자를 모집한다. ② 민간사업자는 특정시설을 건설 · 운영하는 것을 목적으로 하는 프로젝트 회사(special purpose company; SPC)를 설립하여 회사에 참여한다. ③ 사업자로 선정된 SPC는 자기 책임 아래 설계-자금조달-건설-운영의 역할을 담당한다. ④ 지자체는 일정기간 동안 시설을 임차해 사용하면서 SPC에게 임대료를 지급함으로써 시설투자비를 보전해 준다.

### 3) BTO사업

BTO(build-transfer-operate)사업은 「사회기반시설에 대한 민간투자법」에 의한 민간투자사업 방식의 하나로서, 사회기반시설의 준공(build)과 동시에 당해시설의 소유권이 국가 또는 지방자치단체에 귀속(transfer)되며 사업시행자에게 일정기간의 시설관리운영권(operate)을 인정하는 방식으로 시행되는 민간투자사업이다.

BTO 방식은 주로 도로 · 철도 · 항만 등 교통시설 등 운영에 따른 충분한 사용료수익으로 투자금 회수가 예상되는 시설을 대상으로 시행되며, 정부의 민간투자사업계획에 의한 정부주도의 시행은 물론 민간제안방식으로도 시행 가능하다. BTO 방식의 민간투자자는 준공 후 약정된 시설관리 운영기간 동안 시설사용자로부터 직접 이용료를 징수하여 수익을 올리고 투자금을 회수하게 되므로 '수익형 민간투자사업'이라고도 한다.

### 4) BOT사업

BOT(build-own-transfer)사업은 시설의 완공 이후 일정기간 민간부문에 소유권이 인정되며, 그 기간 만료시점부터 지자체에 소유권이 이전되는 방식이다. 이러한 방식은 주로 재정적자의 누적이나 외채문제로 자금조달이 어려운 개발도상국들이나 국가사업의 민영화 정책을 추진하고 있는 국가들의 인프라 개발에 도입되고 있다. 그러나 BOT 프로젝트는 비교적 공사기간이 장기적이며 정치적 불안정성으로 위험이 큰 단점이 있다.

## 탐구학습

1. 주요 개념
   - 예비타당성제도
   - 투융자심사제도
   - 지방재정관리제도
   - 공공투자재원
   - 광역 · 지역발전특별회계
   - 민관공동출자사업
   - BTL사업
   - BTO사업
   - BOT사업

2. 토론과 과제
   - 공공투자분석의 대상사업
   - 예비타당성제도의 전망과 과제
   - 투융자심사제도의 전망과 과제
   - 지방재정운영시스템
   - 공공투자의 지방자치단체 자체재원
   - 공공투자의 중앙 의존재원
   - 민간부문의 재원 활용

## 참고문헌


건설교통부(2007), 도종합계획의 정체성 확립 및 효과적 실행방안 연구.

기획재정부(2010), 2011년도 예산안 편성 및 기금운용계획안 작성지침.

_________(2012), 2012년 예비타당성조사 운용지침.

_________(2014), 지역발전특별회계 예산편성 관련 설명자료집.

김동기(2005), 지방분권시대의 한국지방재정학, 경기: 법문사.

_____(2008), 지방분권시대의 한국지방재정학, 경기: 법문사.

김수신(2011), 도시행정론, 서울: 한국통신대학교출판부.

김재훈 · 이호준(2012), 공공투자사업의 정치경제학, 한국개발연구원.

김정욱 · 박현(2008), 공공투자사업의 입 · 낙찰 자료 연구, 한국개발연구원.

김정완(2009), "주민참여예산제도의 평가와 발전방안", 지방정부연구, 제12권 제4호.

김종희(2006), 지방재정론, 서울: 범론사.

노시평(2006), 정책학의 이해, 서울: 비앤앰북스.

노춘희 · 강현철(2012), 새로 쓴 도시학, 서울: 형설출판사.

노화준(2006), 정책평가론, 서울: 법문사.

_____(2010), 정책분석론, 서울: 박영사.

대통령자문 지속가능발전위원회a(2005), 공공갈등관리의 이론과 기법 上, 서울: 논형.

___________________________b(2005), 공공갈등관리의 이론과 기법 下, 서울: 논형.

박병희 · 박완규 · 임병인(2011), "지방재정투융자심사제도의 문제점과 개선방안 모색", 재정정책논집, 제13권 제4호, 한국재정정책학회.

박종화(2009), 도시경영론, 서울: 박영사.

박종화(2004), 지역개발론, 서울: 박영사.

손숙리 · 김주형 · 신성우 · 김재준(2007), "문화 · 관광부분사업의 예비타당성조사 실태분석 및 개선방안 연구", 한국건설관리학회논문집, 제8권 제6호, 한국건설관리학회.

심상달(2007), 공공투자사업관리 개선방안, 한국개발연구원.

안전행정부(2013), 지방재정 투 · 융자사업 심사 매뉴얼.

_________(2014), 투융자심사제도 개요 및 발전방안.

양지청(2002), 국토계획 평가체계 구축방안 연구, 경기: 국토연구원.

오미영 · 손의영 · 김재영 · 정창용(2010), "교통시설사업에 대한 예비타당성조사 종합평가의 개선 필요성", 국토계획, 제45권 제6호, 대한국토 · 도시계획학회.

이달곤(2004), 지방정부론, 서울: 박영사.
이성근(2006), 정책계획론, 서울: 법문사.
이성근 · 박의식(2009), 최신 지방재정론, 한국행정DB센터.
이성근 · 이관률 · 서경규 · 김상곤 · 안성조 외(2013), 최신 지방개발론, 집현재.
이성근 · 이춘근(2008), 최신 지역경제론, 서울: 법문사.
이세구 · 윤형호(2010), 서울시 공공투자사업관리 합리화 방안, 서울시정개발연구원.
이순자 · 박형서 · 문정호 · 장은교(2011), 공정사회를 향한 지역개발사업 갈등관리 실태평가 및 실효성 제고방안, 경기: 국토연구원.
이승철(2011), 지방행정론, 대전: 글누리.
이종수(2009), 행정학사전, 서울: 대영문화사.
이형우 · 김규옥(2011), "성인지 예산제도에 대한 고찰: 주요국 사례 및 우리나라 운영현황을 중심으로", 사회과학연구, 제18권 제1호.
정환용(2009), 계획이론, 서울: 박영사.
지역발전위원회(2013), 지역발전정책의 성과와 과제.
http://www.kdi.re.kr(한국개발연구원).
http://www.law.go.kr(국가법령정보센터).

# 제 2 부

# 공공투자분석 이론

# 공공투자분석의 기초개념

## 제1절 소비자선택

인간이 경제활동을 하는 궁극적인 목적은 소비에 있다. 아담 스미스는 “소비는 모든 생산의 유일한 종점이고 목적이다”라고 하였다. 소비자들이 소비를 통해 만족을 느낄 수 있는 재화의 묶음(bundle)은 무수히 많다. 소비자는 환경과 선호도에 따라 다양한 선택이 가능하다. 이하에서는 소비자가 주어진 환경 속에서 어떠한 선택을 할 것인가에 대한 이론을 살펴본다.

### 1. 소비자의 선호와 효용

#### 1) 효용과 소비자 선호

효용(utility)이란 소비자가 재화나 서비스를 소비함으로써 주관적으로 느끼는 만족감이다. 재화의 중요성은 소비자의 주관적 가치, 즉 개인의 주관적인 판단에 의해 결정된다.

하지만 소비자가 소비를 위해 지출할 수 있는 소득에는 제한이 있다. 한정된 소득상황에서 소비자의 선호를 반영한 소비의 최종목표는 효용을 극대화하는 것이다.

### 2) 총효용과 한계효용

총효용(total utility)이란 소비자가 한 종류의 재화를 일정기간 동안에 걸쳐 여러 개 소비할 때, 그 재화의 소비에서 얻는 주관적 만족의 총계를 말한다. 총효용은 재화의 소비량이 증가함에 따라 증가하지만 어느 한계에 도달하면 총효용은 극대로 되고, 더 이상 소비하면 총효용은 오히려 감소하는 경우도 있다(김대식 외, 2012: 152-154).

인간은 재화의 가치를 재화의 최종단위의 소비에서 얻어지는 욕망의 충족정도(한계효용)로써 평가한다. 즉, 한계효용(marginal utility)이란 소비자가 한 가지 재화의 일정량을 일정기간 동안에 걸쳐서 소비할 때, 그 재화의 최종단위의 소비에 의해서 총효용에 추가될 것으로 예상되는 효용이다.

한계효용은 총효용의 증가분을 소비량의 증가분으로 나눈 값과 같아진다. 또한 한계효용의 크기는 재화의 존재량에 반비례하고, 욕망의 강도에 정비례한다. 일정기간 동안에 소비되는 재화의 수량이 증가함에 따라서 그 소비증가에서 얻게 되는 한계효용은 감소한다. 이와 같이 재화의 소비량이 증가하면 소비자의 만족도는 증가하지만 그 증가의 정도는 감소하는 사실을 한계효용체감의 법칙(또는 곳센의 제1법칙)이라고 한다(김대식 외, 2012: 154-156; 류지수 · 임규채, 2009: 61).

총효용과 한계효용의 관계는 〈표 4.1〉과 같이 어느 수준까지는 재화의 소비량이 증가하면 총효용이 증가하고, 반대로 한계효용은 감소하며, 한계효용이 0이 되면 총효용이 극대로 되며 이후 총효용도 감소한다. 이때 한계효용의 총합계는 총효용과 같다는 것을 알 수 있다.

**표 4.1 재화 X의 총효용과 한계효용**

| 효용 \ 단위 | 0 | 1 | 2 | 3 | 4 | 5 | 6 | 7 |
|---|---|---|---|---|---|---|---|---|
| 총효용 | 0 | 5 | 9 | 12 | 14 | 15 | 15 | 14 |
| 한계효용 | 0 | 5 | 4 | 3 | 2 | 1 | 0 | −1 |

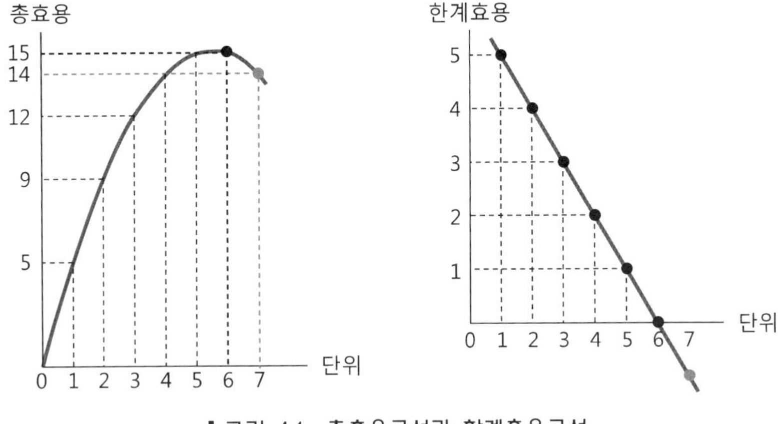


그림 4.1 총효용곡선과 한계효용곡선

## 2. 무차별곡선

### 1) 무차별곡선의 개념

무차별곡선(indifference curve)이란 소비자에게 똑같은 수준의 효용을 주는 상품묶음들의 조합을 나타내는 좌표상의 점들을 연결하여 그림으로 나타낸 것이다. 즉, 지역사회에 동일한 효용을 주는 두 가지 투자사업의 여러 가지 조합을 나타내는 좌표상의 점들을 연결한 것으로 [그림 4.2]와 같이 표현된다.

무차별곡선은 일반적으로 원점에서 멀리 떨어질수록 보다 높은 수준의

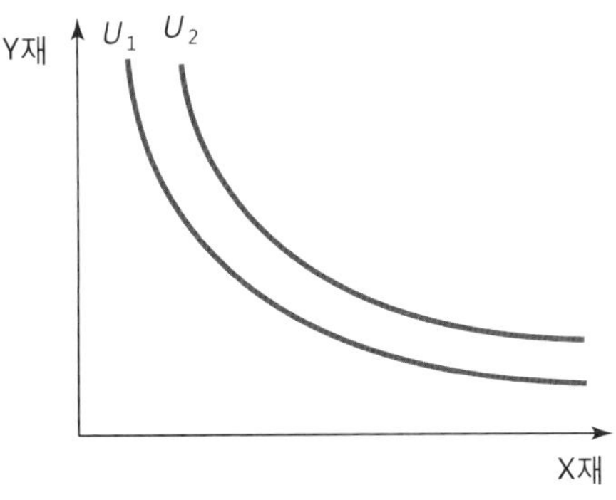


그림 4.2 무차별곡선

만족수준을 나타나게 되므로 $U_1$보다는 $U_2$가 보다 높은 만족수준을 나타내게 된다.

### 2) 무차별곡선의 특성

무차별곡선은 크게 네 가지의 기본적 특성을 가지고 있다(김대식 외, 2012: 176-181; 류지수 · 임규채, 2009: 63-67).

첫째, 각 재화의 한계효용이 정(+)인 이상 무차별곡선은 우하향하는 기울기를 가진다. 두 사업이 정(+)의 한계효용을 가지고 있는 경우 X사업을 증가시키면 Y사업을 감소시켜야 동등한 만족도를 유지할 수 있다. 그러므로 동일한 무차별곡선상에 있기 위해서는 X사업을 증가시키면 Y사업을 감소시켜야 하고, 반면에 X사업을 감소시키면 Y사업을 증가시켜야 한다. 따라서 X사업과 Y사업 간에는 대체(代替)관계에 있게 되므로 우하향하는 기울기를 가지게 된다.

둘째, 무차별곡선상의 임의의 점의 기울기는 한계대체율을 나타낸다. X사업과 Y사업의 조합에서 일정한 만족을 유지하려는 어떤 지방자치단체가 Y사업의 일정분량(ΔY)을 감소시키는 대신에 X사업의 일정분량(ΔX)을 증가시킴으로써 종전과 동일한 만족수준을 유지할 수 있을 때, X사업의 증가분(ΔX)에 대한 Y사업의 감소분(−ΔY) 또는 비율(−ΔY/ΔX)을 Y사업으로 표시한 X사업의 한계대체율(marginal rate of substitution: MRS)이라 한다. 따라서 무차별곡선의 기울기는 한계대체율을 의미하는 것이다.

셋째, 무차별곡선은 보통 원점에 대해서 볼록하다. 일반적으로 재화의 소비량이 증가함에 따라 그 재화의 한계효용은 체감하고, 반대로 재화의 소비량이 감소함에 따라 그 재화의 한계효용은 증가한다. 따라서 X사업을 점차 증가시키는 반면에 Y사업을 점차 감소시키면 한계대체율이 점차 감소하게 되며, 무차별곡선은 원점에 대해서 볼록하게 된다. 이와 같이 소비자의 만족을 변화시키지 않으면서 어떤 재화의 소비는 줄이고, 다른 재화의 소비는 늘리는 한계대체율이 체감하는 현상을 한계대체율 체감의 법칙(law of diminishing marginal rate of substitution)이라고 한다.

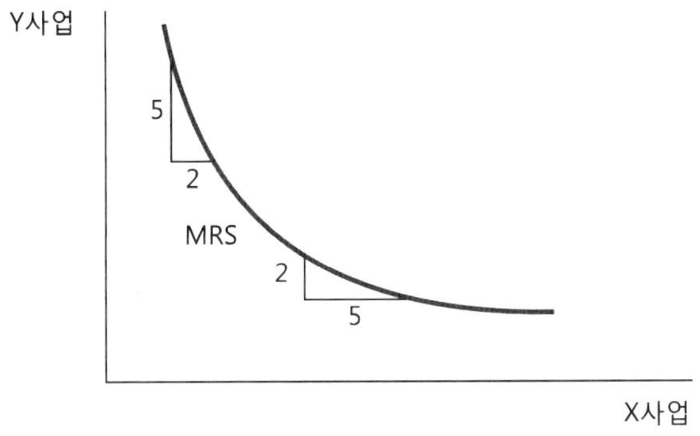


▎그림 4.3 한계대체율 체감의 법칙

넷째, 상이한 두 무차별곡선은 서로 교차하지 아니한다. 두 무차별곡선이 교차하면 교차점에 있어서는 두 무차별곡선의 효용이 서로 같다는 것을 의미하게 된다. 따라서 서로 다른 효용지표를 갖는 두 무차별곡선이 교차한다는 것은 모순이다.

## 3. 예산선

### 1) 예산선의 개념

소비자는 재화의 소비과정에서 효용극대화를 추구하지만 주어진 소득의 범위 안(예산제약(budget constraint))에서 재화를 구입해 사용한다.

예산선(budget line), 또는 가격선(price line)이란 주어진 소득 또는 예산을 전부 사용하여 구입할 수 있는 재화(투자사업, 상품 등)의 조합들을 나타내는 직선이다(김대식 외, 2012: 183). 예컨대 공공투자사업으로 1,000만원의 예산을 가진 지방자치단체가 ㎞당 100만원이 소요되는 도로포장사업과 ㎞당 200만원이 소요되는 교량건설사업을 수행한다고 가정할 때, 지방자치단체의 도로포장사업과 교량건설사업의 조합은 [그림 4.4]와 같이 표현할 수 있다. 이처럼 두 투자사업의 조합이 가능한 경우를 연결한 직선이 바로 예산선이다.

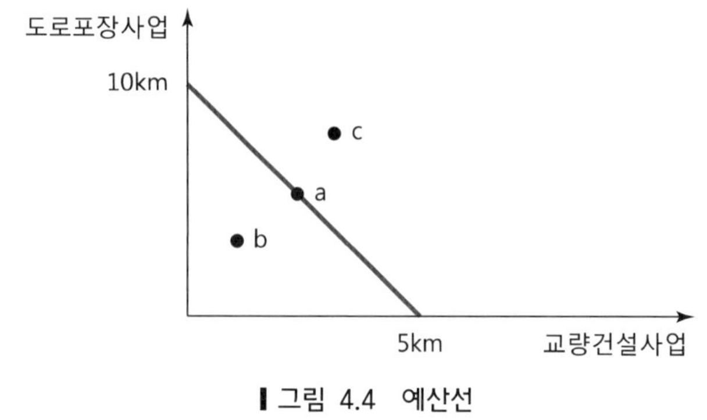


**그림 4.4 예산선**

### 2) 예산선의 변화

예산선은 소비자의 소득과 재화의 가격에 의해 제한된다. 소비자의 소득이나 가격이 변화하면 예산선도 함께 변하게 됨을 의미한다. 예를 들면, 예산선은 지방자치단체 예산규모의 증감(shift)이나 해당 건설사업비의 변화(movement)로 변화하게 된다.[1)]

예산선이 변화하는 경우를 구분하여 살펴보면 첫째, 소득의 변화이다. 지방자치단체의 예산이 1,000만원에서 1,200만원으로 증가하면 각각 도로포장 2km, 교량건설 1km 등으로 증가하게 되므로 예산선은 원점에서 더 멀리 평행이동하게 된다([그림 4.5]의 A). 반대로 도로포장비와 교량건설비는 변화하지 않는 상태에서 지방자치단체의 예산만 감소하는 경우에는 예산선이 원점에 더 가깝게 평행이동하게 된다.

둘째 가격의 변화이다. 지방자치단체의 예산이나 도로포장비의 가격은 변화가 없고 교량건설비가 km당 200만원에서 250만원으로 변화하게 되면 교량건설량이 줄어들어 예산선의 기울기는 기존보다 더욱 가파르게 바뀌게 된다([그림 4.5]의 B). 또 다른 예를 들면 지방자치단체의 예산은 변동이 없는데 도로포장비와 교량건설비가 동일한 비율로 상승하게 되는 경우에는 예산선이 원점에 더 가깝게 평행이동하게 된다.

1) 이 경우 전자를 소득효과(income effect)라 하고, 후자를 가격효과(price effect)라고 한다.

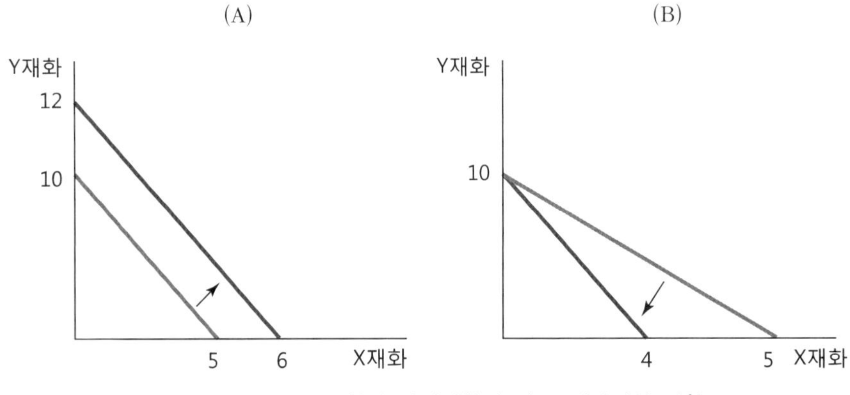


▌그림 4.5 소득변화와 가격변화에 따른 예산선의 변환

### 3) 예산선과 투자제약

예산선은 지방자치단체에게 투자제약의 개념을 제공한다. 만약 지방자치단체가 공공투자사업을 [그림 4.4]의 a, b, c와 같은 수준에서 수행하고자 할 때, b와 c의 경우는 합리적이지 않거나 사업을 수행할 수 없는 경우이다. 왜냐하면 b의 경우는 실제 사용가능한 예산액보다 적은 수준에서 투자사업을 수행하기 때문에 합리적이지 못한 경우라고 할 수 있는 반면, c의 경우는 실제 사용가능한 예산액보다 높은 수준에서의 투자사업이기 때문에 사업을 수행할 수 없는 것이다. 따라서 예산선 위의 a의 경우는 주어진 예산을 최대한 이용하여 도로포장사업과 교량건설사업을 할 수 있기 때문에 합리적인 투자결정이라고 할 수 있을 것이다.

예산선의 기울기는 두 재화의 상대가격의 비(比)를 나타내는 데, 두 투자사업간의 기회비용(opportunity cost)을 의미하게 된다. 즉, 지방자치단체가 1㎞의 도로포장사업을 위해 포기해야 하는 교량건설사업의 양이 도로포장사업의 기회비용인 것이다.[2] 이를 수식으로 나타내면 〈식 4.1〉과 같다.

$$\frac{\Delta Y}{\Delta X} = \frac{\text{도로포장사업량}}{\text{교량건설사업량}} \qquad \text{〈식 4.1〉}$$

2) 예산선은 Y재로 표시한 X재의 기회비용을 나타낸다는 의미에서 기회비용곡선이라고도 한다.

## 4. 소비자의 선택

### 1) 소비자의 최적선택

무차별곡선은 소비자의 주관적인 선호관계를 나타내고, 예산선은 소비자가 처한 객관적인 상황 즉, 소비자의 소득과 재화의 가격 등에 의하여 소비자가 선택할 수 있는 재화의 조합을 나타낸다(류지수 · 임규채, 2009: 72). 소비자의 최적선택은 예산선과 소비자의 만족수준을 나타내는 무차별곡선을 동시에 고려하여야 한다. 왜냐하면 소비자의 최적선택은 한정된 예산범위 안에서 최대의 효용을 주는 재화의 조합에서 결정될 것이기 때문이다.

[그림 4.6]에서 소비자는 예산범위에서 선택가능한 여러 방안 가운데 효용극대화를 위해 원점에서 멀리 떨어져 있는 무차별곡선 위의 한 점을 선택하려고 할 것이다. 따라서 E는 예산선과 무차별곡선이 접하는 점으로 소비자가 효용극대화를 달성하기 위해서는 무차별곡선의 기울기와 예산선의 기울기가 서로 일치하는 조건이 충족되는 최적선택점이 된다.

소비자가 주어진 소득으로부터 효용을 극대화할 수 있는 재화조합을 도출할 수 있는 지점은 무차별곡선과 예산선이 접하는 점이고, 이 점에서 소비자의 선택이 이루어진다. 이 경우에 두 재화의 상대가격과 한계대체율이 일

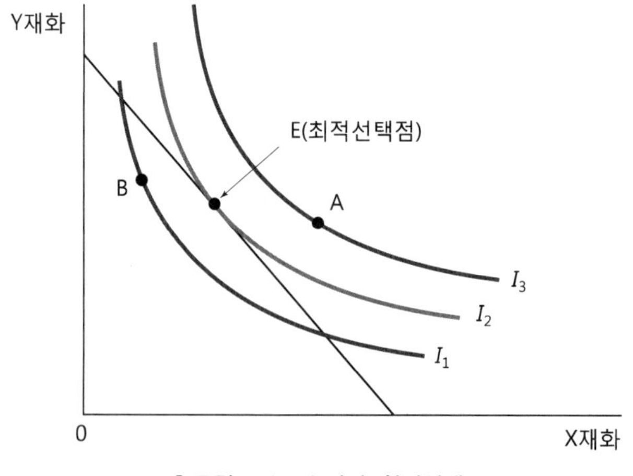


**그림 4.6 소비자 최적선택**

치하는 재화조합을 나타내는 점이 소비자의 최적선택점이다. 소비자 최적선택점 E는 $MRS_{xy}=P_x/P_y$로 표현되고, 이 점에서 소비자의 재화선택 행동이 이루어지며, 합리적인 자원배분도 이루어지게 되는 것이다.

### 2) 소비자 최적선택의 변동

소비자의 최적선택은 소득 및 가격이 변화하는 경우에는 변동하게 된다(류지수 · 임규채, 2009: 73-78).

먼저 소득이 변화하는 경우이다. 두 재화의 가격이 일정하고 소비자의 소득만 변화한다면 예산선은 원점에 가깝거나, 멀어지게 되는데 이를 소득효과(income effect)라고 한다. 소비자의 최적선택점(M, N, Q)을 연결한 곡선을 소득소비곡선(income-consumption curve: ICC)이라고 한다.

다음은 가격이 변화하는 경우이다. 소비자가 구입하는 특정한 재화의 가격이 변화하면 소비자의 최적선택점이 이동해 그 재화의 구입량은 물론 다른 재화의 구입량도 변화하게 된다. 이런 경우 특정 재화 구입량의 변화를 가격효과(price effect), 특정한 재화 이외의 재화 구입량의 변화를 교차효과(cross effect)라고 한다. X재화 가격의 변화에 따라서 소비자의 최적선택점이 바뀌는데, X재화의 가격이 연속적으로 변화한다고 가정하면 최적선택점(M, N, Q)을 연결한 곡선을 가격소비곡선(price-consumption curve: PCC)이라고

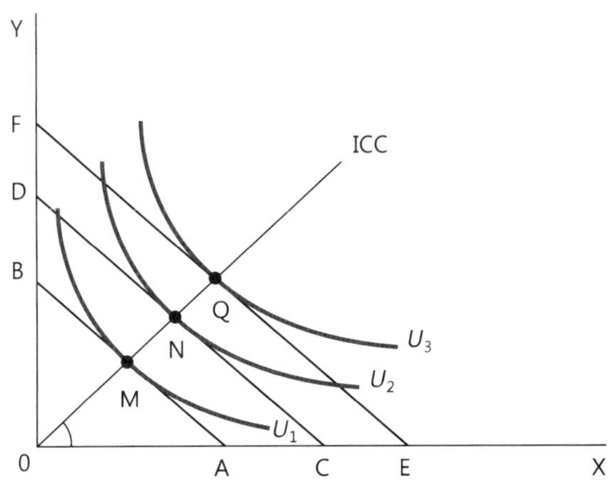


Ⅰ그림 4.7 소득효과와 소득소비곡선(ICC)

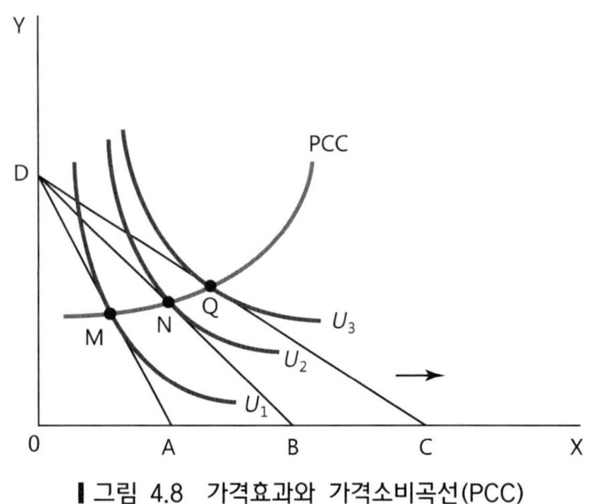


**❙ 그림 4.8 가격효과와 가격소비곡선(PCC)**

한다.

가격효과는 소득효과와 대체효과로 구성된다. 예를 들면, 빵 가격이 하락하면 소비자의 실질소득이 상승한다. 실질소득의 증가는 빵의 구입량을 변화시킨다. 빵이 정상재라면 가격이 하락할 때 소비자의 실질소득이 증가하므로 빵의 구입이 늘어나는데 이런 효과를 소득효과라고 한다. 또한 빵 가격이 하락하면 소비자는 상대적으로 더 비싸진 라면 소비를 줄이고 상대적으로 더 싸진 빵 소비를 늘리게 되는데 이와 같은 현상을 대체효과(substitution effect)라고 한다. 무차별곡선이 원점에 대해 볼록하다면 가격이 변화하는 경우의 대체효과는 항상 가격이 변화하는 방향과 반대방향으로 나타난다.[3)]

3) 예를 들면 가격이 하락하면 수요량이 증가한다. 이를 음(-)의 효과라고도 한다.

# 제 2 절 경제적 효율성

## 1. 에지워드 상형도

### 1) 에지워드 상형도의 의의

소비자의 최적선택은 주어진 소득과 가격에서 효용의 극대화를 달성하기 위한 것이다. 이는 개인의 선택문제로서 사회 내 자원배분이나 사회복지에 관하여는 설명하지 못한다.

소비자의 선택을 바탕으로 사회 구성원간 자원배분이나 그에 따른 사회복지의 관계를 소비의 관점에서 설명하는 도구가 바로 에지워드(Edgeworth)가 고안한 상형도이다.

에지워드 상형도(Edgeworth box diagram)는 두 소비자의 무차별곡선을 하나로 합친 것으로 소비자 B의 무차별곡선을 거꾸로 회전시켜 소비자 A의 무차별곡선과 맞대어 놓은 것이다.

에지워드 상형도는 일정하게 주어진 자원을 모두 사용하는 경우의 일반균형과 파레토최적을 설명하는 데 편리하게 이용된다.

### 2) 에지워드 상형도를 이용한 자원배분

에지워드 상형도를 이용한 [그림 4.9]를 살펴보면 상자 내의 모든 점은 사업가 두 사람(소비자) A와 B의 재화의 조합(bundle)을 가리킨다. 에지워드 상자의 구조를 바탕으로 두 소비자의 선택과 자원배분을 살펴본다. 우선 각 소비자의 무차별곡선이 상자내에 표시되어야 한다. 두 소비자들은 그들의 효용을 극대화하는 재화조합을 서로 선택할 것이기 때문에 그 선택점에서는 재화의 가격비와 한계대체율이 같아지는 특징을 갖게 된다. 즉 $MRS^A = MRS^B$가 된다.

소비자 A의 한계대체율과 소비자 B의 한계대체율이 같아지는 점(i, h, g,

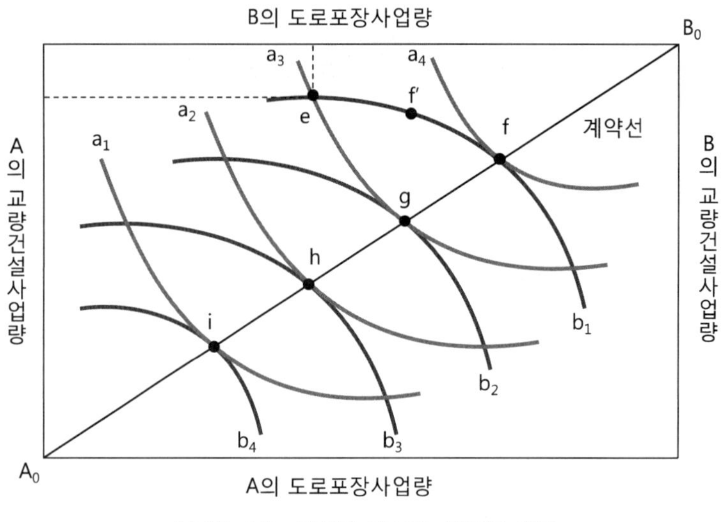


**그림 4.9 파레토 개선과 파레토 최적**

f)은 두 소비자의 복지가 극대화되며, 사회의 복지수준이 극대화됨을 의미한다. 두 소비자의 한계대체율이 같아지는 점은 에지워드 상자 내에 무수히 많이 존재하며, 이러한 점을 이어놓은 선을 계약선(contract curve)이라고 한다. 소비의 관점에서 볼 때 자원배분의 최적성 또는 효율성은 바로 계약선 상에서 이루어지는 자원배분을 말한다(김홍배, 2012: 46-47).

## 2. 파레토 개선과 파레토 최적

### 1) 파레토 개념

계획이나 정책은 자원배분과 정책이 집행되지 않았을 경우 이루어질 자원배분을 서로 비교하여 이루어져야 한다. 이와 같이 정책 전과 정책 후의 자원배분을 비교하여 사회복지수준의 변화를 설명하는 것이 파레토(Pareto) 개념이다(김홍배, 2012: 47).

### 2) 파레토 개선과 파레토 최적

지방자치단체의 공공투자사업은 자원을 재배분하는 수단이다. 따라서 지방자치단체의 사업집행에 대한 평가는 변화된 자원배분과 사업이 집행되지 않았을 경우 이루어질 자원배분을 서로 비교하여 평가하게 될 것이다. 예컨대 사업집행 전 자원배분을 $P^0$, 그리고 사업집행으로 변화된 자원배분을 $P^1$이라고 할 때, 두 자원배분을 비교해 본 결과 지역사회의 구성원 중 단 한 명의 복지수준이 향상되었으며, 나머지 다른 사람들의 복지수준에는 변화가 없는 경우 $P^1$의 자원배분은 $P^0$보다 사회적으로 바람직한 자원배분이라고 할 수 있을 것이다. 이러한 자원배분의 결과를 파레토 개선(Pareto improvement)이라고 한다. 즉, 파레토 개선이란 자원의 재배분으로 인해 복지감소를 경험하는 사람이 없고, 적어도 한 사람의 복지가 증가되어 사회 전체의 복지가 향상된 경우를 의미한다. 이러한 파레토 개선이 반복되어 더 이상 자원배분으로 인해 사회 전체의 복지수준이 향상되지 못하는 상태에 도달했을 때 그러한 상태를 파레토 최적(Pareto optimality)이라고 한다.

이를 [그림 4.9]의 에지워드 상형도를 이용하여 설명하면 다음과 같다. 우선 두 사람(A, B)이 존재하는 지역사회, 그리고 두 사람이 선택가능한 투자사업으로 도로포장사업, 교량건설사업 등의 두 사업이 있다고 가정한다. 두 사람의 효용은 도로포장사업과 교량건설사업의 수준에 따라서 달라질 것이다.

만약 초기의 자원배분이 e지점에서 이루어졌다면, e지점은 A와 B의 무차별곡선이 교차하는 지점이기 때문에 A와 B의 효용수준은 같다고 할 수 있으나, 계약선 상의 지점에서 자원배분이 이루어진 것이 아니기 때문에 파레토 개선의 여지가 있는 것이다. 즉, e지점에서 이루어진 초기의 자원배분을 무차별곡선 $b_1$상의 f′지점으로 이동하게 되면, B의 효용은 감소시키지 않고서 A의 효용을 향상시킬 수 있는 새로운 자원배분 상태를 찾을 수 있게 된다. 이 경우 자원의 재배분으로 인해 복지감소를 경험하는 사람이 없이 적어도 한 사람 이상의 복지가 증가되어 사회 전체의 복지수준이 향상되는 파레토 개선이 이루어진다.

그리고 파레토 개선이 이루어진 f′지점에서 다시 f지점으로 이동하여 자원의 재배분이 이루어지게 되면, B의 효용은 감소시키지 않고서 A의 효용을 향상시킬 수 있는 새로운 자원배분 상태를 이루는 동시에 B와 A 중 어느 한 사람의 효용을 감소시키지 않고서는 어느 누구의 효용도 증가시킬 수 없는 최적 자원배분상태에 도달하여 파레토 최적이 된다.

파레토 최적상태에서는 어느 계층의 복지수준을 향상시키기 위해서는 다른 계층의 복지는 감소되어야 한다. 이러한 파레토 최적은 A와 B의 계약선상에 무수히 존재하게 된다.

### 3) 파레토 최적과 복지한계선

에지워드 상형도의 파레토 최적의 개념을 [그림 4.10]과 같이 복지한계선(welfare frontier 또는 효용가능곡선(utility possibility curve))으로 옮겨 나타낼 수 있다.

A의 복지(효용)수준은 수평축으로 측정되고, B의 복지수준은 수직축으로 측정된다. A는 $U_A$에서 최고의 복지수준을 나타내지만 B의 복지는 0이다. 마찬가지로 B는 $U_B$에서 최고의 복지수준을 나타내지만 A의 복지는 0이다. 에지워드 상형도에서의 i, h, g 등의 지점을 연결하면 복지한계선이 그려진다.

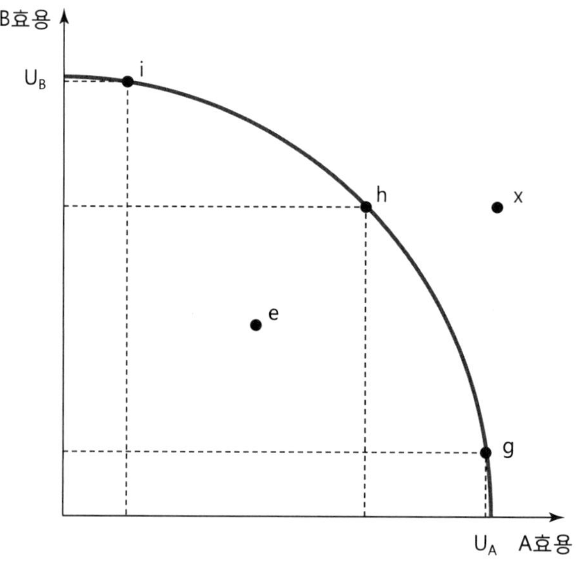


**그림 4.10 복지한계선 또는 효용가능곡선**

복지한계선상의 점들은 파레토 최적이며, 파레토 최적을 나타내는 자원배분은 무수히 많다. x점은 사회가 달성할 수 없는 복지수준을 의미하며, e점은 비효율적으로 자원이 배분된 상태로서 수직 또는 수평으로 이동하여 파레토 개선을 통한 파레토 최적의 상태로 도달할 수 있다.

## 3. 잠재적 파레토 개선

파레토 최적의 개념에서는 지방자치단체의 공공투자사업으로 인해 동시에 두 사회 전체구성원들의 복지수준이 향상된 것으로 가정을 하였으나, 일반적으로 자원 재배분의 결과 수혜자와 피해자는 동시에 발생하게 된다. 이러한 경우에는 일부 사회구성원의 복지수준이 감소하였기 때문에 파레토 최적의 개념이 적용될 수 없다.

하지만 지방자치단체의 공공투자사업으로 자원을 재배분한 결과 수혜자의 복지향상이 피해자의 복지감소를 상쇄(trade off)하고도 남음이 있다면 이는 전체적으로 사회복지수준이 향상되었다고 평가할 수 있을 것이다. 반면에 수혜자의 복지향상이 피해자의 복지감소보다 오히려 작은 경우에는 사회복지수준이 하락하였다고 평가할 수 있다. 이와 같이 자원의 재배분 과정에서 발생하는 사회구성원들의 복지향상과 감소를 통해 전체적인 사회복지수준의 변화를 설명하는 것이 잠재적 파레토 개선(potential Pareto improvement)이다.

이를 〈표 4.2〉의 사례를 통해 살펴보면 다음과 같다. 만약 배분 1로 인해 A의 복지는 5만큼 증가한 반면에 B의 복지수준은 7만큼 감소하였다면 이는

**표 4.2 잠재적 파레토 개선**

| 구분 | A의 복지변화 | B의 복지변화 | 총변화 |
|---|---|---|---|
| 배분 1 | 5 | −7 | −2 |
| 배분 2 | 10 | −5 | 5 |
| 배분 3 | 8 | −2 | 6 |

배분 1이 사회전체의 복지수준을 감소시켰다고 평가할 수 있다. 반면에 배분 2와 배분 3의 경우는 전체적으로 A의 복지향상분이 B의 복지감소분보다 크기 때문에 사회적으로 복지수준이 증가하였다고 평가할 수 있다. 따라서 배분 2와 배분 3의 경우는 잠재적 파레토 개선이라고 할 수 있다.

잠재적 파레토 개선은 자원 재배분 결과의 수혜자 A가 피해자 B에게 실질적인 복지감소분을 금전적·비금전적으로 보상하여 주지 않는다. 만약 수혜자가 피해자에게 복지수준의 감소분만큼 보상해 준다면 이는 잠재적 파레토 개선이 아니라, 실제적인 파레토 개선이라 할 수 있으나, 현실적으로 실제적인 파레토 개선이 존재하기는 어렵다고 볼 수 있다.

## 제 3 절 지불의사액과 소비자 잉여, 사회적 후생

### 1. 지불의사액

#### 1) 지불의사액의 개념

경제주체가 시장에서 재화와 용역을 교환하는 것은 교환으로부터 이익을 얻을 수 있기 때문이다. 즉, 재화와 용역을 사는 소비자에게 이익을 줄 뿐만 아니라 판매하는 생산자에게도 이익을 준다. 이때 소비자가 재화 1단위를 추가로 소비함으로써 얻는 편익을 한계편익이라고 한다. 한계편익은 소비자가 재화 1단위를 추가로 구입할 때 기꺼이 지불할 의사가 있는 금액을 의미하기도 한다(류지수·임규채, 2009: 50-51). 즉, 소비자들이 특정 상품을 구입하기 위해 기꺼이 지불할 의사가 있는 최대 금액을 지불의사액(willingness to pay: WTP)이라고 한다.

### 2) 지불의사액의 추정

소비자들의 구매행위는 지불의사액과 상품의 가격에 의해 결정된다. 전자가 후자보다 클 경우에는 소비자가 구매하겠지만, 그 반대의 경우에는 구매하지 않을 것이다. 그러나 소비자의 주관에 의해 평가되는 지불의사액은 관찰이 용이하지 않기 때문에 간접적인 다양한 방법을 이용하여 지불의사액을 추정해야 한다.

가격은 지불의사액을 반영하고, 지불의사액은 행복 또는 효용을 반영한다. 또한 개인들이 느끼는 행복이나 효용을 직접 합치기는 곤란해도 이를 간접적으로 반영하는 개인들의 지불의사액은 합산이 가능하다(이정전, 2008: 423).

지불의사액은 재화와 용역의 가격결정, 비용편익분석, 비시장가치 등 다양한 분야에서 활용된다. 지불의사액은 수요곡선이 알려져 있는 경우에는 수요곡선의 아랫부분 면적을 이용하여 소비자의 지불의사액을 파악하는 것이 가능하다.

하지만 시장이 존재하고 있지 않은 경우에는 크게 두 가지 접근방법을 통해 추정이 가능하다(김동건, 2012: 33-34). 첫째, 해당사업과 직접적 또는 간접적으로 연관되어 있는 대리시장(surrogate market)에서의 소비자의 행태를 관찰하고 자료를 분석하여 소비자의 지불의사액을 추정한다. 재산가치측정법(property value approach), 여행비용접근법(travel cost approach) 등이 이에 해당된다. 둘째, 존재하고 있지 않은 시장이 실제로 존재하고 있는 것처럼 가상적인 시장(hypothetical market)을 설정하고 여기에 속해 있다고 판단되는 사람들을 직접 만나서 이들의 의견을 알아보는 방법이다. 조건부가치측정법(contigent valuation method)이 이 방법에 해당된다.

## 2. 소비자 잉여

### 1) 소비자 잉여의 개념

소비자 잉여(consumer surplus)라는 용어는 근대경제에서 분업과 교환의 발달에 따라 소비자들이 얼마나 많은 혜택을 입고 있는가를 설명하기 위해 마샬(A. Marshall)이 창조한 말이다.

소비자 잉여란 소비자가 어떤 재화를 소비하기 위하여 지불할 의사가 있는 가격과 실제로 지불한 가격과의 차액을 의미한다(김대식 외, 2012: 126). 즉, 소비자의 최대 지불의사액과 실제 지불액의 차이라고 할 수 있다.

공공투자분석의 비용편익산출에서 소비자가 지불할 의사가 있는 금액은 사업의 총편익에 해당되고, 실제 지불한 금액은 사업의 총비용에 해당되므로 그 차액인 사업의 순편익(net benefit)이 소비자 잉여와 동일한 개념이다.

### 2) 소비자 잉여의 산출과 수요곡선

소비자 잉여는 [그림 4.11]과 같이 수요곡선에서 재화의 시장가격은 P이고, 소비량은 Q이다. 재화를 Q만큼 소비할 때 소비자가 느끼는 총효용은 수요곡선의 아랫부분인 ⏢ ODEQ의 면적이며, 이것이 소비자가 지불할 의사가 있는 최대한의 지불의사액인 것이다. 그러나 실제 지불하는 지출액은 □ OPEQ이므로 그 차액인 △ PDE가 소비자 잉여이다.

소비자 잉여를 측정하기 위해서는 특정재화의 수요곡선을 알아야 하는데 우하향하는 수요곡선은 두 가지 효과에 영향을 받는다. 첫째 대체효과(sub-

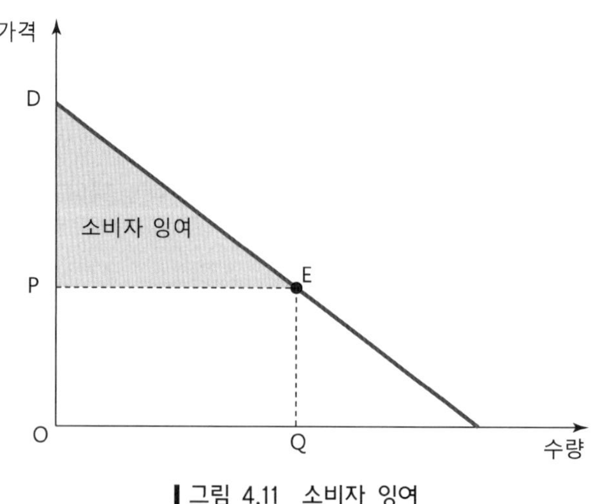


**▍그림 4.11 소비자 잉여**

stitution effect)로서 재화의 가격이 하락하면 소비자들은 효용수준을 동일하게 유지하면서도 해당 재화를 더 많이 구입하고 다른 재화는 적게 구입하려는 선호가 발생한다. 둘째, 소득효과(income effect)로서 재화의 가격이 하락하면 소비자들이 실제소득이 증가하는 셈이 되어 해당 재화를 더 많이 구입할 수 있는 능력이 생기게 된다.

수요곡선의 기울기는 대체효과와 소득효과의 크기에 의해 영향을 받게 된다. 그런데 소비자 잉여란 소비자들의 선호(또는 의사)에 의한 것이므로 엄격한 의미에서는 대체효과만을 고려한 수요곡선상의 면적을 측정해야 할 것이다. 즉 실질소득을 고정시켜 놓음으로써 소득효과를 제거시킨 수요곡선을 고려대상으로 해야 할 것이다. 소득효과를 제거시킨 수요곡선[4]은 정상적인 수요곡선보다 기울기가 가파르다. 정상적인 수요곡선에 근거한 소비자 잉여는 소득효과를 제거시킨 수요곡선에 근거한 소비자 잉여와 비교할 때 과소평가될 수도 있고, 과대평가될 수도 있다.

이와 같이 소비자 잉여는 그 크기를 정확히 측정하기가 어려운 것이 사실이나 공공투자사업의 순편익 개념이고, 사회적 후생을 나타내는 척도로서 널리 사용되는 도구이다(김동건, 2012: 29-31).

### 3) 소비자 잉여와 사업 편익

경우에 따라서는 소비자 잉여의 증가분이 사업의 총편익 개념이 될 수 있다. 도로를 예로 들면, 도로가 제공하는 서비스의 수요곡선이 [그림 4.12]의 JK선과 같이 주어져 있다. 도로가 제공하는 서비스란 이 도로를 이용하는 여행자(소비자)의 도로이용이라고 할 수 있다. 만약 여행을 하는 데 아무런 비용이 발생하지 않는다면 여행자는 OK만큼의 여행을 할 것이고, 이때 소비자 잉여는 △ OJK의 면적이다. 그러나 여행에는 휘발유비, 자동차소모비, 시간손실 등 여행비용이 발생한다. 여행자비용이 OG만큼 발생한다면 GS선이 공급곡선이 될 것이며, OB만큼의 여행이 이루어져 소비자 잉여는 △ GJA의 면적이 된다.

---

4) 소득효과를 제거시킨 수요곡선은 보상수요곡선(compensated demand curve)이라고 한다.

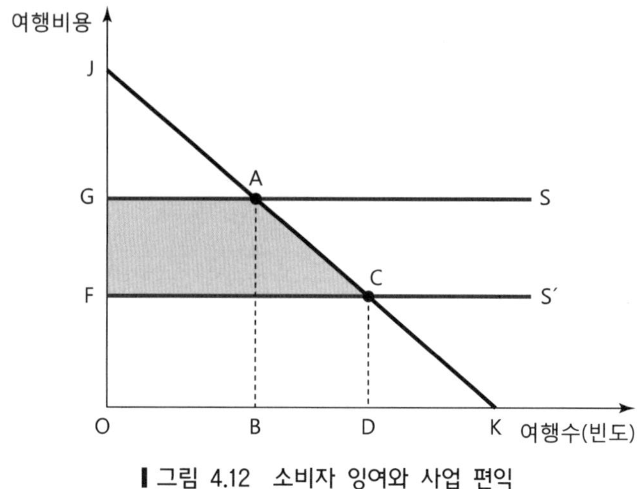


▌그림 4.12 소비자 잉여와 사업 편익

이후 정부가 기존도로를 확장하고 포장도 새로이 한다면, 도로조건이 좋아져서 여행비용이 감소하게 될 것이다. 이렇게 되면 여행비용이 OF가 되며, FS′선이 새로운 공급곡선이 된다. 여행수는 OD로 증가되며, 소비자 잉여는 △ FJC의 면적이 된다.

따라서 도로의 확장·보수사업에 의하여 여행비용이 감소하고, 여행수(도로이용도)가 증가되었으며, 소비자 잉여는 ⏢ FGAC면적만큼 증가하게 되었다. 이 소비자 잉여의 증가분이 도로의 확장·보수사업에 의해 발생한 총편익이며, 이것이 도로의 확장·보수사업에 투하한 투자비용보다 크다면 그 사업은 타당성이 있는 것이다(김동건, 2012: 31-32).

## 3. 생산자 잉여

### 1) 생산자 잉여의 개념

생산자 잉여(producer surplus)는 마샬의 소비자 잉여의 개념에서 유추하여 정의할 수 있다. 생산자 잉여란 생산자가 어떤 상품을 판매하여 얻는 실제수입이 생산자가 그 상품을 판매하여 꼭 얻어야 되겠다고 생각한 수입(상품생산의 기회비용)보다 초과하는 부분(차액)을 의미한다(김대식 외, 2012: 128).

### 2) 생산자 잉여의 산출

생산자 잉여의 산출은 [그림 4.13]과 같이 공급곡선 S에서 균형가격이 $P_A$이고, 균형수급량이 $Q_A$이라고 가정한다. 생산자들이 공급하여도 좋다고 생각하는 공급금액은 ⏢ $OCAQ_A$이고, 실제로 생산자가 판매한 금액은 □ $OP_AAQ_A$이다. 그러므로 □ $OP_AAQ_A$에서 ⏢ $OCAQ_A$를 뺀 나머지인 △ $CP_AA$가 생산자 잉여에 해당한다.

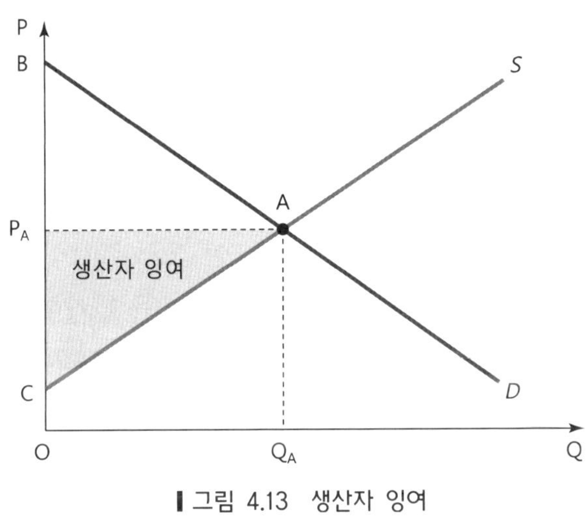


▌그림 4.13 생산자 잉여

## 4. 사회적 후생

### 1) 사회적 후생의 개념

사회적 잉여(social surplus)는 소비자 잉여와 생산자 잉여의 합계이다(김영산·왕규호, 2009: 523). 사회적 잉여는 교환과 분업이 발달함에 따라 경제사회가 추가로 얻게 되는 부분이다. 즉, 사회적 잉여는 시장에서 이루어지는 거래의 당사자가 교환으로부터 얻은 순이득이라고 할 수 있다. 사회적 잉여는 사회후생과 관련되므로 사회적 후생(social welfare)이라고도 한다.

### 2) 사회적 후생의 산출과 자원 배분

사회적 후생(잉여)은 수요곡선에서 도출한 소비자 잉여와 공급곡선에서 도출한 생산자 잉여를 합하여 산출한다. 사회적 후생은 사회 전체의 경제적 후생수준을 측정하는 하나의 지표이다. 사회적 후생이 극대화된다면, 자원의 배분이 효율적이라고 말할 수 있다. 자원의 배분이 효율적이지 않다면 시장에서 이루어지는 거래를 통해 얻을 수 있는 이득 가운데 일부를 얻지 못하고 있다는 의미이다.

예를 들면, 특정재화에 대해 가장 높은 가치를 부여하는 소비자가 그 재화를 소비하지 못한다면 자원의 배분은 비효율적이라고 할 수 있다. 특정한 재화에 대한 소비가 그 재화에 낮은 가치를 부여하는 소비자로부터 높은 가치를 부여하는 소비자에게 이전된다면 사회적 후생(잉여)은 증가하게 된다. 마찬가지로 특정한 재화에 대한 생산이 생산비가 높은 생산자로부터 생산비가 낮은 생산자에게 이전된다면 사회적 후생(잉여)은 증가하게 된다(류지수·임규채, 2009: 53-54).

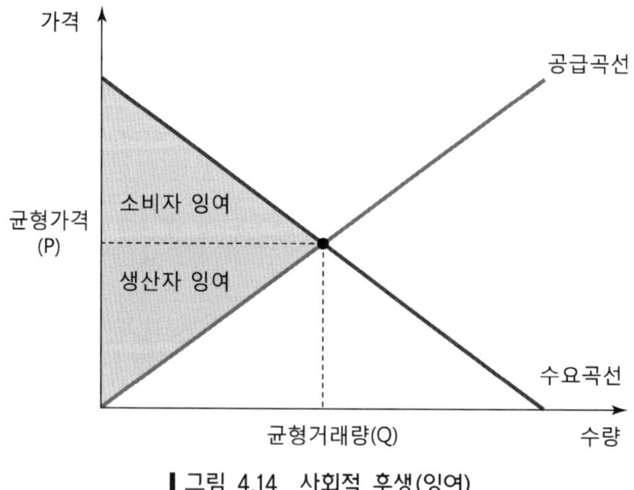


**▎그림 4.14 사회적 후생(잉여)**

## 탐구학습

1. 주요 개념
   - 총효용곡선과 한계효용곡선
   - 무차별곡선
   - 한계대체율체감의 법칙
   - 예산선
   - 소득효과와 소득소비곡선
   - 가격효과와 가격소비곡선
   - 에지워드 상형도(Edgeworth box diagram)
   - 파레토 최적, 파레토 향상, 잠재적 파레토 향상
   - 지불의사액, 소비자 잉여, 생산자 잉여

2. 토론과 과제
   - 소비자의 선호와 효용
   - 무차별곡선의 특징
   - 예산선과 투자제약
   - 소비자의 최적선택
   - 파레토 최적과 복지한계선
   - 지불의사액의 측정
   - 소비자 잉여와 사업 편익
   - 사회적 후생의 산출과 자원 배분

## 참고문헌

김대식 · 노영기 · 안국신(2012), 현대 경제학원론, 서울: 박영사.
김동건(2012), 비용 · 편익분석, 서울: 박영사.
김영산 · 왕규호(2009), 미시경제학, 서울: 박영사.
김홍배(2012), 정책평가기법(비용-편익 분석론), 경기: ㈜나남.
류지수 · 임규채(2009), 경제학의 이해, 서울: 홍문사.
이정전(2008), 환경경제학, 서울: 박영사.
이준구(1989), 미시경제학, 서울: 법문사.

# 공공투자분석의 이론적 기초

## 제1절 비용과 편익의 판별

### 1. 비용과 편익의 의의

#### 1) 비용과 편익의 개념

편익이란 이론적인 측면에서 현재와 미래의 효용증가를 의미하는 정(正)의 사업효과이다. 반대로 비용이란 현재와 미래의 효용감소를 의미하는 부(負)의 사업효과로서 포기된 편익인 기회비용을 의미한다.

그러나 효용증감의 측정이 곤란하므로 실제로는 소비의 증감으로 측정하게 된다. 소비증가는 실질 GDP의 증가로 나타나므로 실질 GDP의 증가는 편익으로 간주되고, 실질 GDP의 감소는 비용으로 간주된다. 이때 실질 GDP의 증감에는 화폐환상(money illusion)이 없다고 가정한다. 즉, 가격상승에 의한 GDP 증가는 실질 GDP의 증가가 아니며, 효용함수는 소비자가 이용하는 재화의 양에 의하는 것이지 재화의 가격에 의하지는 않는다.

#### 2) 비용과 편익의 형태

비용편익분석에서 편익의 개념은 비용의 개념보다 복잡하고 측정하기가 어렵다. 비용인 포기된 편익의 실제 측정은 동원된 자원의 양으로 측정할 수 있다.

편익은 공공투자사업별로 판별 가능한 편익의 형태가 상이한데 크게 세 가지로 구분할 수 있다(김동건, 2012: 77-80). 첫째, 농업이나 공업과 관련된 사업처럼 최종산출물의 형태가 확실하고 이것이 국민들에게 최종소비재로서 사용될 경우에는 그 시장가치(잠재가격)가 편익이 된다. 둘째, 고속도로 · 항만 · 공항 · 전력 · 상수도 등 사회간접자본과 관련된 시설의 경우 산출물이 최종소비재의 성격보다는 중간재의 성격을 강하게 가질 경우에는 이 산출물에 의해 발생한 비용절감효과(cost-saving effect)가 편익이 된다. 셋째, 교육 · 보건 · 빈곤퇴치사업 등과 같은 사회정책사업들의 편익은 양적 개념이라기보다는 질적 개념으로 비용효과분석을 이용하여 편익을 측정한다.

### 3) 경제성분석과 재무성분석의 비용과 편익

경제성분석(economic analysis)이란 공공투자사업의 비용과 편익을 국가(사회) 전체적 입장에서 측정하고, 그에 따른 수익률을 계산하여 경제적 타당성 여부를 결정하는 방법이다.

재무성분석(financial analysis)이란 사회 전체의 입장이 아닌 개별 사업 자체의 입장에서 실제의 금전적 비용과 편익(수입)을 추정하고, 그에 따른 재무적 수익률을 계산하여 사업의 타당성을 검토하는 방법이다.

따라서 경제성분석과 재무성분석 간에는 목표의 상이성, 비용과 편익의 측정상의 차이, 항목의 차이 등이 있다. 경제성분석은 국민경제 전체의 입장에서 비용과 편익을 계산하므로 상품가격 · 환율 · 임금 등을 잠재가격(환율)으로 계산하나, 재무성분석은 개별기업의 입장에서 계산하므로 시장가격(환율)으로 계산한다. 또한 경제성분석에서는 세금 · 정부보조금 · 지불이자 등은 편익 또는 비용에서 제외되지만, 재무성분석에서는 편익 또는 비용에 포함된다. 또한 대기오염 등의 공해의 경우에는 경제성분석에는 비용이지만 재무성분석에서는 비용에서 제외된다(김동건, 2012: 80-83).

❙ 표 5.1 경제성분석과 재무성분석의 비용과 편익

| 구분 | 경제성분석 | 재무성분석 |
|---|---|---|
| 상품가격 | 잠재가격 | 시장가격 |
| 환율 | 잠재환율 | 시장환율 |
| 임금 | 잠재임금 | 시장임금 |
| 세금 | 비용에서 제외 | 비용 |
| 정부보조금 | 수입에서 제외 | 수입 |
| 지불이자 | 비용에서 제외 | 비용 |
| 토지매입비 | 토지의 기회비용 | 실제(시장)가격 |
| 할인율 | 자본의 기회비용 | 자본비용(시장이자율) |
| 대기오염 등 공해 | 비용 | 비용에서 제외 |

자료: 김동건(2012: 81 수정인용).

## 2. 비용과 편익의 판별

### 1) 판별기준의 필요성

비용편익분석은 공공투자가 사회적으로 가져오는 편익과 비용이 어느 정도인지를 분석하는 것이다. 공공투자로 인하여 비용과 편익에 어떤 변화(차이)가 발생하는가를 기준으로 공공투자 여부를 판별하게 된다. 이때 공공투자의 성과를 분석하기 위한 비용과 편익이 무엇인가를 검토해야 한다. 비용과 편익에 어떤 항목을 고려하는가에 따라 성과가 다르게 나타날 수 있기 때문이다.

### 2) 비용과 편익의 판별기준

비용편익분석에서 비용과 편익 항목을 분류할 때 주요 판별기준으로는 유무검증, 이전소득, 인플레이션, 매몰비용, 감가상각과 감모상각, 예비비, 기간 등이 있다(이성근, 2006: 436-437; 김동건, 2012: 70-77).

#### (1) 유무검증

비용-편익분석은 사업을 수행하였을 경우와 수행하지 않았을 경우의 차이에 의해서 비용과 편익을 판별하는 유무검증(with and without test)을 거쳐야 한다. 즉, 비용과 편익이 당해 사업에 의한 효과인지를 확인하여야 한다. 그러나 관례적으로 공공투자사업의 시행 이전과 이후의 차이를 바탕으로 비용과 편익을 판별하는 전후검증(before and after test)이 편법으로 사용되고 있다. 원칙적으로 공공투자사업이 있을 경우와 없을 경우를 비교하여 그 사업의 효과를 확인하는 것이 중요하다.

#### (2) 이전소득

이전소득에 해당하는 금전거래의 경우 국가경제차원의 분석에서는 아무런 영향을 줄 수 없다. 세금이나 정부보조금 등은 국민에게는 비용이나 편익의 효과를 주지만, 국가경제차원에서는 진정한 경제적 비용이나 편익이 아니다.

#### (3) 인플레이션

단기간 사업에서는 인플레이션을 정확히 예상할 수 있다면 불변가격이 아니라 경상가격에 의해 비용과 편익을 측정하여 인플레이션의 효과를 반영할 수 있다. 하지만 장기간이 소요되는 사업의 경우 순현재가치(NPV)에 인플레이션이 비용과 편익에 모두 영향을 주기 때문에 아무런 변동이 없다고 볼 수 있고, 또한 미래에 발생할 인플레이션을 정확히 예측하는 것은 불가능하다.

#### (4) 매몰비용

공공투자사업의 타당성평가 이전에 이미 발생된 비용인 매몰비용(sunk cost)은 비용으로 취급되지 않아 비용편익분석에서 고려할 필요가 없다. 하지만 매몰비용이 일련의 투자사업의 한 부분으로 간주될 경우에는 기 투자된 사업에 의한 초과시설을 사용하고 이에 의해 더 많은 이득이 발생한다는 것을 증명하기 위하여 기 투자된 사업에서 발생한 매몰비용은 비용으로 고려하게 된다.

### (5) 감가상각과 감모상각

감가상각(depreciation)은 일반적으로 회계처리에서는 기업의 순이익규모에 영향을 미치고, 장래의 고정자산 취득을 위한 내부자금을 회수·확보하는 중요한 비용항목이다. 그러나 비용편익분석에서는 고정자산의 취득비용은 일시에 비용항목으로 처리하므로 감가상각은 별도의 비용항목으로 고려할 필요가 없다.

감모상각(depletion)은 광산·유전과 같은 감모성 자원을 추출하는 산업의 경우 막대한 경비가 발생하므로 감가상각에 더하여 특별한 상각을 비용으로 허용하는 것을 의미한다. 감모상각은 자연자원을 사용하는 기회비용의 성격인 특별한 경제적 비용이므로 비용편익분석에서는 비용으로 처리하여야 한다.

### (6) 예비비

공공투자사업의 진행과정에서는 예기치 못한 일들이 무수하게 발생하게 되므로 사전예방조치로 예비비를 비용항목으로 반영하는 것이 필수적이다. 이때 예비비의 종류는 크게 두 가지로 구분할 수 있다. 하나는 물량적 예비비(physical contingencies)로 사업의 물량(物量)계획이 당초 계획처럼 되지 못할 것을 감안하여 비용항목으로 마련하는 것이다. 또 하나는 물가예비비(price contingencies)로 인플레이션의 발생을 예상하여 물가고에 대한 대비책으로 마련하는 것이다. 비용편익분석에서는 불변가격의 사용을 통해 인플레이션에 대한 고려를 무시하므로 물가예비비는 비용항목이 아니다.

### (7) 기간

공공투자사업의 순현재가치를 측정할 때 편익과 비용이 발생할 것으로 예상되는 기간(time horizon)이 중요하다. 원칙적으로 해당 공공투자사업의 수명(project life)과 일치한다. 기간은 해당 사업에 적용되는 할인율에 좌우되는데, 높은 할인율이 적용되면 기간을 길게 잡아도 일정기간 이후의 편익과 비용의 현재가치는 무시해도 무방할 만큼 작은 규모가 될 것이기 때문이다.

또한 두 가지 사업을 비교하여 하나를 선택하는 경우에 사업의 비용편익이 발생하는 기간이 상이하다면 짧은 기간으로 일치시키고, 기간이 긴 사업의 잔존가치를 편익으로 반영하는 조치 등이 필요하다.

## 3. 비용과 편익의 분류틀

공공투자에서의 의사결정은 사회 전체의 이익을 고려하여 비용과 편익을 판별하여야 한다. 비용과 편익의 유형은 여러 가지로 분류할 수 있는데 실질적 대(對) 금전적, 내부적 대 외부적, 직접적 대 간접적, 무형적 대 유형적 비용편익 등으로 구분할 수 있다(김동건, 2012: 59-66; 배준구, 1984: 40-48).

**표 5.2 비용과 편익의 분류틀**

| 실질적 비용편익 | 내부적 비용편익 | 직접적 비용편익 | 무형적 비용편익 |
|---|---|---|---|
| 국민생산 또는 사회적 후생증가를 통한 이익자원의 기회비용 | 공공투자사업 자체에서 발생하는 내부적인 비용과 편익 | 공공투자사업의 일차적 목표와 관련된 비용 및 편익 | 시장가격으로 용이하게 평가될 수 없는 비용과 편익 |
| **금전적 비용편익** | **외부적 비용편익** | **간접적 비용편익** | **유형적 비용편익** |
| 공공투자사업으로 발생한 화폐적인 비용과 편익 | 공공투자사업으로 발생하는 간접적인 사업효과로 대가의 교환없이 다른 사람들이 받는(부담하는) 편익(비용) | 공공투자사업의 2차적인 목표의 성격을 갖는 것으로 유발효과, 연관효과의 성격을 가짐 | 시장가격으로 평가될 수 있는 비용과 편익 |

자료: 이성근(2006: 435).

### 1) 실질적 대 금전적

비용과 편익의 중요한 분류로는 실질적인 비용편익과 금전적인 비용편익으로 구분하는데 비용편익분석에서는 오직 실질적인 비용편익만이 고려된다. 실질적인 비용과 편익이란 공공투자사업에 의해 발생한 진정한 비용과 편익을 의미한다. 실질적인 편익은 국민생산 또는 사회후생의 증가를 통해 국민들이 실제로 받는 혜택을 의미한다. 실질적인 비용은 공공투자사업의 추진에 의해 발생된 자원의 기회비용을 뜻한다.

금전적 비용과 편익은 공공투자사업에 의해 빚어진 화폐적 가격의 변화 때문에 발생한 것들로 비용편익분석에서 이를 고려하면 이중계산이 되므로 반영시켜서는 안 된다.

### 2) 내부적 대 외부적

비용과 편익이 내부적(internal)으로 발생하느냐 혹은 외부적(external)으로 발생하느냐에 따른 구분으로, 그것이 실질적인 비용과 편익이라면 비용편익분석에 포함되어야 한다.

내부적 비용편익은 공공투자사업 그 자체의 의해 직접 또는 간접적으로 발생하는 비용과 편익을 의미한다.

외부적 비용편익에서 외부적 편익은 아무런 대가도 지불하지 않고 다른 사람들이 본의 아니게 받는 편익이고, 외부적 비용은 아무런 보상도 없이 다른 사람들에게 부과되는 비용이다. 외부적 비용편익은 공공투자사업에 의해 직접적으로 발생한 효과라기보다는 간접적으로 발생한 효과이다. 외부(적)효과는 금전적이거나 기술적인 것으로 분류될 수 있다. 외부적 효과는 상당부분 금전적인 성격의 금전적 외부효과(pecuniary externality)로서 공공투자사업 때문에 다른 관련 분야에 끼친 화폐적·금전적 효과이므로 비용편익분석의 고려대상에서 제외된다. 기술적 외부효과(technological externality)는 실질적이며 사회복지를 증감시켜 국민의 실질소비나 생산기회의 변화를 동반한다. 따라서 기술적 외부효과는 비용편익분석에서 고려되어야 한다.

### 3) 직접적 대 간접적

실질적 비용과 편익은 직접적일 수도 있고 간접적일 수도 있다. 일반적으로 직접적 비용편익은 공공투자사업의 일차적인 목적과 관련된 비용 및 편익을 뜻한다. 예를 들면, 양의 증가, 질의 변화, 시간가치, 공간가치 및 형태의 변화 등에 의해 나타나는데 중요한 점은 산출량의 증가 또는 소비자 수요곡선의 증가가 소비자잉여의 증가를 가져온다는 것이다.

간접적 비용편익은 공공투자사업이 여타 경제에 미치는 영향을 나타내는 것으로 2차적인 목적, 즉 부산물의 성격을 가지고 있는 비용과 편익을 가리킨다. 흔히 외부효과의 형태로 나타나며, 2차적 효과로서의 유발효과, 연관효과 혹은 승수효과[1])의 성격을 갖는다. 경제분석에서 주로 고려하고 있는 승수효과를 비용편익분석에서 반영하기 위해서는 몇 가지 전제가 필요하다. 첫째, 공공투자사업에 들어간 경비의 재원이 조세수입에서 나온 것이 아닌 독립적일 것, 둘째, 공공투자사업에 투입된 생산요소들의 타 분야에서 이용성이 절대적으로 없는 경우 즉, 민간경제가 조금도 위축되지 않을 것 등이다. 이와 같은 승수효과는 현실적으로 존재한다고 보기 어렵고 편익의 과대평가를 가져올 수 있다는 이유로 간접적 비용편익은 비용편익분석에 반영되는 것을 반대하는 견해가 많다. 하지만 사업의 효과가 직접적이건, 간접적이건 간에 그 효과가 사업의 목적과 일치하는 것이라면 모두 비용편익분석에 반영하여야 한다는 주장도 있으나 과대평가에 유의하여야 한다.

### 4) 무형적 대 유형적

비용과 편익의 측정은 용이한 일이 아니며, 비용과 편익이 무형적인 형태로 나타나는 경우에는 측정이 더욱 어렵다. 유형적 비용편익은 통상 시장에서 평가될 수 있는 편익과 비용을 뜻하므로 적절한 가격을 적용한다면 측정이 비교적 용이하다.

무형적 비용편익은 예를 들면, 관개사업에 의한 아름다운 주위환경은 무형적 편익이 발생한 것이고, 자연미의 파괴는 무형적 비용이 발생한 것으로 이러한 효과에 대한 평가는 대단히 어렵다. 비용편익분석에서는 이러한 효과를 측정불가능(incommensurables)이라고 하지 않고 무형적(intangibles)이라고 하며 비용과 편익에 최대한 반영하여야 한다. 반영방법은 첫째, 비용과 편익은 잠재가격(shadow price)[2])을 사용하여 측정함으로써 무형적인 측면을

1) 케인즈(J. M. Keynes)가 제기한 승수효과(multiplier effects)는 최초의 정부투자가 일어나면 이것이 타 산업부문의 투자를 자극하여 소득과 고용이 승수적으로 증가되는 효과를 말한다.

2) 잠재가격이란 어떤 가격이 그 재화의 기회비용을 정확하게 반영하고 있을 때의 가격을

어느 정도 반영할 수 있고, 둘째, 비용과 편익을 직접적으로 측정하지 못할 때는 소비자 잉여(consumer surplus) 등의 개념을 이용하여 간접적으로 측정하는 것이다.

간접적인 방법으로도 측정할 수 없다면 편익을 금전적 가치로 환산하는 것이 아니라 총비용과 총효과를 비교하여 공공투자사업을 평가하는 방법인 비용효과분석(cost-effectiveness analysis)이나 한계지불의사액을 설문조사하여 추정하는 방법인 조건부가치평가법(contingent valuation method) 등을 사용할 수 있다.

## 4. 비용과 편익 판별의 이슈

비용편익분석에서는 모든 비용과 편익을 화폐화하여 추정한다. 이때 비용과 편익의 개념이 중요하다. 비용과 편익은 부호만 다를 뿐 내용은 같다고 할 수 있다. 공공투자사업에 소요되는 비용은 대부분 가시적이고, 측정가능하며 기술적으로 결정할 수 있다.

하지만 편익의 판별과 추정은 상대적으로 용이하지 않다. 공공투자사업의 편익은 여러 가지 기준이 있지만 크게 직접적 편익과 간접적 편익으로 나눌 수 있다. 직접적 편익은 공공투자사업의 수행으로 직접 발생하는 주된 편익을 의미하고, 간접적 편익은 부차적 편익으로 직접적 편익으로부터 파생된 편익이다.

예를 들면, 저수지 건설사업으로 지역에 쌀이 많이 생산된다. 그러면 정미소가 들어서게 되고, 정미소에서 나온 쌀을 이용해 술을 만드는 양조장이 생기면서 주변에 술집, 노래방 등(전방연쇄효과, forward linkage effect)이 생겼다. 또한 쌀생산과 관련된 농기구상, 농약상, 비료상 등(후방연쇄효과, backward linkage effect)이 지역에 많이 들어서게 되었다. 이 모든 경제활동

의미한다. 잠재가격은 민간시장의 유사상품의 가격, 소비자 조사의 결과, 과거 정부정책 결정상의 암묵적 가격과 같은 것들이 이질적인 것에 대한 시장가격의 대용(proxies)으로 이용될 수 있다.

으로부터의 순수익은 쌀생산이라는 직접적 편익에서 파생된 부가가치의 합으로서 이것이 부차적 편익이다. 이때 편익은 대부분의 생산요소가 완전고용상태의 경우에는 부가가치는 이전에 불과하므로 계산하지 않고 직접적 편익만을 고려한다. 비용편익분석은 국민경제 전체의 차원에서 타당성을 고려하므로 부차적인 편익은 다른 지역에서 옮겨온 것으로 따로 계산할 필요가 없다고 할 수 있다. 하지만 불완전고용이 현실인 상황에서는 부차적 편익을 편익으로 계산하는 경우가 많은데, 분석자의 주관적인 자의성에 따라 편익 판별과 추정이 달라지면서 이중계산, 과다계산 등으로 공공투자사업의 타당성이 달라지는 문제가 있다(이정전, 2008: 416-419).

## 제 2 절 사회적 할인율

### 1. 사회적 할인율의 의의

#### 1) 개 념

공공투자사업의 경제적 타당성 평가시 편익과 비용의 추정치를 현재가치로 환산하여 편익비용비(B/C ratio)를 구하는 과정에서 활용되는 것이 사회적 할인율(social discount rate)이다. 할인율이란 현재재와 미래재 간의 교환비율로서 미래의 편익과 비용을 현재가치로 환산할 때 적용하는 이자율을 의미한다. 그리고 사회적 할인율이란 공공투자사업의 속성상 그 대상이 사회전체가 되므로, 사회전체의 시간적 투자가치가 반영된 할인율을 의미한다.

공공사업의 편익과 비용은 수년에 걸쳐 발생하지만, 그에 대한 타당성 여부는 현재시점에서 평가되어야 한다. 따라서 미래에 발생하는 편익과 비용을 현재가치로 환산할 때 적용되는 것이 바로 사회적 할인율이다.

이러한 사회적 할인율은 사회내 구성원들이 동의할 수 있는 할인율을 사용해야 하나, 개개인들이 지니고 있는 시간의 투자가치가 개인의 선호도에 따라 달라지므로 사회내 구성원들이 모두 공감할 수 있는 할인율을 찾기가 쉽지 않다.

그러면 이러한 할인율의 크기는 어떻게 결정되는지 알아보자. 높은 할인율은 편익이 단기간에 걸쳐 집약적으로 발생하는 단기투자에 유리하지만, 현재가치를 감소시켜 꼭 필요한 사업이 시행되지 않을 수도 있다는 단점이 있다. 반대로 낮은 할인율은 장기간에 걸쳐 편익이 발생하는 장기투자에 유리하지만, 지나치게 낮은 할인율은 불필요한 사업에 타당성을 부여하는 오류를 범할 수 있다. 그래서 적정할인율의 선택은 매우 중요한 일이다.

### 2) 유사개념

사회구성원들의 시간적인 투자가치에 대한 개인적인 선호가 다르므로 사회전체 구성원들이 공감하는 시간적 투자가치, 즉 단일의 사회적 할인율은 존재하기 어렵다. 따라서 분석가는 사회적 할인율을 대신할 수 있는 다양한 할인율 중에서 적절한 할인율을 선택해야 한다. 사회적 할인율을 대신할 수 있는 할인율로는 시장이자율, 정부공채이자율, 기업할인율, 개인적 할인율, 사회적 할인율 등이 있다.

첫째, 시장이자율은 민간자본시장에서 형성된 이자율로 어떤 개인이나 기업이 타인이나 타기업으로부터 돈을 빌려올 때 원금에 대해 지불할 이자를 계산하는 데 적용되는 이자율이다(김홍배, 2012: 150).[3] 분석가는 시장할인율을 공공사업의 할인율로 적용할 수 있다. 그러나 자본시장의 불완전성으로 인해 민간시장의 할인율을 공공사업의 할인율로 적용하는 데는 무리가 있다. 민간시장은 장래에 대한 불확실성과 위험부담 때문에 장기 위험 프리미엄(premium)이 붙은 이자율이 형성되기 때문이다. 따라서 시장이자율을 할인율로 적용하기 위해서는 시장의 구조가 검토되어야 하고 시장이자율을 통합하는 적절한 이자율을 채택해야 할 것이다.

둘째, 정부공채이자율(government borrowing rate)은 정부할인율이라고도

3) 시장이자율은 돈을 빌리는 주체들의 신용도에 따라 매우 다양한 이자율이 존재한다.

불리며, 정부가 발행하는 국공채에 부과되는 이자율로서 이것은 정부가 민간으로부터 차입하는 차입금에 대하여 지불하는 이자율을 말한다. 정부가 발행하는 국공채 이자율을 5.0%에서 부과하고 이 수준에서 국공채를 구입하는 데 만족한다면 5.0% 수준의 수익에 맞출 수 있는 공공사업은 적절한 사업이라고 판단할 수 있다. 따라서 정부공채이자율이 투자수익률 측면에서는 최소한의 대안이 될 수 있다.[4)]

셋째, 기업할인율(corporate discount rate)은 기업이 잠재적 투자사업의 경제성을 평가할 때 적용하는 할인율이다. 이는 최소한의 기대수익률과 위험부담률, 조세 등을 포함하는 수준에서 결정된다. 기업은 정부에 비해서 도산의 위험성이 높으므로 도산의 위험에 따른 할증금이 기업할인율에 포함되어야 한다. 만약 위험성이 전혀 없는 국공채이자율이 3.0%, 위험프리미엄 3.0%이라면 투자수익률은 6.0%에 해당된다. 그런데 법인세 등을 포함하는 조세가 50%라면 적용할인율을 12.0% 수준으로 올려야 할 것이다. 이를 세금 전 할인율이라고 한다. 기업할인율은 공공사업과 민간사업을 동일 수준에서 보고 공공사업의 수익성을 민간사업 수준으로 올려야 한다는 논리에는 적합한 할인율이라 할 수 있다.

넷째, 개인적 할인율(personal discount rate)은 개인의 효용할인율이라고도 한다. 이는 개인의 시간선호율 혹은 시간의 투자가치로서 현재 소비를 포기하고 미래소비를 선택하는 대신에 적용되는 이자율을 말한다. 즉, 개인의 장래의 소비를 위해 기꺼이 현재의 소비를 포기하려는 양이 바로 개인의 효용할인율이다. 예를 들어, 어느 소비자가 갖는 두 기간의 한계대체율이 1.20이라면 이는 내년의 120만원의 소비를 위해 100만원의 소비를 기꺼이 포기하려는 소비자의 의사를 표현하는 것이다. 이 경우 소비자의 효용할인율은 연 20%이며, 이는 소비자가 갖는 시간에 대한 투자가치가 된다.

다섯째, 피구의 할인율(Pigou's discount rate)은 공공사업의 결정시 현 세대 위주의 의사결정이 아니라 앞으로 다가올 세대를 위하여 현 세대들이 생각

---

4) 정부는 도산가능성이 낮으므로 사회경제주체 중에서 가장 높은 신용도를 보유하고 있다. 따라서 정부가 제시하는 이자율은 가장 낮은 특징을 지니게 된다.

하는 할인율보다 낮은 할인율을 적용하는 것을 말한다. 피구(Arthur C. Pigou)는 개인들이 미래에 대한 통찰력이 낮아 충분히 대비하지 않으려는 경향이 있음을 지적한다. 이러한 경향으로 인해 모든 의사결정은 현 세대를 위한 결정으로 일관되게 된다. 따라서 정부가 미래세대를 대변하는 대변자로서의 역할을 수행하여야 한다는 주장이다.

### 3) 필요성

할인이 존재하는 이유는 시간선호율, 인플레이션, 투자기회의 존재, 위험부담과 불확실성 등을 들 수 있다. 첫째, 시간선호율을 들 수 있다. 공공사업의 편익과 비용은 일시에 발생하는 것이 아니라 수년에 걸쳐서 발생하게 되는데, 그 사업에 대한 타당성 여부는 현재시점에서 평가되어야 하므로 미래에 발생하는 편익과 비용을 현재가치로 환산시켜 비교해야 할 필요가 제기되는 것이다. 각 개인들은 현재의 소비를 미래의 소비보다 더 중요하게 생각하기 때문에 사회적 결정은 각 개인의 선호를 반영해야 한다는 것이다. 또한 미래의 상황이나 재화의 가치에 대한 불확실성이 존재하므로 다양한 방법으로 사회적 할인율을 적용해야 하는 것이다.

둘째, 인플레이션이 존재하기 때문에 할인이 필요하다. 재화의 가격수준은 시간이나 경제환경에 따라서 지속적으로 변하는 특징을 가지며, 이를 인플레이션이나 디플레이션으로 칭한다. 이러한 시간에 따른 가격의 변화가 고려되었을 때 재화의 가치는 명목가치와 실질가치로 구분된다. 따라서 분석가는 가격의 변화를 고려하고 일관성 있는 가치를 활용하여 정책분석결과를 제시해야 한다. 만약 그렇지 않다면 정책의 효과가 과다계산 혹은 과소계산될 수 있다.

셋째, 투자기회가 존재하기 때문이다. 즉, 여러 정책대안들을 비교분석할 경우 비교방법에 따라 우선순위 결정에 차이가 발생할 수 있다. 즉, 비용편익비를 기준으로 할 때 선택된 대안이 내부수익률로 비교할 때는 선택되지 않을 수도 있는 것이다. 이러한 결과의 상충은 투자의 기회에 대한 고려가 되지 않았기 때문에 발생한다(김홍배, 2012: 175). 또한 공공사업의 추진은 민간부문에서 이용될 자금을 공공부문에서 활용하는 것이므로 민간부문에서 상실된 손실을 충분히 보상할 만큼 수익률이 높아야 할 것이다. 이런 경우에 활용할 수 있는 방법이 사회적 할인율이다.

이러한 사회적 할인율의 필요성을 예를 들어 설명하면 다음과 같다. 우선 비용은 기준연도에 전액 투입되는 것으로 가정하고 운영기간과 편익이 서로 다른 세 사업이 있다. 세 사업은 투자비용과 운영비가 10,036백만원으로 동일하고 운영기간은 A사업이 5년, B사업이 10년, C사업이 15년이라고 가정하자. 또한 편익은 단기사업인 A사업에서 크게 나타나고 장기사업인 C사업에서 가장 작게 나타난다고 가정하자(표 5.3 참고).

**❙ 표 5.3 할인율과 현재가치**

| 구분 | A사업 | B사업 | C사업 |
|---|---|---|---|
| 편익(백만원) | 2,318 | 1,300 | 967 |
| 비용(백만원) | 10,036 | 10,036 | 10,036 |
| 운영기간(년) | 5 | 10 | 15 |

이러한 조건하에 2.0%, 5.0%, 8.0% 등 서로 다른 할인율을 적용하였을 때 편익의 현재가치를 비교하면 2.0% 할인율에서는 장기사업인 C사업에서 현재가치가 크게 나타난다. 반면 높은 할인율 8.0%에서는 단기사업인 A사업 편익의 현재가치가 가장 크게 나타난다. 그러나 운영기간이 동일하다면 편익이 큰 A사업이 할인율에 관계없이 크게 나타난다(표 5.4 참고).

**❙ 표 5.4 할인율 변화에 따른 현재가치의 변화**

| 사회적 할인율(%) | A사업(백만원) | B사업(백만원) | C사업(백만원) |
|---|---|---|---|
| 2.0 | 10,926 | 11,677 | 12,425 |
| 5.0 | 10,036 | 10,036 | 10,036 |
| 8.0 | 9,255 | 8,723 | 8,277 |

투자비용과 운영비를 합하여 10,036백만원이 소요되는 사업에 대해 5.0%

의 할인율을 적용하면 세 사업 모두 편익비용비가 1이 되어 어느 사업이 더 효과적인 사업인지 구분하기 어렵다.

그러나 할인율이 낮은 경우에는 C사업의 편익비용비가 1.24로 가장 높고, 할인율이 높은 경우에는 A사업의 편익비용비가 가장 높게 나타난다(표 5.5 참고).

**표 5.5 할인율 변화에 따른 편익비용비의 변화**

| 사회적 할인율(%) | A사업 | B사업 | C사업 |
|---|---|---|---|
| 2.0 | 1.09 | 1.16 | 1.24 |
| 5.0 | 1.00 | 1.00 | 1.00 |
| 8.0 | 0.92 | 0.87 | 0.82 |

이상의 설명을 정리하면, 사업에 대한 평가를 내릴 때 다음과 같은 세 가지 평가지표를 사용할 수 있음을 알 수 있다. 첫째, 적절한 할인율로 할인할 총편익의 현재가치와 총비용의 현재가치의 비율이 1보다 클 때, 둘째, 적절한 할인율로 할인한 순현재가치가 0보다 클 때, 셋째, 사업의 내부수익률(IRR)이 사회적 할인율보다 클 때 그 사업은 타당성이 있는 것으로 평가된다. 위의 〈표 5.5〉에서 사업 A, B, C의 내부수익률은 5.0%이다. 따라서 이 사업들을 평가할 때 할인율을 2.0%로 결정하면 세 사업 모두 타당성이 있는 사업으로 나타나지만 8.0%의 할인율을 적용하면 모두 타당성이 없는 사업으로 나타난다.

이처럼 공공사업을 평가하여 순위를 결정하고 투자규모를 추정하는 것은 어떤 할인율을 적용하느냐에 따라 달라진다. 대개 높은 할인율을 적용하면 단기간에 집약적으로 편익이 발생되는 단기투자에 유리하게 작용한다. 반대로 낮은 할인율은 편익이 서서히 발생하는 장기투자에 유리하다.

### 4) 특 징

사회적 할인율 결정에 대해서는 여러 가지 이론이 있으나 대부분 사람들에 의해서 이론적으로 가장 엄밀하다고 여겨지는 방법은 자본의 잠재가격을 이용하는 것이다. 자본의 잠재가격을 이용한 순현재가치의 계산은 어떤 사업으로부터 발생하는 부분을 시간선호율로 할인함으로써 이루어진다. 여기서 시간선호율을 할인율로 사용하는 이유는 모든 비용과 편익이 소비단위로 표시되었기 때문이다.

하지만 자본의 잠재가격을 이용한 사업의 타당성을 결정하는 방법은 자본의 잠재가격 외에도 여러 파라미터 값들에 대한 가정이 필요하며, 따라서 개별 평가자의 자의적인 판단이 개입될 여지가 커지는 문제점을 지닌다. 또한 자본의 잠재가격 자체의 추정은 불가능한 것이 아닐지라도 어떤 사업에 따라 매 기에 발생하는 비용과 편익을 다시 소비분과 투자분으로 구분하는 일은 더욱 큰 어려움에 직면하는 문제점을 갖고 있다.

사회적 할인율은 사회 구성원이 느끼는 할인의 요인을 정확하게 파악하여 결정하는 것이 바람직하지만 현실적으로 매우 어렵다. 그래서 시장이자율이나 민간자본의 수익률을 사회적 할인율로 적용하자는 주장이 제기된다. 시장이자율은 저축과 대출을 통한 자본의 공급과 수요에 의해 결정되는 값이다. 저축을 하는 사람들은 원금을 시장이자율에 의해 미래에 더 큰 금액으로 불릴 수 있고, 대출을 받는 사람들은 시장이자율만큼 대출금에 대한 비용을 지불한다. 이때의 시장이자율은 미래의 금액을 현재가치로 환산할 때의 할인율로도 적용할 수 있으므로, 이를 사회적 할인율로 간주하자는 주장이 제기되는 것이다. 한편 민간자본의 수익률을 사회적 할인율로 적용하자는 주장은, 사회 전체적인 차원에서 공공사업에 투입될 자본이 민간부문에서 이용될 수도 있으므로, 공공사업에 대해서도 민간부문에서만큼 높은 수익률을 요구해야 한다는 것이다.

그러나 시장이자율이나 민간자본의 수익률을 사회적 할인율로 적용하자는 주장은 수용하기 어려운 점이 있다. 우선 공공부문의 수익률이 민간부문만큼 높다면 민간투자가 가능한 부문에 굳이 정부가 투자할 필요가 있는가 하는 문제가 제기될 수 있다. 더욱 중요한 것은 시장이자율이나 민간자본의 수익률이 비교적 단기적으로 실현되는 사적 이익을 추구하는 자본시장에서 결정된다는 점이다.

반면에 사회적 할인율이 적용되는 공공사업은 일반적으로 그 이익이 장기간에 걸쳐 서서히 나타난다. 이러한 점에서 공공사업은 미래세대를 배려하는 지속 가능한 발전의 이념을 반영한다. 만일 사회적 할인율이 시장이자율이나 민간자본의 수익률처럼 높게 적용된다면, 미래세대의 이익이 저평가되는 셈이다. 그러므로 사회적 할인율은 미래세대를 배려하는 공익적 차원에서 결정되는 것이 바람직하다.

## 2. 사회적 할인율에 대한 논의

### 1) 낮은 사회적 할인율 지지

낮은 사회적 할인율을 사용해야 한다는 주장은 개인으로서의 선호도와 사회집단의 구성원으로서 개인 선호도 사이에는 차이가 있음을 바탕으로 한다. 이러한 입장은 공공사업이 후세의 복지에 기여하고 있으며 공공사업이 창출하는 여러 외부효과를 반영시키기 위해서는 시장이자율보다 낮은 할인율을 사용해야 한다는 주장으로 피구(Arthur C. Pigou), 마글린(S. A. Marglin) 등이 대표적이다. 집단적 차원의 경우는 개인적 차원의 경우보다 현재가치를 덜 중요시하고 미래가치를 더 중요시하기 때문에 공공투자사업에 있어서 사회적 할인율은 낮게 적용되어야 한다는 것이다. 이는 집단적 차원에서 내린 개인의 투자결정이 궁극적으로 개인의 효용을 증가시키기 때문이라는 것이다. 따라서 정책분석에서 미래의 가치가 현재가치로 전환될 때 그 가치는 크게 할인되지 말아야 하며, 이것은 사회적 할인율이 시장할인율보다 낮아야 한다는 것을 의미한다.

### 2) 높은 사회적 할인율 지지

비용편익분석에서 사용되는 사회적 할인율이 공공투자사업의 기회비용에 근거하여 결정되어야 한다는 논리 속에는 사회적 할인율을 높게 잡아야 한다는 사상이 전제되어 있다(김동건, 2008: 187). 이는 공공사업을 민간사업에 비해 무작정 우대하는 것은 자원의 효율적 이용이라는 측면에서 불합리하므로 공공사업에 적용되는 사회적 할인율을 공공투자와 민간투자 간의 자본의 기회비용으로 파악한다. 따라서 민간기업이 통상 기대할 수 있는 전산업의 평균수익률을 측정하여 이를 공공사업의 사회적 할인율로 해야 한다는 것이다. 이처럼 민간사업의 평균수익률을 공공사업에 있어서 사회적 할인율로 사용한다는 것은 공공사업도 민간사업에서 기대할 수 있는 수익률을 발생시켜야지 그렇지 않으면 그 공공사업은 타당성이 없는 사업으로 평가될 것이다. 공공투자사업에서 자본의 기회비용은 공공사업의 재원조달 상황을 고려할 때 더욱 커질 가능성이 많다. 따라서 사회적 할인율을 자본의 기회비용에 연결시켜 기업할인율 수준까지 높여야 할 것이다. 단, 이때는 공공투자사업이 민간투자사업을 실질적으로 대체하여 민간투자사업이 공공투자사업만큼 감소해야 한다.

### 3) 복합적 접근: 지불의 사회적 기회비용

사회적 할인율이 낮아야 한다는 주장은 시장이자율이 허용하는 이상의 비중을 미래에 두어야 한다는 것이고, 높아야 한다는 주장은 정부투자사업의 실질기회비용이 고려되어야 한다는 것이다. 이처럼 양립하는 두 주장을 복합시킨 접근이 지불의 사회적 기회비용이다. 즉, 기회비용을 할인율보다는 사업의 비용으로 표시하는 것으로 이렇게 하면 할인율은 낮게 책정되지만, 자본의 사회적 기회비용(social opportunity cost of capital: SOCC)은 커지게 된다. 자본의 사회적 기회비용이란 자원이 민간부문에서 공공부문으로 이전할 때 사회가 부담하는 복지의 손실분을 의미한다.

이 접근법은 사업의 자금조달을 위하여 민간부문에서 이전되는 자금은 비용의 산출보다 사회에 대한 실질비용이 더 크다는 가정에 근거하고 있다(배준구, 1984: 127). 이때 민간의 자본이 정부부문으로 이전됨에 따라 소비의 시장흐름은 정부사업으로 발생되는 순경비로 계산된다. 이때 사회에 대한 실질비용은 두 시간 흐름의 차이를 말하며, 이러한 차이의 현재가치는 공공부문으로 이전된 자본의 사회적 기회비용으로 나타나게 되는 것이다. 따라서 자본의 사회적 기회비용을 결정하기 위해서는 두 소비시간의 흐름추정보다는 사업의 투자비용에 적용할 승수의 발견이 요구된다고 할 수 있다. 즉, 자본의 사회적 기회비용은 사업편익의 현재가치를 계산하여 이 값에서 사회적 기회비용을 뺌으로써 비용편익분석에 사용될 수 있을 것이다.

$$SOCC = M \times R = \sum_{t=0}^{T} \frac{(C_t - C_t^r)}{(1+d)^r} \quad \text{〈식 5.1〉}$$

$M$: 승수($>1$), $R$: 사업의 자본비용, $d$: 사회적 할인율,
$r$: 민간부문에서의 투자의 한계 생산성

## 3. 사회적 할인율의 분석방법

### 1) 사회적 할인율의 계산

우리나라의 사회적 할인율은 1999년 7.5%를 적용하다 2007년 이후 현재까지 5.5%를 적용하고 있다.

**❙ 표 5.6 우리나라의 사회적 할인율 적용의 변화**

| 연도 | 1999 | 2004 | 현재(2007년 이후) |
|---|---|---|---|
| 사회적 할인율(%) | 7.5 | 6.5 | 5.5 |

할인율은 복리와 유사하지만 역으로 적용되는 개념이라고 할 수 있다. 가령 사회적 할인율이 연 5.5%라면 올해의 10억원은 내년에는 (1+0.055)을 곱한 1,055백만원이 되듯이, 사회적 할인율이 연 5.5%라면 내년의 1,055백만원의 현재가치는 (1+0.055)로 나눈 10억원이 된다는 것을 알 수 있다.[5)]

사회적 할인율이 5.5%일 때 매년 10억원을 투자할 경우 이를 기준연도로 현재가치로 환산하면 〈표 5.7〉과 같다.

5) 수자원부문은 장기적으로 50년이라 초기 운영 30년간은 5.5%, 이후 20년간은 4.5%를 적용하고 있다(기획재정부 · 한국개발연구원, 2009: 4에서 인용).

**▎표 5.7 사회적 할인율 계산과정**

| 사업의 가치 | 경과 연수 | 할인계수 | 기준연도로 환산한 현재가치 |
|---|---|---|---|
| 10억원 | 기준연도 | $\frac{1}{(1+0.055)^0}$ | 10억원 |
| 10억원 | 1 | $\frac{1}{(1+0.055)^1}$ | 9.615억원 |
| 10억원 | 2 | $\frac{1}{(1+0.055)^2}$ | 9.245억원 |
| : | : | : | : |
| : | : | : | : |
| 10억원 | $n$ | $\frac{1}{(1+0.055)^n}$ | 10억원$\times\frac{1}{(1+0.055)^n}$ |

## 2) 분석대상기간과 사회적 할인율

타당성분석에서 중요한 것은 해당사업의 분석대상기간이다. 현재 한국개발연구원에서는 수자원 및 항만관련 사업은 분석대상기간을 50년으로 설정하고 나머지의 경우 30년을 기준으로 평가하고 있다. 이것은 사업기간을 제외한 운영기간을 일컫는다. 〈표 5.8〉은 한국개발연구원 지침서에서 제시한 사업별 편익발생기간과 편익의 증가율을 제시한 것이다.

비용편익분석에서는 사업기간과 운영기간을 합하여 분석기간을 설정하므로 수자원 및 항만관련 사업의 경우는 '사업기간+50년'이 되고 센터건립, 관광, 문화사업 등은 '사업기간+30년'이 된다. 대부분의 공공사업은 시장원리에 의해 성립될 수 없는 사업이므로 손익분기점이 상당히 길다는 점도 고려되어야 한다. 공공사업은 사업의 규모나 투자금액 등에 따라 다르게 나타나지만 주로 30~50년을 가정하여 분석하고, 손익분기점을 길게 잡을수록

**▎표 5.8 사업별 편익발생기간과 편익증가율**

| 구분 | 도로 | 철도 | 항만 | 수자원 |
|---|---|---|---|---|
| 편익발생기간(년) | 20 | 30 | 30 | 50 |
| 편익증가율(%) | 3 | 3 | 0 | 0 |

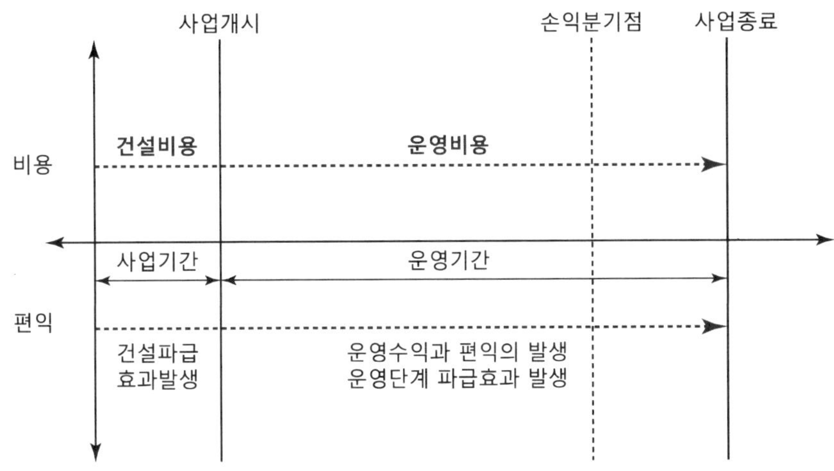


▌그림 5.1 공공투자사업의 분석기간

사업의 타당성은 높게 나타난다.

분석대상 기간은 하나의 사업을 구성하는 여러 가지 고정자산의 평균내용연수로 계산할 수 있다. 각 고정자산의 평균내용연수는 가중치를 고려하여 가중평균한 연수를 이용한다. 이를 수식으로 나타내면 〈식 5.2〉와 같다.

$$M = \frac{\sum(I_i + d_i)}{\sum I_i} \qquad \text{〈식 5.2〉}$$

$I_i$는 사업 $i$의 투자금액, $d_i$는 사업 $i$에 대한 자산내용연수를 나타낸다.

### 3) 기준연도의 설정과 사회적 할인율

분석기간의 설정 못지않게 중요한 것이 기준연도의 설정이다. 일반적으로 기준연도는 현재가치화 기준연도라고 한다. 기준연도를 중심으로 할인계수가 적용이 되므로 기준연도는 평가대상이 되는 사업이 채택되는 당해연도 또는 건설개시 전년도를 평가기준연도로 지정하게 된다.

만약 기준연도에서 1년씩 공사가 지연된다면 그만큼 공사비는 증가하게 되고 사업의 타당성은 묘연해지는 결과를 얻게 된다. 공사가 지연되어 사업기간이 길어지면 매년 적용할인율만큼 사업에 영향을 미치게 된다.

## 4. 사회적 할인율의 적용

사회적 할인율은 국가별로 다양하게 적용되고 있다. 사회적 할인율이 높다는 것은 시간에 대한 선호율이 높다는 것을 의미하고 미래경제에 대한 불확실성이 크다는 것을 의미하기도 한다. 개발도상국에서는 빠른 경제성장을 감안할 때 사회적 할인율이 높고 미래가치를 낮게 평가하고 있다. 사회적 할인율이 성장속도보다 낮게 평가될 가능성이 크기 때문이다. 반면에 경제가 안정기에 접어든 선진국에서는 상대적으로 할인율을 낮게 설정하는 경향이 있다. 그러나 금리 등을 고려하여 높게 설정하는 경우도 적지 않다.

**표 5.9 국가별 사회적 할인율**

| 국가 | 한국 | 일본 | 영국 | 미국 | 독일 | 호주 | 프랑스 | 인도네시아 |
|---|---|---|---|---|---|---|---|---|
| 사회적 할인율(%) | 5.5 | 4.0 | 3.5 | 7.0 | 3.0 | 8.0 | 8.0 | 12.0 |

사회적 할인율과 순현재가치의 관계를 비교해 보면, 사회적 할인율이 높을수록 순현재가치는 낮게 나타난다. 사회적 할인율은 복리(compound interest)의 개념으로 다음과 같은 식으로 나타낼 수 있다.

$$P = A(1+r)^n \qquad \langle 식\ 5.3 \rangle$$

여기서 $P$는 미래가치, $A$는 현재 투자금액, $r$은 사회적 할인율, $n$은 연수를 나타낸다.

그러면 사회적 할인율과 관련된 몇 가지 사항을 점검해 보고자 한다. 첫째, 사회적 할인율이 높을수록 순현재가치는 떨어지게 된다. 다시 말하면 사회적 할인율이 높게 설정이 되면 초기 투자금액에 따라 비용의 현재가치는 크게 평가되고 수익의 현재가치는 높은 할인율로 인해 낮게 평가되기 때문이다.

예를 들면, 〈표 5.10〉은 총 투자금액이 1,025억원으로 5년간의 사업기간을 거쳐 25년간 운영을 한다고 가정을 한 사업의 할인율 변화에 따른 순현재가치의 변화를 나타낸 것이다. 사업이 종료되어 운영이 시작되는 시점부터 25년간 편익은 110억원, 비용은 25억원으로 가정하여 분석한 결과이다.

**표 5.10 할인율 변화에 따른 순현재가치 변화**

| 사회적 할인율(%) | 3.0 | 4.0 | 5.0 | 6.0 | 7.0 |
|---|---|---|---|---|---|
| 순현재가치(백만원) | 377.92 | 230.12 | 112.88 | 19.83 | −53.99 |
| 비용편익율(%) | 1.29 | 1.19 | 1.10 | 1.01 | 0.94 |

이를 종합하면 할인율이 높아질수록 순현재가치는 낮아지고 이로 인해 편익비용비도 낮아지게 된다. 동일한 비용과 편익이 산출되는 사업이라도 〈표 5.9〉의 국가별 할인율에 적용해 보면 한국, 일본, 영국, 독일에서는 타당성이 있는 사업으로 판단되지만 미국, 호주, 프랑스, 인도네시아에서는 타당성이 없는 것으로 판단되어 사업이 추진되지 못할 것이다.

**표 5.11 사업의 유형**

| 구분 | 가)사업 | 나)사업 | 다)사업 |
|---|---|---|---|
| 편익(백만원) | 2,318 | 1,300 | 967 |
| 비용(백만원) | 10,036 | 10,036 | 10,036 |
| 운영기간(년) | 5 | 10 | 15 |

할인율 변화는 사업비와 사업기간에 따라 다르게 나타나기도 한다. 〈표 5.11〉은 비용은 10,036백만원으로 동일하고 매년 발생하는 편익과 운영기간이 서로 다른 세 가지 유형의 사업이 제시되어 있다.

이 사업을 할인율 변화에 따라 분석해 보면, 가)사업의 경우 매년 2,318백만원의 편익이 발생하고 5년간 사업이 추진되는 경우로 단기편익이 크고 사업기간이 짧은 사업이다. 이 사업은 할인율이 3.0%일 때 순현재가치와 편익비용비가 나)사업과 다)사업에 비해 가장 낮게 나타났으나 할인율이 7.0%일 때는 가장 높게 나타났다. 다)사업의 경우는 반대의 결과를 가져온다. 연간편

**❙ 표 5.12 할인율 3% 적용**

| 사업기간 | 할인율 | 가)사업 | 나)사업 | 다)사업 |
|---|---|---|---|---|
| 1 | 1.0300 | 2,250 | 1,262 | 939 |
| 2 | 1.0609 | 2,185 | 1,225 | 911 |
| 3 | 1.0927 | 2,121 | 1,190 | 885 |
| 4 | 1.1255 | 2,060 | 1,155 | 859 |
| 5 | 1.1593 | 2,000 | 1,121 | 834 |
| 6 | 1.1941 | | 1,089 | 810 |
| 7 | 1.2299 | | 1,057 | 786 |
| 8 | 1.2668 | | 1,026 | 763 |
| 9 | 1.3048 | | 996 | 741 |
| 10 | 1.3439 | | 967 | 720 |
| 11 | 1.3842 | | | 699 |
| 12 | 1.4258 | | | 678 |
| 13 | 1.4685 | | | 658 |
| 14 | 1.5126 | | | 639 |
| 15 | 1.5580 | | | 621 |
| 편익PV | | 10,616 | 11,089 | 11,544 |
| B/C | | 1.06 | 1.10 | 1.15 |

익이 낮고 사업기간이 15년인 경우로 할인율이 3.0%로 낮을 때는 다른 사업에 비해 비용편익비율이 높게 나타났으나 할인율이 7.0%일 때는 가장 낮게 나타났다. 또한 세 가지 사업 모두 5.0%의 할인율에서는 동일한 결과를 가져왔다. 이처럼 할인율의 변화는 각 사업의 타당성 여부에 크게 작용한다는 것을 알 수 있다. 정리하면 단기 고효율의 사업은 높은 할인율을, 장기 저효율 사업은 낮은 할인율을 적용할 때 효과가 크게 나타난다는 것을 알 수 있다.

**참고자료**

할인율에 대한 자세한 내용은 신동희·조용성(2013)의 "CDM 사업 투자분석을 위한 적용 할인율 분석"에서 UNFCCC에 등록 완료된 사업 중 약 4천여개 사업의 투자분석에 적용된 할인율 유형과 할인율의 현황을 분석하였다.

김상겸(2013)은 "실용적인 사회적 할인율: 개념과 적용상 쟁점"에서 사회적 할인율이 현행 수준보다 1%p 인하 조정될 경우 비용편익 비율은 약 6% 정도 개선될 수 있는 것으로 분석하였다. 이 논문에서는 미래의 편익을 적절하게 고려하기 위해서는 분석기간별로 차등적인 할인율을 적용하는 것이 바람직하다고 지적하였다.

**표 5.13 할인율 5% 적용**

| 사업기간 | 할인율 | 가)사업 | 나)사업 | 다)사업 |
|---|---|---|---|---|
| 1 | 1.0500 | 2,208 | 1,238 | 921 |
| 2 | 1.1025 | 2,102 | 1,179 | 877 |
| 3 | 1.1576 | 2,002 | 1,123 | 835 |
| 4 | 1.2155 | 1,907 | 1,070 | 796 |
| 5 | 1.2763 | 1,816 | 1,019 | 758 |
| 6 | 1.3401 | | 970 | 722 |
| 7 | 1.4071 | | 924 | 687 |
| 8 | 1.4775 | | 880 | 655 |
| 9 | 1.5513 | | 838 | 623 |
| 10 | 1.6289 | | 798 | 594 |
| 11 | 1.7103 | | | 565 |
| 12 | 1.7959 | | | 538 |
| 13 | 1.8856 | | | 513 |
| 14 | 1.9799 | | | 488 |
| 15 | 2.0789 | | | 465 |
| 편익PV | | 10,036 | 10,038 | 10,037 |
| B/C | | 1.00 | 1.00 | 1.00 |

**표 5.14 할인율 7% 적용**

| 사업기간 | 할인율 | 가)사업 | 나)사업 | 다)사업 |
|---|---|---|---|---|
| 1 | 1.0700 | 2,166 | 1,215 | 904 |
| 2 | 1.1449 | 2,025 | 1,135 | 845 |
| 3 | 1.2250 | 1,892 | 1,061 | 789 |
| 4 | 1.3108 | 1,768 | 992 | 738 |
| 5 | 1.4026 | 1,653 | 927 | 689 |
| 6 | 1.5007 | – | 866 | 644 |
| 7 | 1.6058 | – | 810 | 602 |
| 8 | 1.7182 | – | 757 | 563 |
| 9 | 1.8385 | – | 707 | 526 |
| 10 | 1.9672 | – | 661 | 492 |
| 11 | 2.1049 | – | – | 459 |
| 12 | 2.2522 | – | – | 429 |
| 13 | 2.4098 | – | – | 401 |
| 14 | 2.5785 | – | – | 375 |
| 15 | 2.7590 | – | – | 350 |
| 편익PV | | 9,504 | 9,131 | 8,807 |
| B/C | | 0.95 | 0.91 | 0.88 |

# 제 3 절 잠재가격

## 1. 잠재가격의 의의

### 1) 개 념

시장가격이 공공투자사업에 대한 진정한 사회적 가치를 반영한다고 할 때에는 하나의 중요한 전제조건이 충족되어야 한다. 즉, 시장이 완전해야 한다는 점이다. 완전한 시장이란 통상 완전경쟁시장을 뜻하며, 완전경쟁시장에서는 시장가격이 자원의 기회비용을 의미하므로 자원의 진정한 사회적 가치를 반영한다고 하겠다. 따라서 완전경쟁시장에서는 시장가격과 잠재가격이 서로 일치하게 된다.

그러나 우리가 취급하고 있는 시장은 대부분 불완전하기 때문에 현실적으로 완전한 시장은 존재할 수 없다. 예를 들어, 독점시장에서 생산되는 재화의 가격은 독점이윤이 포함되어 있으므로 완전경쟁시장에서의 시장가격보다 높다. 따라서 독점시장의 시장가격은 진정한 사회적 가치를 반영하지 못한다. 이러한 경우의 사회적 가치평가를 위해서는 시장가격을 완전경쟁적인 가격으로 조정해야 하는데, 이렇게 조정된 가격을 잠재가격(shadow price)이라고 한다. 즉, 잠재가격이란 왜곡된 시장에서 자원의 기회비용, 즉 진정한 사회적 가치를 반영하는 가격이다(김동건, 2012: 89-90).

### 2) 필요성

공공투자분석에서 시장가격이 왜곡되어 있는 경우에는 비용과 편익의 가치를 정확하게 평가할 적절한 대체수단이 필요하다. 그 대체수단이 바로 잠재가격인 것이다. 일반적으로는 최종산출의 시장가격이 편익의 적절한 평가가치이고, 자원의 시장가격이 비용의 적절한 평가가치로 생각된다. 그러나 시장가격이 항상 사회적 가치를 정확하게 반영하지 못할 수도 있다. 잠재가격에 대한 필요성은 시장가격이 재화의 사회적 가치를 정확하게 반영하지 못한다는 인식으로부터 출발한다(김홍배, 2012: 242).

이와 같이 시장가격이 존재하지 않거나 적절하지 않을 때에는 명시적 가격으로 전가해야 한다. 이 전가된(imputed) 가격이 잠재가격인 것이다.

하지만 잠재가격의 도출에는 항상 비용이 들며, 때로는 충분한 자료를 얻기 위해 막대한 비용이 소요될 때도 있다. 그러므로 잠재가격의 도출은 비용과 편익을 고려하여 결정해야 한다.

## 2. 잠재가격과 시장의 유형

### 1) 완전경쟁시장과 잠재가격

완전경쟁시장에서는 특정한 재화의 시장가격이 존재하고, 시장가격이 진정한 사회적 가치를 잘 반영하므로 별도로 잠재가격을 산정할 필요가 없다. 이러한 이상적인 상황에서는 시장가격이 바로 잠재가격이기 때문이다. 완전경쟁시장에서는 시장가격이 한계비용과 같고, 시장가격이 스스로 적절한 잠재가격이다(한국개발연구원, 2004: 148).

### 2) 불완전경쟁시장과 잠재가격

독점시장에서는 독점자가 스스로 생산한 재화의 시장가격에 대한 조정능력을 가지고 있다. 독점자의 가격조정능력 때문에 독점자는 가격의 순응자가 아니라 가격의 결정자이다. 따라서 독점시장에서는 생산자(독점자)가 결정한 시장가격은 바로 그 재화의 사회적 가치가 되지만 잠재가격이라 할 수 없다.

현실적으로 생산요소시장 등의 경우 노동·자본·토지 등의 생산요소들이 완전고용상태에 항상 놓여 있지 않다. 생산요소들이 완전고용상태에 있지 못하고 실업이나 유휴상태에 있을 때에는 이들의 기회비용이 완전고용상태 때와 비교하여 낮을 수밖에 없다. 그 이유는 생산요소가 다른 대체산업에 고용될 기회가 그리 많지 않기 때문이다. 따라서 불완전한 생산요소시장에서 생산요소의 잠재가격은 완전한 생산요소시장에서의 시장가격보다 낮을 뿐만 아니라 불완전한 생산요소시장에서 실제로 형성되어 있는 시장가격보다도 낮게 평가되어야 한다. 왜냐하면 불완전한 생산요소시장에서의 실제가격은 여러 가지 비경제적 요인, 예를 들면, 최저임금제도, 담합, 투기 등 때문에 진정한 기회비용보다 높게 책정되어지는 경우가 대부분이기 때문이다(한국개발연구원, 2004: 148-149).

## 3. 잠재가격의 도출방법

잠재가격의 도출방법은 시장가격의 존재 여부, 시장가격이 존재하는 경우에는 사회적 가치의 반영 여부에 따라서 구분할 수 있다. 구체적으로 살펴보면 첫째, 시장가격이 존재하며 사회적 가치를 반영하고 있는 경우, 둘째, 시장가격이 존재하지만 왜곡되어 있는 경우, 셋째, 시장가격 자체가 존재하지 않는 경우 등으로 구분한다(김동건, 2012: 91-113; 김홍배, 2012: 243-271).

### 1) 시장가격이 존재하며 사회적 가치를 반영하고 있는 경우

특정재화의 시장가격이 존재하며 동시에 이 시장가격이 특정재화의 사회적 가치를 반영하고 있는 경우에는 별도의 잠재가격 도출을 위한 조치를 취할 필요가 없다. 왜냐하면 시장가격이 그대로 잠재가격으로 간주되기 때문이다. 이러한 상황은 상당히 이상적인 상황인 완전경쟁시장을 의미한다.

완전경쟁시장에서 기업이 생산하는 생산물에 대한 수요곡선은 수평선을 유지하는데 이 곡선은 생산물의 수요곡선일 뿐만 아니라 평균수입곡선이면서 한계수입곡선이 된다. 동시에 소비자의 개인적 한계편익을 보여줄 뿐만 아니라 한계사회편익(marginal social benefit)을 반영하고 있다.

한편 완전경쟁시장에서의 기업의 공급곡선은 기업의 개별적 한계비용을 보여줄 뿐만 아니라 한계사회비용(marginal social cost)을 반영하고 있다.

해당 생산물의 수요곡선과 공급곡선이 교차하는 지점에서 시장가격은 자동적으로 형성된다. 이 가격은 기업에게는 극대이윤을 가져다 주는 시장가격이며, 소비자에게는 극대효용을 가져다 주는 시장가격이면서 동시에 잠재가격이다.

### 2) 시장가격이 존재하지만 왜곡되어 있는 경우

시장이 존재하여 가격이 결정되는 경우에도 시장가격이 재화의 사회적 가치를 과소 또는 과대하게 반영할 수가 있다. 독점시장에서 재화생산에 투입되는 생산요소,[6] 생산과정에 투입되지 않는 생산요소, 수확체증(비용체감) · 가격통제 등의 특수상황 등이 그 예라고 할 수 있다.

#### (1) 독점시장 재화생산에 투입되는 생산요소

어떤 재화가 독점시장에서 생산되는 경우에는 시장가격에 독점이윤이 포함되어 있으면서 그 재화의 가격이 바로 사회적 가치를 나타낸다. 그런데 어떤 생산요소가 독점시장의 재화생산에 중간재(intermediate goods)로 투입되는 경우 그 생산요소의 시장가격은 그 요소의 사회적 가치를 과소하게 만들 수 있다. 왜냐하면 독점생산자는 최종 생산된 재화의 판매가격을 높이기 때문이다. 따라서 생산에 투입되는 요소의 시장가격과 최종 생산된 재화에 대해 소비자가 지불하는 가격 간에는 차이가 발생하게 된다.

예를 들어, 자연독점(natural monopoly)의 특성을 갖는 전력생산에 단 하나의 생산요소로서 투입되는 석탄의 사회적 가치를 살펴보자. 독점자는 전기가격을 한계생산비용보다 높게 책정할 것이다. 석탄의 단위가격을 C원이라 하고, 전기의 단위가격은 P원이라고 가정한다. 이 경우 석탄 한 단위의 사회적 가치는 전기의 단위가격인 P원이 된다. 왜냐하면 석탄 한 단위가 공급되지 않는다면 전기는 그만큼 생산되지 못할 것이며, 그에 따른 사회적 손실은 한 단위 소비가 일어나지 않음에 따른 손실의 가치가 P원이기 때문이다.

6) 경제학과 공공투자분석론 등에서 말하는 기본적인 생산요소로는 노동, 자본, 토지 등이 있다.

물론 재화에 대한 시장이 경쟁적으로 될수록 각 생산자가 직면하는 수요가 더욱 탄력적이 되고, 그 결과 생산요소의 가격과 그 사회적 가치의 차이는 좁혀지게 될 것이다. 이는 시장이 경쟁적으로 되면서 독점생산자가 결정하는 가격과 한계비용 간의 폭은 좁아진다는 것을 의미한다.

### (2) 생산과정에 투입되지 않는 생산요소

자원의 불완전고용(unemployment of resources)은 생산요소들이 생산과정에 투입되지 못하는 경우로서, 시장에서 공급되는 양이 수요량을 초과하기 때문에 발생한다. 완전경쟁시장의 경우는 시장균형이 달성될 때까지 공급량 감소 또는 수요량 증가 등의 힘이 작용하지만, 공급량이 항상 수요량을 초과한다면 가격은 0원으로 하락하게 될 것이다.

그러나 현실세계는 완전경쟁시장이 아니다. 노동시장의 경우를 예로 들면 실업상태라고 하더라도 노동가격이 0원으로까지 떨어지지 않는다. 따라서 현실적으로 생산요소의 가격이 그의 진정한 사회적 가치를 나타내지 못한다고 할 수 있다.

#### ① 노 동

노동시장이 완전고용상태라면 노동의 잠재가격인 잠재임금은 시장임금과 일치한다. 그러나 현실적으로 실업이 존재하고 있는 후진국에서는 잠재임금이 시장임금보다 낮은 것이 일반적이다. 잠재임금은 한 나라 안에서도 지역에 따라 차이가 생길 수 있고, 노동이 숙련노동(skilled labor)이냐 미숙련노동(unskilled labor)이냐에 따라 다를 수 있다. 숙련노동의 잠재임금은 실제 시장임금에 어느 정도 접근한다고 가정할 수 있지만 미숙련노동의 잠재임금은 실제 시장임금보다 훨씬 낮게 평가되어야 할 것이다.

#### ② 자 본

자본의 사회적 비용은 그것이 공공투자사업에 사용된다고 하더라도 다른 대체사업에 사용될 기회가 전무하다면 기회비용이 없다고 보고 사회적 비용은 0으로 취급되어야 한다. 그러나 기존 자본의 최초 생산비용이나 자원이 소비재 대신에 자본재 생산에 사용됨으로써 야기된 소비기회의 희생 등을 고려한다면 자본의 사회적 비용은 당연히 0보다 훨씬 커야 한다. 물론 과거에 발생된 자본의 비용은 매몰비용(sunk cost)으로 고려의 대상이 되지 않으며, 공공투자사업에서 새롭게 고려되는 건설비용·유지관리비 등이 자본의 사회적 비용으로 취급되어야 한다.

예를 들면, 고속전철 건설사업에서 노선의 일부 구간의 기존 철로가 그대로 이용된다면, 기존 철로를 사용하는 데 따른 사회적 비용은 0원이다. 다만 고속전철이 새로운 철로와 함께 건설된다면 신규투입 비용은 사회적 비용으로 계산되어야 한다.

③ 토 지

토지의 잠재가격도 개념적으로 노동과 자본의 경우와 동일하다. 토지가 유휴상태에 있고 다른 사업에 사용될 가능성이 전혀 없는 경우에는 토지가 공공투자사업에 이용된다고 하더라도 토지의 기회비용은 없다고 보고 토지의 잠재가격을 0으로 간주할 수 있다. 또한 토지는 재사용이 얼마든지 가능하다는 측면에서 토지사용의 사회적 비용을 낮게 잡는 경우가 많다.

그러나 토지는 고정성(固定性), 부증성(不增性), 개별성(個別性) 등으로 인하여 공급이 제한된다는 점에서 토지의 사회적 비용을 경시하는 것은 옳지 못하다.

토지의 잠재가격을 도출하는 경우에는 다음과 같은 사항을 고려해야 한다. 첫째, 농지 및 임야의 경우 이들의 잠재가격은 농지에서 기대되는 농작물 수확의 가치 또는 임야에서 얻을 수 있는 편익 등으로 계산된다. 둘째, 시장에서 실제 거래되는 토지의 경우 토지의 시장가격이 투기 및 각종 규제 등으로 왜곡되어 있을 때에는 시장가격을 그대로 사용할 수 없다. 이때에는 해당 토지에서 정상적으로 기대되는 지대를 토지의 사회적 비용으로 간주한다. 셋째, 공공투자사업 초기에 한 번의 토지구매로 토지와 관련된 문제를 끝낼 경우 최초의 토지구매가격을 토지의 잠재가격으로 간주할 수 있다. 넷째, 특수한 경우로서 토지사용을 위해 발생된 여러 비용들은 토지의 잠재가격이 될 수 있다. 예를 들면, 댐을 만들기 위해 주민들을 이주시켜야 한다면 이주비용이 댐건설을 위한 사회적 비용이 된다.

### (3) 기타의 특수상황

#### ① 수확체증(비용체감) 기업

완전경쟁시장에서는 재화의 시장가격은 한계비용과 같아지고, 사회적 기회비용을 반영하고 있다. 만약 어느 기업이 비용을 절감할 수 있는 능력을 갖고 있고, 다른 기업들과의 경쟁에서 이겨 독점적 위치에 있게 된다면, 이 기업은 독점이윤을 오랫동안 지속할 수 있을까? 그러나 이 기업은 평균비용이 계속 하락함에 따라 손실을 감수해야 할 경우가 발생한다.

비용체감현상이 실제 일어날 수 있는 기업은 대규모 시설투자를 하여 생산비 절감효과가 크게 일어나게 하는 기업으로서 전기, 가스, 전화 등 대규모 공익기업이 좋은 예이다. 그런데 공익기업이라고 하여 손해를 감수해서라도 가격을 한계비용과 일치시키라고 요구하기는 어렵다. 정부도 어쩔 수 없이 평균비용과 일치하는 가격수준에 동의하지 않을 수 없을 것이며, 이럴 경우 기업제품의 시장가격은 평균비용곡선과 수요곡선이 만나는 지점에서 형성된다. 여기에서 기업은 이윤도 손실도 없는 상태에 놓이게 되며 초과이윤이 아닌 정상이윤 정도를 기대할 뿐이다.

전기요금을 예를 든다면 전기요금에 대한 잠재가격을 도출할 때 이 요금수준이 과연 한계비용과 얼마나 근접해 있는가를 살펴보아야 한다. 현실의 공공요금수준(시장가격)이 한계비용보다 높게 책정되어 있다면 잠재가격은 현재의 요금보다 낮게 평가되어야 한다.

#### ② 가격통제

정부에 의한 가격통제는 현실에서 종종 이루어지는데, 시장가격이 왜곡되어 사회적 가치를 반영시키지 못하게 된다. 정부는 여러 가지 이유로 가격의 상한선 또는 하한선을 정하여 가격을 통제하는데 최저임금제, 임대료

상한제 등이 그 예이다.

정부가 가격통제를 시행하는 경우를 살펴보면, 가격상한선을 정했을 때에는 초과수요가 발생하고 반대로 정부가 가격하한선을 정했을 때에는 초과공급이 발생한다.

초과공급의 상황을 예로 들면 정부가 이를 해소하려고 시장에 개입하여 재화를 직접 구입하려고 한다. 이러한 경우 재화의 사회적 가치(잠재가격)는 얼마인가? 그것은 재화의 소비를 누가 하는가에 따라 다르다. 정부가 만약 구입한 재화를 모두 소비자에게 환원하여 소비자들이 사용하도록 한다면 이 때 재화의 진정한 사회적 비용은 발생하지 않는다. 소비자들에게 혜택이 전적으로 돌아갔기 때문이다. 따라서 재화의 시장가격은 바로 잠재가격이 된다. 반대로 정부가 구입한 재화를 모두 정부 스스로 소비해 버린다면 소비자의 혜택은 없게 되고, 재화를 구입하는 데 발생한 사회적 비용이 높게 되므로 재화의 사회적 가치도 그만큼 떨어지게 될 것이다.

③ **외 환**

후진국에서는 국제수지의 보호 등 정책적 목적으로 환율을 외환시장에서 자율적으로 결정되도록 맡기기보다는 정부가 인위적으로 통제하여 대개 적정 시장환율보다 낮은 수준의 공정환율(official exchange rate)을 유지하려고 한다.

공정환율을 낮게 유지한다는 의미는 자국화폐의 가치를 높게 평가한다는 뜻이다. 이 경우는 수출에는 불리하게 작용하지만 수입을 줄일 수 있으므로 수입의존도가 큰 후진국에서 흔히 볼 수 있는 현상이다. 공정환율을 적정 시장환율보다 낮게 유지하는 경우는 가격상한선을 정한 가격통제의 상황과 같이 외환의 초과수요가 발생하게 된다. 후진국에서 공정환율에 따라 교역재의 가치를 계산할 경우 공공투자사업의 수행에 따른 진정한 외환비용(수입액) 또는 외환이득(수출액)을 과소평가하게 된다.

따라서 공공투자사업의 비용편익분석에서 수입물·수출물의 진정한 가치 평가는 수입관세, 수출보조금 등과 같은 장벽을 제거시킨 잠재환율로 계산해야 한다. 잠재환율은 외환에 대한 진정한 기회비용을 나타내고 있기 때문이다.

#### ④ 정부의 세금과 보조금정책

정부가 특정재화에 대한 세금 또는 보조금정책을 집행할 때 시장에서 관찰되는 그 재화의 가격은 그 재화의 진정한 사회적 가치인 잠재가격과 다르게 된다. 일반적으로 세금 또는 보조금은 생산량변화에 따른 비용변화를 계산할 때 제외된다.

정부가 특정재화에 세금을 부과하는 경우 시장에서 재화에 대한 공급곡선은 상향 이동하게 된다. 정부의 세금부과로 인하여 재화의 가격과 생산량은 새롭게 결정된다. 재화의 사회적 편익은 시장가격으로 나타나지만, 재화의 사회적 비용은 당초 균형가격보다 낮아지게 된다. 그러므로 세금이 부과되는 경우 재화의 시장가격은 사회적 비용을 과대하게 나타낸다.

정부의 보조금정책도 세금의 경우와 동일하게 분석될 수 있다. 정부가 보조금을 생산자에게 지급하면 공급곡선은 하향 이동하게 된다. 정부보조금으로 인하여 재화의 가격과 생산량은 새롭게 결정된다. 재화의 사회적 편익은 시장가격으로 나타나지만 재화의 사회적 비용은 당초 균형가격보다 높아지게 된다. 따라서 보조금이 지급되는 경우 재화의 시장가격은 재화의 사회적 비용을 과소하게 나타낸다.

### 3) 시장가격 자체가 존재하지 않는 경우

잠재가격의 도출이 가장 절실한 경우는 해당 재화와 용역이 시장에서 거래되지 않을 때이다. 시장에서 거래되지 않으면 가격이 존재하지 않을 것이며, 사회적 가치도 판단하기 어렵기 때문이다. 시장가격이 존재하지 않는 경우의 예로는 외부효과, 시간의 가치, 생명의 가치, 환경의 가치, 공공재의 가치 등이 있다.

(1) 외부효과

공공투자사업의 비용편익분석이 실시될 경우 외부효과도 비용 또는 편익을 구체적으로 고려해야 사업의 정확한 분석결과를 도출할 수 있다. 공공투자사업과 같은 정책에 의해 나타나는 외부효과는 투입요소로부터 발생하는 외부효과와 공공투자사업의 결과로부터 발생되는 외부효과로 구분할 수 있다.

**① 투입요소로부터 발생하는 외부효과**

투입요소로부터 발생하는 외부효과란 재화 A가 공공투자사업의 투입요소이며, 재화 A의 각 단위로부터 외부비용이 발생하는 경우를 말한다.

재화의 공급탄력성에 따른 외부비용효과는 다음과 같이 3가지로 구분된다. 첫째, 재화의 공급이 완전 비탄력적인 경우, 재화의 공급량은 가격의 변화에 반응하지 않는다. 그것은 일정기간 동안 공급량이 고정되어 있는 경우로 정책으로 인한 외부비용효과는 0원이다. 둘째, 재화의 공급이 완전 탄력적인 경우, 재화의 공급량은 정책으로 인해 증가된 수요량만큼 증가한다. 이 경우 공공투자사업은 사회에 외부비용효과를 (외부비용효과×새로운 수요)만큼 발생시킨다. 셋째, 재화의 공급이 탄력적인 경우는 증가된 수요가 가격과 생산량을 동시에 증가시킨다. 이 경우 새롭게 공급된 재화의 양에 의해 발생하는 외부효과만이 공공투자사업의 비용편익분석에서 비용으로 고려되어야 한다.

**② 공공투자사업의 결과로부터 발생하는 외부효과**

공공투자사업의 결과로부터 발생하는 외부효과는 공공투자사업의 분석과정에서 무시할 수 없는 효과이다. 공공투자사업의 결과로부터 발생하는 외부효과를 계량화하는 방법은 다음과 같다. 첫째, 정책으로부터 발생하는 외부효과에 대해 사람들이 기꺼이 지불하려고 하는 금액을 그것의 진정한 외부효과로 결정하는 방법이다. 둘째, 개인의 지불의사금액을 개인들이 외부효과를 방지하기 위해 투입되는 금액으로 계산하는 방법이다. 셋째, 외부비용효과를 제외한 정책의 순편익을 외부비용효과의 기준가격으로 결정하는 방법이다. 넷째, 외부효과를 정성적으로(qualitatively) 묘사하여 정책의 최종 결정자에게 제시하여 평가하도록 하는 방법이다.

### (2) 시간의 가치

시간이 단축되는 경우 그 가치는 절약된 시간이 생산과정에 이용될 수 있는 경쟁적인 경제구조 아래서는 생산량의 증가분과 같다. 즉, 시간당 임금수준에 해당된다고 할 수 있다.

그런데 여행을 예로 들면, 여행시간의 절약분이 모두 생산에 투하되기보다는 여가시간을 더 즐길 수도 있다. 이 경우 여가시간의 증가분에 대한 가치를 시간당 임금수준으로 측정하는 것은 문제가 있다. 일반적으로 여가시간의 가치는 일하는 시간의 가치보다 낮게 평가되므로 여가시간의 가치는 시간당 임금수준보다 낮다. 또한 여행시간이 줄어들었으므로 여행 중에 느끼는 즐거운 기분도 약간 감소되었을 것이다. 따라서 절약된 시간의 가치는 임금수준보다 낮게 평가되어야 한다.

### (3) 생명의 가치

생명의 가치를 측정하는 대표적인 방법은 사망이 발생하지 않았을 때 그 생명이 일생 동안 벌어들일 수 있는 장래기대소득의 현재가치를 계산하는 것이다. 이 경우 사람의 나이, 능력, 교육정도 등이 중요 고려변수가 된다.

그러나 현실적으로 장래의 기대소득에 관한 자료가 불충분하므로 간접적인 접근방법을 택하는 경우가 많다. 예컨대, 사망과 같은 위험을 회피하기 위하여 사람들이 일생 동안 지불할 의사가 있는 최대지불액이라든가 혹은 반대로 위험부담을 감수하고 어떤 위험한 일을 택할 때 그 대가로 수령할 의사가 있는 최소수령액을 계산하는 것이다. 또한 생명의 가치를 죽음이라는 위험의 기회비용으로 간주하여 그 가치를 측정할 수도 있다.[7)]

---

7) 예를 들면 특정 사업에서 죽음이라는 위험이 발생할 확률이 0.001이라고 하고 위험도에 대한 임금격차액이 10만원이라면, 생명의 가치는 1억원(10만원/0.001)이다.

### (4) 환경의 가치

환경의 변화를 화폐가치로 측정하는 것은 어려운 과제이다. 환경의 가치를 평가하는 일반적인 방법으로는 첫째, 회귀분석과 같은 통계방식을 활용하여 환경과 관련된 독립변수의 회귀계수값을 산출하여 가치를 추정하거나, 둘째, 수요곡선을 추정하여 소비자잉여를 계산하는 방법 등이 있다.

환경변화에 의한 외부효과가 실질적인 효과로 간주되기 위해서는 이들에 의해 다른 곳에서는 부정적인 효과가 조금도 발생되지 않는 순수한 효과라야 한다. 또한 환경 이외의 다른 변수에 의한 효과는 제외되어야 한다. 그러나 현실적으로 한쪽의 이득은 다른 쪽의 손실을 동반하는 경우가 많다.

### (5) 공공재의 가치

국방 · 경찰 · 소방 등의 공공재는 개인들에 의해 공동 소비할 수 있는 재화로서 비경합성과 비배제성의 특성이 있다. 공공재에 대한 시장은 존재하지 않으므로 시장가격도 존재할 수가 없다. 공공재에 대한 수요는 분명히 존재하지만 공공재의 특성으로 이윤이 발생하지 않을 것이므로 공공재를 기꺼이 공급하려는 생산자는 없다고 할 수 있다. 결국 정부가 공급할 수밖에 없고 공급비용은 세금을 통하여 충족된다.

개인이 납부하는 세금은 다양한 공공재의 재원으로 사용되기 때문에 개인이 납부하는 세금과 그들이 소비하는 공공재 간의 정확한 관계를 도출하기는 어렵다. 특정 공공재 소비에 대해 개인들이 기꺼이 지불하려는 공공재의 가치 즉, 공공재의 의미 있는 단위가격의 도출이 어렵다. 공공재의 단위가격 결정이 어렵다는 것은 공공재에 대한 사회적 가치를 측정할 지표가 없음을 가리킨다.

공공재의 사회적 가치를 도출하는 만족스러운 방법은 없으나 일반적으로 다음과 같은 간접적인 방법들이 있다. 첫째, 설문조사를 통해 소비자들이 갖는 사회적 가치를 파악하는 방법이다. 둘째, 모의실험을 통해 소비자가 갖는 공공재의 가치를 드러내게 하는 방법이다. 셋째, 사유재로부터 공공재의 가치를 도출하는 방법이다. 공공재가 어떤 사유재와 연결되어 있는 경우 사유재의 가격을 통해 공공재의 가치를 도출하는 방법이다. 넷째, 공공재의 규모와 비용에 대해 투표를 실시하여 공공재의 사회적 가치와 바람직한 양을 결정하는 방법이다.

## 4. 잠재가격의 적용

비용편익분석에서 잠재가격 설정은 불공정 경쟁, 독점 및 과점의 형성, 정부의 가격지원 정책 등으로 인해 사회가치를 반영한 시장가격을 측정할 수 없거나 신뢰할 수 없을 때 추정한다. 시장가격이 존재하지 않는 경우에도 잠재가격을 추정하여 적용한다. 예를 들면, 우회도로 건설로 인해 절약되는 시간의 경제적 편익을 측정할 때 해당 지역의 시간당 임금수준 또는 택시요금을 적용할 수 있다. 시장가격이 형성되어 있지 않은 무형물의 가치는 무료 방문객들이 지불하는 간접비용을 근거로 추정한다. 예를 들어, 무료 동물원을 이용할 경우 동물원까지 도달하는 데 소요되는 교통비를 실제 지불가격으로 보는 것이다. 또한 분석가들이 설문지를 작성하여 의견을 조사하는 방법으로 응답자들이 특정한 서비스를 제공받는 대가로 기꺼이 지불할 의사가 있는 금액을 묻는 것이다. 환경문제의 경우에는 외부비용의 형태로 발생하는 원상복구경비를 근거로 추정할 수 있다.

**참고자료**

옥동석(1990)은 "공공투자의 평가가격: 소비자가격과 교역가격"에서 소비자가격과 교역가격을 중심으로 공공투자사업의 평가가격을 측정하였다.

안상훈 외(2008)는 「예비타당성조사 수행을 위한 일반지침 수정·보완 연구(제5판)」에서 잠재가격의 개념과 적용 방법에 대해 자세히 설명하고 있다.

# 제 4 절 불확실성과 민감도 분석

## 1. 불확실성의 의의

### 1) 개 념

공공투자분석에 대한 비용편익분석에서 분석자가 항상 직면하는 문제 중 하나는 미래에 대한 불확실성(uncertainty)이다. 불확실성의 존재는 공공투자에 대한 비용편익의 분석결과가 실제로 발생하게 되는 비용편익과 다를 수도 있음을 의미한다. 불확실성은 일반적으로 미래 환경에 대한 정보부재와 분석자의 예측범위 밖에 있는 외부 환경의 변화에 의해 발생한다. 이러한 불확실성을 공공투자분석의 비용편익분석 과정에서 인식하는 것은 중요하다(김홍배, 2012: 336). 공공투자분석과 관련하여 미래는 무지, 확실, 확률 및 불확실성 등으로 구분할 수 있는데(Beenhakker, 1975: 126-127),[8] 불확실성이란 미래에 발생할 결과가 가변적이어서 그 발생확률에 관하여 어느 누구도 어떠한 전망을 할 수 없는 상태를 말한다.

### 2) 불확실성과 위험

불확실성과 유사한 용어로는 위험(risk)이 있다. 불확실성은 일련의 행위로 인한 결과가 불확정적이거나 의심스러울 때, 어떤 의미 있는 확률을 배정하는 것조차 불가능한 상황을 의미한다. 위험은 어떤 일이 잘못 진행될 가

8) 무지(ignorant)란 미래에 대해 어느 누구도 그럴듯한 선망을 모르는 상태를 말한다. 이러한 상태에서의 결정은 합리적 결정이라기보다는 영웅적 결정(heroic decision)이라 불린다. 확률(probabilistic)은 미래에 발생할 결과에 대한 정확한 예측은 물론 불가능하지만 누구든지 통계적으로 계측된 확률로써 발생할 여러 가지 결과를 전망할 수 있는 상태를 말한다. 확실(certain)은 미래에 발생할 결과가 알려져 있는 상태이다. 예를 들면, 정부공채를 사려는 결정행위와 같이 미래의 결과에 관한 정보를 인지할 수 있어 합리적 결정이 가능한 상태를 말한다. 이중 무지상태의 미래는 영웅적 결정으로 분석의 대상이 되지 않는다. 따라서 공공투자분석에서 미래의 상태는 불확실한 미래, 확률적 미래 및 확실한 미래로 구분할 수 있다.

능성이 있을 때, 어떤 의미 있는 확률을 배정할 수 있는 상황을 의미한다.[9)]

위험과 불확실성의 정확한 구분은 장래에 발생할 어떤 사건(event)의 확률(probability)을 계측해 낼 수 있느냐 하는 데 달려 있다. 즉, 공공투자분석에서 분석가가 발생 가능한 많은 사건을 확률로 나타낼 수 없는 것은 불확실성하의 결정이고, 사건의 확률을 나타낼 수 있는 것은 위험하의 결정이다(Howe, 1979: 160-161; Pouliquen, 1975: 2-3).

공공투자사업의 진행과정에는 예상하지 못한 위험요소가 많을 것이므로 미래의 불확실성은 항상 존재할 것이다. 따라서 공공투자사업에 대한 경제적 타당성 여부를 평가함에 있어서는 분석가의 주관적 판단에 의해 설정되는 상황이지만 불확실성과 위험을 고려해야 한다. 다만 불확실성의 상황은 위험상황에 비해 정확성이 상대적으로 낮다는 것을 인식하여야 한다.

### 3) 필요성

공공투자사업은 대부분 대규모 사업이므로 한번 잘못된 선택을 한 경우에 발생하는 피해는 크고 장기적이며, 불가역성을 나타낸다. 따라서 공공투자사업에 대한 타당성 여부를 사전에 평가할 때 불확실성에 대한 상황을 미리 고려하여 이것이 사업의 성패에 어떠한 영향을 미치는가에 대한 분석이 필요하다. 여러 가지 변동 상황에 대한 분석결과는 의사결정자에게 사업선택에 관한 최종판단을 내리도록 하는 데 도움을 줄 뿐만 아니라 이를 통하여 사업의 성공적 집행을 위한 사전예방조치를 강구하도록 하는 계기가 될 것이다. 그러므로 공공투자사업은 해당 사업의 위험과 불확실성에 대한 충분한 사전 검토와 분석이 요구되며, 그 결과를 토대로 사업의 선택이 이루어져야 한다(한국개발연구원, 2004: 309-310).

캐나다(J. R. Canada, 1973)는 공공투자사업의 불확실성과 위험도에 대한 분석이 필요한 이유로 ① 유사한 형태의 투자 수의 부족, ② 편익평가의 추계를 과장하는 경향, ③ 외부경제환경의 변화, ④ 자료분석의 오류, ⑤ 경제

9) 예를 들면 2020년의 한반도 강수량에 대한 예측은 위험상황에 해당되고, 2020년 남북한 관계에 대한 예측은 불확실한 상황이라고 볼 수 있다.

성 분석과정의 오류, ⑥ 관리능력의 부족, ⑦ 투자자본의 회수능력 고려, ⑧ 경기의 위축 등을 제시하였다.

불확실성하에서 결정을 행하는 경우 선택에 따른 결과는 확실하지 않고 다만 최선(best)의 정도로부터 최악(worst)의 정도까지의 범위가 존재하며, 이 범위 내에서 어떤 결과가 발생할 것이라고 예측할 수밖에 없다. 이 경우 결정기준은 결정자의 불확실성에 대한 견해 또는 태도에 달려 있다(Radford, 1978: 71-72). 불확실성에 대한 분석의 대표적인 방법으로 민감도 분석(sensitivity analysis)이 있으며 그 외에도 게임이론(game theory)[10], 효용 접근(utility approach)법[11], 기대가치(expected value)법[12] 등이 있다.

## 2. 민감도 분석의 의의

### 1) 개 념

타당성을 평가하기 위해서 사용되는 경제성 분석의 편익과 비용의 계산에는 많은 불확실성이 내포되어 있다. 불확실성에 대처하기 위해서 시행하는 것이 민감도 분석(sensitivity analysis)이다. 민감도 분석이란 미래에 발생할 수 있는 다양한 변동상황이 사업에 어떤 영향을 미치게 되는가를 분석하는 것이다. 민감도 분석은 공공투자사업의 모든 비용과 편익에 대한 가정의 변동이 어떠한 효과를 가져오는지를 제시해 준다(한국개발연구원, 2004: 311).

---

10) 게임이론은 상충적 상황(conflict situation)하에서의 합리적 결정을 위한 이론이다. 이 방법은 확률 분석에 관한 정보가 없을 때 공공부문 투자사업을 평가하는 데 유용하게 이용될 수 있다. 이 이론에 의한 합리적 선택 기준으로는 maximin, minimax, maximax, Llace, Hurwicz, minimax-regret 등이 있다(Mishan, E. J., 1976: 351).

11) 효용 접근법은 한계효용의 체감 및 체증에 의하여 개인의 효용에 관한 효용곡선을 도출하여 이로부터 최적의 결정에 접근할 수 있도록 화폐단위를 효용으로 대체할 수 있다는 방법이다(Mishan, E. J., 1976: 370).

12) 기대가치법은 비용편익분석으로부터 추정된 편익과 비용을 어떤 확률분포에 의하여 나타낼 수 있는 무작위변수(random variables)로서 처리하는 방법이다. 즉 불확실한 미래의 상황과 그에 대한 발생확률을 알 수 있을 때 그 가중평균치에 의하여 사업의 기대가치를 구하여 결정작성의 자료로 이용한다(Anderson, L. G. & Settle, R. F., 1977: 101-103).

이것은 투자비나 경제성에 영향을 미칠 수 있는 중요한 변수인 초기 공사비, 운영비, 교통수요, 할인율 등에 대해서 각 변수가 일정량만큼 변화되었을 경우 경제성이 어떻게 변화하는지 파악하는 방법이다.

정부의 공공사업은 운영하는 과정에서 예기치 못한 변동 상황이 발생할 수 있으며 많은 위험요소가 잠재해 있다. 이는 그만큼 미래에 대한 불확실성이 존재하고 있기 때문이다. 따라서 공공사업에 대한 타당성 여부를 사전에 평가할 때 이와 같은 상황을 미리 고려하여 이것이 사업의 성패에 어떠한 영향을 미치는가에 대한 분석이 필요하며, 이를 위해 민감도 분석을 활용한다.

### 2) 유용성

민감도 분석은 보다 상세한 정보가 얼마나 가치 있는지를 밝혀주는 데 있어 유용하며, 때로는 필수적인 지침이 되기도 한다. 이러한 것들은 일반적으로 프로젝트나 정책 투입요소, 가령 지역 선정, 상대가격의 변화와 같은 가능성을 모두 포함하게 되고, 또한 서로 다른 평가자에게 가능성 있는 비용과 편익에 대해 서로 다른 견해를 갖도록 허용함으로써 그 성과에 어떻게 영향을 미치는지를 판단하는 방법으로도 유용하게 활용된다.

민감도 분석은 다음의 경우에 특히 유용하게 활용된다(한국개발연구원, 2004: 311). 첫째, 비용과 편익의 추정치에 있어 중대한 편의(bias)를 예상해야 할 이유가 있는 경우로서 중요한 신기술, 실질적인 재배치, 대규모 건설 프로젝트, 재건축, 시장점유율의 예측 등을 수반하는 프로젝트에 유용하다. 둘째, 경영에 있어 프로젝트의 불확실성이 잠재적인 예산문제를 야기하는 경우로서 총예산에서 차지하는 규모가 큰 종류의 프로젝트에 유용하다. 마지막으로 환위험과 같이 커다란 불확실성하에서 진행되는 프로젝트의 경우에 유용하다.

## 3. 민감도 분석의 방법

민감도 분석의 주요 방법은 주관적 예측, 선택적 민감도 분석, 일반적 민감도 분석 등이 있다. 또한 민감도 분석을 수행하는 경우 어떤 방법을 선택해야 할 것인가를 판단하는 기준에 대하여 살펴본다(김동건, 2012: 201-217).

### 1) 주관적 예측

주관적 예측(subjective estimate)이란 장래에 발생할지도 모르는 변동상황을 주관적인 느낌으로 예측하고 판단하는 것으로 비교적 신속하고 간편한 접근방법이다. 이와 같은 판단은 분석 전문가의 경험과 감각에 의존하는 경우가 많다. 예를 들면 공공투자사업의 비용편익분석에 의해 산정된 순현재가치(NPV) 또는 내부수익률(IRR)에 ±10%의 오차가 발생할 수 있다고 지적하거나, 측정된 순현재가치가 실제 순현재가치와 10% 포인트 이상 차이가 날 확률은 5% 이하라고 지적하는 것 등이 이에 해당된다.

이와 같은 오차에 대한 예상은 여러 방법에 의해 도출될 수 있지만 이러한 예상이 공식적인 계산과정을 통해 도출되는 것이 아니라 순전히 주관적·경험적 판단에 의해 도출된다는 점이 주관적 예측의 특징이다. 주관적 예측의 단점은 정책결정자가 그러한 추정에 대한 신뢰도가 낮고, 비판자들에 대해 자신의 결정을 변호하기 어려우며, 합리적이지 못하다는 점이다.

### 2) 선택적 민감도 분석

선택적 민감도 분석(selective sensitivity analysis)이란 객관적인 검토과정을 거쳐 이루어지는 것으로 여러 가지 가능성 있는 변동상황 가운데서 중요한 상황들을 선택하고 이들 변화가 사업의 순현재가치(NPV)와 내부수익률(IRR)에 어떻게 영향을 미치는가를 밝혀내는 방법을 말한다.

선택적 민감도 분석은 일련의 명시된 계산방법으로 민감도지수(sensitivity indicator)[13] 등을 보여주는 비교적 객관적인 접근방법이다. 민감도지수는 내

13) 민감도지수와 비슷하게 사용되는 것이 전환값(switching value)으로 사업의 순현재가치를

부수익률의 변화를 관련변수의 변화폭으로 나눈 값인데, 민감도지수가 크다면 해당 변수에 대해 철저한 관찰 및 분석이 요구되므로 사업의 성공적 완성을 위한 사전예방조치들이 강구되어야 한다는 것을 의미한다.

선택적 민감도 분석에서는 특히 다음과 같은 상황에 대해서 심층분석이 이루어져야 할 것이다.

첫째, 산출물의 가격과 산출량이 예상과 달리 변동되었을 때 사업의 타당성은 어떻게 변할 것인가?

둘째, 투입물의 가격과 투입량이 당초계획과 달리 변동되었을 때 사업의 타당성은 어떻게 변하게 될 것인가?

셋째, 시설의 가동률이 당초계획과 달라진다면 이것이 사업의 비용과 편익흐름에 어떠한 영향을 주게 될 것인가?

넷째, 공사기간 혹은 시설가동률을 수준까지 끌어올리는 데 소요되는 시간 등이 예상보다 길게 늘어날 경우 이것이 사업의 타당성에 어떠한 영향을 줄 것인가?

선택적 민감도 분석의 장점은 자료와 가정에 입각하여 분석한다는 점에서 객관적이며, 비교적 계산이 용이하다는 것이다.

### 3) 일반적 민감도 분석

일반적 민감도 분석(general sensitivity analysis)[14]은 사업의 순현재가치(NPV) 또는 내부수익률(IRR)에 영향을 미칠 수 있는 주요 변수들의 변화가 실제적으로 일어날 수 있는 가능성을 모두 나열하고, 그 가능성 하나하나에 대하여 확률을 부여함으로써 장래에 발생하는 여러 가지 상황을 종합적으로 정리·분석하는 방법을 뜻한다.

예컨대, 선택적 민감도 분석이 몇 가지 선택된 주요 변수들의 변화상황으로 범위를 제한하고 이에 대한 민감도를 계산하는 것이라면, 일반적 민감도 분석에서는 주요 변수가 10개이고 변화될 수 있는 상황이 3가지(예: 高,

---

0으로 만드는 어떤 변수의 변화분을 백분율(%)로 나타낸 값을 의미한다.

14) 일반적 민감도 분석을 몬테칼로 분석(Monte Carlo Simulation)이라고도 한다.

中, 低)라면 총 $3^{10}$(=59,049)가지의 변화상황을 모두 고려하여 그의 효과 및 그에 상응하는 확률을 배분하는 접근방법을 택한다.

따라서 일반적 민감도 분석은 사업효과에 대한 확률분석(probability analysis)이라고 하겠으며 일종의 위험도 분석(risk analysis)이라고 할 수 있다.

일반적 민감도 분석은 순현재가치의 다양한 값들이 어떤 확률로 발생할 것인지를 일목요연하게 고려할 수 있으며, 이에 따라 순현재가치의 예상가중평균치(expected value)를 구할 수 있으므로 두 가지 이상의 대안 사업의 비교에 유용하게 쓰일 수 있다. 그러나 일반적 민감도 분석을 위해서는 주요 변수들에 대한 확률분포를 사전에 알고 있어야 하고, 여러 사업을 개별적으로 분석하고 있을 뿐 여러 사업들간의 관계를 무시하고 있다는 것이 단점으로 지적된다.

### 4) 민감도 분석방법의 선택

민감도 분석은 주관적 예측, 선택적 민감도 분석, 일반적 민감도 분석 중에서 하나를 선택하여 수행하면 된다. 하지만 시간이나 예산의 제약이 없다면 일반적 민감도 분석을 택하는 것이 바람직하고 추천할 만하다. 그러나 이러한 선택 역시 실제의 현실적 여건이 어떠한가에 따라 달라질 수 있다.

민감도 분석의 수준에 관한 어떤 일반적인 규칙은 없으나 경제 이론상의 효율성 규칙(efficiency rule)[15]을 적용시켜 볼 때, 비용편익분석은 ① 사업목표의 설정 및 구체적 대안 마련, ② 각 대안에 대한 비용과 편익의 분류 확인, ③ 비용과 편익의 측정 및 수익성 도출, ④ 민감도 분석, ⑤ 최종 선택 및 보고서 작성 등의 과정(절차)에 의한다.

민감도 분석의 수준에 따른 방법의 결정은 정책결정자가 원하는 수준과 예산사용의 효율성 및 비용·편익분석에 미치는 공헌도 등을 고려하여 합당한 수준에 맞는 분석방법을 선택하면 될 것이다.

15) 효율성 규칙이란 비용과 편익의 분석과정에서 자금(예산)을 배정할 때 한 과제에 배정한 금액의 한계가치가 다른 과제에 배정한 금액의 한계가치와 일치하도록 하고, 전체 비용편익분석의 총가치가 최대로 증가될 수 있도록 자금을 배분하여야 한다는 것을 의미한다.

## 4. 민감도 분석의 적용

민감도 분석은 장래에 전개될 가능성이 가장 큰 시장의 상황을 예측하여 기준을 설정한다. 이를 근거로 하여 순현재가치나 내부수익률 등을 계산하여 수익분석을 한다. 특정한 변수의 낙관적 또는 비관적 예상치를 대입하여 수익률의 변화를 검토하는 것이다.

이 방법은 주로 감정평가에 있어서 수익방식 중 할인현금수지분석법에 활용한다. 회귀분석으로 인해 추정되는 회귀계수는 민감도의 크기를 의미한다. 민감도가 큰 투자대안일수록 더 위험한 투자대안으로 간주한다.

이러한 방법을 이용하여 민감도 분석을 수행하게 되는데, 경제성 분석에서 민감도 분석은 사업의 특성에 따라 사업비, 운영비, 할인율, 추정편익 등의 변화에 따른 경제적 타당성의 변화를 판단한다. 경우에 따라서는 공사기간과 연차별 사업비 지출규모를 수정하기도 한다.

사업비, 운영비, 편익 등을 가정하여 민감도 분석을 수행해 보면, 공사비는 예비타당성 기준을 충족하는 600억원, 기준연도는 2013년, 사업기간은 7년, 운영기간은 30년, 연간편익은 1백억원, 인건비를 포함한 연간 운영비는 45억원인 사업이 추진되고 있다.

이 사업의 편익비용비는 1.068로 나타났으며, 사업비와 운영비는 감소함에 따라 편익비용비는 증가한다. 추정편익이 증가함에 따라 편익비용비는 큰 폭으로 증가하는 것으로 나타났다. 따라서 사업규모에 따라 다르지만 민감도 분석에서는 사업비와 운영비는 줄이고 추정편익은 늘리는 것이 사업의 타당성을 높이는 결과를 가져온다.

**표 5.15 사업비, 운영비, 추정편익 변화에 따른 편익비용비 변화**

| 구분 | −20% | −10% | +10% | +20% | 기준 |
|---|---|---|---|---|---|
| 사업비 | 1.194 | 1.127 | 1.014 | 0.966 | 1.068 |
| 운영비 | 1.181 | 1.122 | 1.019 | 0.974 | 1.068 |
| 추정편익 | 0.854 | 0.961 | 1.175 | 1.282 | 1.068 |

민감도 분석의 사례로 한국개발연구원(KDI)에서 수행한 2006년도 예비타당성조사 보고서 「대구국립종합과학관 건립사업」의 민감도 분석을 들 수 있다. 이 조사에서는 3~10% 할인율 변화, 50% 수준의 비용 감소에 따른 총편익의 현재가치, 총비용의 현재가치, 편익비용비, 순현재가치를 비교하였다.

투자비와 운영비에 대한 민감도 분석 결과에 따르면 3%의 할인율을 적용했을 경우 기준안보다 편익비용비가 0.17 정도 높아졌고 10%의 할인율을 적용했을 경우 기준안보다 0.13 정도 낮아졌다. 비용변동이 경제성에 미치는 영향을 측정하기 위해서 투자비와 운영비에 대한 민감도 분석을 실시하였으며 초기투자비, 운영비, 대체투자비, 잔존가치 등을 동일 비율로 변동하는 것으로 가정하였다. 편익비용비가 1을 넘기 위해서는 투자비 기준으로 기준안의 약 40%의 비용감소가 이루어져야 한다는 결과가 나타났다. 기준안의 50% 수준으로 비용이 감소할 경우 편익비용비는 1.20으로 크게 높아진 것으로 나타났다.

그러나 투자비 수준을 낮추는 것은 시설의 내용, 규모, 질적 저하 등의 문제를 유발하기 때문에 수요 유인요인도 감소하여 편익도 감소하기 때문에 사업비 감소가 합리적 대안은 아닌 것으로 판단하였다.

**참고자료**

민감도를 중점적으로 분석한 연구는 많지 않으나 전찬영(2007)은 「월간 해양수산」에서 "수출입 컨테이너물동량의 변동요인에 대한 민감도 분석"에 관해 연구하였다. 여기서 민감도 분석의 개념을 적용해 각각의 변수들이 변화할 경우 수출물동량에 미치는 절대적인 규모를 구체적으로 제시하였다.

## 탐구학습

1. 주요 개념
   - 불확실성(uncertainty)
   - 사회적 가치
   - 수확체증
   - 완전경쟁시장
   - 이전소득
   - 감가상각과 감모상각
   - 게임이론
   - 기대가치법
   - 일반적 민감도 분석
   - 민감도
   - 공공재
   - 외부효과
   - 잠재가격
   - 사회적 할인율
   - 매몰비용
   - 예비비
   - 효용 접근법
   - 선택적 민감도 분석
   - 예상가중평균치

2. 토론과 과제
   - 공공재의 외부효과
   - 완전경쟁시장과 독점시장의 차이
   - 잠재가격의 추정방법
   - 사회적 가치의 의미
   - 비용변화에 따른 민감도 변화
   - 편익추정방법에 따른 민감도 변화

## 참고문헌

금경식(1985), "왜곡경제하에서 비용편익분석을 위한 잠재가격에 관한 이론적 고찰", 연세대학교 대학원.

기획재정부 · 한국개발연구원(2009), 예비타당성조사 지침개선을 위한 공개토론회 자료집.

김동건(2008), 비용 · 편익분석(제3판), 서울: 박영사.

김상겸(2013), "실용적인 사회적 할인율: 개념과 적용상 쟁점", 환경정책연구, 제12

권 제4호, 한국환경정책평가연구원.

김홍배(2012), 정책평가기법(비용-편익 분석론), 경기: ㈜나남.

박광국 · 도운섭 · 주효진(2003), "공공문화시설 건립사업의 투자효과분석: 문화예술회관을 대상으로", 한국행정논집, 제15권 제4호, 한국정부학회.

배준구 역(1984), 비용편익분석론, 서울: 학문사.

신동희 · 조용성(2013), "CDM 사업 투자분석을 위한 적용 할인율 분석", 한국기후변화학회지, 제4권 제2호, 한국기후변화학회.

옥동석(1990), "공공투자의 평가가격: 소비자가격과 교역가격", 논문집 제15집, 인문 · 사회 · 경상, 인천대학교.

______(2000), "실용적인 사회적 할인율: 개념과 적용상 쟁점", 公共經濟, 제5권 제2호, 韓國公共經濟學會.

이성근(2006), 정책계획론, 경기: 법문사.

이정전(2008), 환경경제학, 서울: 박영사.

전찬영(2007), "수출입 컨테이너물동량의 변동요인에 대한 민감도 분석", 월간 해양수산, 통권 제276호, 한국해양수산개발원.

정란수 · 이준남 · 정철(2003), "개성 육로관광사업의 비용-편익 분석: 공공정책 관점에서", 관광연구논총, 제15호, 한양대학교관광연구소.

한국개발연구원(2004), 예비타당성조사 수행을 위한 일반지침 수정 · 보완 연구(제4판).

Anderson, L. G. & Settle, R. F.(1977), *Benefit-Cost Analysis: A Practical Guide*, Lexington MA: D. C. Heath.

Beenhakker, H. L.(1975), *Capital Investment Planning for Management and Engineering*, Rotterdam University Press.

Canada, J. R.(1973), *Decision and Risk Analysis: A Review and Critique*, Chicago: American Institute of Industrial Engineering.

Howe, C. W.(1979), *Natural Resource Economics*, New York: John Wiley & Sons.

Mishan, E. J.(1976), *Cost-benefit Analysis*. New York: Praeger.

Pouliquen, L. Y.(1975), *Risk Analysis in Project Appraisal,* Baltimore: The Johns Hopkins University Press.

Radford, K. J.(1978), *Managerial Decision Making*, New Delhi: Prentice Hall of India Private Limited.

제 6 장

# 가치평가이론의 개요

## 제 1 절 가치평가의 의의

### 1. 가치평가의 개념

시장재의 소비에 대한 비용과 편익은 시장에서 결정되어진 그 재화의 가격을 통해 그대로 측정될 수 있다. 그러나 시장에서 공급이 어려운 재화의 경우, 시장가격이 존재하지 않거나 가격이 재화의 가치를 제대로 반영하고 있지 않은 경우가 대부분이다. 주로 환경재와 같은 공공재가 그 예이며, 그 가치는 별도의 비시장재 가치평가법(non-market valuation methods)을 사용하여 측정해야 한다. 이때 재화가 창출하는 가치의 유형에 따라 적용되는 가치평가법 또한 달라진다. 공공사업의 타당성 평가에 있어서 이러한 비시장재의 경제적 가치는 매우 중요한 요소라 할 수 있다. 이 장에서는 가치평가기법의 개념 및 유형에 대해 소개하고 7장부터 9장에 걸쳐 각각의 기법들에 대해 자세히 다루고자 한다. 우선 가치평가법의 개념을 논의하기 위해서 가치평가법의 대상이 되는 공공재 또는 공유재가 제공하는 다양한 편익 및 가치에 대해 살펴볼 필요가 있다.

어떤 재화나 서비스가 우리에게 제공하는 가치는 총경제가치(total economic value)라는 개념을 이용하여 설명할 수 있다. 이때 총경제가치는 재화의 사용으로부터 기인하는 사용가치(use value)와 그렇지 않은 비사용가치(non-use value)로 나눌 수 있다. 사용가치는 다시 직접사용가치와 간접사용가치로 나뉜다. 직접사용가치는 실제로 재화를 소비함으로써 얻는 편익을 의미하며, 대부분 시장에서 거래되기 때문에 시장가격으로 그 편익을 측정해볼 수 있다. 예를 들어, 열대우림이라는 환경재가 제공하는 많은 편익들 중 목재, 고무 등의 생산이나 열대우림의 식물로 개발한 신약으로부터 얻는 편익을 직접사용가치라 할 수 있다. 자연경관을 감상하고 여가활동을 제공하는 가치 또한 직접사용가치로 분류된다. 간접사용가치는 열대우림의 탄소 저장, 오염 방지, 수질 정화와 같은 생태계 조절기능 등을 포함하는데, 대부분의 간접사용가치들은 비경합성(non-rivalry)과 비배제성(non-excludability)의 특성을 가진다.[1)] 즉, 한 사람의 소비가 다른 사람이 소비할 수 있는 양을 줄이지 않으며, 물리적으로 다른 이들의 이용을 배제하지 못하는 특성을 가진다. 이러한 특성들 때문에 종종 환경재와 같은 공공재의 경우 그 가치가 소비자가 실질적으로 누리는 재화나 서비스의 가치를 충분히 반영하지 못하고 과소평가되기 쉽다. 즉, 직접가치만을 반영한 경제적 가치를 통해 환경재의 소비를 결정하기 때문에 환경파괴나 자원고갈의 위험이 발생하게 된다.

비사용가치는 재화로부터 직·간접적으로 물리적인 연계 없이 얻은 편익이다. 예를 들어, 사람들은 멸종위기의 동식물 보호를 위해 열대우림 보존에 기꺼이 소득의 일부를 지출하거나 개발에 반대하는데, 이를 비시장재화가 제공하는 존재가치(existence value)라 한다. 이 외에도 동시대의 사람들이 양질의 재화와 서비스를 누리는 것으로부터 만족감을 얻는 이타적 가치(altruistic value)와 미래 후손들의 사용 및 비사용가치로부터 발생하는 유산가치(bequest value)가 있다.

사용가치이자 비사용가치인 옵션가치(option value)는 미래에 대한 불확실성에 근거하여 발생하게 된다. 예를 들어, 어떤 이들은 브라질의 열대우림을 미래에 방문할지 안 할지는 확실치 않으나, 사라지고 있는 열대우림을 보호하고 미래의 이용가능성을 보존하기 위해 소득의 일부를 지불할 의사가 있

1) 재화나 서비스는 경합성과 배제성에 따라 순수사유재, 준사유재, 순수공공재로 나뉠 수 있다.

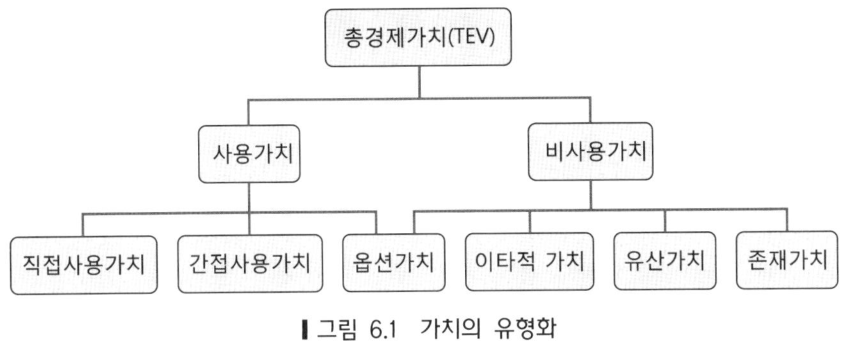


▌그림 6.1 가치의 유형화

다. 이때 이 개인의 지불의사액(willingness to pay: WTP)을 옵션가치라 하겠다. 이외에도 준옵션가치(quasi-option value)라 하여 비가역성(irreversibility)을 가진 의사결정으로 인해 미래에 발생할 재화와 서비스의 공급이 불확실할 때, 이 불확실성이 완화될 때까지 미래의 이용가능성을 보존함으로써 발생하는 편익을 구분해 정의하였다.[2] [그림 6.1][3]에서는 이러한 가치들의 유형을 정리하였다.

## 2. 가치평가의 필요성

앞서 소개한 여러 유형의 가치 중 시장가격이 존재하지 않는 유형의 화폐적 가치를 산출하기 위해서는 소비자의 WTP를 도출하는 가치평가법이 필요하다. 특히 자연환경과 같은 비시장재뿐만 아니라 개개인의 보건, 복지,

---

2) 준옵션가치는 Arrow & Fisher(1974)에서 소개된 개념으로 한번 개발하면 다시 돌이킬 수 없는 자연을 개발하느냐 보존하느냐 결정해야 하는 상황에서 발생하는 가치이다. 즉, 미래의 발생가능한 모든 상황 및 확률 등의 정보를 얻을 때까지 개발을 늦추었을 때 그 보존된 자원이 후에 추가로 발생하는 가치를 준옵션가치라 한다. 예를 들어, 열대우림 보존을 통해 후에 신약이 개발될 가능성이 있다면 이에 대한 가능성에 가치를 부여하는 것을 준옵션가치라 하겠다.

3) [그림 6.1]의 분류는 Turner 외(1994)를 참고했다. 그러나 비시장재 가치 유형화는 학자들마다 다르게 분류되고 있는 실정이다. 예를 들어, Randall & Stoll(1983)은 책이나 잡지 등에서 접할 수 있는 사진에서 보이는 비시장재의 가치를 사용가치 중의 하나인 대리소비(vicarious consumption)라 정의했다. Freeman(2003)은 세부적인 구분보다는 현시적 가치평가법에 의해 도출 가능한 사용가치와 현시적 방법으로 평가될 수 없는 그 외의 가치항목으로 분류하는 것이 더 유용하다고 주장한다.

안전 등에 영향을 미치는 공공사업의 타당성을 평가할 때에는 가치평가법을 이용하여 공공사업으로 인해 변화하는 사회적 후생의 증대분을 화폐액으로 환산하여 보다 포괄적인 사회 전체의 편익을 구해야 한다.

가치평가법은 미시경제학적 이론에 바탕을 두고 효용의 극대화를 추구하는 개개인들이 비시장재의 양과 질의 변화에 대해 지불한 가격 혹은 변화시킬 것으로 예상되는 사업에 대해 돈을 지불할 의향을 분석하는 기법을 통틀어 일컫는다.

이때, 만약 공공재의 가치가 일반 재화의 생산량 및 생산비용 등과 같이 실제 시장에서 관찰 가능한 시장 자료와 밀접한 관계가 있을 경우에는 이러한 실제 시장 자료를 통해 공공재의 가치를 측정할 수 있다. 이 방법을 시장적 방법이라 한다. 예로, 생산투입요소로 쓰인 토지, 물, 기타 환경재의 가치를 시장적 방법을 통해 측정할 수 있다. 그러나 실제로 비시장재의 가치가 충분히 반영된 시장이 존재하는 경우는 드물기 때문에 비시장적 방법을 사용하여 그 가치를 추정해야 되는 경우가 대부분이다.

## 제 2 절 가치평가의 활용과 발달

### 1. 가치평가의 활용

가치평가법은 최근 미국 및 유럽에서 정책결정을 하기 위한 중요한 기준으로 많이 사용되고 있다. 특히 프로젝트 평가, 규제 검토, 환경피해평가(natural resource damage assessment), 환경비용, 환경회계(environmental accounting) 등에서 가치평가법이 유용하게 사용되고 있다(Navrud & Pruckner, 1997).

프로젝트 평가의 경우 미국에서는 1950년대부터 프로젝트 성격의 사업평가시 가치평가 수행이 중요한 단계로 포함되어 왔다. 또한 생산 및 소비활동에 대한 규제 개선이 미치는 환경적 영향을 분석하기 위해서, 또는 국민계정체계에 환경자산이 제공하는 서비스 계정 등을 포함하기 위해서 가치평가가 점점 더 중요해지고 있다.

## 2. 가치평가의 발달

미국에서 비시장재 가치평가법의 적용은 1960년대와 1970년대에 다양한 환경법들이 제정되면서 서서히 무르익기 시작했다. 그러나 미국 최악의 토양오염사건으로 꼽히는 러브캐널(Love Canal) 사건 이후 환경오염 발생시 정부의 적극적 개입을 위한 법적 체계를 마련하자는 목소리가 높아지기 시작했다. 이에 따라 1980년에 CERCLA(Comprehensive Environmental Response, Compensation, and Liability Act)가 제정되었고, 이를 구체화 및 수정한 수퍼펀드법(Superfund Act)이 1986년에 제정되었다. 이후 환경재난 발생시 오염지역에 대한 정화조치에 책임이 있는 당사자가 비용을 부담하게 하였으며, 이때 환경질(environmental quality) 악화의 화폐적 평가기준으로 시장가격을 이용한 평가법을 적용하는 것이 적절하지 않을 경우, 비시장재 가치평가법을 사용하도록 하였다. 결정적으로 1989년 발생한 대규모 해양유류오염 사건인 엑손 발데즈(Exxon Valdez)호 좌초사건을 계기로 정책결정과정에서 적용할 수 있는 타당한 가치평가방법론에 대해 본격적으로 논의가 이루어졌다. 미국에서는 이러한 법·제도적 변화와 함께 정책결정과정뿐만 아니라 학계에서 비시장재 평가법이 환경질의 악화 또는 개선이 개인의 후생에 미치는 영향을 평가하기 위해 활발하게 사용되고 있다.

한편 유럽에서는 미국보다 늦은 1980년대와 1990년대에 본격적으로 정책결정에 있어서 가치평가법을 사용하기 시작했으나, 최근 그 이용이 확대되고 있는 추세이며, 아시아를 비롯한 라틴아메리카에서도 가치평가법의 적용이 점점 늘어가고 있는 추세이다. 이에 따라 OECD, World Bank, UNEP(United Nations Environmental Program)와 같은 국제기구들도 가치평가의 중요성을 받아들여 각 나라에서 진행하고 있는 생태계 관련연구에서 활용할 수 있는 가치평가법 가이드라인을 만들어 제공하고 있다.

## 제 3 절 가치평가의 유형

### 1. 가치평가법의 분류

비시장재의 가치를 추정하는 기법은 크게 세 가지로 나눌 수 있다. 우선 비시장재의 직접적 또는 간접적 사용가치가 시장에서 관찰할 수 있는 가치와 관련되어 있는 경우 사용할 수 있는 방법이 있다. 예를 들어, 환경 악화의 결과가 시장에서 거래되는 생산물의 가격이나 수량에 직접적인 영향을 주는 경우가 해당된다. 그러나 보다 포괄적인 비시장재의 가치를 평가하기 위해서 다음 두 가지 방법을 보편적으로 사용한다.

① 현시선호방법(revealed preference method)

② 진술선호방법(stated preference method)

현시적 방법과 진술적 방법의 주된 차이는 [그림 6.2]에서 나열한 비시장재의 가치를 어디까지 측정할 수 있느냐에 있다. 이는 곧 지불의사액(willingness to pay: WTP)을 추정하기 위한 데이터를 어떻게 집계했느냐와 관련된다. 진술선호법은 가상적인 질문을 이용해 비시장재에 대한 개인의 지불의사액(WTP) 또는 보상요구액(willingness to accept: WTA)을 직접 진술하도록 한다. 이때 설문조사를 통해 집계된 지불의사액은 사용가치와 비사용가치를 아우르는 광범위한 환경재 가치에 대한 지불의향인 반면에 현시선호법은 연구하고자 하는 비시장재의 가치가 반영된 일반 시장재에 대한 소비자 행동을 분석하여 비시장재에 대한 개인의 지불의사액을 도출해낸다. 따라서 가상이 아닌 실제 시장에서 관찰된 시장가격에 근거하여 분석한다는 점에서 진술선호법보다 객관적이라 할 수 있다. 그러나 현시선호법은 사용가치에만 국한하여 지불의사액을 추정한다는 단점이 있다.

[그림 6.2]에서 분류한 바와 같이 시장적 방법은 생산, 피해, 비용적인 측면에서 접근이 가능하다. 비시장재가 제공하는 편익을 생산요소적인 측면

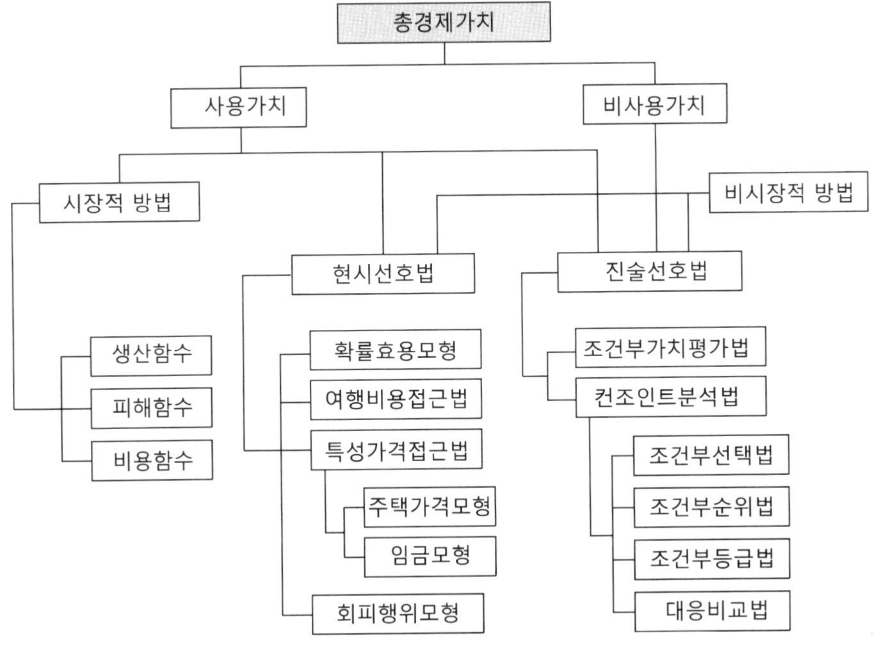


**❙그림 6.2 가치평가법의 분류**

자료: Bateman 외(2003) 참고.

에서 접근할 때 생산함수접근법(production function approach: PFA)을 이용하여 분석한다. 비시장재의 수량 또는 질 저하로 피해나 비용이 발생할 경우에는 피해함수접근법(damage function) 또는 비용함수접근법(cost function)을 생산함수에 포함하여 가치를 추정한다. 현시선호법에는 확률효용모형을 바탕으로 여행비용접근법, 특성가격접근법 등이 있으며, 진술선호법에는 크게 조건부가치평가법과 컨조인트분석법이 있다.

## 2. 편익이전

현시선호법 및 진술선호법을 사용하여 직접 비시장재의 가치를 추정하기 어려운 경우 편익이전(benefit transfer)을 사용하기도 한다. 편익이전이란 기존의 유사한 선행연구에서 연구가 완료된 지역의 가치추정 결과를 적용 및 이전하는 방법이다. 편익이전은 기존연구의 결과를 이용하기 때문에 편리하고 시간적·예산적 연구 비용을 줄일 수 있다는 이점이 있어, 직접연구의 차선책으로 사용될 수 있는 방법이다. 그러나 방법론적, 자료적 특성이 다양한 선행연구에서 추정된 비시장재의 경제적 가치를 그대로 사용한다는 점에서 과소 또는 과다추정의 위험이 있다. 따라서 메타회귀분석(meta-regression analysis)[4]을 통해 각 선행연구의 방법론 특성을 포함한 연구 특성변수들을 통제하여 연구대상이 되는 비시장재의 가치를 도출해야 한다. 편익이전을 이용한 국외 사례로 Brisson & Pearce(1995)가 매립지와 관련한 연구들을 종합 및 분석하였으며, Luken 외(1992)가 수질분야를 분석하였다. 국내연구로는 안소은·노백호(2007)가 습지의 가치추정을 위해 편익이전기법을 사용하였다.

다음 장에서는 현시선호법의 대표적인 방법인 특성가격접근법과 여행비용접근법을 각각 살펴보고자 한다. 8장에서는 진술선호법인 조건부가치평가법과 컨조인트분석법을 각각 소개하고자 한다. 9장에서는 시장적 방법인 생산함수접근법과 현시선호법의 하나인 회피행위모형을 소개한다.

4) 메타회귀분석은 정량적 결과물을 도출한 선행연구들의 결과를 모아 분석하는 방법이다. 선행연구에서 도출된 통계적 결과물을 종속변수로 설정하고, 각 연구에서 사용한 모집단의 특성, 사용된 분석기법 등을 독립변수로 설정하여 회귀분석을 실시한다. 따라서 메타분석을 통해 선행연구들의 통계적 결과물에 나타난 차이점으로 각 연구의 특징들을 분석하여 통계적으로 그 원인을 파악할 수 있으며, 편익이전을 적용하고자 하는 정책대상 지역의 특성과 조건에 맞게 함수를 조정하여 관심대상 비시장재의 가치를 추정해 낼 수 있다.

## 탐구학습

1. 주요 개념
   - 총경제가치
   - 사용가치
   - 비사용가치
   - 진술선호방법
   - 현시선호방법
   - 편익이전

2. 토론과 과제
   - 사용가치의 종류
   - 비사용가치의 종류
   - 편익이전 방법론

## 참고문헌

안소은 · 노백호(2007), "편익이전 기법을 이용한 습지 가치 추정 - 메타회귀분석을 중심으로", 한국환경정책평가연구원 〈수시연구보고서〉.

Arrow, K. J. & Fisher, A. C.(1974), "Environmental Preservation, Uncertainty, and Irreversibility", *Quarterly Journal of Economics*, Vol. 88, No. 1.

Bateman, I. J., Carson, R. T., Day, B., Hanemann, M., Hanley, N., Hett, T., Jones-Lee, M., Loomes, G., Mourato, S., Özdemiroglu, E., Pearce, D., Sugden, R., & Swanson, J.(2003), *Economic Valuation with Stated Preference Techniques: A Manual*, Edward Elgar, Cheltenham, UK.

Brisson, I. & Pearce, D. W.(1995), *Benefit Transfer for Disamenity from Waste Disposal*, Global Environmental Change Working Paper WM 95-06. Center for Social and Economic Research on the Global Environment(CSERGE), University College London and University of East Anglia, Norwich.

Freeman, A. M.(2003), *The Measurement of Environmental and Resource Values: Theory and Methods* (3rd ed), Resources for the Future, Washington, D.C.

Luken, T. K., Johnson, F. R. & Kibler, V.(1992), "Benefits and Costs of Pulp and Paper Effluent Controls under the Clean Water Act", *Water Resrouce Research*, Vol. 28, No. 3.

Navrud, S. & Pruckner, G. J.(1997), "Environmental Valution - To Use or Not to Use? A Comparative Study of the United States and Europe," *Environmental and Resource Economics*, Vol. 10.

Randall, A. & Stoll, J. R.(1983), "Existence Value in a Total Valuation Framework", In *Managing Air Quality and Scenic Resources at National Parks and Wilderness Areas*, edited by Robert D. Rowe and Lauraine G. Chestnut, Boulder, CO: Westview Press.

Turner, R. K., Pearce, D. W. & Bateman, I.(1994), *Environmental Economics: An Elementary Introduction*, Johns Hopkins University Press.

제 7 장

# 가치평가이론(1): 특성가격접근법과 여행비용법

## 제 1 절 특성가격접근법

### 1. 특성가격접근법의 개념

Lancaster(1966)에 의해 개인의 효용은 소비되는 재화 자체보다는 재화를 이루는 속성(characteristics)들의 조합에 의해 결정된다는 속성접근법이 처음 소개되었다. 이후 Rosen(1974)이 재화의 차별화된 속성과 그러한 재화의 시장 행태를 분석한 특성가격접근법(hedonic pricing method: HPM)의 이론적 모형을 제시하였다. 이후 HPM은 농산물, 자동차, 와인 등과 같이 다양한 속성들로 이루어진 재화에 적용되어 각 속성의 경제적 가치를 측정하는 데 사용되었다. 특히 HPM은 가격이 존재하지 않는 속성들로 이루어진 재화에 적용되어 비시장적인 속성의 가치를 측정하는데 유용하다.

최근에는 환경경제학에서 환경질 개선에 대한 WTP를 측정하기 위해 광범위하게 사용되고 있다. 특히 대기오염을 비롯하여 소음이나 각종 환경오염을 일으키고 주변경관을 해치는 시설물의 가치평가에도 많이 쓰이고 있다. 이 경우 이러한 시설물 주변의 주택가격을 통해서 환경가치를 추정할 수 있다. HPM이 노동시장에 적용되는 경우, 환경질의 가치는 환경질 저하에 따른 산재 리스크 증가에 대한 보상임금을 통해 추정해 볼 수 있다.

## 2. 추정모형과 분석방법

### 1) 기본 모형

HPM이 주택가격에 적용된 경우 주택을 구매하는 소비자(또는 가정)는 주택에 내포되어 있는 특성에 따라 주택의 가치를 결정한다고 가정한다. 예를 들어, 주택의 크기나 방의 수, 경과연수, 외관, 주택의 종류 등과 같은 구조적 특성과 주변지역의 사회적, 경제적, 인구적 구성에 따른 주변지역 특성과 역, 주요 상권이나 학교, 공원, 문화공간에 접근이 용이한가에 따른 접근성 특성, 소음이나 대기오염과 같은 환경질에 따른 환경적 특성 등에 따라 주택가격이 결정되는 것이다. 이러한 특징들은 속성벡터 $Z$에 요약될 수 있다. 즉, 각 주택은 〈식 7.1〉과 같이 총 $n$개의 속성으로 이루어진 속성벡터 $Z$을 가진다. 이때 $z_i$은 $i$번째 속성을 나타낸다.

$$Z = (z_1,\ z_2,\ z_3,\ \cdots,\ z_n) \qquad \text{〈식 7.1〉}$$

주택시장에서 주택 $j$의 가격인 $P_j$는 고유의 속성벡터 $Z_j$에 의해 결정되며, 〈식 7.2〉와 같이 나타낼 수 있다.

$$P_j = P(Z_j) = P(z_{1j},\ z_{2j},\ z_{3j},\ \cdots,\ z_{nj}) \qquad \text{〈식 7.2〉}$$

이러한 가격함수를 특성가격함수(hedonic price function)라 한다. 특성가격이론의 핵심적인 가정은 주택을 구매하는 소비자가 자신이 속한 주택시장에서 거래되는 모든 주택들이 가진 속성들의 정보에 대해 인지하고 있으며, 따라서 구매할 주택을 선택할 때 속성 각각의 가치에 따라 주택가격이 정해진다는 것이다.

[그림 7.1]의 좌측 그림은 속성 1에 대하여 주택가격과 속성의 양($Q$)과의 관계를 나타내고 있다. 특성가격함수는 소비의 한계효용이 감소함에 따라 일반적으로 다음과 같은 비선형함수의 형태를 나타낸다. 주택시장이 수요와 공급이 일치하는 균형에 달성하였다고 가정하자. 즉, 각각 주어진 예산제약

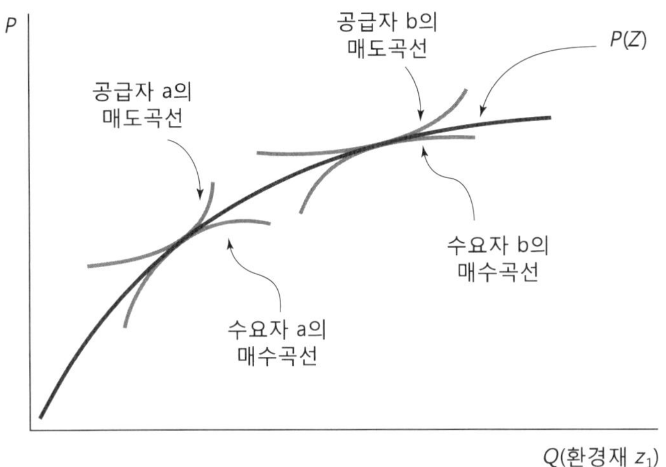


❙ 그림 7.1 특성가격함수와 잠재한계가격함수

하에서 수요자의 효용과 공급자의 이윤을 최대화하는 주택의 수요와 공급이 특성가격함수 곡선을 따라 일치하게 된다. 이에 따라 주택시장은 각 속성별로 균형을 달성하게 된다.

그러나 특성가격접근법에서는 주택의 수요자 측면에만 초점을 맞추어 주택의 공급은 외생적으로 결정된다고 가정한다. 따라서 주택 수요자들은 주어진 주택의 수량과 종류에 대해 자신의 효용을 최대화 하는 속성들로 이루어진 주택을 구매한다고 본다. 무엇보다도 이러한 논리에 의해 주택가격은 주택을 구성하는 속성들에 의해 결정되는 종속변수가 된다.

[그림 7.1]의 우측 그림은 특성가격함수를 속성 $z_i$에 대하여 미분하여 속성 $z_i$의 한계가격과 양($Q$)의 관계를 나타내고 있다. 이를 잠재한계가격이라 하며 〈식 7.3〉과 같이 나타낼 수 있다.

$$P_{z_i} = \frac{\partial P(Z)}{\partial z_i} \qquad \langle 식\ 7.3 \rangle$$

이러한 잠재한계가격(implicit marginal price)을 이용하여 주택구매자들이 지불하고자 하는 비시장재 가치를 추정할 수 있다. 따라서 〈식 7.4〉와 같이 주택 구매자들의 효용극대화 문제를 통해 각 속성의 최적 수량의 법칙 및

WTP를 구할 수 있다.

$$\text{Max} \quad u = u(X, Z) \qquad \langle \text{식 } 7.4 \rangle$$

이때 $X$는 주택의 속성벡터를 제외한 기타 모든 재화나 서비스이고, 그 가격은 1이다. 효용 $u$는 $X$와 $Z$에 의해 결정되며, 예산제약은 $M - P(Z) - X = 0$이다. $M$은 소득이다. 어떤 주택 속성 $z_i$에 대하여 최적화의 1계차 필요조건(first order necessary condition)은 〈식 7.5〉와 같다.[1]

$$\frac{\partial u / \partial z_i}{\lambda} = \frac{\partial P(Z)}{\partial z_i} \qquad \langle \text{식 } 7.5 \rangle$$

좌변은 기존의 효용수준은 유지하되 주택구매자 $j$가 추가적으로 한 단위의 주택속성 $z_i$를 더 얻기 위해서 포기해야 하는 화폐적 가치를 의미하며, 한계지불의사액(marginal willingness to pay: MWTP)이라 정의할 수 있다. 우변은 잠재한계가격이며, $z_i$의 변화분에 대한 주택가격의 변화분이다. 이 최적화의 조건은 주택구매자가 MWTP와 잠재한계가격이 일치될 때까지 주택구매를 미루면서 효용의 최대화를 달성한다는 것을 의미한다. [그림 7.2]는

1) 소비자의 효용최대화 문제는 라그랑지안(Lagrangian) 함수 접근법을 이용할 수 있다. 라그랑지안 함수는 제약조건하에서 효용을 최대화할 수 있는 각 재화를 소비량을 계산하기 위해 고안되었으며, 다음과 같은 형태를 취한다.

$$L = u(X, Z) + \lambda(M - X - P(Z))$$

$L$은 라그랑지안 함수이다. $L$을 $X$와 $z_i$에 대해 미분하면 각각 다음과 같은 1차계 필요조건을 얻는다.

$$\frac{\partial u}{\partial X} - \lambda = 0 \qquad (1)$$

$$\frac{\partial u}{\partial z_i} - \lambda \frac{\partial P(Z)}{\partial z_i} = 0 \qquad (2)$$

$\lambda$는 라그랑지 승수(Lagrange multiplier)이다. (1)과 (2)를 결합하면 다음을 도출할 수 있다.

$$\frac{\partial u / \partial z_i}{\partial u / \partial X} = \frac{\partial P(Z)}{\partial z_i} \qquad (3)$$

$X$는 기준재(numeraire good)로 상대적인 재화 간의 선택을 모형화하기 위해 가격을 1로 정해놓은 재화이다. 따라서 식(3)의 좌편에서 $z_i$의 한계효용을 $\partial u / \partial X$로 곱해줌으로써 한계효용을 화폐단위로 간주할 수 있다.

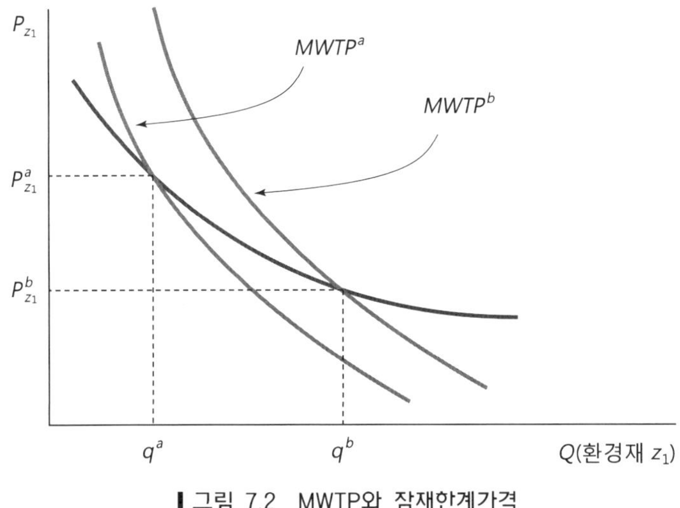


**그림 7.2 MWTP와 잠재한계가격**

두 주택 구매자 $a$와 $b$가 각자의 효용을 최대화하기 위해 $z_i$의 양($Q$)을 위의 조건에 따라 결정하고 있음을 보여준다. 따라서 각 주택구매자 $a$와 $b$가 선택한 속성의 수준 $q^a$과 $q^b$에서 잠재한계가격의 값이 이들 주택 구매자의 속성 $z_1$에 대한 MWTP와 일치함을 알 수 있다. 각 속성에 대한 잠재한계가격은 특성가격함수를 회귀분석하여 구할 수 있다. 이때 주택의 속성변수로 구조적 특성뿐만 아니라 주변지역 인구의 사회적, 경제적, 인구통계학적 특성들과 인근의 긍정적 또는 부정적 영향을 미칠 것으로 예상되는 시설물들까지의 거리 등을 포함시킨다. 그리고 각 속성변수의 계수를 통해 주택에 미치는 영향을 파악한다.

HPM은 여기에서 더 나아가 비시장재의 수요함수를 구할 수 있다는 장점이 있으며, 이것을 HPM의 두 번째 단계라 한다. 이를 위해 이미 첫 번째 단계에서 추정된 각 주택속성들의 잠재한계가격을 종속변수로 하고 속성의 양 및 소득과 같은 기타 결정요인들을 독립변수로 하는 회귀분석을 수행한다. 각 주택속성의 수요함수는 〈식 7.6〉과 같다.

$$b^j = b^j(q,\ Q^*,\ \cdots,\ u^*) \qquad \langle 식\ 7.6\rangle$$

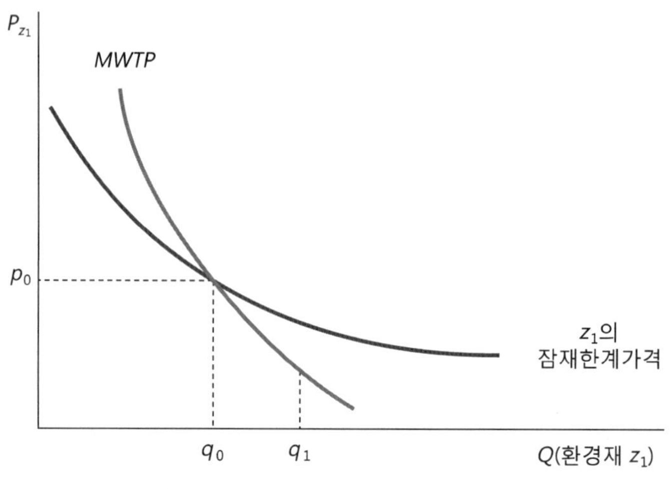


**그림 7.3 MWTP 곡선과 편익분석**

$b^j$는 특성가격함수에서 구한 변수 $z_1$에 대한 한계가격, 즉 계수의 값이다. $q$는 이 환경재 $z_1$가 소비된 양, $Q^*$는 $z_1$을 제외한 모든 특성변수의 양이다. $u^*$는 극대화된 효용의 값으로 이 효용 수준을 유지시키는 가정하에 위의 MWTP 함수를 도출한다.

[그림 7.3]에서와 같이 두 번째 단계에서 추정된 MWTP 함수를 이용하여 속성 $z_1$이 $q_0$에서 $q_1$으로 변화할 때의 편익을 〈식 7.7〉과 같이 계산한다.

$$\int_{q_0}^{q_1} \mathrm{MWTP}(q)dq \qquad \text{〈식 7.7〉}$$

위와 같이 HPM의 두 번째 단계에서 속성의 비한계적 변화의 편익을 구할 수 있다는 장점에도 불구하고, 각 속성의 수요함수는 계량경제학적으로 추정하기 어렵다는 문제가 있다. HPM의 첫 번째 단계에서는 구매자가 구매한 특정한 수량에서의 단위당 특성가격을 추정하게 된다. 즉 [그림 7.3]에서와 같이 우리는 주택구매자가 $q_0$만큼 $z_1$을 구매했다는 자료만 가지고 있으므로 특성가격 $p_0$만 측정 가능하다. 이 구매자가 $z_1$의 다른 수량을 소비하게 될 경우의 단위당 특성가격은 알 수 없으므로 MWTP의 식별(identification)에 어려움이 있다는 것을 알 수 있다. 또한 가격과 수량은 동시에 서로 결정되는 내생변수(endogenous variable)이다. 따라서 MWTP함수 추정의 내생성(endogeneity) 문제를 해결하기 위해서는 도구변수(instrumental variable)를 사용해 종속변수를 제외한 나머지 회귀분석에 포함되는 변수들을 외생변수(exogenous variable)로 만들어 주어야 한다.

## 2) 회귀분석

### (1) 종속변수와 독립변수

주택가격은 종속변수로서 실제 시장에서 거래된 개별 주택의 가격과 해당 주택의 관련정보가 체계적으로 수집될 때 회귀분석을 위한 만족스러운 자료가 되겠다. 대안으로는 실거래가가 아닌 설문을 통한 주택가격조사나 세금 등의 목적으로 조사된 전문가들의 부동산 평가액 등이 있다. 그러나 설문을 통한 주택가격 정보는 그 정확성이 떨어지기 쉽고 특히 주택의 가치를 과대평가할 우려가 있다(Kiel & Zabel, 1999). 전문가들의 평가 가치의 경우는 주택가격 외의 가격을 결정하는 다양한 구조적·환경적 요소들이 누락되기 쉽다.

주택가격을 결정하는 주택의 속성들을 선택할 때 중요한 점은 이러한 속성들이 어떠한 형태로 주택가격을 결정할 것인지 정하는 것이다. 주택의 면적이나, 건축년도 등 내외관을 묘사하는 구조적 특성의 경우, 그 물리적 특성의 단위를 그대로 사용하여 독립변수에 포함시킬 수 있을 것이나, 지역공공재의 영향에 대해서는 주택까지의 거리 자체를 사용할 수도 있고, 운전할 때의 시간을 사용하기도 한다. 보통 최단 직선거리의 측정법을 이용하는 경우는 주택에 근접할 경우 그 영향이 커지는 소음, 악취, 대기오염이나 시각공해 등을 일으키는 지역공공재에 해당한다. 예를 들어, 매립지나 소각장, 유해물질을 배출하는 산업단지 등과 같은 시설들이 해당된다. 도보할 수 있는 길을 따라 측정한 거리는 지하철역이나 버스정류장 등과 같은 대중교통수단까지의 거리가 되겠다. 도로망을 따라 운전거리를 이용하는 경우는 도심까지의 거리라든가 고속도로나 간선도로와 같은 보다 큰 교통시설로의 접근성에 적합하다. 주택 주변의 레크레이션을 제공하는 도시공원이나 녹지 등과 같은 오픈스페이스 또한 직선거리보다는 도보나 운전가능한 길을 따라 측정한 거리를 사용하는 것이 적합하다. 학교나 지역 상권까지의 거리는 보통 학교의 수준이나 상권의 크기까지 고려하여 새로이 지수(index)를 만들어 사용하는 것이 더 적절하겠다.

실업률, 인종, 가족구성, 평균 나이 등 이웃의 사회·인구학적 특성을 요약한 변수들은 공간적으로 이웃의 범위를 정의하는 데 어려움이 있을 수 있다. 보통은 편이를 위해 행정적으로 묶인 이웃의 개념을 사용한다.

특성가격함수에서 가장 중요한 것은 주택가격에 영향을 미치는 요소들을 모두 통제하여 우리가 관심을 가지고 있는 환경재와 같은 비시장재의 가치들을 보다 정확하게 화폐적으로 도출해내는 것이다. 그러나 이때, 통제된 변수들 간 상관관계가 높은 경우, 다중공선성(multicollinearity)의 문제를 가질 수 있다. 즉 여러 개의 독립변수들 간에 상관관계가 존재하기 때문에 회귀분석 시 추정된 계수들의 분산이 커지게 되며, 따라서 계수의 정확성이 많이 떨어지게 된다. 이러한 문제점을 해결하기 위해서는 독립변수 간 상관계수(correlation coefficient)를 구해 상관성이 높은 독립변수들은 하나의 변수로 합치거나 가장 적합한 하나의 변수만을 회귀분석에 포함시킨다.

반대로 주택가격을 설명하는 중요한 독립변수를 회귀분석에 포함시키지 못한 경우 누락변수 편의(omitted variable bias)의 문제점이 발생하게 된다. 특히 중요한 독립변수와 상관성이 높은 독립변수를 누락시킨 경우 오차항과 독립변수 사이에 상관성이 발생하게 된다. 따라서 특정가격함수를 추정할 시에는 늘 누락변수 편의와 다중공선성 사이의 대립·균형을 맞춰야 하는 문제가 생기게 된다.

### (2) 함수형태의 선택

HPM의 이론은 특성가격함수의 형태나 포함시켜야 할 독립변수를 구체적으로 제시하고 있지 않다. 단지 독립변수가 공원이나 문화시설과 같은 어메니티(amenity)일 경우 주택가격과 정의 관계를 가지고, 매립지나 소각장과 같은 디스어메니티(disamenity)일 경우 부의 관계를 가진다는 가정만 가지고 있다.

여러 선행연구에서는 다양한 함수형태를 임의로 선택하고 있다. 통상적으로 선형(linear)함수가 많이 시도되지만 특성변수의 양이 변하여도 잠재한계가격이 일정하다는 가정을 해야 하므로 반로그(semi-log)함수나 이중로그(log-log)함수와 같이 비선형(nonlinear)관계 함수가 특성변수의 양에 따라 변화하는 잠재한계가격을 설명하는 데 더 적절하다고도 본다. 주의해야 할 점은 함수형태 선택이 추정된 계수 값을 해석하는 데 차이점을 가져온다는 것이다. 예를 들어, 선형의 특성가격함수를 가정해보자.

$$
\begin{aligned}
P = & \beta_0 + \beta_1(\text{면적}) + \beta_2(\text{경과연수}) + \beta_3(\text{방의 수}) + \beta_4(\text{화장실 수}) \\
& + \beta_5(\text{아파트}=1) + \beta_6(\text{개인주택}=1) + \beta_7(\text{주변지역 인구의 가족구성}) \\
& + \beta_8(\text{도심까지 거리}) + \beta_9(\text{주변지역 인구의 실업률}) \\
& + \beta_{10}(\text{공원까지 거리}) + \beta_{11}(\text{지하철까지 거리}) \\
& + \beta_{12}(\text{산업단지까지 거리}) + \beta_{13}(\text{공항까지 거리})
\end{aligned}
$$

이러한 선형모델에서 추정되는 계수는 각 특성들의 단위당 가격을 의미한다. 예를 들어, 방 1개가 늘어날 때마다 주택가격은 $\beta_3$원만큼 변화한다. 종속변수가 $P$ 대신 $\ln(P)$의 형태를 취하는 반로그 특성가격함수일 경우, 방 1개가 늘어날 때마다 주택가격은 $(\beta_3 \times 100)$%만큼 변화한다고 해석해야 한다. 종속변수뿐만 아니라 독립변수도 로그를 취하는 이중로그 함수일 경우, 종속변수 1% 변화당 $\beta_3$%만큼 변화한다고 해석한다.

일부 연구들은 박스-콕스 변형(Box-Cox transformation)을 이용해 가장 적합한 함수형태를 이용하는 자료 자체가 결정하도록 한다. 예를 들어, 종속변수든 독립변수든 〈식 7.8〉과 같은 형태를 취한다.

$$
P^{\lambda} = \begin{cases} \dfrac{P^{\lambda} - 1}{\lambda} & \theta \neq 0 \\ \ln(P) & \theta = 0 \end{cases} \qquad \text{〈식 7.8〉}
$$

$P^{\lambda}$는 변수 $P$의 박스-콕스 매개변수 $\lambda$에 의한 변형형태이다.[2] 최대우도

2) 박스-콕스 변형을 취하기 위해서 변수는 반드시 양(strictly positive)의 값을 가져야 한다.

함수에 의해 추정된 최적화된 박스-콕스 변형 매개변수의 값이 0인 경우 로그형태를 취하고, 1의 값을 취하는 경우 선형을 취한 것이다. 매개변수의 값이 0이나 1이 아닌 수를 취할 때 박스-콕스 변형에 의한 특성가격함수는 해석상 선형함수나 로그함수에서와 같이 추정된 계수에 대한 직접적인 해석이 불가능하다. 따라서 박스-콕스 변형 함수의 추정 후 매개변수의 값이 0과 1 중 어느 값에 가까운지 살펴보고, 선형인지 로그형태인지 독립변수의 형태를 정하고 새로이 특성가격함수를 추정하는 연구도 있다.

#### (3) 공간적 상관관계

주택 가격의 공간적 의존성(spatial dependence)은 최근 들어 공간계량경제학의 이론 및 적용의 발전과 함께 더욱 관심이 높아져 가고 있다. 공간의존성은 공간상관성(spatial autocorrelation)과 공간이질성(spatial heterogeneity)으로 나뉠 수 있다. 특히 공간적 특성들이 존재할 때 주택의 가격은 주변 주택 가격과 상호작용하게 된다. 따라서 계량경제학적인 분석에 있어서 공간적 의존성을 고려한 모형의 추정이 필요하다. 즉, 주택 가격을 결정하는 환경재를 포함한 다양한 요소 외에도 공간적 의존성을 독립변수의 형태나 오류항을 통해 포함시켜야 한다. 이를 위해 다양한 공간계량경제학적 모형들이 발전되어 왔으며, 더 자세한 논의를 위해서 Anselin(1988)과 Anselin 외(2004)를 참고하기 바란다.

#### (4) 시장 분리(market segmentation)

하나의 특성가격함수로 설명되는 주택가격과 특성변수 간의 관계가 존재한다는 것은 기본적으로 조사대상지의 수요와 공급의 구조가 같아야 된다는 중요한 전제를 하고 있다. 그러나 도시지역의 경우 한 도시 안에서도 주택 공급자와 수요자가 구조적으로 차이를 보일 수 있으며, 무엇보다도 정보 부족이나 경제적, 사회인구학적 배경으로 인해 주택의 세분화된 시장(segmented market)이 존재하게 된다. 따라서 같은 도시에 살더라도 도시안의 어느 한

---

따라서 음의 값을 가지는 변수이거나 더미변수인 경우 박스-콕스 변형형태를 취할 수 없다.

세분화된 시장에 속한 주택구매자가 다른 분리된 시장에서는 저조한 참여를 보이게 된다. 이러한 이유로 한 도시의 주택시장이 여러 구역으로 나뉘었을 때, 하나의 특성가격함수를 사용하는 것은 정확한 가치분석이라 할 수 없다. 따라서 적절한 기준 즉, 위에서 언급한 경제적·사회인구학적 배경이나 기타 배경을 기준으로 하여 주택시장을 구별하고 각 시장의 특성가격함수를 따로 회귀분석해야 할 것이다.

### 3) 문제점

특성가격접근법의 문제점은 첫 번째로 이론의 가장 기본적인 가정에서 시작한다. 즉, 주택가격이 균형점에 있으며, 그 균형가격이 공급된 주택을 시장청산(market clearing)한다는 것이다. 이를 위해서는 주택시장의 참여자가 현재 공급되는 주택의 가격과 가격을 결정하는 특성변수들에 대해 완전한 정보(full information)를 가지고 있어야 하며, 가격이 시장의 모든 변화를 즉각적으로 반영할 수 있어야 한다. 이러한 가정은 현실과는 동떨어진 이상적인 모형이라 하겠다. 실제 시장에서는 가격이 즉각적으로 수요와 공급에 반응하지 못하고 시간지연(lag)을 가지게 된다. 때로는 미래의 변화에 대한 기대심리로 인해 시장가격이 제대로 특성변수의 차이점을 반영하지 못하기도 한다. 예를 들어, 환경오염으로 주택가격이 낮았던 지역에 가까운 시일에 환경질을 높이는 사업이나 정책이 시작될 때에, 이 지역의 주택가격은 아주 빠르게 이러한 기대에 부응해 증가하게 되고, 이전에 환경질에서 차이가 많이 나던 두 주택의 가격은 거의 차이가 없게 된다. 즉, 환경질에는 실제로 아무런 변화가 나타나지 않겠지만, 주택가격은 기대심리로 인해 변하기도 한다. 이와 같이 균형가격과 동떨어진 주택시장의 가격을 분석하기 때문에 HPM을 이용해 분석한 환경질의 가치는 하한치 또는 상한치의 개념으로 해석되어야 한다.

두 번째로 HPM을 이용해 환경질의 가치를 추정할 경우 주의해야 할 점은 주택가격을 결정하는 특성변수에 대한 수요자의 인식과 특성변수의 실제 물리적 영향에 차이가 있을 수 있다는 점이다. 예를 들어, 조사 대상지가 이전에 발생한 오염배출 사고로 인해 오염된 지역이라는 낙인(stigma)이 찍힌 경우, 오랜 기간이 지난 후에도 낮은 주택가격을 유지하게 된다. 이런 현상은 이전의 오염이 이제는 물리적으로 거의 영향이 없음에도 불구하고 사람들의 이 지역에 대한 부정적인 인식(perception)으로 인해 발생하게 된다. 따라서 HPM을 이용한 이 지역에 대한 분석은 물리적 환경영향이 아니라 낙인효과(stigma-related effect)로 인해 발생했다는 데 주의하고 결과를 해석해야 한다.

## 3. 특성가격접근법의 적용

HPM은 주택가격에 영향을 미치는 다양한 환경가치를 추정하기 위해 국내외 연구에서 활발하게 이용되어 왔다. 국내연구 중 이성태 · 이광석(2001)은 공항에서 발생하는 소음이 주택가격에 미치는 영향을 파악하여 소음공해를 줄이기 위한 개인의 WTP을 구하였다. 특히 국제공항이 인천으로 이전하기 전 김포공항 주변의 아파트 가격이 소음정도에 따라 변화한 정도를 분석하였다. 관측치는 2000년도 7~8월 사이에 거래된 총 220가구를 대상으로 한다. 주택가격 결정요소로는 소음, 아파트 층수, 건축년도, 평수, 방수, 주차장 숫자, 난방(중앙난방=1), 건설시공사(브랜드 인지도 높은 경우=1), 지역(서울=1)이다.

회귀분석을 통해 다음과 같은 선형함수를 얻었다고 하자.

$$\begin{aligned}\ln(\text{주택가격}) = {} & 27.846 - 2.724(\text{소음}) + 0.06(\text{층수}) - 0.027(\text{건축년도}) \\ & + 0.65(\text{평수}) + 0.265(\text{방수}) + 0.087(\text{주차장숫자}) \\ & + 0.0008(\text{난방}) + 0.025(\text{건설시공사}) + 0.35(\text{면적})\end{aligned}$$

추정결과를 통해 소음이 한 단위 증가할 때, 주택가격은 272.4%만큼 변화하여 그 영향이 크다는 것을 알 수 있다. 공항소음 한 단위당 주택가격자가 감당하는 화폐적 가치(잠재한계가격)는 다음과 같이 계산할 수 있다.

$$\text{잠재한계가격} = -2.724 \times \frac{\text{평균아파트 가격}}{\text{평균 소음정도}}$$

평균 아파트실거래가는 1억 9백만원이고, 평균 소음은 약 85 unit(세계민간항공기구의 단위 사용, 일반적으로 db 사용)이므로, 한 단위 소음 증가시 아파트 가격은 3,493,630원 하락하며, 이는 평균매매가격의 약 3.19%에 해당한다.

공항소음의 주택가격 영향에 대한 다른 연구에서는 공항까지 운전거리를 변수로 이용하기도 한다. 이 경우 공항소음이 주택가격에 유의한 영향력이 있을 경우, 공항으로부터 멀어질수록 주택가격이 증가할 것이라고 예상할 수 있겠다.

**참고자료**

국내연구 중에는 김성우·정건섭(2010), 김호준 외(2012) 등이 다양한 주택가격 결정요소를 분석하였다. 특히 박두호(2005), 손철(2006), 나성린 외(1992)는 환경가치를 추정하기 위해 HPM을 사용하였다. 국외연구 중에서는 Smith & Huang(1995)이 대기오염의 영향을 연구한 논문들을 잘 정리하고 있다. Day 외(2007)는 공항소음의 영향을 연구하였으며, Hite 외(2001)는 매립지의 영향이 주변 주택가격에 미치는 영향을 분석하였다.

# 제 2 절 여행비용법

## 1. 여행비용법의 개념

여행비용법(travel cost method: TCM)은 습지, 국립공원, 갯벌, 철새도래지, 천연기념물, 유원지 등과 같이 휴양가치의 편익을 제공하는 환경자원의 가치를 측정하기 위해 주로 사용된다. 일반적으로 이러한 장소들은 입장료가 없는 경우가 대부분이지만, 사람들은 교통비, 숙박비 등 여행기간 동안 기회비용의 형태로 방문하는 비용을 치르게 된다. TCM은 이러한 기회비용들이 입장료와 같은 역할을 한다는 가정 하에, 휴양지로부터 각기 다른 거리에 사는 방문자들이 지불한 비용과 방문횟수의 관계를 추정하여 휴양지에 대한 수요함수를 도출한다. 이 수요함수를 이용해 휴양지의 방문으로 얻는 소비자 잉여 즉, 편익을 구할 수 있다.

## 2. 추정모형과 분석방법

### 1) 기본모형

TCM의 기본적인 이론에서 소비자의 효용 극대화는 〈식 7.9〉와 같다.

$$u = u(X, r, q) \qquad \text{〈식 7.9〉}$$

즉 효용 $u$는 복합재($x$)와 휴양지 방문횟수($r$) 그리고 휴양지의 환경질($q$)에 의해 결정된다. 예산제약은 $m + wt_w = x + cr$이고, 이때 $m$은 비임금소득, $w$는 임금률, $t_w$는 노동시간, $c$는 휴양지를 방문하는 데 드는 왕복비용이다. 예산제약에서 총소득은 소비재 이외에 휴양지를 방문하는 데 모두 사용된다. 이는 즉 사용가능한 시간 중 노동시간 $t_w$을 제외한 나머지 시간이 휴양지를 방문하는 데 든다는 것을 의미하므로 시간제약은 〈식 7.10〉과 같이 나타낼 수 있다.

$$t = t_w + t_r r \qquad \text{〈식 7.10〉}$$

$t_r$은 휴양지를 방문하는 데 걸리는 왕복시간이다. 시간제약을 예산제약에 대입하면 〈식 7.11〉과 같은 총 예산제약식이 나온다.

$$m + tw = x + (c + wt_r)r \qquad \text{〈식 7.11〉}$$

이때, $c + wt_r$을 휴양지 방문의 가격 $p$라 하자. 즉 총 예산제약은 〈식 7.12〉와 같다.

$$m + tw = x + pr \qquad \text{〈식 7.12〉}$$

라그랑지안(Lagrangian) 함수 접근법을 이용하여 소비자의 효용극대화 문제를 풀기 위해 1차계 필요조건을 얻는다. 이에 따라 최적의 방문횟수는 〈식 7.13〉과 같은 법칙을 따르게 된다.3)

$$\frac{\partial u}{\partial r} = \lambda p \qquad \text{〈식 7.13〉}$$

왼쪽 항은 추가적인 휴가의 횟수가 가지는 한계효용이며, 오른쪽 항은 휴양지를 방문하는 이들이 지불하는 화폐적 비용으로 해석할 수 있다. 따라서 방문자는 위와 같은 법칙에 의해 휴가의 한계효용이 지불하는 비용과 일치하는 횟수까지 휴양지를 계속 방문할 것이다.

이러한 법칙은 〈식 7.14〉와 같은 휴양지 수요함수를 암시한다.

$$r = r(m,\ w,\ p,\ q) \qquad \text{〈식 7.14〉}$$

방문자들은 휴양지로부터 각기 다른 거리에 살기 때문에 $t_r$를 비롯하여 $p$도 방문자들마다 다른 값을 가지게 된다. 하나의 휴양지에 대해 이와 같은 이론을 적용하면 휴양지의 자연상태 $q$는 위의 수요함수에서 각 방문자들의 방문횟수 결정에는 상수와 같은 역할을 하게 된다. 그러나 다수의 휴양지에 대한 방문횟수를 분석할 시에는 각 휴양지에 대한 수요함수에서 자연상태 $q$가 중요한 변수가 될 것이다.

---

3) 라그랑지안(Lagrangian) 함수는 다음과 같다.

$$L = u(x,\ r,\ q) + \lambda(m + ut - x - pr)$$

$L$을 $x$와 $r$에 대해 미분하여 다음과 같은 1차계 필요조건을 얻는다.

$$\frac{\partial u}{\partial x} - \lambda = 0 \qquad (1)$$

$$\frac{\partial u}{\partial r} - \lambda p = 0 \qquad (2)$$

$\lambda$는 라그랑지 승수(Lagrange multiplier)이다. $x$는 기준재(numeraire good)로 상대적인 재화간이 선택을 모화하기 위해 가격을 1로 정해놓은 재화이다. 식 (1)에 따라 $\lambda$가 돈의 한계효용과 같음을 알 수 있다.

## 2) 유형별 분석방법

### (1) 지역모형

여행비용법의 가장 기본적인 실증모델은 지역모형(zonal travel cost method)이다. 지역모형법을 이용한 휴양지의 가치평가는 다음과 같은 단계에 따라 수행된다(Perman 외, 2011).

1단계 : 조사 대상 휴양지를 주변으로 방문객들의 거주지에 따라 $m$개의 지역(zone)으로 나눈다.

2단계 : 휴양지 방문객들을 대상으로 그들이 어느 $i$번째 지역에서 왔는지, 일 년에 몇 회 그 휴양지를 방문하는지 조사한다.

3단계 : 각 지역의 방문률 $v_i$는 $i$지역의 총방문자수($V_i$)를 그 지역의 총인구($N_i$)로 나눈 값이다.

4단계 : 여행하는 거리 및 시간 한 단위당 표준 가격을 이용해 각 지역에서 휴양지를 왕복 여행했을 때의 총여행비($c_i$)를 산정한다.

5단계 : 방문율($v$)과 여행비용($c$)의 관계를 설명하는 〈식 7.15〉와 같은 회귀식을 추정한다.

$$v_i = \hat{\alpha} + \hat{\beta} c_i \qquad \text{〈식 7.15〉}$$

6단계 : 5단계의 추정결과를 이용하여 입장료($P$)와 방문율과의 관계를 알아본다. 이때, 현재는 입장료가 없으나, 5단계의 식에 근거하여 입장료를 점차 높임으로써 방문율이 얼마나 감소할 것인가 계산한다. 예를 들어, 입장료를 1,000원 올렸을 때, 방문율은 〈식 7.16〉과 같이 계산될 것이다.

$$\hat{v_i} = \hat{\alpha} + \hat{\beta}(1000 + c_i) \qquad \text{〈식 7.16〉}$$

7단계 : 각 지역의 추정된 방문율($\hat{v_i}$)과 그 지역의 총인구($N_i$)를 곱하여 지역별 총방문자수를 계산한다. 모든 지역의 총방문자수를 모두 더하여 입장료 1,000원에 대한 총수요를 구한다.

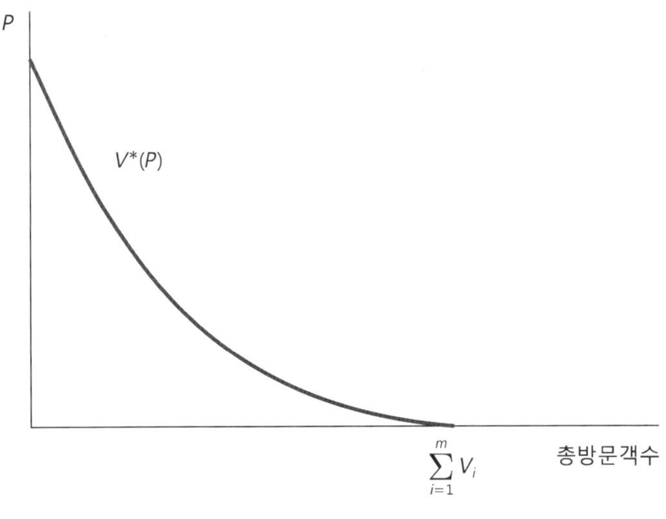


▌그림 7.4 총수요곡선

8단계 : 2,000원, 3,000원 등 계속 입장료를 올리고 각각의 가정적인 입장료에 대한 방문율을 구한다. 7단계에서와 같은 방법으로 각 입장료에 대한 총방문자수, 즉 총수요를 구한다.

9단계 : 6~7단계에서 구한 입장료와 추정된 총방문자 사이의 관계를 이용해 [그림 7.4]와 같은 수요함수 $V^*(P)$를 그린다.

10단계 : 수요함수 밑의 면적이 총편익의 화폐적 가치이다.

### (2) 개인모형

개인모형(individual travel cost method)은 일년간 개인의 휴양지 방문 횟수 자료를 이용한다. 이때, 조사자는 휴양지 현장에서 설문지를 통해 자료를 수집하거나 방문객의 집을 방문하여 자료를 수집할 수 있다. 현장 설문을 통해 자료 수집 시 방문횟수는 적어도 1 이상의 값을 취한다. 현장설문이 아닌 경우 휴양지를 최근에 방문하지 않은 개인의 수가 자료의 많은 부분을 차지하게 될 것이다.

지역모형과 비교하였을 때 개인모형은 자료의 신뢰성이나 정확성이 높다고 할 수 있다. 특히 지역모형의 경우 지역(zone) 안에 거주하는 방문객이 없을 경우 그 지역의 방문률은 0이 되고 만다. 그러나 개인모형은 지역 대신 개개인의 관측치를 가지고 회귀분석을 하며, 또한 개개인의 위치를 알기 때문에 지리정보시스템(geographic information system: GIS)과 도로망 자료를 이용해 휴양지까지의 거리 및 대안 휴양지까지의 거리를 정확하게 측정할 수 있다. 또한 개인모형은 소득, 나이, 성별과 같은 경제적·사회인구학적 결정요인의 영향 또한 보다 정밀하게 분석할 수 있다.

개인모형은 다음과 같은 계량경제학적 방법으로 분석한다. 우선 방문횟수는 0을 포함한 정수의 값을 취하므로 최소자승법(ordinary least squares: OLS)이 아닌 포아송(Poisson)모델이나 토빗(Tobit)측정치를 이용한다. 포아송 분포를 따를 경우 방문횟수($r$)가 $n$일 확률은 〈식 7.17〉과 같다.

$$\Pr(r_i = n) = \frac{\exp(-\lambda)\lambda_i^n}{n!} \qquad \text{〈식 7.17〉}$$

현장 설문이 아닐 경우, $n$은 0을 포함한 정수의 값을 취한다. $r_i$은 개인 $i$의 휴양지 방문 횟수이다. $\lambda$는 〈식 7.18〉과 같이 여행비용 $c$의 지수함수로 나타낼 수 있다.

$$\lambda_i = \exp(\beta_0 + \beta_i c_i) \qquad \text{〈식 7.18〉}$$

포아송 분포의 기대값은 $\lambda$이므로 휴양지에 대한 수요함수는 〈식 7.19〉와 같다.

$$r_i = \exp(\beta_0 + \beta_i c_i) \qquad \text{〈식 7.19〉}$$

휴양지 방문 1회당 소비자 잉여(consumer surplus: CS)는 〈식 7.20〉과 같이 수요함수를 여행비 0에서 무한대에 대하여 적분한 값이다.

$$CS_i = \int_0^{\infty} \exp(\beta_0 + \beta_i c_i) dc \qquad \text{〈식 7.20〉}$$

이는 즉 〈식 7.21〉과 같이 풀 수 있다.

$$CS_i = \left[ \frac{\exp(\beta_0 + \beta_i c_i)}{\beta_1} \right]_{c=0}^{c=\infty} \qquad \langle 식\ 7.21 \rangle$$

이때 $\beta_1$은 휴양지 방문횟수와 여행비용의 관계를 나타내므로, 음의 값을 가질 것이라 예상된다. 따라서 소비자 잉여는 〈식 7.22〉와 같은 값을 가진다.

$$CS_i = \frac{-r}{\beta_1} \qquad \langle 식\ 7.22 \rangle$$

마지막으로 설문에 응답한 사람들의 수를 위의 소비자 잉여에 곱하여 휴양지의 가치를 구할 수 있다.

### (3) 공동모형

공동모형(pooled travel cost method)은 지역모형이나 개인모형이 다루지 않은 휴양지의 자연 상태 변화에 따른 휴양가치의 변화를 측정한다. 개발사업의 경우 휴양지의 완전한 파괴보다는 그 자연 상태에 영향을 준다는 점에서 공동모형을 이용한 환경질의 변화량 가치측정은 유용하다 할 수 있다.

공동모형은 환경질에 따라 특징지어지는 여러 휴양지에 대한 정보와 각각의 휴양지를 방문하기 위해 지불한 여행비용을 합하여 만들어진 모형이다. 따라서 공동모형에서는 〈식 7.23〉과 같은 회귀방정식을 분석하게 된다.

$$r_{ij} = \alpha + \beta c_{ij} + \gamma q_j + \varepsilon_{ij} \qquad \langle 식\ 7.23 \rangle$$

$r_{ij}$은 개인 $i$가 휴양지 $j$를 방문한 횟수이고, $c$는 여행비용, $q$는 휴양지의 환경질이라 하겠다. 다른 조건이 동일하였을 때, 더 나은 환경질의 휴양지는 더 많은 방문횟수를 가진다. 즉 수요함수 자체를 왼쪽으로 이동시킨다. 따라서 환경질 차이에 따른 소비자 잉여의 변화는 각 수요함수 밑의 면적을 구해 그 차이를 계산하면 된다.

공동모형의 단점은 대안 휴양지의 존재를 무시한다는 점과 개인이 대체 가능한 휴양지의 환경질이 변화할 경우, 방문자가 조사대상지의 방문횟수를 조정할 수 있다는 사실을 반영하지 못한다는 점이다.

### (4) 확률효용모형

환경질 변화에 따라 변화된 휴양지 가치 추정을 위해 공동모형은 대안 휴양지를 고려하지 않는 비현실적인 가정을 해야만 했다. 이를 극복하기 위해 확률효용모형(random utility model)[4]의 틀을 이용하여, 이미 방문한 휴양지들의 가치에 영향을 미치는 휴양지의 특성과 휴양지 간 대체관계를 바로 측정할 수 있다. 확률효용모형 접근법을 이용한 여행비용법 이론은 다음과 같이 전개된다.

휴양지 방문을 결정하는 각 개인은 여행비용과 휴양지의 환경질에 따라 $J$개의 대체가능한 휴양지들 중 한 곳을 선택한다. 개인 $i$가 휴양지 $j=g$를 선택한다는 것은 휴양지 $g$를 방문하여 얻는 효용수준이 다른 휴양지를 방문하여 얻는 효용보다 높다는 것을 의미한다. 즉, $u_{ij=g} > u_{ij \neq g}$ 또는 $v_{ij=g} + \varepsilon > v_{ij \neq g} + \varepsilon$이다. 따라서 휴양지 $g$의 선택확률은 〈식 7.24〉와 같다.

$$\Pr(u_{ij=g} > u_{ij \neq g}) = \Pr(v_{ij=g} + \varepsilon > v_{ij \neq g} + \varepsilon) \qquad \text{〈식 7.24〉}$$

즉 개인 $i$가 휴양지 $g$를 선택했을 때의 효용은 관찰 가능한 효용인 간접효용함수 $v_{ij=g}$와 관찰 불가능하거나 측정상의 오류 또는 응답자 개인만이 알고 있는 특성들을 포함하는 오류항 $\varepsilon$의 합이며, 이때의 효용은 다른 휴양지를 선택했을 때의 효용보다 크다.

효용함수가 선형의 함수를 택할 경우, 간접효용함수는 일반적으로 〈식 7.25〉와 같이 소득($m$)과 휴양지를 방문하는 데 드는 여행비용($c$), 휴양지의 환경질($q$)의 함수로 표현된다.

$$v_{ij} = \beta_0 (m_i - c_{ij}) + \beta_1 q_j \qquad \text{〈식 7.25〉}$$

따라서 확률변수가 제1형태 극한치 분포(type I extreme value distribution)를 따른다고 가정하고 조건부로짓(conditional logit)모형을 사용해 선택확률을 도출하게 하면 응답자 $i$가 $J$가지의 대안 중 $g$를 선택할 확률인 $\pi_g$는 〈식 7.26〉과 같다.

4) 확률효용모형에 대한 자세한 소개는 이 책의 제8장 조건부가치평가법에서 찾아볼 수 있다.

$$\Pr_{ij=g} = \frac{\exp(v_{ij=g})}{\sum_{j=1}^{J}\exp(v_{ij=g})} = \frac{\exp(-\beta_0 c_{ij=g} + \beta_1 q_{j=g})}{\sum_{j=1}^{J}\exp(-\beta_0 c_{ij} + \beta_1 q_j)} \quad \langle 식\ 7.26\rangle$$

선형함수를 선택할 시에 소득의 영향, 즉 한계소득효용은 여행비용의 계수에 음의 부호를 붙인 값과 같으므로 위의 확률식에서 생략한다. 위의 최우추정법(maximum likelihood estimation)을 이용해 선택된 대안들의 발생 확률을 결합한 우도함수(likelihood function)를 최대화하는 매개변수를 구한다.

하나 또는 다수의 휴양지에서 환경질의 변화가 있을 때, 그에 따른 후생의 변화는 이러한 확률효용함수 접근법을 이용해 측정해 볼 수 있다.

예를 들어, 다른 조건은 동일하다는 가정하에, 환경질이 $q^0$에서 $q^1$으로 변화할 때 소비자 잉여의 변화분은 〈식 7.27〉과 같이 계산될 수 있다.

$$CS = \frac{\ln\left[\sum_{j=1}^{J}\exp(v(q_j^1))\right] - \ln\left[\sum_{j=1}^{J}\exp(v(q_j^0))\right]}{-\beta_0} \quad \langle 식\ 7.27\rangle$$

즉, 환경질 변화에 따른 소비자 잉여의 변화분은 기대효용의 변화분을 한계소득효용으로 나눈 값이다. 확률효용모형을 이용하여 새로 형성되는 휴가지에 따른 소비자 잉여의 변화도 〈식 7.28〉과 같이 추정할 수 있다.

$$CS = \frac{\ln\left[\sum_{j=1}^{J+1}\exp(v(q_j^0))\right] - \ln\left[\sum_{j=1}^{J}\exp(v(q_j^0))\right]}{-\beta_0} \quad \langle 식\ 7.28\rangle$$

같은 방법으로 휴양지의 수가 하나 줄어들 때에 따른 소비자 잉여의 변화도 측정 가능하다.

확률효용모형 틀 하에서 TCM을 이용할 때의 문제점은 환경질에 따른 방문횟수의 변화에 대해서는 설명하지 못한다는 것이다. 따라서 방문횟수는 따로 분리되는 문제로 다룰 필요가 있다. 또 다른 문제점은 확률효용모형의 가정 중 하나인 무관한 대안들 사이의 독립성(independence from irrelevant alternatives: IIA)에 있다. 예를 들어, 선택 가능한 휴양지의 수가 하나 줄어들어 $J-1$개의 휴양지를 방문가능하다고 할 때, 남은 휴양지들에 대한 방문횟수를 새로 분배해야 한다. 이때 남은 휴양지들 간에 방문 확률 비율은 이전에 $J$개의 휴양지가 있을 때와 같아야 한다. 그러나 일반적으로 대안 휴양지들 간 밀접한 관계가 있고, 선택 가능한 휴양지 수가 줄어들 경우, 선호에 따라 남은 휴양지들 간 방문 확률은 변하게 된다. 즉, IIA가 충족되지 못한다. 따라서 최근 연구에서는 선호 간 차이를 모형 안에서 허락하기 위해 확률효용모형의 계수를 확률변수로 다룬다.

### 3) 문제점

여행비용법을 사용하여 휴양가치를 추정할 경우 다음과 같은 문제점들을 주의해야 한다.

첫 번째, 여행비용법은 여행의 목적이 휴양지를 방문하는 데만 있다고 가정한다. 만약 방문객이 휴양지 방문뿐만 아니라 다른 목적으로 여행을 한다면 여행비용법으로 추정된 휴양가치는 과대평가되었을 수 있다. 예를 들어, 방문객은 휴양지를 방문하는 길에 친척을 방문했을 수도 있고, 휴양지 근방에 있는 다른 휴양지를 방문했을 수도 있다.

두 번째 문제점은 여행에 걸리는 시간의 기회비용을 산정하는데 있다. 시간적 비용을 노동의 기회비용으로 보아야 하는지, 그렇다면 임금률의 전부를 반영해야 하는지, 일부를 반영해야 하는지 아직은 의견이 분분하다. 그러나 이러한 시간의 비용이 편익추정에 큰 영향을 미치는 데는 틀림이 없다. 또한 방문객이 여행 자체를 즐겨서 여행하는 동안 걸린 시간을 비용이 아닌 편익으로 보는 경우도 있을 수 있다.

세 번째 문제점은 수요함수 추정에 있어서 방문율의 결정요인으로 방문객들의 경제적·사회인구학적 요인을 분석하는 것 외에 가장 중요한 것이 대체가능한 휴양지들을 방문하는 데 드는 비용이다. 현실적으로 휴양지 방문횟수를 결정하는 중요한 결정요인임에도 불구하고 자료 부족으로 여행비용법을 이용한 선행연구에서 항상 적절하게 다루어지지 않고 있다.

## 3. 여행비용법의 적용

김진옥 · 엄영숙(2013)은 전라북도 4개 도립공원(모악산, 선운산, 대둔산, 마이산)의 휴양편익을 여행비용법을 이용하여 분석하였다. 이 연구를 위해 3차례에 걸쳐 '전라북도 도립공원 탐방객 이용행태조사'가 수행되었다. 개인여행비용법의 적용을 위해 설문지에는 지난 1년간 방문횟수, 거주지, 교통수단, 여행시간 등을 질문하였으며, 이외에 개인별 사회인구학적 특성인 성별, 나이, 교육수준, 직업, 주 단위 근로시간 등을 질문하였다. 이때 각 개인이 도립공원을 방문할 때 지불한 총 여행비용은 왕복교통비용과 왕복여행시간을 모두 포함한 값으로, 시간당 비용에 대해서는 경력에 가중치를 둔 시간당 임금률의 30%를 적용하였다. 또한 군인이나 학생, 주부 또는 무직이라고 응답한 방문자들의 여가시간에 대한 기회비용을 0으로 하였다. 표본집단은 1,642명이며, 설문조사를 통해 수집된 다양한 요인들이 각 개인이 지난 1년 동안 4개 도립공원을 방문한 횟수에 어떠한 영향을 미쳤는가를 다음과 같은 회귀분석을 통해 분석하였다. 대둔산의 경우 다음과 같은 결과가 나왔다.

$$\text{방문횟수} = 2.996 - 0.0093(\text{여행비용}) + 0.0039(\text{소득}) + 0.0127(\text{나이}) + 0.191(\text{성별}) - 0.0882(\text{교육수준})$$

모악산 도립공원 방문수요의 가장 중요한 결정요인인 가격변수, 즉 여행비용의 부호는 우하향하는 수요곡선을 반영하고 있다. 모악산 도립공원의 휴양편익은 연간 방문빈도의 중위값과 가격변수의 계수추정치를 이용하여 구할 수 있다.

**참고자료**

국내에서는 TCM을 이용하여 휴양가치를 연구한 논문들이 많으며, 최근에는 이주희·한상열(2003), 이경진·송명규(2013), 류성옥(2012) 등이 지역 축제에 대하여 연구하였다. 특히 한상현·조광익(2006), 송운강(2007)은 개인여행비용법을 적용하여 연구를 수행하였다. 국외연구로는 Poor & Smith(2004)가 문화유적지가치 추정하기 위해 지역여행비용법을 이용하였고, Will & Garrod(1991)이 숲의 이용가치 추정에 개인여행비용법을 적용하였다.

## 탐구학습

1. 주요 개념
   - 특성가격접근법
   - 공간적 상관관계
   - 시장 분리
   - 지역모형
   - 개인모형
   - 공동모형
   - 확률효용모형

2. 토론과 과제
   - 특성가격접근법 사용 시 통계적 고려사항
   - 지역모형법의 한계
   - 여행비용법 결과물 해석 시 주의사항

## 참고문헌

김성우 · 정건섭(2010), "부산 아파트 실거래가를 이용한 전통적 헤도닉모형과 공간계량모형간의 적합도에 관한 비교 연구", 부동산학연구, 제17권 제3호.

김진옥 · 엄영숙(2013), "여행비용법을 적용한 전라북도 도립공원의 방문수요와 휴양편익 추정", 한국산림휴양학회지 제17권 제3호.

김호준 · 윤상훈 · 최형선 · 원제무(2012), "헤도닉 모형을 이용한 도시형 생활주택 가격 영향요인 분석 - 서울시를 중심으로", 대한부동산학회, 제80권 제1호.

나성린 · 임영욱 · 전영섭(1992), "환경개선의 편익 추정", 산업과 경영, 제10권 제1호.

류성옥(2012), "한국의 관광 목적지 가치 - 외국인 개별 관광객에 대한 여행비용법(TCM) 적용", 관광학연구, 제35권 제7호.

송운강(2007), "자료의 특성에 따른 개인여행비용법의 적용". 관광학연구, 제31권 제3호.

박두호(2005), "축산농가의 악취가 주택가격에 미치는 영향 - 공간헤도닉모형", 자원·환경경제연구, 제14권 제4호.

손철(2006), "고압 지상 송전선이 공동주택가격에 미치는 영향에 대한 헤도닉 분석", 부동산학연구, 제12권 제2호.

송운강·이해진(2007), "자료의 특성에 따른 개인여행비용법의 적용", 관광학연구, 제31권 제3호.

이경진·송명규(2013), "함평나비(대)축제의 사회적 가치 - 여행비용접근법을 바탕으로", 환경영향평가, 제22권 제4호.

이주희·한상열(2003), "여행비용접근법에 의한 가야산국립공원의 휴양수요와 편익평가", 한국산림휴양학회, 제7권 제1호.

이성태·이광석(2001), "항공기 소음이 주변 가격에 미치는 영향", 자원·환경경제연구, 제10권 제4호.

한상현·조광익(2006), "산악 국립공원의 비 시장가치 추정에 관한 연구 - 주왕산 국립공원에 대한 개인별 여행비용모형의 적용", 관광연구, 제21권 제1호.

Anselin, L.(1988), *Spatial Econometrics: Methods and Models*, Kluwer Academic, Dordrecht.

Anselin, L., Florax, R. & Rey, S.(2004), *Advances in Spatial Econometrics: Methodology, Tools and Applications*, Springer, Berlin.

Lancaster, K.(1966), "A New Approach to Consumer Theory", *Journal of Political Economy*, Vo. 74.

Kiel, K. A. & Zabel, J. E.(1999), "The Accuracy of Owner-Provided House Values: The 1978-1992. American Housing Survey", *Real Estate Economics*, Vol. 27, No. 2.

Perman, R., Ma, Y., Common, M., Maddison, D. & McGilvray, J.(2011), *Natural Resources and Environmental Economics* (4th ed.), Addison Wesley, Essex, UK.

Rosen, S.(1974), "Hedonic Prices and Implicit Markets: Product Differentiation in Pure Competition", *Journal of Political Economy*, Vol. 82.

Smith, V. K. & Huang, J. C.(1995), "Can Markets Value Air Quality? A Meta Analysis of Hedonic Property Value Models", *Journal of Political Economy*, Vol. 103, No. 1.

Day, B., Bateman, I. & Lake, I.(2007), "Beyond Implicit Prices: Recovering

Theoretically Consistent and Transferable Values for Noise Avoidance from a Hedonic Property Price Model", *Environmental and Resource Economics*, Vol. 37, No. 1.

Hite, D., Chern, W., Hitzhusen, F. & Randoll, A.(2001), "Property Value Impacts of an Environmental Disamenity: The Case of Landfills", *Journal of Real Estate Finance and Economics*, Vol. 22, No. 2-3.

Poor, P. J. & Smith, J. M.(2004), "Travel Cost Analysis of a Cultural Heritage Site: The Case of Historic St. Mary's City of Maryland", *Journal of Cultural Economics*, Vol. 28, No. 3.

Will, K. G. & Garrod, G. D.(1991), "An Individual Travel-Cost Method of Evaluating Forest Recreation", *Journal of Agricultural Economics*, Vol. 42, No. 1.

# 가치평가이론(2): 조건부가치평가법과 컨조인트분석법

## 제 1 절 조건부가치평가법

### 1. 조건부가치평가법의 개념

조건부가치평가법(contingent valuation method: CVM)은 설문조사를 실시하여 현실에는 존재하지 않는 가상의 시장에서 연구대상으로 정한 특정한 공공재의 수량 또는 질 개선에 대하여 지불할 수 있는 금액(WTP) 또는 악화되는 사항에 대하여 보상받기 원하는 금액(WTA)을 직접 물음으로써 그 공공재의 가치를 측정하는 진술선호법 중 하나이다.

CVM은 Bowen(1943)과 Ciriacy-Wantrup(1947)이 처음으로 공공재 가치평가에 있어서 설문조사방법을 통해 대중의 의견을 반영하기 위한 방법으로 소개되었다. 특히 Davis(1963)의 연구는 처음으로 CVM을 이용하여 사냥과 같은 야외여가활동을 제공하는 삼림자원의 가치를 분석하였다. 이후 Weisbrod (1964)와 Krutilla(1967)는 환경재 훼손의 비가역적 특성(irreversibility)을 강조하며 옵션가치, 존재가치 등과 같은 비사용가치 측정에 CVM이 매우 유용하다고 주장하였다. 1970년대와 1980년대에는 CVM이 활발히 사용(Randall 외, 1974; Brookshire 외, 1976)됨에 따라 CVM에 근거한 공공재 평가를 정치적으로도 점차 수용하는 분위기가 조성되었다. 이에 따라 1981년 미국에서는 환경오염 사건 발생시 피해액을 계산하여 자연을 훼손시킨 자에게 피해금을 지불하게 하는 관련 법제들이 마련되었으며, 유럽에서도 CVM이 적용되는 사례가 점차 늘어났다. 특히 1989년 알래스카 근해에서 좌초된 초대형 유조선 엑손 발데즈(Exxon Valdez)호 사건은 CVM을 사용한 환경재 가치평가가 타당함을 검증받을 수 있는 계기를 제공했을 뿐만 아니라 CVM 결과물의 신뢰성을 높이기 위한 가이드라인을 제시함으로써 이후 CVM 연구에 탄력을 불어넣었다. 이에 대해서는 뒤에서 더 논의하도록 하겠다.

CVM은 대기질, 수질 등 환경질이 개선될 때의 편익, 다양한 야외여가활동의 기회가 제공됨으로써 얻는 편익, 야생 지역 보호에 따른 편익, 공공시설 개선에 따른 편익 등 다양한 비시장재 가치 측정 분석에 적용되었다. 지난 40년간 CVM에 관한 연구는 환경경제학자들에 의해 가장 활발히 진행되고 있다.[1)] 국내에서도 1990년대 중반부터 환경뿐만 아니라 문화재 보존 등 다양한 분야에 걸쳐 CVM이 적용되고 있다.

## 2. 특징과 유형

### 1) 특 징

CVM 등의 진술선호법은 가상의 시장을 구축하기 때문에 어떤 종류의 환경재 가치 평가에도 이용될 수 있으며 또한 여러 상황에 유연하게 적용가능하다. 무엇보다도 비사용가치를 측정할 수 있기 때문에 비시장적 가치를 많이 발생시키거나 공공성이 큰 사업의 예비타당성 검토 시에 유용하다. 특히 그 중에서도 CVM은 사업의 시행 및 미시행시 편익의 차이를 구할 수 있다는 장점이 있다. 이를 위해 사업 시행 이후의 상황에 대한 가상적 시나리오를 설정하여 현 상태를 반영한 시나리오와 비교하고, 사업 시행 후 편익의 변화분을 구하기 위하여 개선되거나 훼손된 비시장재에 대해 개인들이 얼마

1) CVM 분석의 이론적, 실증적 연구의 흐름은 *American Journal of Agricultural Economics, Journal of Environmental Economics and Management, Land Economics, Environmental and Resource Economics, Ecological Economics* 등과 같은 주요 환경경제학계 학술지에 게재된 논문들을 통해 살펴볼 수 있다.

만큼 지불하거나 보상받기 원하는지 직접 질문한다.

따라서 CVM 분석을 이용하여 여타사업을 수행할 시에는 대체로 다음과 같은 8가지 단계로 요약될 수 있다.

---

① 대상사업의 영향을 파악하고 연구대상이 될 비시장재화 설정
② 설문지 작성
 –사업 시행시 개선 또는 악화되는 비시장재에 대한 가상 시나리오(또는 조건부 상품) 설정
 –조건부 상품에 대한 지불수단(payment vehicle) 선택(예: 소득세, 기부 등)
 –지불의사유도방법(elicitation method) 선택(예: 개방형, 양분형 등)
 –응답자의 기타 사회, 경제학적 배경 특성에 대한 질문 작성
③ 편의 최소화를 위한 전문가 검토, 표적집단 토론 등 설문지 보완 및 수정 과정
④ 설문방법 선택(예: 일대일 설문, 전화 설문, 이메일 설문)
⑤ 표본 대상 및 크기 결정
⑥ 설문 조사 결과의 계량적 분석
⑦ 개인 또는 가구당 WTP를 모집단 크기에 곱하여 총 WTP 계산
⑧ 사후 평가

---

### 2) 유 형

CVM의 유형은 지불방식, 지불의사유도방식, 설문방식과 같이 설문지 작성의 각 요소에 따라 나뉠 수 있다. 다음에서는 이들 요소에 따라 나뉘는 유형에 대해 살펴보았다.

#### (1) 지불방식

설문지 작성 이전의 1단계에서는 문헌연구 및 현장조사를 통해 평가대상사업의 속성이나 특성을 정의하고 그에 대한 사람들의 관심과 태도를 조사한다. 이때 사업이 가지는 물리적인 측면뿐만 아니라 개인들에게 미치는 긍정적, 부정적 영향들 또한 파악한다. 2단계에서는 이러한 정보를 바탕으로 사업 시행시에 발생하는 비시장재에 대한 가상적 시장을 설정해야 한다. 즉, 비시장재의 변화량, 변화의 시간적·공간적 범위 및 변화의 확실성을 모두 포함하고 있는 가상적 상황을 제시하게 되는데 이를 조건부 상품이라고 한다. 이 가상적 상황이 실현될 것임을 구체적으로 응답자에게 설명하며 어떠한 방식으로 이 사업을 재정적으로 지원할 것인가, 즉 지불방식(payment vehicle)에 대해 알려야 한다. 예를 들어, 소득세, 사용료, 입장료 또는 기부 등을 통해 재원을 충당할 수 있다. 더 나아가 응답자에게 가구당/개인당, 연간/월간 혹은 일회성인지, 지불시점은 언제인지에 대해 명확히 제시해야 한다. 이때 무엇보다도 응답자 본인이 제시한 금액을 경제적으로 부담해야 되는 상황이라는 점을 확실하게 인식시켜줘야 한다. 본인의 부담이 아닌 타인의 부담으로 사업이 실행될 수 있다는 가능성을 보일 경우, 지불의사금액에 편의(bias)가 발생할 수 있다. 편의에 대해서는 후에 더 자세히 논의하도록 하겠다.

### (2) 지불의사유도방법

WTP 도출을 위한 지불의사질문방법에는 〈표 8.1〉에서 대표적으로 사용되는 5가지 방법을 정리하였다.

**❙표 8.1 지불의사유도방법**

| 자료 종류 | 방법 | 내용 및 예 |
|---|---|---|
| 연속형 자료 (continuous data) | 개방형 | 응답자가 직접 WTP 금액을 대답하도록 질문<br>"이 사업을 위해 최대 얼마까지 지불할 의사가 있습니까?" |
| | 경매법 | 응답자의 지불의향이 일정 금액에 수렴될 때까지 WTP를 올리거나 내리면서 반복적으로 질문<br>"이 사업을 위해 x원만큼 지불할 의사가 있습니까?" |
| | 지불카드법 | 다른 비시장재화에 응답자와 비슷한 소득계층이 지불하는 평균 WTP가 적힌 카드를 보여주고, 카드에 적혀있는 금액들 중 평가사업에 대해 얼마나 지불할 의사가 있는지 질문 |
| 이진수 자료 (binary data) | 양분선택형 | 주어진 금액에 대해 응답자가 지불할 의사가 있는지 질문하고 예/아니오로 대답 |
| 범위형 자료 (interval data) | 이중경계양분선택형 | 양분선택형 질문 후 응답자가 "예"라고 대답한 경우 첫 번째 제시한 금액보다 높은 금액을, "아니오"라고 대답한 경우 낮은 금액을 지불할 의사가 있는지 다시 질문 |
| | 삼중경계양분선택형 | 이중양분선택형 질문 후 응답자가 "예"라고 대답한 경우 두 번째 제시한 금액보다 높은 금액을, "아니오"라고 대답한 경우 낮은 금액을 지불할 의사가 있는지 다시 질문 |

경매법(bidding games)은 응답자에게 해당 사업을 위해 제시된 금액(bids)을 지불할 의향이 있는지 묻는다. 주어진 금액에 대해 지불할 의사가 있을 시 계속 금액을 높여가며 지불의사 여부를 묻는 것이다. 이 방법은 설문조사 이후에 따로 복잡한 계량분석 없이 WTP를 도출한다는 장점이 있지만 응답자가 설문자로부터 처음에 주어진 금액에 자신의 WTP를 고정시키는 편의가 발생할 수 있다. 이러한 편의를 고정편의(anchoring bias) 또는 출발점 편의(starting-point bias)라고 하며, 이는 비시장재를 거래하는 데 익숙하지 않은 응답자가 최초에 주어진 금액에 영향을 많이 받는 경향 때문에 발생한다.

반면에 개방형(open-ended question)이나 지불카드법(payment cards)의 경우 직접 지불의사를 묻기 때문에 경매법에서 처음에 제시한 금액 때문에 발생하는 고정적 편의나 출발점 편의로부터 자유롭다. 또한 입찰게임에서와 마찬가지로 WTP가 이미 대답 속에 포함되어 있기 때문에 자료 수집 후에 계량경제학적으로 분석할 필요가 없다. 그러나 개방형의 경우 응답자들이 비시장재의 화폐적 가치를 본인이 직접 제시해야 되므로 무응답이 많아질 수 있다. 이를 무응답 편의(nonresponse bias)라 한다. 또한 응답자들이 본인의 소득수준보다 지나치게 낮거나 높게 WTP를 제시할 수 있다. 이러한 문제를 해결하고자 지불카드방법에서는 비슷한 소득 수준을 가진 사람들의 WTP를 응답자에게 제시함으로써 응답자가 자신들의 예산제약 안에서 합리적으로 WTP를 결정하도록 돕는다.

양분선택형 질문법(single-bounded dichotomous choice)은 투표모형(referendum model)이라고도 하며, 위에서 소개한 지불의사유도방법들이 가지는 전략적 편의(strategic bias)의 문제를 해결한다. 전략적 편의란 응답자가 자신에게 유리한 결과를 유도하기 위해 WTP를 높거나 낮게 답하는 것을 말한다. 양분선택형 질문법을 이용할 경우 응답자는 주어진 금액에 대해 '예'와 '아니요'로만 답하게 된다. 따라서 자신에게 유리한 쪽으로 유도하기 위해 지불의사액을 지나치게 과장하거나 축소하기 어렵다. 따라서 전략적 편의가 발생할 확률도 낮추게 된다.

이중경계양분선택형(double-bounded dichotomous choice)은 더 나아가,

한 번의 설문을 통해 응답자로부터 더 많은 정보를 얻어내기 위해서 고안되었다. 응답자가 처음 주어진 금액에 '예'라고 대답할 경우 더 높은 금액을 제시하고 다시 '예' 또는 '아니요'의 여부를 묻는다.

삼중경계양분선택형(triple-bounded dichotomous choice)은 이중경계양분선택형에서 한 단계 더 질문을 하는 방법이다. 이중경계양분형과 비교하여 더 많은 정보를 제공하므로 효율적인 방법론이라 간주되고 있다.[2)]

WTP를 질문하기 전에는 반드시 대안적인 비시장재에 대한 설명이 충분히 이루어져야 한다. 예를 들어, A의 질이 개선되지 않는다 하더라도 여전히 B라는 대안재를 사용할 수 있음을 상기시켜줘야 한다. 또한 응답자의 소득과 평가대상사업의 시행시에 발생하는 기회비용에 대해서도 상기시켜줘야 한다.

WTP를 답한 후 설문자는 그 이유에 대해서도 물어야 한다. 이는 지불거부응답(protest bids)[3)]을 가려내기 위한 것이다. 예를 들어, 조사하는 비시장재와는 관계없이 설문조사를 담당하는 기관 자체에 대한 반감을 보여주기 위한 기회로 삼기 위해 응답하기를 거부하는 경우이다. 단순히 사안에 대해 무관심하거나 지불할 능력이 없어서 응답을 거부하는 경우는 제외한다.

설문지 마지막에는 응답자에 대한 다른 특성에 대한 질문을 해야 한다. 예를 들어, 연령, 성별, 교육, 소득, 가족구성원 등 WTP에 영향을 줄 수 있는 모든 정보를 수집한다.

---

2) 삼중경계양분형을 사용할 경우 첫 번째 질문에 대해서 지불하겠다고 응답한 후 두 번째 질문에서 이보다 낮은 금액에 대해서는 지불할 의사가 없다고 답하여 일관성이 결여되는 모순된 결과가 발생할 가능성이 이중경계양분형을 사용한 경우보다 더 커진다는 연구가 있다(Hanemann & Kanninen, 1999).

3) 지불거부응답을 가려내기 위해서 WTP 설문의 후속질문으로 다음의 항목을 제시한다. ① 우리 가족은 지불할 능력이 없다 ② 이 문제는 우선순위에 둘 만큼 중요하지 않다 ③ 이 문제에 별로 관심이 없다 ④ 우리 주변에 비슷한 대체재들이 많다 ⑤ 이미 충분한 세금을 내고 있다고 생각한다(납부된 세금으로 충당되어야 한다) ⑥ 정부가 이미 이 분야에 돈을 너무 많이 쓰고 있다 ⑦ 판단할 만한 충분한 정보가 주어지지 않았다 ⑧ 추가적인 세금이 명시된 사업을 위해 쓰이지 않을 것이다. ①~④의 항목은 타당한 것으로 간주하나 ⑤~⑧의 항목 중 하나를 응답자가 선택한 경우 지불거부의사항목으로 분류한다(KDI 공공투자관리센터, 2011).

설문지 작성에는 엄청난 노력과 시간이 투자된다. 25~100명 정도의 표적 집단(focus group) 면접을 통해 설문지의 내용을 검증한 후 대략 200~1000명 정도 또는 보다 정확한 WTP 도출을 위해 그 이상 크기의 표본 집단을 대상으로 설문을 수행한다.

(3) 설문방법

설문조사 방식에는 일대일 설문, 전화 설문, 우편 설문이 있다. 일대일 설문은 응답자의 집을 찾아가거나 평가대상사업이 이루어지는 장소를 방문하여 그곳에서 직접 행할 수 있다. 일대일 설문의 비용은 비싸나 높은 응답률을 얻어 낼 수 있다는 장점이 있다. 우편을 통한 설문 방식은 경제적이나 설문을 위해 응답자에게 제공되는 정보가 제한되어 있다는 단점이 있다. 특히 응답자의 신분이나 질문의 응답 순서가 통제 되지 않는 문제점이 있다. 또한 자기표본선택편의(self-selection bias) 즉, 설문 대상에 대한 강한 의지가 있는 사람이 선택적으로 설문에 응하여 WTP가 과소 또는 과다 추정되는 문제를 낳을 수 있다. 전화 설문도 일대일 설문에 비해 경제적이나 사진 등 시각적 보조 자료를 활용할 수 없으므로 설문에 관한 정보전달에 한계가 있다. 그러나 설문 방식들이 상호 배타적인 것은 아니기 때문에 전화 설문 후에 우편 설문을 실시함으로써 이러한 한계점을 극복할 수 있을 것이다.

## 3. 추정모형과 분석방법

### 1) 기본모형

가격의 변화가 발생시키는 후생변화는 보상변화(compensating variation: CV)와 동등변화(equivalent variation: EV)를 이용해 설명하는 반면 환경재와 같이 가격보다는 수량과 질의 변화로 인해 변화되는 후생은 보상잉여(compensating surplus: CS)와 동등잉여(equivalent surplus: ES)를 이용해 측정될 수 있다. CS는 평가대상 정책이나 사업으로 인해 새롭게 변화된 비시장재를 소비하되 이전에 소비하던 비시장재하에서 얻던 효용을 유지시키기 위해 필요한 소득의 변화분이다. 질적으로나 수량적으로 비시장재의 공급이 개선된다면 CS를 통해 이러한 긍정적인 변화에 대한 WTP를 추정할 수 있다. 반면에 비시장재의 공급이 악화된 경우에는 CS를 통해 부정적인 변화에 대한 WTA를 보상액으로서 추정할 수 있다. ES는 새로운 환경수준으로 얻게 된 새 효용 수준 하에서 이전 수준의 비시장재를 얻기 위해 필요한 소득의 변화분을 말한다. 비시장재의 공급이 개선된 경우 ES는 이전의 낮은 수준의 공급을 계속 받아들이는 것에 대한 보상액으로서의 WTA를 측정할 수 있다. 반면에 비시장재 공급이 악화된 경우에는 ES를 통해 이전의 높은 수준의 공급을 유지하기 위한 WTP를 측정할 수 있다. CVM은 CS나 ES를 직접적으로 응답하게 함으로써 개인들의 WTP를 추정한다.[4] WTP를 추정하는 구체적인 방법은 지불의사유도방법에 따라 달라진다. 입찰법, 개방형, 지불카드법은 도출된 금액 자체가 WTP를 의미하므로 간단한 엑셀 작업을 통해 평균 및 중앙값을 구할 수 있다. 다음에서는 양분형 질문법에 의해 도출된 자료들을 모수적(parametric) 방법인 확률효용모형과 확률지불의사모형, 비모수적(non-parametric) 추정방법 중의 하나인 턴불(Turnbull) 추정법에 대해 자세히 다루고자 한다. 마지막으로 이중경계양분선택형 질문법에 의해 도출된 자료들을 분석하는 확률효용모형에 대해서도 간단히 다루고자 한다.

### (1) 확률효용모형

확률효용모형에서 효용인 $u$는 〈식 8.1〉과 같이 간접효용함수(indirect utility function)인 $v$와 확률변수인 $\varepsilon$으로 구성된다고 본다.

$$u = v + \varepsilon \qquad \text{〈식 8.1〉}$$

간접효용함수는 관찰 가능한 효용부분이며, 효용을 극대화시키는 재화의 양과 질을 선택할 때의 이들 재화의 가격벡터 $P$와 소득 $m$의 함수이다. 따

4) WTA의 경우 실제 설문에서 응답자들이 너무 높은 보상액을 요구하고 있는 경우가 발생하곤 하였다. 이는 후에 다룰 전략적 편의(strategic bias)와 연관되어 있다. 따라서 많은 연구에서 WTA보다는 WTP를 선호한다(Kealy & Turner, 1993, 전철현 외, 2010: 136에서 재인용).

라서 $v(P, m)$와 같이 나타낸다. $\varepsilon$은 독립적이고 동일하게 분포된 확률변수로서, 관찰 불가능하거나 측정상의 오류 또는 응답자 개인만이 알고 있는 특성들을 포함하는데, 이러한 확률적 요소 때문에 위의 모형을 확률효용모형(random utility model)이라 한다.

확률효용모형을 이용하여 평가의 대상이 되는 어떤 사업에 의해 개선되는 환경재 $q$에 대한 WTP를 정의할 수 있다. 예를 들어 $q^0$에서 $q^1$로 환경재가 개선될 때 이에 대한 CS로서의 WTP는 효용함수 및 간접효용함수와 〈식 8.2〉와 같은 관계를 가진다.

$$u_0(m-WTP,\ q^1,\ C)=u_0(m,\ q^0,\ C) \qquad \text{〈식 8.2〉}$$

$$\text{즉, } v_1(m-WTP,\ q^1,\ C)+\varepsilon_1+\varepsilon_0=v_0(m,\ q^0,\ C)$$

확률변수 $\varepsilon_1-\varepsilon_0$에 의해서 WTP도 확률변수의 성격을 가지며, 여기서 WTP는 원래의 효용 수준을 유지하면서 개선된 환경수준을 얻기 위해 필요한 소득변화를 의미한다. C는 개인적 특성 및 다른 모든 재화들의 가격벡터이다. 이와 같은 확률효용모형을 이용하여 다음과 같은 단계에 따라 계량모형을 만들고 WTP의 분석을 실시한다.

우선 CVM 설문 조사에서 양분선택형 질문법을 이용하여 총 $N$명의 응답자들에게 환경개선을 이루는 어떤 사업이나 정책 패키지에 대해 $t$만큼의 세금을 지불해야 하는 문제에 대해 yes와 no의 응답을 도출했다고 가정하자. 응답자 $i$가 yes한 경우, $y_i=1$이라 표시하고, no 응답한 경우 $y_i=0$이라 표시하자.

$y_i=1$과 $y_i=0$일 때의 각각의 효용을 $u_{1i}$과 $u_{0i}$라 하자. $y_i=1$인 경우, yes 응답의 효용이 no 응답의 효용보다 더 큰 것을 의미한다. 즉 환경개선으로 증가하는 개인들의 후생 $u_{1i}-u_{oi}$는 0보다 크다.

간접효용함수는 선형함수나 로그함수의 형태를 취할 수 있으나, 여기에서는 소득과 환경재의 질이나 수량에 의해 결정되는 선형함수라고 가정하자. $m$은 소득, $x$는 환경이 개선될 때 1을 취하는 더미변수이다. $y_i=1$인 확률, 즉 $u_{1i} > u_{0i}$일 확률은 〈식 8.3〉과 같다.

$$\begin{aligned} \Pr(y_i = 1) &= \Pr(v_{1i} + \varepsilon_{1i} > v_{0i} + \varepsilon_{0i}) \\ &= \Pr(\alpha x_i + \beta(m-t) + \varepsilon_{1i} > \beta m + \varepsilon_{0i}) \\ &= \Pr(\alpha x_i - \beta t > \varepsilon_{0i} - \varepsilon_{1i}) \end{aligned} \quad \text{〈식 8.3〉}$$

$y_i = 1$일 때 $x_i$는 항상 1을 취하고, $\varepsilon_i = \varepsilon_{0i} - \varepsilon_{1i}$라 할 때, $y_i = 1$인 확률은 $\Pr(\alpha - \beta t > \varepsilon_i)$이다. 이 후의 양분선택형 모형의 추정은 프로빗(probit)분석이나 로짓(logit)분석과 같은 정성적 반응모형(qualitative choice model)5)을 이용해 분석한다. 프로빗분석과 로짓분석의 차이는 $\varepsilon$의 분포의 가정에 있다.

먼저 프로빗(probit) 모델을 사용할 경우 $\varepsilon$가 평균이 0이고 분산이 $\sigma^2$인 정규분포를 따른다고 가정하자. yes 응답 확률은 〈식 8.4〉와 같이 표현할 수 있다.

$$\begin{aligned} \Pr(y_i = 1) &= \Pr(\alpha - \beta t > \varepsilon_i) = \Pr\left(\frac{\alpha - \beta t}{\sigma} > \frac{\varepsilon_i}{\sigma}\right) \\ &= \Phi\left(\frac{\alpha - \beta t}{\sigma}\right) \end{aligned} \quad \text{〈식 8.4〉}$$

$\frac{\varepsilon_i}{\sigma}$의 분포가 표준정규분포을 따른다고 가정하면, $\Phi$는 표준정규분포의 누적분포함수(cumulative distribution function: CDF)이다.

모든 응답자에 대하여 $y_i = 1$이거나 $y_i = 0$인 확률을 결합한 우도함수(likelihood function)를 최대화하는 매개변수 $\alpha$와 $\beta$의 추정값을 구해야 한다. 이를 최우추정법(maximum likelihood estimation)이라고 한다.

로짓 모델을 사용할 경우에는 $\varepsilon$의 평균이 0이고 분산이 $\frac{\pi^2}{3}$인 로지스틱(logistic)의 분포를 따른다. 이때 yes 응답을 할 확률은 〈식 8.5〉와 같다.

---

5) 회귀모형에서 종속(반응)변수가 연속적이지 않고 0 또는 1로 분류되는 정성적 변수(qualitative variable)일 경우, 종속변수를 0 또는 1을 선택하는 확률로 전환해야 한다. 이때, 선형모형의 경우 종속변수인 확률예측값이 0보다 작아지거나 1보다 커지는 문제를 가지게 되므로 로짓모형 또는 프로빗모형과 같은 비선형 확률모델을 이용하여 종속변수와 설명변수의 관계를 추정해야 한다.

$$\Pr(y_i = 1) = \Pr(\alpha - \beta t > \varepsilon_i) = \frac{\exp(\alpha - \beta t)}{1 + \exp(\alpha - \beta t)} \qquad \langle 식\ 8.5 \rangle$$

매개변수 $\alpha$와 $\beta$의 추정값을 구하기 위해 최우추정법을 사용한다. 로짓모형과 프로빗모형에서 추정한 매개변수 값은 WTP를 구하기 위해 〈식 8.6〉에 적용하여 사용된다.

$$\alpha x_i + \beta(m_i - WTP) + \varepsilon_{1i} = \beta m_i + \varepsilon_{0i} \qquad \langle 식\ 8.6 \rangle$$

즉 여기서 WTP는 원래의 효용 수준을 유지하면서 환경수준이 개선되는 상황, 즉 $x=1$을 얻기 위해 필요한 소득변화이다. $\varepsilon$이 0을 중심으로 좌우대칭하는 분포를 따른다고 가정하면(i.e. $E(\varepsilon)=0$), 평균값과 중앙값은 분석법에 상관없이 〈식 8.7〉과 같다.

$$E(WTP) = -\frac{\alpha}{\beta} \qquad \langle 식\ 8.7 \rangle$$

더 나아가 위의 모형에서는 응답자들의 사회·인구학적 특성을 포함한 벡터 $C$를 포함시키지 않았지만 이러한 개별 특성들이 환경수준 개선의 유무와 연관되어 있는지 조사할 수 있다. 예를 들어 소득 수준, 나이 등 응답자의 특성들을 변수화하여 분석에 포함시킨다.

요약하면, 확률효용모형을 이용하여 양분형질문법으로 도출된 이진수(binary) 자료 즉, $y_i = 1$이거나 $y_i = 0$인 자료를 분석하기 위해서는 두 가지를 결정해야 한다. 첫 번째는 간접효용함수의 형태이다. 가장 일반적인 형태는 위에서 사용한 것과 같이 소득 및 여러 속성과 비용으로 구성된 선형함수이다. 두 번째로는 확률변수의 확률분포 형태이다. 앞서 본 바와 같이 표준정규분포나 로지스틱 분포를 가정하여 각각 프로빗모형과 로짓모형으로 WTP를 추정할 수 있다.

### (2) 확률지불의사모형

확률지불의사(random willingness to pay)모형 또는 확률지출함수(random expenditure function) 접근법은 효용함수 대신 직접 WTP를 소득($m$)과 환경

수준을 나타내는 변수($x$), 개인적 특성과 확률변수($\varepsilon$)의 함수로 나타낸다. 예를 들어, 〈식 8.8〉에서는 소득과 환경수준만 포함한 WTP 함수를 정의하였다.

$$WTP_i = WTP(m_i,\ x_i,\ \varepsilon_i) \qquad \text{〈식 8.8〉}$$

양분선택형 모형을 이용할 경우, 응답자 $i$의 실제 WTP의 정확한 액수는 알 수 없지만 응답자 $i$의 $t$에 대한 지불의사 여부에 대해 yes 응답을 한 경우 $WTP(m_i,\ x_i,\ \varepsilon_i) > t_i$ 이고 no 응답을 한 경우 $WTP(m_i,\ x_i,\ \varepsilon_i) < t_i$임을 알 수 있다. WTP의 함수형태는 효용함수의 경우처럼 선형함수를 택할 수 있다. 그러나 WTP가 항상 양의 값을 가진다고 가정한다면 지수함수를 택할 것이다.

우선 선형함수를 택할 경우, 응답자 $i$가 환경개선을 이루는 어떤 사업이나 정책 패키지에 대해 $t$만큼 지불할 의향이 있을 확률 즉, $y_i = 1$의 확률은 〈식 8.9〉와 같다.

$$\begin{aligned} \Pr(y_i = 1) &= \Pr(WTP_i > t) \\ &= \Pr(\alpha x_i + \varepsilon > t) = \Pr(\alpha x_i - t > \varepsilon) \end{aligned} \qquad \text{〈식 8.9〉}$$

이때 $y_i = 1$일 때, $x_i$는 항상 1을 취하므로 확률은 $\Pr(\alpha - t > \varepsilon)$이다.

WTP가 지수함수를 택할 경우, $y_i = 1$의 확률은 〈식 8.10〉과 같다.

$$\begin{aligned} \Pr(y_i = 1) &= \Pr(WTP_i > t) = \Pr[\exp(\alpha x_i - \varepsilon) > t] \\ &= \Pr[\alpha x_i - \varepsilon > \ln(t)] \\ &= \Pr[\alpha x_i - \ln(t) > \varepsilon] \end{aligned} \qquad \text{〈식 8.10〉}$$

이때 $y_i = 1$일 때, $x_i$는 항상 1을 취하므로 확률은 $\Pr(\alpha - \ln(t) > \varepsilon)$이다.

이 두 가지 형태의 WTP 함수는 확률효용모형 분석에서와 같이 프로빗모형이나 로짓모형에 의해 분석될 수 있다. 프로빗모형으로 선형 WTP 함수를 분석할 경우, 확률은 〈식 8.11〉과 같다.

$$\Pr(y_i = 1) = \Phi\left(\frac{\alpha - t}{\sigma}\right) \qquad \langle \text{식 } 8.11 \rangle$$

추정되는 매개변수는 $\frac{\alpha}{\sigma}$와 $\frac{1}{\sigma}$이다. 평균값 $E(WTP) = E(\alpha + \varepsilon) = \alpha$이다. 지수함수를 분석할 경우, 확률은 〈식 8.12〉와 같으며, 추정되는 매개변수는 선형함수와 같은 $\frac{\alpha}{\sigma}$와 $\frac{1}{\sigma}$이다.

$$\Pr(y_i = 1) = \Phi\left(\frac{\alpha - \ln(t)}{\sigma}\right) \qquad \langle \text{식 } 8.12 \rangle$$

평균값은 〈식 8.13〉과 같이 구할 수 있다.

$$\begin{aligned} E(WTP) &= E(\exp(\alpha - \varepsilon)) = \exp(\alpha)E[\exp(\varepsilon)] \\ &= \exp(\alpha + \sigma^2/2) \end{aligned} \qquad \langle \text{식 } 8.13 \rangle$$

### (3) 비모수적 추정법

앞서 살펴본 방법은 모수적 방법(parametric method)으로서 모집단의 확률분포의 특성을 알고 있다는 가정 하에 평균이나 분산의 구체적인 형태를 가정하고 있는 반면, 비모수적 방법(non-parametric method)은 모집단의 확률분포를 가정하지 않고 주어진 자료로부터 직접 확률분포의 특성을 통계학적으로 분석하는 방법이다. 분석할 자료가 모수적 방법의 확률분포 가정으로 충족되지 않을 경우 모수적 추정법은 타당성을 잃게 되므로 이러한 한계점을 보안하기 위해 비모수적 방법을 추가적으로 이용해 볼 수 있겠다. 대표적으로 턴불추정량(Turnbull estimator)을 이용하여 $t$가 오를수록 yes를 대답할 확률이 감소한다는 가정 하나만으로 시작한다. 그 예는 Haab & McConnell (1997)을 참고하기 바란다. 비모수적 추정법은 비교적 간단한 방법으로 WTP를 계산할 수 있다는 장점이 있지만, 표본크기가 커야 되고, 각 응답자들의 개인 특성들이 WTP에 미치는 영향을 측정할 수 없는 등의 단점이 있다.

### (4) 이중경계양분선택형

이중경계양분선택형모형의 경우 확률지불의사모형을 이용해 첫 번째 제시금액인 $t^1$에 대한 응답과 두 번째 제시 금액인 $t^2$에 대한 응답에 따라 WTP의 범위를 정한다. 〈식 8.14〉와 같이 총 네 가지 경우에 대한 확률을 구할 수 있다.

① 예－예: $\Pr(WTP \geq t^2)$
② 예－아니오: $\Pr(t^1 \leq WTP < t^2)$
③ 아니오－예: $\Pr(t^2 \leq WTP < t^1)$
④ 아니오－아니오: $\Pr(WTP < t^2)$ 〈식 8.14〉

확률효용모형이나 확률지불의사모형과 마찬가지로 WTP 함수 형태를 정한 후 확률변수가 어떤 확률분포를 따를 것인가 정한다. 양분형질문법에서와 같이 WTP 함수는 선형함수나 지수함수를 택하는 것이 일반적이다. 확률분포 역시 로짓 모델을 사용하기 위해 로지스틱 분포를 가정하거나 프로빗 모형을 사용하기 위해 표준정규분포를 가정할 수 있다.

이중경계양분선택형 질문법은 양분형질문법과 같은 표본크기를 사용해도 두 배의 설문자료를 획득할 수 있다는 것이 큰 장점이다. 그러나 첫 번째 질문과 두 번째 질문에 대한 응답이 같은 확률분포를 가진다는 일반적인 가정이 실제 자료와 불일치할 수 있다는 문제점이 있다(Cameron & Quiiggin, 1994). 이러한 문제점은 유인양립성(incentive compatibility)과 연관하여 후에 다시 설명하도록 하겠다.

### 2) 편 의

CVM을 비롯한 진술선호법은 다양한 상황의 비시장재 가치분석에 유용하게 사용될 수 있으나 본질적으로 가상적인 특성으로 인하여 분석과정에서 응답자의 실제 WTP와 거리가 먼 가치추정을 얻어낼 우려가 크다. WTP 유도 방식이 유인양립적(incentive-compatible)이지 않을 때 편의된 응답(biased response)을 초래할 수 있다. 즉 응답자가 가상의 상황에서 얼마나 개인의 합리성을 충족하면서 자신에게 최선인 선택을 하느냐에 따라 실제 WTP에 가까운 금액을 얻어 낼 수 있다.

신뢰성 있는 결과를 도출하기 위해서는 특히 다음과 같은 편의가 발생하지 않도록 시나리오의 설정이나 질문유도방식의 선택에 주의를 기울여 설문지의 완성도를 높여야 한다.

(1) 가상적 편의(hypothetical bias)

실제 상황이 아닌 가상적 상황에 대한 응답이기 때문에 유인양립성(incentive compatibility)을 확보할 수 없다는 지적이다. 즉 실제 상황과 동일하다는 가정 하에 WTP를 이끌어내지만, 가상적 상황 그 자체로 인해 실제와는 다른 WTP가 얻어진다는 것이다. 유인양립성에 근거하여 가장 효과적인 질문법은 양분형질문법이라고 알려져 있다(Carson 외, 2000).

(2) 전략적 편의(strategic bias)

전략적 편의는 응답자의 무임승차(free riding)하려는 동기에서 발생한다. 즉 응답자가 자신의 비용부담을 줄이기 위해 자신에게 유리한 방향으로 WTP를 왜곡하는 오류로부터 발생한다. 예를 들어, 공급재의 비용부담이 본인에게 있다고 생각하지 않을 때, 응답자는 실제 WTP보다 높게 말하여 타인의 부담으로 더 많은 공공재를 누리려 할 것이다.

(3) 설계 편의(design bias)

설계 편의는 응답자가 현재 조사대상인 비시장재에 대한 충분한 정보를 갖지 못할 때 발생하며 정보 편의(information bias)라고도 한다. 예를 들어 응답자가 조사대상의 비시장적 가치의 중요도를 충분히 인지하지 못하거나 조사자가 연구의 이론적 부분 혹은 시나리오에 대해 잘못 설명하여 응답자가 조사의도와 다른 인식을 갖게 되는 경우 발생하게 된다.

(4) 지불수단 편의(payment vehicle bias)

선택된 지불수단이 비현실적이거나 응답자의 거부감을 유발할 때 발생하는 오류를 지불수단 편의라 한다. 따라서 지불수단을 선정할 때는 평가 대상과 관련하여 현실성이 있고 응답자로 하여금 최대한 거부감을 줄일 수 있는 수단을 선택하여야 한다. 예를 들어, 국립공원이나 박물관의 경우 세금보다는 입장료의 인상이나 기부금을 통해 지불을 하는 것이 현실성이 있을 것이다. 세금은 조세저항으로 낮은 WTP를 유발할 수 있으며, 특히 이미 세율이 높은 응답자들에게는 사용하지 않는 것이 좋겠다.

#### (5) 포함효과(embedding)

포함효과는 유사이타심(warm glow effect), 범위 효과(scope effect), 순서효과(sequencing effect), 합산문제(adding-up effect) 등의 현상을 포함한다. 유사이타심이란 응답자가 환경재와 같은 공공재 공급을 개선하는데 기여함으로써 스스로 느끼는 도덕적 만족감이라 하겠다. 유사이타심은 조사대상인 비시장재와는 별개로 WTP를 과대평가하는 편의를 발생시킨다. 범위효과란 조사대상의 공간적 범위에 관계없이 응답자의 WTP가 정해지는 것을 일컫는다. 예를 들어, 범위효과에 의한 편의 때문에 조사하는 지역의 한 호수의 수질을 개선하는데 대한 WTP와 그 지역에 위치한 모든 호수의 수질을 개선하는 WTP가 거의 다르지 않을 수 있다. 이외에도 응답자가 양분선택형 질문에 답할 경우 응답자들의 긍정적으로만 대답하는 성향(yea-saying bias)이 나타날 수 있다. 경매법의 경우에는 고정점 편의(anchoring bias) 또는 출발점 편의(starting point bias)를 발생시킬 가능성이 있다. 즉, 응답자에게 주어진 액수가 얼마냐에 따라 WTP가 크게 영향을 받는 것이다. 이외에도 WTP와 WTA간의 괴리문제, 무응답 편의(non response bias) 등 다양한 종류의 오류가 CVM의 적용 과정에서 발생할 수 있다.

### 3) 진술선호법의 유효성 및 타당성 검증

CVM의 성패여부를 결정할 때 그 분석결과의 유효성을 결정하는 명백한 방법은 없으나 Mitchell & Carson(1989)은 CVM의 유효성 평가를 위해 다음의 4가지 기준을 제시하였다.

#### (1) 내용적 유효성(content validity)

설문지 작성에서부터 설문 수행의 전 과정에서 일어날 수 있는 편의를 줄이기 위한 방법의 타당성에 대해 평가하는 것이다. 예를 들어, 조사 모집단의 규정 및 표본의 대표성, 표본의 크기, 지불방식, 지불의사유도방식, 설문 방식 등이 편의를 최대한 줄일 수 있도록 설계되어 있는지 평가한다. 또한 질문 전 조사하고자 하는 대상에 대해 응답자에게 불분명하거나 모호하게 설명하지 않았는지 검토한다.

#### (2) 기준적 유효성(criterion validity)

진술선호법에서 도출된 가치를 모의시장 실험에서 실질적으로 거래된 가격과 비교하는 방법을 기준적 유효성이라고 한다. 가상적 상황이라는 한계를 극복하기 위해서 실질적으로 거래가 이루어질 수 있는 모의시장을 형성하여 개인들이 비시장재를 거래하게 하고, 이 실제 거래가격과 진술선호법으로 도출한 가격이 얼마나 일치하는지 비교한다.

#### (3) 수렴적 유효성(convergent validity)

진술선호법에서 도출된 가치를 현시선호법에서 도출된 가치와 얼마나 일치하는지 비교하는 방법이다. 문제는 두 가치의 뚜렷한 차이가 어느 가치평가법의 오류에 의해 발생한 것인지 구별할 수 없기 때문에 진술선호법의 유효성만을 검토하는 데 어려움이 있다.

#### (4) 구조적 유효성(construct validity)

구조적 유효성은 진술선호법에서 도출된 가치가 다른 특성 변수와 경제학적 이론이 제시하는 관계를 가지고 있는지 검토하는 방법이다. 예를 들어, 소득과 같은 개인적 특성과 WTP의 관계라든가 조사하고자 하는 비시장재의 특성과 WTP의 관계가 우리가 기대하는 바와 같다면 이는 설문조사의 유효성에 힘을 실어줄 것이다.

---

노아패널(The NOAA Blue Ribbon Panel) 보고서

1989년에 발생한 대규모 해양유류오염 사건인 엑손 발데즈(Exxon Valdez)호의 좌초 사건을 기점으로 환경피해 보상 시 피해금액 산정에 있어서 CVM 사용에 대한 논란이 시작되었다. CVM에 근거하여 해양에 유출된 기름으로 인한 직접적 피해금액뿐만 아니라 훼손된 알래스카 청정생태계의 존재가치를 추정해낼 경우 막대한 액수의 피해보상금을 부담해야 했던 엑손사를 비롯한 정유업계들은 CVM의 신뢰도에 대해 크게 반발하였다. 이에 대해 미국의 국립해양 대기관리국(National Oceanic and Atmospheric Administration: NOAA)은 노벨상 수상자인 Kennth Arrow와 Robert Solow를 비롯하여 저명한 경제학자들로 Blue Ribbon Panel을 구성하여 환경사고의 피해보상액을 결정하는 방법으로서 CVM 사용이 타당한지 검토하도록 하였다. Blue Ribbon Panel은 환경오염으로 발생되는 피해를 추산하는 데 있어서 환경의 비사용가치 손실이 중요한 부분을 차지하므로 CVM 분석이 유용하다는 결론을 내렸지만, CVM 분석 결과 도출되는 지불의사는 설문방식에 따라 달라질 수 있으며, 특히 과대평가될 가능성이 높다고 결론 내렸다. 따라서 CVM 결과물의 신뢰성을 높이기 위해 설문지의 고안에서부터 실행방법에 걸친 전체적인 가이드라인을 제시하였다. 다음은 Perman 외(2011)이 그 중 중요한 지침들을 정리한 것이다.

① 확률표본추출(probability sampling)로 표본집단을 확보한다.
② 무응답을 최소화한다.
③ 전화설문과 우편설문보다 개별면접을 추천한다.
④ 면접자 효과에 대한 신중한 선행조사가 필요하다.
⑤ 선정된 조사대상을 표본 집단으로 추출하기 위해 사용된 표본추출방법, 조사대상의 무응답률과 구성, 질문지에 쓰인 단어, 구체적인 표현들, 의사소통과정을 모두 명백하게 기록한다.
⑥ 질문지에 대한 신중한 선행조사가 필요하다.
⑦ 과대평가보다는 과소평가가 선호되므로 보수적인 질문방식을 사용한다.
⑧ WTA보다는 WTP를 사용한다.
⑨ 투표방식(referendum) 즉 양분선택형 질문법을 사용한다.
⑩ 조사하고자 하는 정책 프로그램에 대해 정확하게 묘사한다.
⑪ 사용하려고 하는 사진자료에 대한 선행조사가 필요하다.
⑫ 피해입지 않은 대체상품을 떠올리게 한다.
⑬ 피해를 일으킨 사고로부터 적절한 시간 경과가 필요하다.
⑭ 임시적으로 응답들의 평균치를 구한다.
⑮ 무응답을 선택할 수 있도록 허용한다.
⑯ 예/아니오 답에 대한 이유에 대해서 묻는다.
⑰ 연구대상인 환경재 및 환경에 대한 태도 등 가치평가 응답을 설명하는 다른 요소들에 대해서도 질문하여 교차 분석해야 한다.
⑱ 질문지에 대한 이해도를 확인해야 한다.
⑲ 다른 지출대안들을 제시해야 한다.
⑳ 명백한 현재가치분석이 필요하다.

CVM은 Diamond & Hausman(1994)이 지적하였듯이 가상적인 설정과 그에 대한 가상적

응답에 의존한다는 약점이 있으나 위의 가이드라인을 유의함에 따라 지불의사액을 과대 또는 과소평가시키는 편의들을 최소화할 수 있을 것으로 기대한다. 이 가이드라인은 다른 진술선호기법에도 적용된다.

## 4. 조건부가치평가법의 적용

### 1) 개방형 지불의사유도방법

전철현 외(2010)은 강릉 남대천의 수질을 개선함으로써 얻는 편익을 추정하기 위해 투표유형과 유사한 양분선택형 질문법에 연계한 개방형 질문방법을 사용하였다.

설문표본은 강릉시 지역에서 남대천 수질오염에 직접적으로 영향을 받는 지역만으로 한정하였다. 실질적으로 영향을 받는 가구는 57,732가구로 추산되었고, 이 모집단을 대표하는 표본으로 555개 가구를 설문조사하였다.[6)]

설문 전 강릉 남대천에 대해 다음과 같은 정보를 제공하였으며, 강릉 남대천의 수질개선을 위해 막대한 비용이 요구된다는 것을 알렸다. 따라서 이러한 비용을 충당하기 위해 강릉시민들이 매월 가구당 수질개선부담금을 내

**▍표 8.2 강릉 남대천 관련 정보(전철현, 2010: 140)**

- 강릉시 왕산면의 동쪽에 위치한 두이봉과 대관령에서 발원한 강릉 남대천은 총 연장 16.03km로 강릉시를 관통하여 흐르고 있습니다. 더욱이 강릉 남대천은 지역적인 하천의 역할과 상수원 원수로서의 역할뿐만 아니라, 동해연안의 특색을 가진 강릉지역의 주요한 하천으로서의 역할을 다해왔다고 보고되고 있습니다(강릉대학교 환경연구소, 1995)
- 그러나 한국전력이 전원개발에 관한 특례법에 따라 전력수급을 목적으로 1990년 12월 1일 도암댐을 건설하여 남대천 총유입량의 79%를 차지하고 있는 저급수의 발전방류수를 방류하고 있습니다. 이로 인해 홍제보 취수장의 사용불가, 비상식수 전용댐 건설의 필요성 대두, 남대천 수질개선 및 정화사업효과 저하, 하천생태계의 변화, 유량변화, 농작물 냉해, 강릉시민의 시각적 불쾌감으로 인한 정서적 피해 등이 발생하고 있습니다.

⋮

이하 생략

6) 전체 모집단이 100만 이상일 때 400개 정도의 표본이 조사되어야 전체의 의견을 반영할 수 있다(김희경, 1995, 전철현 2010: 144에서 재인용).

야한다고 인지시켰다.

일대일 개별면접 설문을 실시하여, 이러한 정보제공과 함께 남대천의 수질악화로 인한 피해와 관련하여 수질개선부담금에 대한 WTP를 양분형으로 질문하였다. 설문에서 출발점으로 제시되는 WTP는 사전 심층면접 조사를 통해 도출되었으며, 가능한 한 넓은 범위에 걸쳐 제시금액의 폭을 설정하려고 노력하였다. 따라서 1,000~10,000원까지 총 10개의 초기 금액을 10개의 그룹에 무작위로 할당하여 제시된 금액이 응답자 본인의 WTP보다 같거나 높으면 '예'라고 대답하고, 낮으면 '아니오'라고 대답하도록 하였다.

즉, 〈표 8.3〉과 같이 설문을 진행하였다.

**▮표 8.3 양분형 질문법과 연계한 개방형 질문방법 예**

Q1. 귀하의 가구는 남대천의 수질개선에 필요한 수질개선부담금으로 [제시금액](1,000)을 지불하실 의사가 있습니까?
1) 있다 → [Q3로 가십시오]　　2) 없다 → [Q2로 가십시오]

Q2. 그렇다면 귀하의 가구는 단 1원도 지불하실 의사가 없습니다?
1) 지불할 의사가 있다 → [Q3로 가십시오]
2) 지불할 의사가 없다 → [지불거부응답 이유에 대한 질문으로 가십시오]

Q3. 그렇다면 내실 수 있는 최대 금액은 얼마입니까? (　　　　) 원

WTP와 더불어 "남대천의 수질을 개선시키기 위한 프로그램에 자원봉사자로 참여할 의향이 있는가?"를 묻는 항목도 설문지에 추가하였다. 자원봉사의 기회비용은 응답자의 연간 평균 봉사시간(18.46시간)과 정부발표 시간당 최저임금 공시가격(1,600원)을 곱하여 29,538원으로 추정되었다. 즉, 총 WTP는 수질개선금과 자원봉사비용으로 합한 금액으로 〈표 8.4〉와 같이 계산되었다.

마지막으로 총 강릉시 인구 232,067명에 앞서 구한 가구당 연간 WTP를 곱하면 남대천 수질개선에 대한 연간 총지불의사액을 산출할 수 있다. 또한 응답자의 연령, 교육수준, 성별, 가족 소득, 직업, 강릉시 거주연수, 남대천

❙ 표 8.4 가구당 연간 WTP(전철현, 2010: 150)

| 지불의사 | 연간 평균(원) | 응답률(%) | 표본수 |
|---|---|---|---|
| 수질개선금 | 87,502 | 77 | 427 |
| 시간의 기회비용(자원봉사) | 29,538 | 57 | 314 |
| 총지불의사액 | 117,040 | 87 | 483 |

으로부터 거주거리, 가족수 등 다양한 사회경제적 변수들과 남대천 수질악화의 원인, 남대천 수질에 대한 평가 및 인식정도를 조사하여 각 요소들이 WTP에 미치는 영향도 별도로 조사할 수 있다.

### 2) 이중양분선택형 지불의사유도방법

국내연구들의 대부분은 이중양분선택형 지불의사유도방법을 사용하여 다양한 비시장재의 가치를 추정하였다. 권오상 외(2009)는 이중양분형 질문법을 이용하여 경기도 지역에 수질개선의 효과를 가져오는 팔당지역 친환경농업벨트 조성을 위한 물이용부담금 지불 의사를 물었다. 설문지에서는 현재 가구당 월평균 3,600원 정도의 물이용부담금을 이미 납부하고 있는 사실을 알리고, 우선 첫 질문에서 친환경농업벨트이 시행될 경우 300원, 600원, 1,000원, 2,000원, 3,000원 중 하나를 선택하여 현재의 물이용부담금에서 그만큼 더 많이 납부할 생각이 있는지 질문하였다. 두 번째 질문에서는 응답결과에 따라 그 두배 혹은 그 절반 이상을 지불할 의사가 있는지 물었다.

추정모형은 확률지불의사모형을 사용하여 팔당 친환경농업벨트 조성사업에 대한 WTP를 〈식 8.15〉와 같이 하나의 함수로 표현하였다.

$$WTP_i = \gamma s_i + \varepsilon_i \qquad \text{〈식 8.15〉}$$

$s_i$는 WTP에 영향을 미치는 소득 및 상수항 등을 포함한 변수묶음이다. $t^1$와 $t^2$를 각각 첫 번째 및 두 번째 제시된 금액이라고 하자. 응답자의 응답에 따라 WTP의 범위가 정해지고, 〈식 8.16〉과 같이 총 네 가지 경우에 대한 확률을 구할 수 있다.

① 예－예: $\Pr(WTP \ge t^2)$

② 예－아니오: $\Pr(t^1 \le WTP < t^2)$

③ 아니오－예: $\Pr(t^2 \le WTP < t^1)$

④ 아니오－아니오: $\Pr(WTP < t^2)$ 〈식 8.16〉

$\varepsilon_i$이 정규분포를 따른다고 가정하자. 즉 프로빗모형으로 각각의 응답이 나타날 확률을 〈식 8.17〉과 같이 구할 수 있다.

$$\Pr(t^2 - \gamma s_i > \varepsilon_i \ge t^1 - \gamma s_i) = \Phi\left(\frac{t^2 - \gamma s_i}{\sigma}\right) - \Phi\left(\frac{t^1 - \gamma s_i}{\sigma}\right)$$

$$\Pr(t^1 - \gamma s_i > \varepsilon_i \ge t^2 - \gamma s_i) = \Phi\left(\frac{t^1 - \gamma s_i}{\sigma}\right) - \Phi\left(\frac{t^2 - \gamma s_i}{\sigma}\right)$$

$$\Pr(\gamma s_i + \varepsilon_i \ge t^2) = 1 - \Phi\left(\frac{t^2 - \gamma s_i}{\sigma}\right)$$

$$\Pr(\gamma s_i + \varepsilon_i < t^2) = \Phi\left(\frac{t^2 - \gamma s_i}{\sigma}\right)$$ 〈식 8.17〉

이상의 확률들을 대입한 우도함수의 값을 극대화하는 매개변수는 제시금액의 계수인 $\frac{1}{\sigma}$과 다른 설명변수들의 계수인 $-\frac{\gamma}{\sigma}$이다. 평균 WTP는 $E(WTP) = E(\gamma s_i + \varepsilon_i)$이고, 이때 $E(\varepsilon_i) = 0$이므로 $E(WTP) = E(\gamma s_i) = \gamma s_i$이다. 추정한 매개변수를 이용하여 평균 WTP의 식은 〈식 8.18〉과 같이 나타낼 수 있다.

$$E(WTP) = \gamma s_i = \frac{\gamma/\sigma}{1/\sigma} s_i$$ 〈식 8.18〉

이 연구에서 프로빗모형을 이용하여 추정된 값은 〈표 8.5〉와 같다. 이 연구에서 모형(1)과 모형(2)의 차이는 지불의사함수를 통계적으로 추정하는데 있어서 소득, 성별, 나이, 교육수준, 친환경농산물이나 수질에 대한 인식 등 응답자의 다양한 특성 변수를 포함했는가의 여부이다. 이들 설명변수의 매개변수 $-\frac{\gamma}{\sigma}$가 음(－)이면 그 값이 커질수록 평균 WTP가 커진다. 그러나 설명계수의 매개변수는 모두 통계적으로 유의한 수준이 아닌 것으로 나타났으

**▎표 8.5 프로빗모형의 결과**

| 변수 | 모형 (1) | | 모형 (2) | |
|---|---|---|---|---|
| | 추정계수 | $t$–값 | 추정계수 | $t$–값 |
| 상수항 | −0.848 | 17.525*** | −0.294 | −0.587 |
| 소득수준 | | | −0.080 | −3.978** |
| 친환경농산물구매 | | | 0.089 | 1.166 |
| 수질에 대한 인식 | | | −0.030 | −0.819 |
| 교육 | | | −0.024 | −1.280 |
| 나이 | | | 0.0014 | 0.289 |
| 성별 | | | 0.070 | 0.809 |
| 서울거주자 | | | 0.032 | 0.371 |
| 인천거주가 | | | 0.092 | 0.680 |
| 제시금액(추정계수: $\frac{1}{\sigma}$) | 0.00043 | 24.639*** | 0.00043 | 23.336*** |
| 응답자수 | 876 | | 798 | |

주: ***: 1% 수준에서 유의, **: 5% 수준에서 유의, *: 10% 수준에서 유의

며, 이 경우 응답자수도 대폭 줄어들었음을 알 수 있다. 모형(1)의 경우 설명변수 $s_i$에는 상수항 하나만 포함되어 있으므로 $s_i$는 1이다. 따라서 모형(1)의 추정 값만을 이용하여 평균 WTP를 구하면 〈식 8.19〉와 같다.

$$E(WTP) = \gamma s_i = \frac{\gamma/\sigma}{1/\sigma} s_i = -\frac{(-0.848)}{0.000043} = 1{,}974\text{원} \qquad \langle\text{식 } 8.19\rangle$$

가구당 평균 WTP인 1,974원을 이용하여 서울, 경기도, 인천 지역 거주자들의 WTP를 각각 도출하기 위해서는 각 지역에서 팔당호에 직접적으로 영향을 받는 인구수와 가구당 평균 인원수를 먼저 구하여야 한다. 참고로 2005년 조사된 경기도의 가구당 평균 인원수는 3.10명이고, 물이용 부담금 납부대상가구는 2,782,169가구이다. 서울 및 인천지역도 위의 자료를 수집하여 이상에서 추정된 평균 WTP에 자료값을 반영하여 월간 및 연간 총 수질개선편익을 구할 수 있다.

참고자료

Bateman & Wills(1999)는 CVM의 방법론에 대한 자세히 논의를 제공하고 있다. Alberini & Kahn(2006)에서는 다양한 CVM 연구 사례들을 찾아볼 수 있다. 지불의사유도방법 중 개방형을 이용한 연구에는 김광임(1995), 양분형을 이용한 연구에는 유진채·공기서(2001), 곽승준 외(2002), Domonika & Mendelsohn(2005) 등이 있다. 국내 연구들은 주로 이중경계양분형을 사용하고 있는데, 그 예로 유승훈 외(2006), 이성근·김규섭(2011) 등을 참고할 수 있다.

# 제 2 절 컨조인트분석법

## 1. 컨조인트분석법의 개념

컨조인트분석(conjoint analysis method: CAM)은 진술적 선택법(stated choice or attribute-based methods)이라고도 한다. 다양한 속성을 가진 재화의 가치평가에 유리하여 최근 다양한 편익을 가져다주는 환경재 가치평가에 특히 더 많이 사용되고 있다. 마케팅과 교통경제학에서 시장재화의 특성별 화폐적 가치를 도출하기 위해 개발된 분석법에서 시작하였다. 기본적으로 CAM은 CVM과 같이 가상적인 상황을 제시한다는 데에는 변함이 없다. 그러나 CAM은 현 상태외의 다른 한 가지 대안만 제시하는 CVM과 달리 여러 개의 대안을 응답자에게 제시한다. 또한 CVM이 대안에 대한 화폐적 가치를 직접적으로 질문하는 대신, CAM에서는 여러 속성들의 다양한 값의 조합과 그에 따르는 비용을 대안 안에 함께 제시하고 선호하는 대안을 택하게 한다. 이에 따라 단일속성의 비시장재화의 일회적인 변화에만 가치측정이 가능한 CVM의 한계점을 극복하고, 다수 속성들의 여러 수준과 그에 따라 변화하는 WTP 간의 상충 관계를 분석함으로써 각 속성의 경제적 가치를 측정하는 것이 가능하다.

또한 CVM에서 흔히 발생할 수 있는 yea-saying 편의(무조건 '예'라고 대답하는 편의)와 nay-saying 편의(무조건 '아니오'라고 대답하는 편의)를 방지할 수 있고, 연구하는 비시장재 공급의 대안들을 비교함에 있어서 각 속성들의 수준이 구체적으로 비교되기 때문에 도출된 WTP의 근거가 CVM보다 더 구체적이다. 이는 설문조사 시 응답자의 어려움을 줄여주고 거절할 확률을 줄일 수 있다.

## 2. 특징과 유형

### 1) 특 징

CVM과 달리 CAM에서는 실험설계법(experimental design)에 따라 다수의 대안을 설계해야 한다. 즉, CAM에서 여러 속성변수 및 수준들에 따라 차별화된 선택대안집합(choice sets)을 설계하는 것을 실험계획법이라 한다. 실험계획을 위해서는 우선 분석할 대상이 가진 속성의 종류와 개별 속성들의 수준을 정해야 한다. 일반적으로 4~5개 정도의 속성을 선택하며 연구 목적에 따라 각 속성별로 2개 이상의 다양한 수준을 선택한다. 이때, CVM과의 중요한 차이는 대안에 별도의 속성으로 비용을 포함한다는 것이다. 따라서 설문의 응답자는 자신의 효용을 극대화하되 비시장재에 대한 선호도와 자신의 예산제약을 동시에 고려하여야 한다. 각 대안에 대한 비용은 선행연구에 근거하여 개략적으로 정한다. 예를 들어, 비용을 포함하여 $n$개의 속성이 있다고 가정하고 각 속성은 각각 $m$개의 수준으로 나뉜다고 하자. 총 사용 가능한 대안은 총 $m^n$개다. 모든 가능한 대안들을 제시하는 실험설계를 완전요인실험(full factorial design)이라 한다. 완전요인실험법을 사용하면 정보의 소실이 없다는 장점이 있지만 너무 많은 개수의 대안을 응답자에게 제시함으로써 응답자에게 인지적 부담을 안겨줄 뿐만 아니라 설문조사의 비용 면에서도 부담이 될 수 있다.

이러한 문제점을 해결하기 위해서 전체 집합 중 선택대안집합을 도출하게 된다. 그러나 무작위로 선택대안들을 선택할 시에는 속성들의 수준이 충돌하는 비현실적인 대안이나 다른 대안들에 비해 언제나 우위를 차지하는 대안이 포함되어 비효과적인 설문조사를 수행하게 된다.

따라서 최적화된 설문조사를 위해서 전체 선택대안들 중에서 부분요인실험(fractional factorial design)을 통해 최소로 선택된 일부 대안 집합만을 유도하는 것이 일반적이다. 부분요인실험법 중 주로 사용되는 방법은 직교계획(orthogonal design)과 효율적 계획(efficient design)이다. 특히 직교계획은 속성들의 수준이 서로 직교 교차하여 서로 상관성이 없는 속성들의 조합을 뽑아내는 방법을 말한다. 통계학적으로 두 변수가 서로 독립일 때 직교(orthogonal)하는데, 따라서 속성들 간에 높은 상관관계가 있는 선택 대안을 배제시킬 수 있는 통계학적 설계라 하겠다. 이러한 실험설계는 SPSS나 SAS와 같은 통계 소프트웨어에서 수행될 수 있다.

일반적으로 응답자들에게 통계적인 설계이론에 의해 도출된 일부 선택대안들 중 2개의 대안과 '현 상태(status quo)'를 표시하는 대안 중 하나의 대안을 선택하도록 한다. 이렇게 3개의 대안으로 구성된 질문을 선택 카드라 한다. 예를 들어 직교설계를 통해 10개의 선택대안집합이 도출되었다고 하자. 이 중 2개의 대안과 '현 상태' 대안은 하나의 선택카드를 구성한다. 따라서 직교계획으로 도출된 선택대안집합으로 총 5개의 선택카드를 만들 수 있다.

### 2) 유 형

CAM은 네 가지 유형으로 나눌 수 있다. 먼저 대안들 중 가장 선호하는 하나의 대안만을 택하도록 응답자를 유도하는 조건부선택법(contingent choice method)이 있다. 이 방법은 선택실험법(choice experiment)이라고도 한다. 이 외에 모든 대안에 대하여 응답자에게 선호하는 순서에 따라 순위를 결정하도록 하는 조건부순위법(contingent ranking method)과 점수를 매기도록 하는 조건부점수법(contingent rating)이 있다. 대응비교법(paired-comparison method)은 두 가지 대안을 제시하고 응답자가 각 대안에 등급을 부여하는 방식이다. 그러나 이들 방법 중 조건부 선택법이 유일하게 후생경제학 이론의 근간과 일치한다.[7]

---

7) 이는 조건부 선택법만이 '현 상태(status quo)'의 속성 수준으로부터 변화된 상태에 대한

이 외에도 가상행위평가법(contingent behaviour or contingent activity)이 있는데 이 평가법은 환경재의 가상적 변화에 따른 응답자의 행동적 변화에 중점을 둔다. 이 가상적 행동변화의 자료를 바탕으로 시장에서 현시된 속성 변화의 화폐적 가치를 측정하는데 예를 들어, 휴양지를 특징짓는 어느 특성의 가상적 변화와 그에 따른 가상적 수요 변화를 통해 그 특성이 가지는 가치를 구할 수 있다. 여행비용법의 방법론과 같지만 실제 일어난 변화가 아니며 행동 또한 가상의 답변이라는 점에서 차이가 있다.

## 3. 추정모형 및 분석방법

### 1) 유형별 분석방법

#### (1) 조건부선택법

CAM을 이용한 가치추정은 CVM에서와 같이 확률효용모형을 이용해 분석된다. 다만 응답자들은 하나가 아닌 여러 개의 대안들 중 가장 효용이 높은 것을 선택하게 되는데 이때 우리는 설문을 통해 대안들을 차별화시키는 각 속성들의 수준이 효용에 미치는 영향 즉, 속성들의 가치를 추정할 수 있다. 이는 Lancaster(1966)의 가치특성이론(characteristics theory of value)에 근거하고 있다. 가치특성이론은 특히 주택의 가치를 측정할 때 널리 쓰이는 특성가격함수의 근간이 되는 이론으로서 소비자의 효용은 소비자가 소비한 재화 그 자체보다는 재화를 이루고 있는 속성들에 의해 결정된다고 보았다. 다만 우리는 일부 관찰 가능한 속성들에 대한 정보만을 가지고 있는 한계가 있어 추정하고자 하는 비시장재를 이루는 속성을 모두 측정하기는 매우 어렵다. 또한 측정 가능한 속성이라 하더라도 측정상의 오류나 설문 후 자료처리상의 오류 등의 문제가 발생할 수 있다. 이렇게 설명되지 않는 부분은 확률효용모형의 확률적 부분을 통해 처리한다.

---

WTP를 추정하게 하는데, 이렇게 추정된 WTP가 후생경제학 원리의 보상잉여(compensating surplus: CS)와 일치하는 개념이기 때문이다. 조건부순위법의 경우 대안들 중 현실에서 실현가능한 대안이 있는 경우에만 후생경제학과 일치하는 WTP를 추정할 수 있다.

선택실험법에서 확률효용모형의 사용은 다음과 같이 전개된다. 비시장재를 특징짓는 특성변수 $x$의 다양한 값에 따라 $J$가지의 대안이 설문에 제시되었다 하자. $N$명의 응답자 중 $i$번째 응답자가 총 $J$가지의 대안 중 자신에게 최대의 효용을 가져다주는 대안 $j$를 선택한다고 가정할 때, 응답자 $i$의 효용 $u_{ij}$는 〈식 8.20〉과 같이 속성별 수준에 따라 결정되는 효용함수 $v_{ij}$와 확률변수 $\varepsilon_{ij}$로 구성된다고 본다.

$$u_{ij} = v_{ij} + \varepsilon_{ij} \qquad \langle 식\ 8.20 \rangle$$

확률변수 $\varepsilon_{ij}$는 관찰 불가능하거나 측정상의 오류 또는 응답자 개인만이 알고 있는 특성들을 포함하는데, 이러한 확률적 요소 때문에 위의 모형을 확률효용모형이라 한다. 선택실험법의 설문자료들은 확률효용모형의 결정적 부분인 효용함수의 추정에 이용된다. 효용함수가 선형의 함수를 택할 경우, 비용과 그 외 $K$개의 속성 $x_1, \cdots, x_K$와 그 속성들의 변화로 인한 효용효과를 나타내는 매개변수 $\beta_0, \cdots, \beta_K$의 함수로 〈식 8.21〉과 같이 나타낼 수 있다.

$$v = \beta_0 비용 + \beta_1 x_1 + \beta_2 x_2 + \beta_3 x_3 + \cdots + \beta_K x_K \qquad \langle 식\ 8.21 \rangle$$

설문에서 응답자 $i$가 대안 $j$가 아닌 $g$를 선택한다는 것은 $u_{ig} \geq u_{ij}$ 또는 $v_{ig} + \varepsilon_{ig} \geq v_{ij} + \varepsilon_{ij}$를 의미한다. 따라서 대안 $g$의 선택확률은 〈식 8.22〉와 같다.

$$\begin{aligned} \pi_g &= \Pr(u_{ig} \geq u_{ij} \text{ for all } g \neq j) \\ &= \Pr(v_{ig} + \varepsilon_{ig} \geq v_{ij} + \varepsilon_{ij} \text{ for all } g \neq j) \\ &= \Pr(v_{ig} - v_{ij} \geq \varepsilon_{ij} - \varepsilon_{ig} \text{ for all } g \neq j) \end{aligned} \qquad \langle 식\ 8.22 \rangle$$

이때 선호의 순위는 개인의 선호체계에 의해서만 결정되어야 하며 다른 대안의 존재나 속성의 변화로 인해 둘 사이의 선호가 뒤바뀌는 경우는 없다고 가정한다. 이러한 가정을 무관한 대안들 사이의 독립성(independence from irrelevant alternatives: IIA)이라 한다. 또한 확률변수가 선택대안들 사이에서뿐만 아니라 응답자들 사이에서도 동일하고 독립적으로 분포되어 있다

(identically and independently disributed: IID)고 가정한다. 이러한 가정에 근거하여 다항로짓(multinomial logit) 혹은 조건부로짓(conditional logit)과 같은 모형[8)]을 사용해 선택확률을 도출하게 한다. IIA/IID는 굉장히 제한적인 가정이지만, 이에 대해서는 후에 다시 논의 하겠다.

확률변수가 제1형태 극한치 분포(Type I extreme value distribution)를 따른다고 가정하면 응답자 $i$가 $J$가지의 대안 중 $g$를 선택할 확률인 $\pi_g$는 〈식 8.23〉과 같다.

$$\pi_g = \frac{\exp(v_{ig})}{\sum_{j=1}^{J} \exp(v_{ij})} \qquad \text{〈식 8.23〉}$$

이 선택확률을 구하기 위해서는 먼저 대안 $g$가 발생할 확률을 최대로 만들어주는 $K$개의 속성 $x_1, \cdots, x_K$에 대한 매개변수들의 추정값을 우선 구해야 한다. 이때 매개변수는 대안 $g$뿐만 아니라 다른 응답자들이 선택한 다른 최선의 대안들에도 적용될 수 있는 최적화된 값이어야 한다. 즉 최우추정법(MLE)을 이용해 선택된 대안들의 발생 확률을 결합한 우도함수를 최대화하는 매개변수를 구해야 한다.

여기서 $y_{ij}$는 각 특정한 대안이 선택될 때 1, 선택되지 않을 때 0을 취한다. 이러한 매개변수의 추정치, $\widehat{\beta_0}, \cdots, \widehat{\beta_K}$는 SPSS, SAS, EViews, STATA 등 여러 계량경제학용 소프트웨어에서 쉽게 구할 수 있다. 추정치를 근거로 효용함수는 〈식 8.24〉와 같으며 각 속성의 매개변수는 그 속성의 효용효과를 보여준다.

$$\hat{v} = \widehat{\beta_0}\text{비용} + \widehat{\beta_1}x_1 + \widehat{\beta_2}x_2 + \widehat{\beta_3}x_3 + \cdots + \widehat{\beta_K}x_K \qquad \text{〈식 8.24〉}$$

8) 조건부로짓모델과 다항로짓모델의 추정공식은 상당히 비슷하며 수학적으로 동일하다. 다만, 조건부로짓은 선택대안의 다양한 속성들의 가치를 추정할 때 사용하며, 다항로짓은 순전히 응답자 개인의 특성에 의해 대안이 선택될 때 적용된다. 효용함수가 특정 정당에 대한 지지, 교육수준, 소득 정도와 같은 개인특성만으로 이루어진 함수일 때가 그 예가 되겠다(Perman 외, 2011).

따라서 위의 식에서 $\widehat{\beta_0}$는 항상 음의 값을 취하며, $\widehat{\beta_0}$의 절대 값은 비용의 한계효용값이다. 따라서 각 속성 한계효용효과에 대한 화폐액 즉, 한계지불의사액(MWTP)은 다음과 같이 계산되며, 이는 소득과 개별속성들 간의 한계대체율(marginal rate of substitution)로 해석될 수 있다. 즉, $k$번째 속성 $x_k$의 한계지불의사액은 〈식 8.25〉와 같다.

$$MWPT = -\frac{\widehat{\beta_k}}{\widehat{\beta_0}} \qquad \text{〈식 8.25〉}$$

추정된 매개변수를 이용해 특정한 대안에 대한 1인당 지불의사액도 구할 수 있다. 현 상태 속성 값을 $x_1^0, \cdots, x_K^0$라 하고, 이 값을 이용해 계산된 현재 효용값을 $v^0$라 할 때 현 상태와 비교하여 한 개 또는 다수의 속성 값이 변화했다고 가정하자. 예를 들어, $x_k$를 제외한 다른 매개변수 및 변수들은 변하지 않고, $x_k^0$만이 $x_k^1$으로 변한 경우, $x_k^1$를 적용하여 새로 계산된 효용값을 $\widehat{v^1}$라 하자. 이때, $\Delta x_k = x_k^1 - x_k^0$에 대한 지불의사액은 〈식 8.26〉과 같이 계산될 수 있다.

$$WTP(\Delta x_k) = -\frac{\widehat{v^1} - \widehat{v^0}}{\beta_0} \qquad \text{〈식 8.26〉}$$

응답자 개인의 특성이 효용함수에 추가될 시에는 각 대안에 포함된 기존의 환경적 특성과 개인적 특성이 서로 상호작용하여 효용에 영향을 미칠 수 있다. 이런 경우, 두 특성의 곱셈항(상호작용항)의 매개변수를 추정해야 한다. 이렇게 개인적 특성과 대안적 특성을 모두 고려한 모형을 혼합다항로짓모형(mixed multinomial logit)이라 한다.

### (2) 조건부순위법

조건부순위법은 응답자에게 주어진 대안을 선호하는 순서대로 선택하도록 유도한다. 가상순위법에 의해 1, 2, 3, ⋯, $J$의 순서대로 제시된 총 $J$가지의 대안을 순서대로 선택했다고 가정하자. 이 응답자가 $J$가지의 대안 중 대안 1을 첫 번째로 선택할 확률, 그 다음 남은 $J-1$가지의 대안 중 대안 2를 두 번째로 선택할 확률 그리고 이런 식으로 마지막 남은 2개의 대안 중 대안 $J-1$을 선택할 확률까지 〈식 8.27〉과 같이 나타낼 수 있다.

$$\pi_1 = \frac{\exp(v_1)}{\sum_{j=1}^{J}\exp(v_j)},\ \pi_2 = \frac{\exp(v_2)}{\sum_{j=2}^{J}\exp(v_j)},\ \cdots,\ \pi_{J-1} = \frac{\exp(v_{J-1})}{\sum_{j=J-1}^{J}\exp(v_j)}$$

〈식 8.27〉

$J$가지의 대안을 순서대로 선호할 확률은 이들 〈식 8.28〉과 같이 선택확률의 곱이다.

$$\frac{\exp(v_1)}{\sum_{j=1}^{J}\exp(v_j)} \cdot \frac{\exp(v_2)}{\sum_{j=2}^{J}\exp(v_j)} \cdot \cdots \cdot \frac{\exp(v_{J-1})}{\sum_{j=J-1}^{J}\exp(v_j)}$$

〈식 8.28〉

총 $N$명의 응답자가 순서대로 $J$가지의 대안을 $k$의 순서대로 선택할 확률은 다음의 우도함수로 일반화하고 최우추정법을 이용하여 매개변수를 추정할 수 있다. 그 과정은 이전과 같다.

### 2) 문제점

CVM과 비교할 때 CAM의 문제점으로 지적되는 것은 설문과정에서 하나 이상의 여러 대안들을 제시해 응답자의 인지능력에 많은 부담을 준다는 것이다. 이로 인해 설문의 응답률이 낮아지거나 신뢰도가 낮아질 수 있다. 특히 CAM을 사용할 때 응답자가 각 대안의 모든 속성별 수준 차이를 인지하고 그에 따라 가장 선호되는 대안을 찾는다고 가정하지만 실제로는 많은 응답자들이 사전편찬적 선호체계(lexicographic preferences)를 적용하여 가장 중요하다고 생각하는 한 두 개의 속성만을 기준으로 가장 선호하는 대안을 선택하곤 한다. 이러한 문제점은 응답자가 '현 상태'로 지정한 대안을 특별히 더 선호하거나, 혹은 대안들에 별도의 이름(label)을 붙였을 경우 긍정적인 메시지가 담긴 이름 때문에 선택하기도 한다. 따라서 부가적으로 대안들에 이름이 붙여지거나 간단히 A, B, C … 또는 1 2, 3, …으로 대안에 이름을 정했다 하더라도 '현 상태(status quo)'로 여겨지는 대안 A나 대안 1의 선택확률이 높아지는 편의적인 현상이 발생한다면, 대안 별 특성을 나타내는 대안특화상수(alternative specific constant: ASC)를 효용함수에 포함시켜 다른 변수가 설명하지 못하는 대안별 특성의 효용효과도 추정해야 한다. 따라서 추정해야 할 효용함수는 〈식 8.29〉와 같다.

$$v_{ij} = \alpha ASC + \beta_0 \text{비용} + \beta_1 x_1 + \beta_2 x_2 + \beta_3 x_3 + \cdots + \beta_K x_K \quad \langle \text{식 } 8.29 \rangle$$

ASC는 선택된 대안이 '현 상태'일 때 1의 값을 가지는 더미변수이다. ASC는 다양하게 적용될 수 있다. 예를 들어, 각 대안 $j=1, \cdots, J$ 모두에 대해 $ASC_j$를 만들 수 있다.

## 4. 컨조인트분석법의 적용

숲을 조성하고 지속가능한 산림육성을 위한 프로젝트를 위해 다음과 같이 조건부순위법을 이용했다고 가정하자. 숲에 서식하고 있는 원시림 면적을 넓혀 생물다양성을 늘리려고 한다. 이를 위해서는 방문객 수를 반드시 줄여야 한다. 그 결과 특히 조류종의 수가 증가할 것으로 예상이 되지만 방문객의 입장료가 줄어 보존프로젝트를 유지하기 위한 재정적 부담을 세금을 통해 해결해야 한다. 이 보존프로젝트에 대한 WTP를 구하기 위해 원시림 면적, 생물다양성 확보, 방문객 수, 세금과 같은 속성의 수준이 다른 다음과 같은 세 가지 대안을 제시하여 설문조사를 수행했다고 가정하자.

**▎표 8.6 CAM의 예**

| 속성 | 대안 1(현상유지) | 대안 2 | 대안 3 |
|---|---|---|---|
| 조류종의 수 | 5 | 15 | 10 |
| 원시림 면적($km^2$) | 1,500 | 1,800 | 1,500 |
| 세금 | 0 | 30 | 10 |

이 설문 조사의 결과를 조건부로짓을 이용하여 통계적으로 분석하면 조류종의 수와 원시림 면적을 확보하기 위해 개인이 얼마만큼의 비용을 감수하고 있는지 추정해낼 수 있다. 분석에 사용된 모형은 〈식 8.30〉이며, 그 결과값은 〈표 8.7〉과 같다.

$$v_{ij} = \beta_0 ASC + \beta_1(\text{조류종의수}) + \beta_2(\text{원시림면적}) + \beta_3(\text{세금})$$
〈식 8.30〉

**▎표 8.7 조건부로짓의 결과**

| 속성 | Coefficient | t-ratio |
|---|---|---|
| ASC | −0.05*** | 10.017 |
| 조류종의 수 | 0.0543*** | 3.9586 |
| 원시림 면적(km2) | 0.0475*** | 6.5567 |
| 세금 | −0.00076*** | 8.6586 |
| Log Likelihood | −1862.98 | |
| Pseudo R2 | 0.46 | |

주: ***: 1% 수준에서 유의, **: 5% 수준에서 유의, *: 10% 수준에서 유의

여기서 대안 1(현상유지)이 선택된 경우, ASC=1이다. 따라서 ASC에 대한 음의 값은 응답자가 현상유지를 더 선호한다는 것을 나타낸다. 연간 방문객 수를 제외하고는 모든 속성에 응답자의 선택이 민감하게 반응하는 것을 알 수 있으며, 특히 조류종의 수와 원시림 면적 증가가 양(+)의 효용을 나타내고 있다.

〈표 8.7〉의 결과를 바탕으로 각 속성에 대한 MWTP는 〈표 8.8〉과 같이 정리되었다.

**▎표 8.8 속성별 MWTP**

| 속성 | MWTP($) | t-ratio |
|---|---|---|
| 조류종의 수 | 65.79 | 10.017 |
| 원시림 면적(km2) | −71.45 | 3.9586 |
| 세금 | −62.50 | 6.5567 |

따라서 조류종의 수를 10개에서 20개로 증가시키고, 원시림 면적이 300km$^2$에서 1000km$^2$로 확장시키는 프로젝트에 대한 개인의 WTP는 〈식 8.31〉과 같이 계산될 수 있다.

$$WTP = -0.05 + 0.0542(20-10) + 0.0475(1000-300) = 33.74 \qquad \text{〈식 8.31〉}$$

**참고자료**

Hanley 외(1998), Bateman 외(2006)는 CAM의 방법론과 사례를 자세히 다루고 있다. 조건부선택법을 사용한 연구로는 유영성·김용주(2006), 원두한·김형건(2009)이 악취저감 가치를 추정하였고, 조승국 외(2006), 김강수(2002) 등은 대기오염의 영향을 연구하였다. 조건부순위법을 사용한 연구로는 Garrod and Wills(1997), 곽승준(2005) 등이 있다. 조건부등급법을 사용한 연구로 Alvarez-Farizo 외(2010), Cuccia and Cellini(2009) 등을 참고할 수 있다.

1. 주요 개념
   - 조건부가치평가법
   - 확률효용모형
   - 확률지불의사모형
   - 이중경계양분선택형
   - 편의
   - 선택모형법
   - 선택실험법
   - 가상순위법

2. 토론과 과제
   - 편의의 종류
   - 지불방식에 따른 조건부가치평가법의 유형
   - 지불의사유도방법에 따른 조건부가치평가법의 유형
   - 진술선호법의 유효성 및 타당성 검증
   - 선택모형법의 유형
   - 선택모형법의 문제점

## 참고문헌


곽승준(2005), "환경친화적 기술혁신에 대한 가치평가: 사례연구를 중심으로", 과학기술정책연구원.

곽승준 · 유승훈 · 김찬준(2002), "농촌폐비닐의 재활용확대정책에 대한 경제적 편익측정", 재정논집, 제17권 제1호.

권오상 · 최진용 · 김완배 · 안동환 · 임정빈(2009), "대규모 친환경농업단지 구축사업의 환경개선가치평가: 팔당클린농업벨트 조성사업을 사례로", 농업경제연구, 제50권 제1호.

김강수(2002), "대기오염의 경제적 가치 추정에 관한 연구", 대한교통학회지, 제20권 제4호.

김광임(1995), 폐기물 매립장의 경제적 가치 측정 연구, 한국환경기술개발원.

김희경(1995), "광고와 마케팅조사는 이렇게 한다", 정보여행.

원두한 · 김형건(2009), "컨조인트 방법을 이용한 국산 바이오디젤의 비시장가치 추정", 에너지경제연구, 제8권 제1호.

유승훈 · 신철오 · 양창영(2006), "원주시 가구의 상수도 수질개선에 대한 지불의사액 추정", 환경정책연구, 제5권 제3호.

유영성 · 김용주(2006), "악취 저감의 경제적 가치 분석", 응용경제, 제8권 제3호.

유진채 · 공기서(2011), "CVM에 의한 친환경농업의 비시장적 가치평가－충북 도시 소비자 조사를 중심으로", 농업경영 · 정책연구, 제28권 제2호.

이성근 · 김규섭(2011), "DB-DC CVM을 적용한 함양산삼축제의 경제적 가치평가에 관한 연구", 지방행정연구, 제25권 제2호.

전철현 · 인충선 · 신효중(2010), "수질악화로 인한 후생변화의 추정", 환경정책연구, 제9권 제2호.

조승국 · 장정인 · 김정인(2006), "수도권 대기오염 개선으로 인한 건강효과의 경제적 가치평가", 자원환경경제연구, 제15권 제5호.

KDI 공공투자관리센터(2011), CVM 적용사업 관리 내실화를 위한 Guideline.

Alberini, A. & Kahn, J.(2006), *Handbook on Contingent Valuation*, Edward Edgar: Cheltenham.

Álvarez-Farizo, B., Hanley, N. & Barberán, R.(2010), "The Value of Leisure Time: A Contingent Rating Approach", *Journal of Environmental Planning and Management*, Vol. 44, No. 5.

Arrow, K. J. & Fisher, A. C.(1974), "Environmental Preservation, Uncertainty and Irreversibility", *Quaterly Journal of Economics*, Vo. 88, No. 2.

Bateman, I. J. & Willis, K. G.(eds.)(1999), *Valuing Environmental Preferences: Theory and Practice of the Contingent Valuation Method in the US, EU and Developing Countries*, Oxford University Press, Oxford.

Bateman, I. J., Cole, M. A., Georgiou, S. & Hadley, D. J.(2006), "Comparing Contingent Valuation and Contingent Ranking: A Case Study Considering the Benefits of Urban River Water Quality Improvements", *Journal of Environmental Management*, Vol. 79, No. 3.

Bowen, H. R.(1943), "The Interpretation of Voting in the Allocation of Economic Resources", *Quarterly Journal of Economics*, Vol. 58.

Brookshire, D. S., Ives, B. & Schulze, W. D.(1976), "The Valuation of Aesthetic Preferences", *Journal of Environmental Economics and Management*, Vol. 3.

Cameron T. A & Quiggin, J.(1994), "Estimation Using Contingent Valuation Data from a 'Dichotomous Choice with Follow-up' Questionnaire", *Journal of Environmental Economics and Management*, Vol. 27, No. 3.

Carson, R. T., Grove, T. & Machina, M. J.(2000), *Incentive and Informational Properties of Preference Questions*, Unpublished. http://weber.ucsd.edu /~rcarson/(accessed August 20, 2002).

Ciriacy-Wantrup, S. V.(1947), "Capital Returns from Soil-Conservation Practices", *Journal of Farm Economics*, Vol. 29.

Cuccia, T. & Cellini, R.(2009), "Is Cultural Heritage Really Important for Tourists?: A Contingent Rating Study", *Applied Economics*, Vol. 39, No. 2.

Davis, R. K.(1963), *The Value of Outdoor Recreation: An Economic Study of the Maine Woods*, Ph.D. dissertation, Harvard University.

Diamond, P. A. & Hausman, J. A.(1994), "Contingent Valuation: Is Some Number Better than No Number?" *Journal of Economic Perspectives*, Vol. 8, No. 4.

Dominika, A. P. D. & Mendelsohn, R.(2005), "Valuing Air Quality in Poland", *Environmental and Resource Economics*, Vol. 30, No. 2.

Garrod, G. D. & Wills, K. G.(1997), "The Non-use Benefits of Enhancing Forest Biodiversity: A Contingent Ranking Study", *Ecological Economics*, Vol. 21,

No. 1.

Haab, T. C. & McConnell, K. E.(1997), "Referendum Models and Negative Willingness to Pay: Alternative Solutions", *Journal of Environmental Economics and Management*, Vol. 2.

Hanemann, W. M. & Kanninen, B. J.(1999), "The Statistical Efficiency of Double-bounded Dichotomous Choice Contingent Valuation", *American Journal of Agricultural Economics*, Vol. 73.

Hanley, N., Wright, R. E. & Adamowicz, V.(1998), "Using Choice Experiments to Value the Environment", *Environmental and Resource Economics*, Vol. 11. No. 3-4.

Kealy, M. J. & Turner, R. W.(1993), "A Test of the Equality of Closed-Ended and Open Ended Contingent Valuations", *American Journal of Agricultural Economics*, Vol. 75, No. 2.

Krutilla, J. V.(1967), "Conservation Reconsidered", *American Economic Review*, Vo. 54, No. 4.

Lancaster, K.(1966), "A New Approach to Consumer Theory", *Journal of Political Economy*, Vol. 74.

Mitchell, R. C. & Carson, R. T.(1989), *Using Surveys to Value Public Goods: The Contingent Valuation Method*, Resources for the Future.

Perman, R., Ma, Y., Common, M., Maddison, D. & McGilvray, J.(2011), *Natural Resources and Environmental Economics*(4th ed.), Addison Wesley, Essex, UK.

Randall, A., Ives, B. & Eastman, C.(1974), "Bidding Games for Valuation or Aesthetic Environmental Improvements", *Journal of Environmental Economics and Management*, Vol. 1.

Weisbrod, B. A.(1964), "Collective-Consumption Services of Individual Consumption Goods", *Quarterly Journal of Economics*, Vol. 78, No. 3.

# 가치평가이론(3): 생산함수접근법과 회피행위모형

## 제 1 절 생산함수접근법

### 1. 생산함수접근법의 개념

생산함수접근법(production function approach: PFA)에서는 기업의 생산 활동에 환경질의 변화가 미치는 영향을 생산성 비교를 통해 측정한다. 즉, 환경을 생산의 투입요소 중 하나로 보고 환경의 개선 또는 악화로 발생하는 생산성 변화를 추정하여 환경가치를 분석한다. 이때 생산성의 변화는 생산함수(production function)를 이용하여 구할 수 있다. 예를 들어, 토양오염이나 수질오염으로 농작물 또는 수산물의 산출량이 감소하였다면 토양의 질이나 수질은 농작물 및 수산물의 생산 요소 중 하나로 이들 환경재 악화의 화폐적 가치는 생산함수를 이용하여 구할 수 있다. 그러나 환경 악화로 생산성이 달라지면 이로 인해 생산자의 공급곡선 및 수요곡선이 또한 달라질 수 있다. 이는 곧 시장균형 자체를 변화시킬 수 있다. 따라서 환경 악화로 달라진 새로운 균형을 구해야 하며, 이를 초기의 균형상태와 비교하여 환경재의 가치를 평가할 수 있다.

## 2. 추정모형 및 분석방법

PFA는 다음과 같은 모형을 취한다. 산출량 $q$는 환경질 $e$와 기타 생산요소 $z$에 의해 결정된다고 하자. 따라서 생산함수는 $q=q(e, z)$ 이고, 이때 환경질 개선은 생산량을 증가시키므로 $\partial q/\partial e>0$이다. 비용함수는 생산요소 $z$의 가격 $w$와 산출량 $q$, 환경질 $e$에 의해 결정된다고 하자. 따라서 $c=c(w, q, e)$는 기업의 공급을 결정하는 최적화된 비용을 나타내는 함수이다.

수요함수는 산출량의 함수로서 $p(q)$이다. 이때, 이 재화를 $q$만큼 생산 및 소비함으로써 얻는 사회적 편익 $W$는 생산자 잉여와 소비자 잉여의 합이다. 즉, 수요함수 $p(q)$와 생산비용인 $c=c(w, q, e)$의 차이로 $W$는 〈식 9.1〉과 같이 계산될 수 있다.

$$W=\int_0^q p(q)dq-c(w, q, e) \qquad \text{〈식 9.1〉}$$

이제 환경질이 $e_0$에서 $e_1$로 증가하는 비한계적 변화가 있다고 가정하자. 이로 인한 사회적 편익의 변화량을 산출량과 공급 및 수요곡선을 이용해 [그림 9.1]과 같이 설명할 수 있다.

즉, 환경 개선($e_0 \rightarrow e_1$)으로 산출량이 $q_0$에서 $q_1$으로 증가하였다. 이때, 공급곡선 또한 $S_0$에서 $S_1$로 변화한다. 이에 따라 소비자 잉여는 $adP_0$에서 $bdP_1$으로 증가한다. 생산자 잉여는 $acP_0$에서 $bcP_1$으로 변화한다. 소비자 잉여와 생산자 잉여 변화분의 합은 $abc$이며, 이 값이 환경개선으로 얻는 사회적 편익이다. 수식으로 사회적 편익 증가분 $\Delta W$는 〈식 9.2〉와 같이 구할 수 있다.

$$\Delta W=\int_0^{q_1} p(q)dq-c(w, q_1, e_1)-\left\{\int_0^{q_0} p(q)dq-c(w, q_0, e_0)\right\}$$

〈식 9.2〉

사회적 편익의 변화량 $\Delta W$이 0보다 큰 값을 가질 때 사회적 편익이 증대

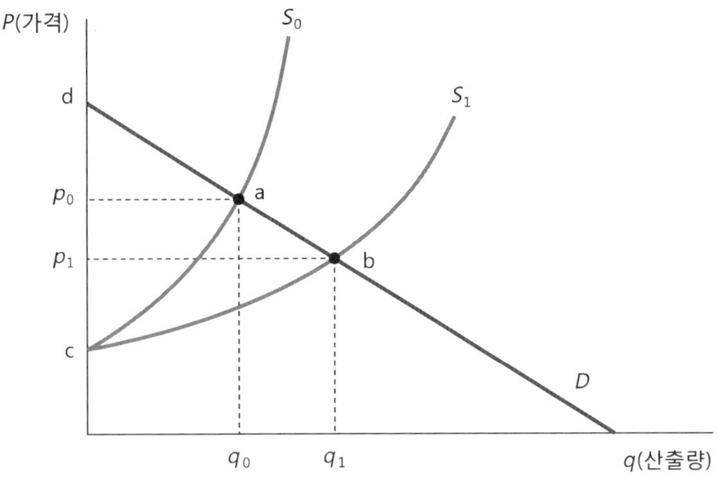


▎그림 9.1 환경 개선에 의한 산출량 증가와 사회적 편익의 변화

하였다고 결론내릴 수 있다. 그러나 환경질 개선이 사회적 편익의 증대를 가져올 것인지 아닌지는 수요함수와 공급함수의 형태 즉, 수요의 탄력성 및 공급의 탄력성에 따라 다를 것이다.

환경질의 비한계적 변화량에 의한 편익 변화량 $\Delta W$의 산정을 위해서는 균형생산량에서 환경질 변화가 가져온 생산비용의 변화량을 반드시 알아야 한다. 이외에도 초기 환경질과 생산량, 변화 후의 환경질과 생산량 자료를 모두 갖추어야 한다. 이러한 생산비 접근법을 이용하여 기업이 이윤이나 비용에 영향을 미치는 모든 환경적 요소의 가치를 평가할 수 있다.

## 3. 생산함수접근법의 적용

PFA의 사용은 환경재와 같은 비시장재가 생산활동에 있어서 중요한 생산 요소로 역할을 하는 농업, 어업 등에서 살펴볼 수 있다. 따라서 1차 산업의 생산성 변화 및 환경보호를 통해 절감되는 여러 비용들이 그 예라 하겠다. 구체적으로는 어업에서 이로운 종들을 관리하였을 경우 발생하는 편익 산출, 농경 방식에 따라 농업생산성 변화 산출, 습지 보호를 통한 자연 관개 시설 이용에 대한 편익 및 홍수 방지 비용 절감 등이 있겠다.

Sathirathai & Barbier(2001)는 태국의 Surat Thani 지방에서 최근 나타난 급격한 습지 면적 감소의 환경가치를 생산함수접근법을 이용하여 분석하였다. 특히 〈식 9.3〉과 같은 어업생산함수를 이용하여 습지면적의 변화와 그 외 어업생산요소(예: 선박, 그물, 선원들의 어업노동량 등)가 어업생산에 미치는 영향을 회귀분석을 통해 분석하였다.

$$X_t = mE^{\alpha}A^{\beta} \qquad \text{〈식 9.3〉}$$

$h_t$는 어업생산량, $E_t$는 어업생산요소 투입량, $A_t$는 습지면적이다. $t$는 시간을 나타낸다. 이를 회귀분석을 위해서 로그함수형태로 바꾸면 〈식 9.4〉와 같다.

$$\ln(X) = \ln(m) + \alpha \ln(E) + \beta \ln(A) \qquad \text{〈식 9.4〉}$$

Surat Thani 지방에서는 1975년부터 1993년에 걸쳐 습지 면적이 절반으로 감소되었다. 이 연구에서는 특히 맹그로브 등 습지 열대나무 주변에서 서식하는 두 종류의 어종(저서어, 조개류) 및 전체 어종의 생산량(kg)이 습지 면적의 변화에 따라 얼마만큼 변화했는지 알아보았다. 1983년부터 1993년까지 어업생산량, 어업생산요소 투입량, 습지면적에 대해 수집한 자료를 이용하여 $\alpha$와 $\beta$를 구할 수 있다. 총 관측치는 44개이며, 결과는 〈표 9.1〉과 같이 나타났다.

**표 9.1 회귀분석 결과**

| 속성 | 저서어 | 조개류 |
|---|---|---|
| ln(E) | 0.580* | 0.917*** |
| ln(A) | 0.735 | 0.191** |
| R-squared | 0.7090 | 0.6774 |

주: ***: 1% 수준에서 유의, **: 5% 수준에서 유의, *: 10% 수준에서 유의

습지면적은 특히 조개류의 어업량에 유의한 영향을 미쳤다. 영향력의 정도는 계수의 크기로 알 수 있다. 위와 같이 종속변수뿐만 아니라 독립변수

도 로그를 취하는 이중로그함수일 경우, 종속변수 1% 변화당 $\beta_3$%만큼 변화한다고 해석한다. 따라서 습지면적에 1% 증가에 따라 조개류 어업량이 0.191% 증가함을 나타낸다.

마지막으로 습지면적 변화가 가지는 편익증가는 습지면적증가로 인해 발생하는 어업 비용 감소와 이로 인한 가격 감소를 동시에 고려해야 한다. 이를 위해서는 시장에서 형성된 어업 생산요소의 비용을 조사해야 하며, 소비자의 조개류 수요함수를 따로 가정해야 한다. 또한 어업생산이 자유어업(open access)인지 관리어업(managed fisheries)인지 여부도 가정해야 한다.

〈표 9.2〉는 조사를 통해 얻어진 비용과 수요함수 탄력성(−0.1)을 기준으로 얻어진 습지면적 변화의 경제적 가치를 자유어업과 관리어장으로 나누어 각각 정리한 것이다.

**표 9.2 습지면적 변화의 경제적 가치(US$ per ha)**

| | 저서어 | 조개류 | 총량 |
|---|---|---|---|
| 자유어업(open access) | 63.48 | 46.75 | 110.23 |
| 관리어장(managed fisheries) | 38.74 | 44.47 | 83.21 |

**참고자료**

권오상(2013)에서 PFA에 대한 방법론적 논의를 더 자세히 살펴볼 수 있다. 국내연구 중에는 환경을 산업의 생산성에 영향을 미치는 생산요소로서 보는 연구가 드물다. 국외연구로는 Adams 외(1984)가 오존이 농업에 미치는 영향을 추정하기 위해 PFA를 이용하였다. 이 외에 Barbier(2007), Hanlley & Barbier(2009) 등이 생태계의 가치를 추정하기 위해 PFA를 활용하였다.

# 제 2 절 회피행위모형

## 1. 회피행위모형의 개념

회피행위모형(averting behavior model: ABM)은 인간의 건강상태에 영향을 미치는 다양한 요인들 중 환경질과 같은 비시장재의 편익을 산출할 때 사용된다. 또한 사망위험과 연관된 다양한 회피행위들, 예를 들어 자동차 안전벨트 착용, 자전거 헬멧 구입 여부, 암 검진 행위 등을 분석하여 인간생명의 가치를 구하기 위해 사용된다(신영철, 2008). 본 절에서는 특히 환경질 변화에 따른 후생감소 추정에 있어서 ABM이 어떻게 사용되는지 알아보는데 초점을 맞추었다.

인간의 건강에 영향을 미치는 환경질의 악화는 4가지 경로를 통해 개인의 후생에 영향을 미친다(Freeman, 2003: 323). 첫 번째는 환경질 악화로 인한 질병의 치료비용, 두 번째는 질병으로 인해 노동시간이 줄어 발생한 임금적 손해 및 감소한 레저활동의 기회비용, 세 번째는 질병을 회피하고자 취하는 모든 완화행위 및 비용, 네 번째는 질병 증상으로 인한 비효용이다. 이 네가지 경로를 통해 건강에 영향을 미치는 환경질 변화의 편익을 추정하기 위해서는 건강생산함수(health production function)를 추정해야 한다. 건강생산함수는 오염도에 따라 개인별로 질병을 앓는 일수가 위의 네 가지 경로에 따라 변하는 정도를 나타내는 함수이다. 건강함수 추정을 통해 각 경로의 효과를 반영한 환경질 변화의 한계편익을 구할 수 있다.

특히 ABM은 건강생산함수를 추정하여 네 가지 경로와 관련한 모든 비용을 추정하는 데 목적이 있다. 그러나 회피행위는 개인별로 다양하고 모든 회피행위를 지표화하기 어렵다는 문제점이 있다. 따라서 이에 대한 대안으로 사용되는 방법이 질병비용법이다. 질병비용법은 첫 번째 경로인 환경질의 변화로 인해서 직접적으로 관찰되는 병원비, 약값과 같은 질병치료비용이 환경질 변화로 얼마나 절감 또는 증가하는지 추정함으로써 편익을 측정한다.

## 2. 추정모형과 분석방법

### 1) 추정모형

개인의 건강과 관련하여 오염을 줄임으로써 얻는 후생의 변화를 측정하기 위해 다음과 같은 건강생산함수가 Grossman(1972)에 의해 처음 개발되었다.

개인의 건강상태는 질병으로 인해 아픈 일수로 측정될 수 있다고 가정하고 $s$를 환경악화로 아픈 일수라고 하자. 이때 $s$는 증상의 종류나 병의 심각성에 따라 차별화되지 않는다고 가정한다. 건강상태를 결정하는 요소는 병원을 가거나 약을 처방받는 등의 치료(완화)행위 $b$와 환경오염에 노출된 정도 $d$이다. $d$는 다시 오염농도 $c$와 회피행위 $a$에 의해 결정된다. 회피행위의 예로는 황사로 인한 공기오염의 경우 실외 활동을 피하고 실내에 머무는 시간, 수질오염의 경우 정수기를 쓰거나 식수를 사는 비용 등이 되겠다. $s$를 설명하는 건강생산함수는 〈식 9.5〉와 같이 나타낼 수 있다.

$$s = s(d,\ b) \qquad \text{〈식 9.5〉}$$

이때 $d = d(c,\ a)$이므로 $s = s(c,\ a,\ b)$이다. 이때, $\partial s/\partial c > 0$이고 $\partial s/\partial b$, $\partial s/\partial a < 0$이다. 즉, 오염농도는 아픈 일수와 정의 관계에 있고, 치료(완화)행위와 회피행위는 아픈 일수와 부의 관계를 가진다. 회피행위 및 치료(완화)행위를 개인의 효용극대화 문제에 반영하면 〈식 9.6〉과 같은 모델로 발전시킬 수 있다.

$$\text{Max}\ \ u = u(X,\ f,\ s) \qquad \text{〈식 9.6〉}$$

이때, $X$는 가격이 1인 기준재(numeraire good)이고 $f$는 여가활동으로 효용을 증가시키는 요인인 반면, $s$는 아픈 일수로 효용에 부정적인 작용을 하는 요인이다. 예산제한 조건은 〈식 9.7〉과 같다.

$$I + p_w(T - f - s) = X + (p_a \cdot a) + (p_b \cdot b) \qquad \text{〈식 9.7〉}$$

$I$는 비노동소득, $p_w$는 임금, $T$는 개인이 가진 총 시간, $p_a$는 회피행위의 가격, $p_b$는 치료행위이다. 최적화의 1계차 필요조건[1)]을 이용하여 환경질의 한계가치, 즉 환경질 한 단위당 개선에 대한 개인의 한계지불의사(MWTP)의 추정치를 도출할 수 있다.

환경질 개선에 대한 MWTP를 $w_c$라 하자. 이는 〈식 9.7〉과 같이 효용수준을 처음의 효용 $u^0$으로 유지하려는 제약 하에서 비용함수(expenditure function)의 최소화 문제를 이용하여 도출할 수 있다.

$$\text{Min } e = [X + (p_a \cdot a) + (p_b \cdot b) + (p_w \cdot s)] + \mu [u^0 - u(X, f, s)] \quad \text{〈식 9.8〉}$$

건강생산함수는 이전과 같이 $s = s(c, a, b)$이다.

최적화의 1계차 필요조건 $\frac{\partial e}{\partial a} = 0$, $\frac{\partial e}{\partial b} = 0$, $\frac{\partial e}{\partial c} = 0$은 각각 〈식 9.9〉와 같다.

$$\frac{p_a}{(\partial s/\partial a)} = \mu \cdot \frac{\partial u}{\partial s} - p_w$$

$$\frac{p_b}{(\partial s/\partial b)} = \mu \cdot \frac{\partial u}{\partial s} - p_w$$

$$\frac{\partial e}{\partial c} = -\left(\mu \cdot \frac{\partial u}{\partial s} - p_w\right) \frac{\partial s}{\partial c} = -p_a \cdot \frac{(\partial s/\partial c)}{(\partial s/\partial a)}$$

$$= -p_b \cdot \frac{(\partial s/\partial c)}{(\partial s/\partial b)} \quad \text{〈식 9.9〉}$$

---

1) 소비자의 효용 최대화 문제는 제약조건하에서 효용을 최대화할 수 있는 각 재화를 소비량을 계산하는 것이 목적이다. 이러한 효용극대화 문제는 다음과 같은 라그랑지안(Lagrangian) 함수를 이용하여 해결할 수 있다.

$$L = u(X, f, s) + \lambda I + p_w (T - f - s) - X - (p_a \cdot a) + (p_b \cdot b)$$

$L$을 $X$와 $f$, $a$, $b$에 대해 미분하면 각각 다음과 같은 1차계 필요조건을 얻는다.

$$\frac{\partial u}{\partial X} - \lambda = 0 \quad (1)$$

$$\frac{\partial u}{\partial f} - \lambda \cdot p_w = 0 \quad (2)$$

$$\lambda \cdot \frac{p_b}{(\partial s/\partial b)} = \frac{\partial u}{\partial s} - \lambda \cdot p_w = \lambda \cdot \frac{p_a}{(\partial s/\partial a)} \quad (3)$$

$\lambda$는 라그랑지 승수(Lagrange multiplier)이고 소득의 한계효용으로 해석될 수 있다.

따라서 $p_a \cdot \frac{(\partial s/\partial c)}{(\partial s/\partial a)} = p_b \cdot \frac{(\partial s/\partial c)}{(\partial s/\partial b)}$ 이다.

이때, $(\partial s/\partial c)$와 $(\partial s/\partial c)$는 오염도가 건강상태에 영향을 미치는 정도를 나타내며, $(\partial s/\partial a)$와 $(\partial s/\partial b)$는 각각 회피행위 또는 치료(완화)행위 한 단위 변화가 유발하는 건강상태 변화를 의미한다. 따라서 이들 비율은 각각 건강상태가 한 단위 개선(악화)된 것을 보완하기 위해 필요한 회피행위와 치료(완화)행위의 증가(감소)분을 나타낸다. 즉 건강상태를 일정하게 유지시켜주기 위한 회피행위와 치료행위의 한계기술대체율(marginal rate of technical substitution: MRTS)을 의미한다.

한계기술대체율에 각 행위의 단위당 가격을 곱하면 〈식 9.10〉, 〈식 9.11〉과 같이 한계지불의사비용(marginal willingness to pay: MWTP)을 구할 수 있다.

$$MWTP = p_a \cdot \frac{(\partial s/\partial c)}{(\partial s/\partial a)} \qquad \text{〈식 9.10〉}$$

$$MWTP = p_b \cdot \frac{(\partial s/\partial c)}{(\partial s/\partial b)} \qquad \text{〈식 9.11〉}$$

$w_c$는 최적화된 건강상태를 얻기 위해 회피행위 또는 치료(완화)행위 한 단위 증가를 통해 오염농도를 줄이는 비용으로 해석될 수 있다. 이상의 조건들은 건강생산함수 $s = s(c, a, b)$만 알고 있다면 효용함수나 기타 정보 없이도 MWTP를 추정할 수 있음을 알 수 있다. 그러나 실질적으로 이런 방법은 건강상태에 영향을 미치는 모든 회피 및 치료(완화)행위를 식별하고 비용을 측정하는 것이 어렵다는 문제점을 가진다. 또한 회피행위의 경우 개인별로 여러 가지 서비스를 사용할 수 있고, 그 효과 또한 다양할 수 있기 때문에 모든 회피행위의 영향력을 분석하기 위해서는 좀 더 복잡한 모델이 필요하다. 따라서 관찰 가능한 질병의 비용과 MWTP를 구하기 위해 다음과 같이 회피행위와 치료(완화)행위의 수요함수를 이용하여 건강생산함수모형을 전개하였다.

우선 소득과 가격, 오염도에 의해 결정되는 $a$(회피행위)와 $b$(치료행위)의 수요함수를 〈식 9.12〉와 같이 각각 구해야 한다.

$$a^*(I, p_w, p_a, p_b, c)$$
$$b^*(I, p_w, p_a, p_b, c) \quad \text{〈식 9.12〉}$$

이때 $a^*$와 $b^*$는 각각 관찰된 회피행위와 치료(완화)행위로, 비노동소득($I$), 임금($p_w$), 회피행위 가격($p_a$), 치료(완화)행위 가격($p_b$), 오염농도($c$)에 의해 결정된 최적의 수준에 있다고 본다. 건강생산함수를 추정하지 않기 때문에 보다 쉽게 구할 수 있다. 그러나 건강과 관련한 오염의 가치는 회피비용과 치료비용 이외에도 이미 언급한 것처럼 임금적 손해 및 감소한 레저활동의 기회비용, 질병으로 인한 고통의 비효용을 포괄적으로 포함해야 한다.

그런 다음, 건강생산함수를 $c$에 대하여 전미분(total derivative)한다. 이때 〈식 9.13〉과 같이 최적의 수요수준인 $a^*$와 $b^*$의 값을 이용한다.

$$\frac{ds}{dc} = \left(\frac{\partial s}{\partial a} \cdot \frac{\partial a^*}{\partial c}\right) + \left(\frac{\partial s}{\partial b} \cdot \frac{\partial b^*}{\partial c}\right) + \frac{\partial s}{\partial c} \quad \text{〈식 9.13〉}$$

이는 다시 정리하면 〈식 9.14〉와 같다.

$$\frac{\partial s}{\partial c} = \frac{ds}{dc} - \left(\frac{\partial s}{\partial a} \cdot \frac{\partial a^*}{\partial c}\right) - \left(\frac{\partial s}{\partial b} \cdot \frac{\partial b^*}{\partial c}\right) \quad \text{〈식 9.14〉}$$

총 비용을 도출하기 위해 우선 오염농도 $c$가 아픈 일수($s$)에 미치는 직접적 효과와 회피행위 및 치료(완화)행위에 미치는 간접효과를 포함한다. 마지막으로, 효용극대화의 최적화 조건 중 $-\frac{p_b}{(\partial s/\partial a)} = p_w - \frac{(\partial u/\partial s)}{\lambda}$을 대입하여 〈식 9.15〉와 같은 식을 얻어낸다.

$$\begin{aligned} MWTP &= -p_a \cdot \frac{\partial s/\partial c}{\partial s/\partial a} \\ &= \left(p_w \cdot \frac{ds}{dc}\right) + \left(p_b \cdot \frac{\partial b^*}{\partial c}\right) + \left(p_a \cdot \frac{\partial a^*}{\partial c}\right) - \left[\frac{(\partial u/\partial s)}{\lambda} \cdot \frac{\partial s}{\partial c}\right] \end{aligned} \quad \text{〈식 9.15〉}$$

따라서 MWTP는 앞서 설명한 것과 같이 4가지의 비용으로 구성된다. 오른쪽 식에서 첫 번째 항은 오염농도 $c$가 증가할 때 단위임금으로 측정된 실제 임금 손실액과 여가활동 기회의 박탈비용이다. 두 번째와 세 번째 항은 관찰 가능한 회피행위와 치료(완화)행위의 비용증가분이다. 마지막 항은 오염농도 $c$의 증가로 야기되는 질병의 고통에서 오는 비효용의 화폐적 비용이다. 첫 번째 항은 건강생산함수를 추정하는 대신, 투입-반응 함수(dose-response function)를 이용하여 질병과 환경농도의 관계를 축약적으로 구해볼 수 있다. 이는 즉, 회피행위와 치료(완화)행위의 수요함수를 추정하는 것과 같다. 이미 언급했듯이 회피행위의 경우 그 범위와 효과가 다양하므로, 기존 연구에서는 주로 투입-반응함수를 이용하여 치료(완화)행위의 수요를 추정하고 있다. 즉, 치료(완화)비용이 오염농도와 어떠한 관계가 있는 지 분석한다. 이때 질병과 건강상태에 영향을 미치는 모든 요소들을 함께 통제해주어야 오염농도의 영향을 보다 정확히 추정해낼 수 있다.

결론적으로, 건강과 관련한 연구에서 질병으로 야기되는 사회적 비용은 주로 임금감소와 치료(완화)비용을 의미한다.

### 2) 분석 방법

계량경제학 교재에 나오는 다양한 분석기법들을 이용해 오염도를 줄이기 위한 개인의 MWTP를 구하기 위해서는 건강생산함수와 질병비용법의 각 요인별 수요함수를 추정해야 한다. 예를 들어, 건강생산함수를 추정하기 위해 〈식 9.16〉과 같은 회귀분석을 이용할 수 있다.

$$s = \beta_0 + \beta_1 c + \beta_2 a + \beta_3 b + \varepsilon \qquad 〈식\ 9.16〉$$

$s$는 아픈 일수, $c$는 오염농도, $a$와 $b$는 각각 관찰된 회피행위비용와 치료비용이다.

각 요소와 아픈 일수 $s$와의 관계를 어떻게 정의하느냐에 따라 함수형태는 달라진다. 여기에서는 일반적으로 쓰이는 선형함수를 택하였다. 이 함수를 계량적으로 분석하기 위해 일정기간 동안 관찰된 다음과 같은 개인들의 횡단면 자료(cross-section data)가 필요하다(Freeman, 2003: 337).

① 오염과 연관된 질병증상의 심각성, 횟수, 기간
② 개인별 오염에 노출된 수준
③ 오염의 영향을 회피하거나 완화하기 위해 취하는 개인별 행동
④ 회피행위 및 치료행위 비용
⑤ 건강에 영향을 미치는 다른 요인들(예: 나이, 건강상태 등)

1번, 2번, 4번과 5번은 건강생산함수에서 투입반응함수를 추정하기 위해 사용된다. 3번은 질병으로 인해 잃은 시간과 회피 및 치료비용의 합이다. 3번과 4번에 있어서 건강생산함수와 질병비용법은 다음과 같은 중요한 차이가 있다. 우선 건강생산함수에서 회피행위나 치료행위의 선택은 그 효과에 대한 믿음에 근거를 두고 있다. 건강생산함수의 마지막 단계는 추정된 오염농도와 회피행위 및 치료(완화)비용이 아픈 일수에 미치는 효과와 회피행위 및 치료(완화)행위의 평균가격을 함께 고려하여 환경질 개선에 따른 후생효과를 구하는 것이다.

반면에 질병비용법은 오염으로 인한 질병의 실질적인 변화와 관련된 치료(완화)비용의 증감을 측정하는데 목적이 있다. 따라서 그 추정모형도 앞서 설명한 바와 같이 〈식 9.17〉과 같은 투입-반응모형을 이용한다.

$$b = \beta_0 + \beta_1 c + \beta_2 Z + \varepsilon \qquad \langle 식\ 9.17 \rangle$$

즉 오염농도가 치료(완화) 수요에 미치는 영향을 개인의 사회경제적 특성($Z$)을 통제한 상태에서 추정한다. 따라서 오염농도 감소에 따른 한계편익을 $\beta_1$를 통해 구할 수 있다.

회피행위모형과 같은 현시선호법의 대안으로 진술선호법의 형태를 일부 사용하기도 한다. 예를 들어, 개인에게 직접적으로 오염을 줄이기 위해 얼마의 금액을 지불할 의사가 있는지 묻는다. 또는 어떤 구체적인 질병 증상으로 앓는 일수를 줄이기 위한 WTP를 묻는다. 이렇게 얻어진 가치액은 투입반응함수에서 추정된 아픈 일수와 곱하여 총 가치를 구할 수 있다. 그러나 이러한 방법은 질병과 관련한 다섯 가지 자료와는 무관하다. 그럼에도 나이, 건강상태, 소득과 같은 유용한 개인별 특성정보들을 설문을 통해 얻어낼 수 있다.

## 3. 회피행위모형의 적용

ABM은 기존 연구에서 대기오염물질, 상수도의 수질 등 건강상태에 영향을 미치는 환경질의 편익분석을 위해 주로 사용되었다. 엄영숙(1998)은 질병비용법을 이용하여 대기오염 감소에 대한 WTP를 추정하였다. 이 연구는 1995년 7월 한 달 동안 수행된 「국민건강 및 보건의식행태조사」의 결과를 재이용하였으며, 관측치는 호흡기 관련 질환을 앓았던 경험이 있는 사람으로 제한하였다.

특히, 대기오염물질($O_3$, $SO_2$, $NO_2$, CO) 증가에 따른 호흡기질환 증상을 감소시키기 위해 각 응답자가 2주 동안 지출한 의료비용(치료비, 교통비, 기회비용 등 포함)과 응답자가 거주하고 있는 지역에서 관찰된 각 대기오염물질의 농도와의 관계를 선형함수와 반로그함수를 이용하여 추정하였다.

표본크기는 2,657명이며, 질병비용 또는 완화비용은 의료서비스의 단위가격으로 측정되었다. 완화비용함수에 따라 이 의료서비스 비용은 각 대기오염물질의 농도, 호흡기 질환에 영향을 미칠 수 있는 개인의 사회·인구학

**▎표 9.3 오존에 대한 완화비용함수의 선형함수 결과**

| 속성 | Model 1 | Model 2 |
|---|---|---|
| $\beta_0$ | 4.232** | −6.546** |
| 의료서비스 단위가격(원) | 1.208** | 1.208** |
| 나이 | −0.047** | −0.046** |
| 성별(남자=1, 여자=0) | −0.214 | −0.197 |
| 결혼유무(기혼=1, 미혼=0) | 2.636** | 2.640** |
| 교육수준 | −0.205** | −0.210** |
| 소득(원) | 0.038 | 0.035 |
| 만성호흡기질환(=1) | −7.755** | −7.763** |
| $O_3$(ppm) | 1.049 | 0.441** |
| $SO_2$(ppm) | | −0.090 |
| $NO_2$(ppm) | | 0.344 |
| CO(ppm) | | 0.125 |

주: ***: 1% 수준에서 유의, **: 5% 수준에서 유의, *: 10% 수준에서 유의

적 특성 변수의 함수라 가정하였다.

$$\text{의료서비스 소비량} = \beta_0 + \beta_1(\text{의료서비스 단위가격}) + \beta_2(\text{나이}) + \beta_3(\text{성별}) + \beta_4(\text{결혼유무}) + \beta_5(\text{교육수준}) + \beta_6(\text{소득}) + \beta_7(\text{가족수}) + \beta_8(\text{만성호흡기 질환유무}) + \beta_9(\text{대기오염 물질의 농도})$$

회귀분석 결과, 대기오염물질 중 오존($O_3$)만이 통계적으로 유의성을 가졌다. 선형모형 결과에 따라 대기오염 감소를 위한 개인당 WTP를 구할 수 있다. 즉 대기오염 농도 변화로 인한 한계편익은 오존의 경우, 선형함수에서 오존의 계수인 $\beta_9$의 추정치로부터 계산된다. 따라서 오존오염 감소로 인한 한계편익은 1,049~1,441원이다.

**참고자료**

ABM을 이용한 국내 연구는 많지 않으나, 엄영숙(1996, 1997), 곽승영·조준모(2002), 신영철(2002, 2008) 등이 투입-반응모형을 이용한 ABM을 통해 대기오염 등으로 인한 건강효과의 경제적 비용 산출하였다. 국외에서는 다양한 회피행위에 대해서 연구가 진행되었으며, 특히 Blomquist(1979), Brian 외(1997), Alberini & Krupnick(2000), Gupta(2008) 등이 ABM을 활용하였다.

## 탐구학습

1. 주요 개념
   - 생산함수접근법
   - 회피행위모형

2. 토론과 과제
   - 생산함수접근법 적용시 필요한 자료
   - 회피행위모형의 종류
   - 질병비용법 적용시 필요한 자료

## 참고문헌


곽승영 · 조준모(2002), "자동차의 이산화질소 배출로 인한 대기오염의 사회적비용 분석", 교통정책연구, 제3권 제3호.

권오상(2013), 환경경제학, 제3판, 박영사.

엄영숙(1996), "확률효용접근법을 통한 소비자들의 건강위험정보에 대한 반응분석: 간장파동을 사례로", 경제학연구, 제44권 제4호.

_____(1997), "자기보호행동을 통한 인간생명 가치의 추정: 안전벨트 착용을 사례로", 환경경제연구, 제6권 제1호.

_____(1998), "대기오염이 건강에 미치는 영향에 대한 가치평가: 회피행위접근법을 사용하여", 환경경제연구, 제6권 제1호.

신영철(2002), "대구오염으로 인한 건강효과의 경제적 비용", 자원환경경제연구, 제11권 제4호.

_____(2008), "질병예방행위 분석을 통한 확률적 인간생명가치 추정: 암 검진 행위 분석을 중심으로", 자원환경경제연구, 제17권 제4호.

Alberini, A. & Krupnick, A.(2000), "Cost-of-Illness and Willingness-to-Pay Estimates of the Benefits of Improved Air Quality: Evidence from Taiwan", *Land Economics*, Vol. 76, No. 1.

Adams, R. M., Hamilton, S. A. & McCarl, B.(1984), *The Economic Effects of Ozone on Agriculture*, Corvallis, OR: U.S. Environmental Protection Agency.

Barbier, E. B.(2007), "Valuing Eco-system Services as Productive Inputs", *Economic Policy*, Vol. 22.

Blomquist, G. C.(1979), "Value of Life Savings: Implications of Consumption Activity", *Journal of Political Economy*, Vol. 87.

Brian, W. B., Dickie, M. & Gerking, S.(1997), "Averting Behavior and Urban Air Pollution", *Land Economics*, Vol. 73, No. 3.

Freeman, A. M.(2003), *Measurement of Environmental and Resource Values: Theory and Methods* (3rd ed.), Resources for the Future, Washington, D.C.

Grossman, M.(1972), "On the Concept of Health Capital and the Demand for Health", *Journal of Political Economy*, Vol. 80, No. 2.

Gupta, U.(2008), "Valuation of Urban Air Pollution: A Case Study of Kanpur City in India", *Environmental and Resource Economics*, Vol. 41, No. 3.

Hanley, N. & Barbier, E. B.(2009), *Pricing Nature: Cost-Benefit Analysis and Environmental Policy*, Edward Elgar: Cheltenham.

Sathirathai, S. & Barbier, E. B.(2001), "Valuing Mangrove Conservation in Southern Thailand", *Contemporary Economic Policy*, Vol. 19, No. 2.

# 제3부

# 공공투자분석의 방법론

# 수요추정방법

## 제 1 절 수요추정의 의의

### 1. 수요추정의 개념

#### 1) 수요와 편익

공공사업에서는 비용보다 편익의 계산이 더 어렵다. 대개의 경우 수익을 편익으로 산출하여 사업타당성 분석을 시도하는 경우가 있는데 편익은 경제학적 후생의 개념으로 판단하는 것이 바람직하다고 할 수 있다. 편익이란 경제학에서 소비자 또는 생산자 잉여를 합한 사회적 잉여를 말한다. 이러한 사회적 잉여는 그 측정이 어렵기 때문에 지불의사가 있는 금액과 실제로 지불한 금액의 차이로 계산한다. 자본주의적 시장경제의 움직임은 여러 측면에서 연구되고 있으며, 실제로 국민경제의 요소 중에서 몇 가지만 충족이 되더라도 효율적인 후생의 측정이 가능하다. 그러나 이러한 요인들을 명확하게 하기 위해서는 외부성을 고려해야 되는데 후생수준을 측정함에 있어서 명확하게 적용하는 것은 어렵다. 이와 같은 후생의 개념을 기하학적으로 표현하기 위해 수요공급이론을 적용할 수 있다.

이론적 표현을 위해 우선 관측대상 품목의 시장 수요함수와 공급함수가 각각 〈식 10.1〉, 〈식 10.2〉와 같은 로그함수 형태를 갖는다고 가정을 할 수 있다(홍현표 외, 2004: 32-34).

$$\text{수요함수: } Q_D = Q_D^0 P^{a1} X^{a2} \qquad \langle \text{식 } 10.1 \rangle$$

$$\text{공급함수: } Q_S = Q_S^0 P^{b1} X^{b2} \qquad \langle \text{식 } 10.2 \rangle$$

단, $a1$ = 수요의 가격탄력성, $a2$ = 수요의 기타변수($X$) 탄력성, $b1$ = 공급의 가격탄력성, $b2$ = 공급의 기타변수($X$) 탄력성

### 2) 공급과 편익

앞의 수요함수와 공급함수는 [그림 10.1]과 같은 그래프로 나타낼 수 있는데 여기서 사회적 후생증가분($\varDelta W$)은 〈식 10.3〉과 같이 계산할 수 있다.

$$\varDelta W = \int_{P_2}^{P_C} f_d^{-1}(P)dP + \int_{P_c}^{P_1} f_s^{-1}(P)dP - (P_2 - P_1)Q_1 \qquad \langle \text{식 } 10.3 \rangle$$

만약 특정한 공공재가 추가적으로 공급이 되어 공급곡선이 $Q_S^{'}$에서 $Q_S$으로 이동하게 되면 사회적 후생수준은 증가하게 된다. 이러한 측면을 고려할 때 공공사업의 타당성 분석에서 사회적 편익은 [그림 10.1]의 두 면적 $\varDelta W_1$과 $\varDelta W_2$의 합($\varDelta W$)으로 나타낼 수 있다.

공공사업은 민간에서 공급하기 어려운 도로, 항만, 수자원, 문화시설 등

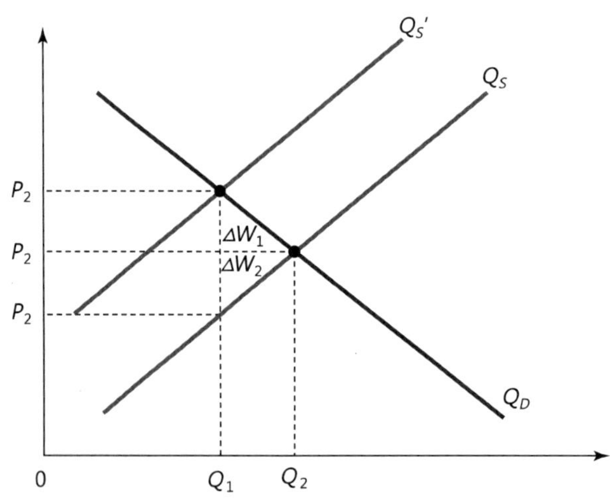


**그림 10.1 사회적 후생증대 효과**

사회간접자본이 주류를 이루고 있기 때문에 비용편익분석에서 편익을 산출할 때 객단가(customer transaction)를 산출하여 측정하는데 이것은 문제가 될 수 있다. 이들은 주로 수익에 해당되며, 편익이라 판단하기 어렵기 때문이다.

## 2. 수요추정의 필요성

우리나라 공공사업의 편익 추정은 주로 한국개발연구원(KDI)의 표준지침서를 근거로 산출하게 된다. 이를 바탕으로 공공사업의 종류에 따라 정리하면 다음과 같다.

첫째, 도로와 철도의 직접편익은 도로 및 철도 이용자들이 철도사업 시행시 직접적으로 얻게 되는 편익으로서, 차량운행비용 절감, 통행시간 절감, 교통사고 감소 등은 계량적인 수치의 산출 및 화폐가치화 과정이 비교적 용이하다. 그러나 항공과 해운의 전환수요로 인한 편익의 경우 명확한 편익항목으로 반영된다고 할 수 있으나 계량화가 용이하지 않다. 교통의 쾌적성, 정시성, 안정성 향상 등의 효과는 개인별 주관적 만족도에 따라 가치가 달라질 수 있기 때문에 화폐가치화가 어렵다.

간접편익은 철도사업 시행시 교통시설 이용에 관계없이 모든 사람에게 발생하는 파급효과이다. 철도사업의 간접편익에는 도로사업의 간접편익인 환경비용 절감, 지역개발 효과, 시장권 확대, 지역 산업구조 개편 이외에 고속도로 유지관리비 절감, 주차수요 감소로 인한 주차공간 기회비용 절감, 공사로 인한 교통 혼잡 및 도로 공간의 축소로 발생하는 부(−)의 편익 등을 들 수 있다.

둘째, 산업단지, 문화·관광, 체육, 과학단지 조성사업 등은 사업의 성격이 다른 만큼 편익 추정방법도 다르다. 산업단지 조성사업의 편익추정은 산업단지를 조성함으로 인해 발생하는 추가적인 생산 또는 부가가치 수입을 편익으로 산출할 수 있다. 여기서 부가가치 추정에서 경상이전(current transfer) 수입은 제외되어야 한다.

셋째, 문화·관광시설의 편익은 본 시설의 입장수입과 각종 부대시설의 이용으로 인한 지출액(매출액)으로 구분할 수 있다. 여기서 입장수입은 시설 자체의 입장료 및 시설 내의 각종 이용료, 관람료 등을 포함할 수 있다. 부대시설과 관련된 매출액으로는 일반에게 분양되어 운영되고 있는 슈퍼, 기념품 판매소 등과 같은 상가의 매출액과 호텔, 콘도 등과 같은 숙박시설의 매출액 등을 들 수 있다. 여기서 중요한 것은 입장료와 매출액을 결정할 때 단순한 가격이 아니라 수요자의 지불의사액(willingness to pay)에 철저히 입각해서 책정되어야 한다는 것이다.

넷째, 체육시설의 편익은 연수, 심사, 대회개최 등 시설 내에서 제공되는 각종 프로그램으로부터의 수익과 여기에서 파생되는 부대수입 및 시설 사용료 등이다. 연수수입은 프로그램의 성격과 대상그룹에 따라 구분하는 것이 추정에 용이하며, 숙박수입, 식음료 판매수입, 기념품 판매수입 등의 부대수입 역시 이에 연동하여 추정하는 것이 바람직하다. 한편 경기시설과 도구 등의 제공이 주 사업목적인 경우에는 대관료 등의 시설사용료가 주요 편익 항목이 될 수 있다.

## 제 2 절 수요추정방법

### 1. 수요추정 접근방법

다양한 불확실성이 존재하는 장래의 수요를 예측한다는 것은 거의 불가능하다. 그럼에도 불구하고 우리는 정확한 예측을 위한 여러 가지 방법을 개발하고 발전시키고 있다. 수요예측기법을 선택하는 기준은 예측대상 품목, 예측기간의 길이, 분석비용과 시간, 적용분야, 기대되는 정확도, 변수의 복잡성 등이다. 예측기법을 선택할 때 반드시 하나의 방법을 선택할 필요는 없다. 몇 가지 방법을 혼합하여 실제치를 적절하게 나타내주는 기법들을 이용하면 된다. 이러한 기준을 적용한 수요예측 기법은 정량적 기법(quantitative technique)과 정성적 기법(qualitative technique)으로 구분되며, 이 두 기법을 결합한 형태인 결합기법(combined technique)이 있다. 결합기법은 계량기법과 정성적 예측을 종합적으로 검토하는 방법으로 두 개 이상의 계량모형과 질적모형을 결합하여 적용하는 방법이다. 본 장에서는 정량적 기법과 정성적 기법만을 다룬다.

## 2. 정량적 기법

정량적 기법은 과거의 추세가 미래에도 지속될 것이라는 가정 하에 미래 수요를 예측하는 시계열모델과 독립변수와 종속변수 간의 인과관계를 함수로 나타내어 수요를 예측하는 인과모델로 나눌 수 있다. 시계열모델은 추세분석법, 이동평균법, 지수평활법, 분해법, ARIMA 등이 있으며, 각 기법은 장단점 및 특성이 다르기 때문에 데이터의 특성 및 비용, 분석의 용이성 등에 따라 적절한 기법을 선정해야 한다. 인과모델은 인과관계 함수를 이용하여 미래 수요를 예측하는 방법으로 회귀모델, 여행수요모델(여행비용 접근법, 클로슨방법, 중력모델, 조건부가치측정법), 공적분기법 등이 있으며, 독립변수와 종속변수간의 인과관계 및 그 영향력을 분석하는데 용이하게 활용된다.

이러한 정량적 기법의 장·단점을 몇 가지 살펴보면 다음과 같다. 첫째, 시계열 모형(time series model)은 2~3시점의 미래를 예측하는데 유용하게 이용할 수 있으나 중장기예측에는 적합하지 못하므로 주의 깊게 선택을 해야 한다. 둘째, 지수평활법(exponential smoothing)은 적용이 쉽고 계산이 간단하며 여러 종류의 시계열을 간단히 예측할 수 있는 장점이 있지만 초기 예측치가 필요하다는 단점도 있다. 셋째, ARIMA(autoregressive integrated moving average)법은 단기간을 정확하게 예측하는데 유용하며, 시계열의 구성요소가 시간의 흐름에 따라 매우 빠르게 변동하는 경우에 효과가 크게 나타나지만 상대적으로 시간과 비용이 많이 소요한다는 단점이 있다. 넷째, 회귀모형(regression model)은 환경요인 변화와 같은 중·장기 예측에 유용하지

**▎표 10.1 정량적 수요예측방법**

| 구분 | 모형 | 방법 |
|---|---|---|
| 시계열모형 | 추세분석법 | 과거수요 또는 과거수요 변동율 이용 |
| | 나이브(NAIVE) | 과거의 추세가 미래에도 지속된다고 가정한 선형함수 적용 |
| | 이동평균법 | 과거 시계열자료를 연속적으로 산술평균하여 관광수요 예측하거나 가중평균을 이용할 수 있음 |
| | 지수평활법 | 최근 관측값에 더 많은 가중치를 부여하도록 과거의 관측값들을 지수적으로 가중평균하여 미래 예측 |
| | ARIMA법 | 불안정한 시계열을 안정화 시킨 후, AR모형(자기회귀모형)과 MA모형(이동평균모형)을 결합하여 적용 |
| 인과모형 | 회귀분석법 | 종속변수와 독립변수 사이에 원인과 결과의 관계가 존재한다는 가정 하에, 독립변수와 종속변수의 관계를 함수관계로 나타내어 미래를 예측 |
| | 여행비용접근법 | 여행비용으로 이용자의 방문수요를 추정하는 방법 |
| | 중력모형법 | 거리나 여행시간이 관광객 이동에 미치는 영향을 고려하여 수요를 예측 |
| | 조건부가치측정법 | 관광자원이 지니고 있는 가치를 금액으로 평가하는 방법 |
| | 공적분기법 | 변수들의 단위근 검정을 통해 불안정하다고 판단된 인과관계들의 변수들의 선형결합이 장기적으로 안정적인 관계에 있을 경우 ECM(error correction model)을 통해 수요예측 |

자료: 한국문화관광정책연구원(2006).

만 중요 변수를 포함하지 않거나 부적절한 함수형태를 취할 수 있는 자기상관, 이분산성, 다중공선성 등과 같은 문제가 발생할 수 있다.

정량적 기법 중 시계열모형은 주로 단기와 중기 예측에 적합하고 인과모델은 단기에서 장기까지 다양하게 적용되고 있다.

## 3. 정성적 기법

정성적 기법(qualitative analysis)은 과거 정보에 대한 양적 데이터의 수집이 불가능한 경우 주로 사용되고, 관련 전문가의 주관적인 가치판단요소를 포함시키는 것을 특징으로 한다. 이러한 정성적 기법의 종류로는 시나리오기법, 델파이기법, 사례분석법 등이 있고 정량적 기법과 정성적 기법이 결합된 결합기법이 있으나 여기서는 제외한다.

〈표 10.2〉에서 제시한 세 가지 정성적 기법에 대해 간단히 설명하면 첫째, 시나리오기법은 현재의 상황과 경향을 전개하여 향후의 상황을 파악하는 방법이다. 시나리오기법은 불확실한 미래에 대하여 2~3개 이상의 시나리오를 구성하여 중장기적 변화를 예측하고 예측결과에 대한 의사결정에 활용된다.

둘째, 델파이기법(delphi method)은 전문가로 구성된 패널들 간 지위, 집단 내 위치 등에 의한 외부 효과를 배제하고, 미래에 대한 예측을 공유하기 위하여 랜드(Rand)사의 헬머(Olaf Helmer)에 의하여 고안된 방법이다. 델파이기법은 정성적 예측법 중 가장 빈번히 사용되는 방법 중 하나로 과거 데이터가 없거나 중요한 외적 변화가 예상될 경우 전문가의 직관적 판단을 통하여 미래를 예측하는 기법이다.

셋째, 사례분석법은 조사하고자 하는 현상이 상황적 요인과 긴밀히 연결되어 있어 상황적 요인을 함께 다루어야할 때 적합한 방법이다. 사례연구는 의사결정 결과에 대한 원인 분석, 실행과정 분석, 결과 분석을 그 목적으로 하며, 일련의 의사결정을 조명하는 것이다(Schramm, 1971). 또한 사례연구방법은 유사지역의 사례를 통하여 분석지역의 추세를 분석하는 기법이다.

**표 10.2 정성적 수요예측 방법**

| 구분 | 모형 | 방법 |
|---|---|---|
| 정성적 기법 | 시나리오기법 | 여러 개의 시나리오를 설정하여 미래를 예측하는 기법 |
| | 델파이기법 | 미래 특정사건의 발생 가능성에 대해 관련분야 전문가들의 지식과 경험을 조합하는 조직적 접근방법 |
| | 사례분석법 | 유사지역의 사례를 통하여 분석지역의 추계를 예측하는 기법 |
| 결합기법 | 결합기법 | 계량모형과 질적모형을 결합하여 미래 수요를 예측하는 기법 |

자료: 한국문화관광정책연구원(2006).

정성적 기법의 장·단점을 살펴보자. 델파이기법은 비교적 신속하고 저렴하게 이루어질 수 있고 기본적인 데이터가 부족하거나 계량화가 어려운 예측에 유용하게 적용된다. 그러나 전문가들의 책임감이 적어지고 좋은 의견과 잘못된 의견이 동일한 비중으로 평가되므로 해석의 어려움이 있다는 단점도 있다. 시나리오기법(secnario-writing models)은 미래환경에 대한 시나리오에 초점을 맞추고 가능성을 제시하며 이를 체계화 시켜 나가지만 연구자의 주관적인 생각에 많은 영향을 받는다는 문제점도 있다. 이처럼 정성적 기법은 중장기 예측에 적합하고 과거자료를 확보할 수 없는 경우에 적합한 방법이다. 정성적 기법의 사례로 최근의 공공투자사업과 재정사업에서 주로 적용하는 시나리오기법과 델파이기법을 소개한다.

## 제 3 절 정량적 방법

### 1. 추세분석법

#### 1) 추세분석법의 개념

추세분석법(trend curve analysis)은 기본적으로 시간($t$)을 독립변수로 사용하여 미래에도 과거 추세가 계속된다는 가정 하에 수요를 예측하는 방법으로 여러 개의 독립변수를 포함하는 다중회귀모형에 비해 비교적 간단한 모형이다. 추세분석법은 선형과 비선형 시계열 모형에 모두 적용이 가능할 뿐만 아니라 실용적 측면에서 간편하고 신속하게 분석할 수 있어 실무적 차원에서 많이 이용되고 있다. 추세연장법은 추정하고자 하는 시계열이 과거와 같은 추세로 진행될 것이라는 가정을 전제하고 미래를 예측하는 방법이다. 이 방법이 많이 사용되는 이유는 수식이 간단하여 추정하기가 쉽기 때문이다.

### 2) 추세분석법의 특징과 유형

추세분석에는 선형 추세분석법, 비선형 추세분석법이 있다. 이 방법은 회귀함수의 형태를 가지면서 미래수요에 대해 다양한 함수형태 적용을 통해 예측하기 때문에 결과 해석에 주의해야 한다.

비선형 추세분석은 성장곡선모형이라고도 하는데 장기예측을 위해 사용되기도 하며 제품 수명주기의 각 단계를 예측하는데 유용하게 사용된다. 성장곡선을 이용한 예측은 대체로 성장곡선의 형태를 결정짓는 모수의 수가 1~2개로 적기 때문에 적은 수의 자료만으로도 모수의 추정이 가능하다는 장점이 있다. 그러나 수요가 소비자의 선택이라는 관점에서 성장곡선에서의 모수는 실제적인 해석이 어렵고, 수요에 영향을 미칠 것이라 예상할 수 있는 다양한 마케팅 요소를 모형에 포함시키기는 어렵다는 한계점이 있다. 일반적으로 이용하는 추세분석법은 선형모형(등차급수법), 2차함수형(등비급수법), 지수함수형, 로그함수형, 성장곡선형 등이 있다.

❙ 표 10.3 추세분석법의 유형

| 구분 | 모형 |
|---|---|
| 선형모형(등차급수) | $Y_t = a + bt$ |
| 2차함수형(등비급수) | $Y_t = a + bt + ct^2$ |
| 지수함수형(지수함수) | $Y_t = e^{a+bt}$ |
| 로그함수형(로그함수) | $Y_t = \ln(a + bt)$ |
| 성장곡선형(로지스틱곡선) | $Y_t = k/(1 + e^{a+bt})$ |

자료: 이성근 · 이춘근(2008).

### 3) 추세분석법의 추정모형과 분석방법

#### (1) 등차급수법

등차급수법은 추계하고자 하는 지역의 연평균 인구증가수가 일정하다는 가정 하에서 수요를 추정하는 분석기법으로서 추정식은 〈식 10.4〉와 같다.

$$P_n = P_0 + \left(\frac{P_0 - P_t}{t}\right)n \qquad \text{〈식 10.4〉}$$

여기서 $P_n$은 $n$년 후의 수요, $P_0$는 기준연도의 수요, $\left(\frac{P_0 - P_t}{t}\right)$는 연평균 증감률, $n$은 기간이다.

일반적으로 $P_0$는 최종적으로 확정된 실측치를 적용하고 연평균 증감률 $\left(\frac{P_0 - P_t}{t}\right)$는 추정하고자 하는 시계열의 평균 증감률을 의미하는데 주로 기준년도의 증감률을 적용하지만 최근의 시계열 추이를 보고 3년 또는 5년, 10년간의 복합연평균성장률(compound annual growth rate: CAGR)법을 적용하는 것이 더 효과적이다.

### (2) 등비급수법

등비급수법은 기하급수성장모형이라고도 하며 연평균 증가율이 일정하다는 가정 하에 이용하는 방법으로 시계열이 빠르게 증가하거나 급격한 변화를 보이는 경우에 적용 가능하다. 그러나 이 방법은 과대추정의 우려가 있다.

예컨대, 경제가 급격히 성장하다가 한계점 이후에는 점차 감소하기 때문에 이를 고려하지 않고 적용할 경우 잘못된 자료를 추정할 수 있다. 등비급수법의 추정식은 〈식 10.5〉와 같다.

$$P_n = P_0(1+r)^n, \quad r = \frac{P_{n+1} - P_n}{P_n} \qquad \text{〈식 10.5〉}$$

여기서 $P_n$은 $n$년 후의 수요, $P_0$는 기준연도의 수요, $r$은 연평균 증감률, $n$은 기간이다.

### (3) 지수성장모형

지수함수식은 연도의 경과에 따라 보다 급격한 인구증가를 나타내는 경우에 사용하는 모형이다.

$$P_n = P_0 \times e^{rn} \qquad \langle 식\ 10.6 \rangle$$

임의의 상수 $a$가 1이 아닌 양수일 때 함수 $y = ax$로 정의되는 함수 $y$는 $a$를 밑으로 하는 $x$의 지수함수라고 한다. 그리고 임의의 양수 $a$가 1이 아닌 양수일 때, $y = \log_a x$로 정의되는 함수 $y$는 $a$를 밑으로 하는 $x$의 로그함수라고 하고 $x$를 $\log_a x$의 지수라고 한다.

지수함수는 로그함수의 역함수이다. 로그함수에서 밑으로 사용되는 것으로 10과 무리수인 $e$가 있는데 밑을 10으로 하는 경우를 상용로그라 하며 $\log_{10} x$와 같이 표시한다. $e$를 밑으로 하는 경우를 자연로그($\log_e$)라 하며 ln으로 표시한다. 지수함수는 exp($x$)로 표시하는데 exp는 exponent(지수)의 약자이다. 여기서 $e$는 자연로그이며 값은 2.71828이다(심경섭, 2006: 115-116).

그리고 수요증가가 무한적인 궁극수준에 도달한다는 가정을 둔 모형으로 이중지수모형이 있다. 이 모형의 식은 다음과 같다. 여기서 $P_\infty$는 시계열의 궁극적인 수준, 즉 추정 시계열 증가의 상한선이다(Oppenheim, 1980: 39).

$$P_t = P_\infty a^{b^t} \qquad \langle 식\ 10.7 \rangle$$

### (4) 로지스틱모형

로지스틱모형(losistic model)은 추정하고자 하는 시계열이 초기에는 완만하게 성장하다가 일정기간이 지나면 급격히 증가하고 또 일정기간이 지나면 그 증가율이 점차 감소하여 결국에는 일정수준을 유지하는 성장경로를 보이는 시계열 추정에 적합한 모형이다.

이 모형은 특정 수요가 특정범위까지는 증가한다는 전제하에 추정 시계열의 상한을 설정하여 예측하는 성장한계모형이다.

로지스틱모형을 수식으로 나타내면 ⟨식 10.8⟩과 같다.

$$P_t = \frac{1}{\left(\frac{1}{P_0} - \frac{b}{a}\right)e^{at} + \frac{b}{a}} \qquad \langle 식\ 10.8 \rangle$$

여기서 $a$는 궁극적인 수요에 대한 기준연도 인구수준의 비율($P_0/P_\infty$)이다. $b$는 $(P_t/P_\infty)$의 이중 로그(double logarithm)로 변환한 후 구한 직선식의 기울기이다.

이처럼 로지스틱모형은 목표를 정해놓고 그 목표와 성장속도와의 관계를 분석하는데 유용하게 적용될 수 있다. 로지스틱 회귀분석의 분석 절차나 목적은 일반적인 회귀분석과 비슷하지만 종속변수가 명목척도로 측정된 범주형 변수에 적용된다는 점이 특징이다. 이때 종속변수가 두 가지 값만 가질 경우에는 이항 로지스틱 분석을 사용하고 셋 이상인 경우에는 다항 로지스틱 분석이 사용된다.

이항 로지스틱 모형은 〈식 10.9〉와 같다.

$$\ln\left(\frac{p}{1-p}\right) = \beta_0 + \beta_1 X_1 + \beta_2 X_2 + \cdots + \beta_n X_n \qquad \text{〈식 10.9〉}$$

여기서 $\ln\left(\frac{p}{1-p}\right)$을 로짓(logit)이라 하고 $p$는 개별 케이스가 어떤 집단에 속할 확률이고 $1-p$는 그 집단에 속하지 않을 확률을 나타낸다. 따라서 $p$값이 높을수록 그 집단에 속할 확률이 높다는 것을 의미한다. 이 값을 $n$개의 예측 변수를 이용하여 예측하겠다는 것이 로지스틱 회귀분석의 주된 목적이

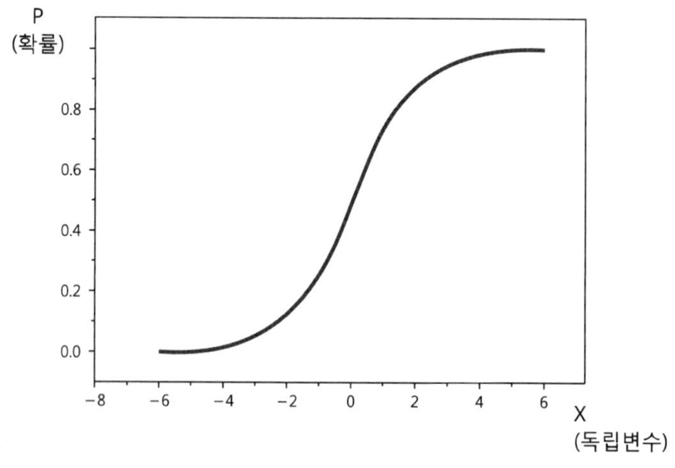


▌그림 10.2 로지스틱 회귀선

다. 로지스틱 분석의 발생확률과 독립변수와의 선형 결합관계는 [그림 10.2]와 같다.

또한 회귀계수 값이 양(+)의 값일 때 그 변수 값이 높아질수록 특정 집단에 속할 확률이 높아지게 되고 음(−)의 값이 높을수록 특정 집단에 속할 확률은 낮아진다. 이 계수들을 해석함으로써 어떤 변수가 특정 집단에 속할 확률을 높이거나 낮추는지 결정 할 수 있다.

### 4) 추세분석법의 적용

추세분석법을 실제로 적용하는 방법을 살펴보자. 자료는 2000~2010년까지 우리나라 주민등록인구를 이용하여 2011년과 2012년의 인구를 추정하는 것이다. 2000년 이후 10년간 인구는 연평균 0.57%씩 증가하였다. 연평균성장률은 복합연평균성장률법을 적용하여 계산하였으며 등차급수법과 기하급수법, 지수성장모형에 이 비율을 적용한다. 복합연평균성장률 산출식은 〈식 10.10〉과 같고 결과는 〈식 10.11〉과 같다.

$$CAGR(t_0,\ t)=\left(\frac{V(t)}{V(t_0)}\right)^{\frac{1}{t-t_0}}-1 \qquad \langle 식\ 10.10\rangle$$

여기서 $V(t)$는 2010년 인구, $V(t_0)$는 2000년 인구이다.

$$CAGR=\left(\frac{5,051}{4,773}\right)^{\frac{1}{10}}-1=0.057=5.7\% \qquad \langle 식\ 10.11\rangle$$

이를 적용한 각 모형별 추정결과는 다음과 같다.

등차급수법: 2011년 $=5,051\times(1+0.57\times1)=5,080$

2012년 $=5,051\times(1+0.57\times2)=5,108$

등비급수법: 2011년 $=5,051\times(1+0.57)^1=5,080$

2012년 $=5,051\times(1+0.57)^2=5,202$

$$\text{지수성장모형: } 2011\text{년} = 5{,}051 \times e^{0.57 \times 1} = 5{,}080$$

$$2012\text{년} = 5{,}051 \times e^{0.57 \times 2} = 5{,}109$$

이상의 결과에서 보면 등차급수법, 등비급수법, 지수성장모형 모두 2011년 예측치는 동일한 추정치를 보여주고 있다. 그러나 2012년에는 지수성장모형이 가장 크고, 등비급수법, 등차급수법 순으로 예측치가 크게 나타났다. 예측기간이 길어질수록 등비급수법은 급격히 증가하게 된다.

**▌표 10.4 추세분석법 사례**

| 시점 | 등차급수법 | 등비급수법 | 지수성장모형 |
|---|---|---|---|
| 2000 | 4,773 | 4,773 | 4,773 |
| 2001 | 4,802 | 4,802 | 4,802 |
| 2002 | 4,822 | 4,822 | 4,822 |
| 2003 | 4,838 | 4,838 | 4,838 |
| 2004 | 4,858 | 4,858 | 4,858 |
| 2005 | 4,878 | 4,878 | 4,878 |
| 2006 | 4,899 | 4,899 | 4,899 |
| 2007 | 4,926 | 4,926 | 4,926 |
| 2008 | 4,954 | 4,954 | 4,954 |
| 2009 | 4,977 | 4,977 | 4,977 |
| 2010 | 5,051 | 5,051 | 5,051 |
| 2011 | 5,080 | 5,080 | 5,080 |
| 2012 | 5,108 | 5,202 | 5,109 |
| ⋮ | ⋮ | ⋮ | ⋮ |
| 2012 | 5,338 | 5,854 | 5,346 |

## 2. 지수평활법

### 1) 지수평활법의 개념

평활법은 과거의 관측값들에 대해 동일한 가중치를 부여하는 이동평균법과는 달리 최근의 관측치가 미래예측에 더 많은 영향을 준다는 점에서 과거

보다 현재의 관측값에 많은 가중치를 주어 수요를 예측하는 방법이다. 평활법은 1950년대에 처음 개발된 후 홀트(Holt), 윈터스(Winters) 등에 의해 다양한 유형으로 예측기법이 발전되었다. 평활법을 적용할 때 정상시계열은 이동평균법(moving average method)과 지수평활법(exponential smoothing method)을 적용한다.

평활법에서 가장 많이 이용하는 방법은 과거 시계열의 연속성을 그대로 적용하는 이동평균법이다. 지수평활법은 ARIMA 모형이나 계량경제모형보다 비교적 단순하면서도 예측력이 높아서 수요예측모형 중 실무적으로 많이 사용되고 있다(Lim & McAleer, 2001). 지수평활법에 있어서 고려해야 하는 사항은 예측계열의 초기값(initialization) 선정과 최적 모수의 선택이다. 초기값을 선정하는 방식은 크게 최초의 실제값을 최초의 예측값으로 그대로 이용하는 방식과 산술평균 등의 방법을 사용하여 초기값을 선정하는 방식이 있다.

### 2) 지수평활법의 특징과 유형

지수평활법에서 시계열자료가 안정적 시계열(stationary time series)이라면 평균을 이용한 미래 예측은 유용하다. 그러나 계절적 요인이나 추세요인이 존재할 경우 평균값만을 이용한 예측은 오차가 크기 때문에 적절한 방법이 되지 못한다. 이러한 경우 과거 관측치는 포함하되 현재시점에서 가까울수록 가중치를 크게 부여하여 추정하는 방법을 적용하는 것이 바람직하다. 즉, 과거로 갈수록 가중치가 급격히 떨어지도록 모형을 설정하는 것이다.

지수평활법을 이용한 예측은 몇 가지 장점이 있다. 첫째, 사용이 간편하다. 둘째, 최근의 추세변동이 민감하게 반영될 수 있어 단기 예측에 적합하다. 셋째, 가중치를 용이하게 배분할 수 있다. 넷째, 예측에 필요한 자료를 많이 요구하지 않는다. 다섯째, 예측대상 변수가 많을 때 쉽게 적용할 수 있다. 반면 장기적으로 상승과 하강하는 추세변동이 존재할 때 적용하기에는 부적절한 측면이 있다.

이러한 방법을 적용한 지수평활법에는 단순지수평활법, 홀트의 선형지수평활법(Holt's two-parameter linear exponential smoothing method), 홀트와 윈터스의 지수평활법(Winters's three-parameter trend and seasonality method) 등이 있다.

단순지수평활법은 추세나 계절성이 존재하지 않을 경우에 주로 적용하고 추세가 존재할 때는 홀트의 선형지수평활법, 추세와 계절변동이 동시에 존재할 때는 홀트-윈터스의 선형지수평활법을 적용한다.

**표 10.5 지수평활법의 유형**

| 유형 | 특징 |
| --- | --- |
| 단순지수평활법 | 추세와 계절성이 존재하지 않을 때 적용 |
| 홀트의 선형지수평활법 | 추세 존재시 적용 |
| 홀트-윈터스의 선형지수평활법 | 추세와 계절변동 존재시 적용 |

자료: 이종원(2006).

### 3) 지수평활법의 추정모형과 분석방법

#### (1) 단순지수평활법

단순지수평활법은 과거 예측치를 기준으로 추정하되 과거의 예측오차를 고려하여 예측치를 설정하는 방법이다. 추정모형은 〈식 10.12〉와 같다.

$$\begin{aligned} G_{t+1} &= G_t + \alpha(Y_t - G_t) \\ &= \alpha Y_t + (1-\alpha)G_t \end{aligned} \quad \text{〈식 10.12〉}$$

여기서 $G_{t+1}$은 과거 예측치, $G_t$는 현재 값, $Y_t - G_t$는 예측오차를 의미한다. 또한 $\alpha$는 조정계수로 $0<\alpha<1$의 값을 가진다. 만약 $\alpha$값이 0에 가까우면 과거 오차에 대한 비중을 낮추는 것이고 1에 가까우면 현재 오차에 대한 비중을 낮추게 된다. 다시 말하면 1에 가까울수록 현재 값에 큰 비중을 둔 예측을 수행한다는 것을 나타낸다. 조정계수를 낮추어가면서 예측오차가 거의 발생하지 않을 때 까지 여러 번 조정할 수 있다.

$\alpha$값을 0.7이상 크게 적용하면 수정부분이 커져 예측의 감응도가 높아지

기 때문에 시계열이 불안정한 경우에 적용된다. $\alpha$값을 0.5이하로 작게하면 예측의 안정도가 높아지기 때문에 주로 안정적 시계열에 적용한다.

### (2) 홀트의 선형지수평활법

홀트(Holt)의 선형지수평활법은 추세조정 지수평활법으로 이중지수평활법(double exponential smoothing method)이라고도 한다. 이 방법은 수요 패턴에 추세가 관찰될 때 적용하며 계절성은 관찰되지 않아야 한다. 이 모형은 평활화를 위해 두 개의 상수($\alpha$, $\beta$)를 이용하며 〈식 10.13〉을 적용한다.

$$L_t = \alpha Y_t + (1-\alpha)(L_{t-1} + b_{t-1})$$
$$b_t = \beta(L_t - L_{t-1}) + (1-\beta)b_{t-1}$$
$$F_{t+m} = L_t + b_t m \qquad \text{〈식 10.13〉}$$

여기서 $L_t$는 $t$기의 시계열 추정치이고 $b_t$는 $t$의 시계열자료 기울기의 추정치를 의미한다. 따라서 $L_t$는 전기의 평활화 추정치($L_{t-1}$)에 전기의 추세치($b_{t-1}$)를 더하여 계산한다. 이러한 홀트법은 추세변동이 존재할 경우 평균제곱오차(mean square error: MSE)와 절대평균비율오차(mean absolute percentage error: MAPE)를 기준으로 최적화된 $\alpha$값과 $\beta$값을 제공하여 작성된 *SES*모형보다 더 정확한 추정치를 제공해 준다. 여기서 $\alpha$값과 $\beta$값이 같으면 브라운의 이중지수평활법과 동일한 결과가 나타난다.

홀트의 선형지수 평활법은 평활수준이 동일한 기간에 의해 추세 조정이 된다. $\alpha$는 과거의 평활수준으로부터 조정된 새로운 실제값과 추세값으로 평활화하기 위해 사용하고 $\beta$는 평활을 제거하거나 추세를 평균하기 위해 사용한다. 이것은 평활화되지 않은 추세에 반영될 확률오차를 제거하며 수준과 추세가 서로 다른 가중치를 가지고 평활화될 수 있다는 장점이 있다. 다만 초기 평활상수가 어떻게 사용되고 최적화될 수 있는지를 결정하기 어렵다는 단점을 가지고 있다. 이는 초기에 필요한 2개의 평활모수 $\alpha$와 $\beta$에 대한 여러 가지 조합이 존재하기 때문이다. 따라서 모수의 최적조합을 탐색하는 것이 더욱 복잡해진다는 문제점이 있다.

### (3) 홀트-윈터스의 선형지수평활법

홀트(Holt), 윈터스(Winters)의 선형지수평활법은 추세 및 계절조정 지수평활법으로 시계열에 추세와 계절성이 모두 관찰될 때 적합한 방법이다.

홀트와 윈터스모형에서는 관측치 수준(level), 추세(trend), 계절성(seasonality)을 동시에 고려하는 3개의 평활방정식을 이용하게 된다.

홀트-윈터스법은 계절변동을 승법적으로 보느냐 가법적으로 보느냐에 따라 달라질 수 있는데 현실적으로 승법모형이 최상의 결과를 보여주는 것으로 보고 있다. 승법모형은 〈식 10.14〉와 같다.

$$\hat{y}_{T+k} = (a + bk)c_{t+k} \qquad \text{〈식 10.14〉}$$

$a$는 파라메타, $b$는 추세, $c_t$ 승법적 계절요인

3가지 평활방정식은 〈식 10.15〉와 같이 정의할 수 있다.

$$a(t) = \alpha \frac{y_t}{c_t(t-s)} + (1-\alpha)(\alpha(t-1+b(t-1))$$

$$b(t) = \beta(a(t) - a(t-1)) + (1-\beta)b(t-1)$$

$$c_t(t) = \gamma \frac{y_t}{a(t)} + (1-\gamma)c_t(t-s) \qquad \text{〈식 10.15〉}$$

여기서 $0 < \alpha, \beta, \gamma < 1$는 라그랑지안 승수(Lagrangian multiplier)이고 $s$는 계절변동을 나타내는 계절적 변동요인을 의미한다.

예측함수는 〈식 10.16〉과 같이 정의한다.

$$\widehat{y_{t+k}} = (a(T) + b(T)k)c_{T+k-s} \qquad \text{〈식 10.16〉}$$

여기서 계절적 요인은 마지막 $s$추정량으로부터 얻을 수 있다.

가법모형은 〈식 10.17〉과 같다.

$$a(t) = \alpha(y_t - c_t(t-s)) + (1-\alpha)(\alpha(t-1+b(t-1))$$

$$b(t) = \beta(a(t) - a(t-1)) + (1-\beta)b(t-1)$$

$$c_t(t) = \gamma(y_t - a(t)) + (1-\gamma)c_t(t-s) \qquad \text{〈식 10.17〉}$$

가법모형의 예측함수는 식 〈식 10.18〉과 같이 정의한다.

$$\widehat{y_{t+k}} = a(T) + b(T)k + c_{T+k-s} \qquad \langle 식\ 10.18 \rangle$$

가법모형은 승법모형과 달리 계절변동지수를 곱하거나 나누지 않고 더하는 방식이다. 따라서 가법모형은 현실적 변동을 제대로 반영하지 못하는 경향이 있어 활용도가 승법모형에 비해 낮다.

홀트-윈터스법은 모형속에 있는 확률성, 추세, 계절성을 조정하기 위한 대체적인 방법을 제공하고 있다. 이중 계절요인은 차기 순환예측을 위해 계산되며 하나 이상의 계절순환을 앞서 예측하기 위해 사용된다. 그래서 계절지수를 해석하는 것이 용이한 방법이다. 그러나 홀트-윈터스법은 3모수 $\alpha$, $\beta$, $\gamma$에 대한 초기값을 결정하기 어렵다는 단점이 있다. 또한 추세와 계절성을 가지고 있으나 확인되지 않은 시계열에 대해서는 복잡한 추정과정을 거쳐야 한다. 특히, 특이치(outlier)는 예측에 큰 영향을 미치게 된다.

### 4) 지수평활법의 적용사례

단순지수평활법의 실제 적용사례를 보면 다음과 같다.

예를 들어, 에어컨의 연간판매량을 예측할 때 지수평활법을 적용한다. 이때 조정계수 $\alpha$는 0.3, 0.2를 적용한다. 만약 전년도의 판매 예측치($F_{t-1}$)가 20,000대, 작년의 실제 판매량($A_{t-1}$)이 21,000대일 때 금년의 연간 판매량을 예측하면 다음의 결과를 얻을 수 있다.

$$F_t = (0.3 \times 21,000) + (1 - 0.3) \times 20,000 = 20,300(대)$$

$$F_t = (0.2 \times 30,000) + (1 - 0.2) \times 20,000 = 26,000(대)$$

이중지수평활법의 적용사례는 다음과 같다.

예를 들어, A사는 B제품에 대한 수요예측에 지수평활법을 적용하여 추세 조정 예측치를 계산하고자 한다. 평활화계수 $\alpha$는 0.2, $\beta$는 0.4이며, 최초의 개시 예측치인 1월의 수요량은 11이며, 월별 수요 자료는 다음과 같다.

2월 및 3월의 추세조정 예측값을 구해보자.

| 월 | 1 | 2 | 3 | 4 | 5 | 6 | 7 | 8 | 9 |
|---|---|---|---|---|---|---|---|---|---|
| 수요량 | 12 | 17 | 20 | 19 | 24 | 26 | 31 | 32 | 36 |

2월의 추세조정 예측치를 구하면 다음과 같다.

1단계)

$F_2 = F_1 + \alpha$(1월의 수요 − 1월의 예측치) $= 11 + 0.2(12 - 11) = 11.2$

2단계) 최초의 추세조정치는 0으로 한다.

$(T_1 = 0)$

$T_2 = T_1 + \beta(F_2 - F_1) = 0 + 0.4(11.2 - 11.0) = 0.08$

3단계) $FIT$를 계산한다

$FIT_2 = F_2 + T_2 = 11.2 + 0.08 = 11.28$(단위)

3월의 추세조정 예측치

1단계)

$F_3 = F_2 + \alpha$(2월의 수요 − 2월의 예측치) $= 11.2 + 0.2(17 - 11.2) = 12.36$

2단계)

$T_3 = T_2 + \beta(F_3 - F_2) = 0.08 + 0.4(12.36 - 11.2) = 0.54$

3단계)

$FIT_3 = F_3 + T_3 = 12.36 + 0.54 = 12.90$

이와 같은 방법으로 지수평활법을 확대하여 예측을 수행한 결과 홀트-윈터스법의 가법에 의한 추정결과가 가장 높은 예측결과를 보였다.

❙ 표 10.6 지수평활법의 사례

| 시점 | 원자료 | 단일지수 | 홀트 | 홀트·윈터스 | |
|---|---|---|---|---|---|
| | | | | 가법 | 승법 |
| 2000 | 4,829 | 4,820 | 4,829 | 4,798 | 4,798 |
| 2001 | 4,773 | 4,829 | 4,835 | 4,799 | 4,802 |
| 2002 | 4,802 | 4,773 | 4,772 | 4,814 | 4,813 |
| 2003 | 4,822 | 4,802 | 4,797 | 4,831 | 4,829 |
| 2004 | 4,838 | 4,822 | 4,823 | 4,846 | 4,844 |
| 2005 | 4,858 | 4,838 | 4,844 | 4,878 | 4,876 |
| 2006 | 4,878 | 4,858 | 4,867 | 4,839 | 4,838 |
| 2007 | 4,899 | 4,878 | 4,890 | 4,879 | 4,884 |
| 2008 | 4,926 | 4,899 | 4,913 | 4,914 | 4,918 |
| 2009 | 4,954 | 4,926 | 4,943 | 4,946 | 4,949 |
| 2010 | 4,977 | 4,954 | 4,974 | 4,994 | 4,995 |
| 2011 | – | 4,977 | 4,998 | 4,973 | 4,970 |
| 2012 | – | 4,977 | 5,020 | 5,001 | 4,997 |
| ⋮ | ⋮ | | | ⋮ | |
| 2020 | – | 4,977 | 5,193 | 5,201 | 5,187 |

## 3. ARIMA법

### 1) ARIMA법의 개념

시계열모형은 관측된 시계열 자료의 자기상관에 대한 분석을 기초로 만들어지는 모형을 말한다. 박스-젠킨스(Box-Jenkins)의 ARIMA 모형이 대표적이며 주로 월별 매출변동과 같은 단기예측에 사용된다. 따라서 ARIMA 모형은 박스-젠킨스 방법이라고도 하는데 통합자기회귀이동평균법(autoregressive integrated moving average: ARIMA)을 지칭하는 것으로 여러 형태의 단변량 시계열 자료를 확률과정모형 즉 AR, MA, ARMA, ARIMA 및 계절 ARIMA에 접목시켜 효과적으로 시계열을 분석하는 것을 말한다.

다른 시계열모형에 비하여 비교적 복잡한 산술적, 통계적 과정을 거치게 되고, 때로는 사용자의 주관적 판단이 요구되기도 한다. 예측치의 정확도가 높기 때문에 단기 또는 중기의 관광수요 예측에 적합한 방법이지만, 다른 시계열모형에 비하여 응용하기가 어렵고 많은 시간과 비용이 소요되는 단점이 있다.

### 2) ARIMA법의 특징과 유형

ARIMA모형을 이용한 관광객 또는 이용객 수요를 추정하기 위해서는 첫째, 시계열의 정상성을 판단해야 한다. 비정상적인 시계열들을 정상적인 시계열로 전환(conversion)하는 과정을 거쳐야 하며, 이런 전환에는 일반적으로 분산 안정화 변환(variance stabilizing transformation)과 차분(difference) 두 가지 방법을 사용하는데 주로 1차 차분과정에서 시계열은 안정성을 확보하게 된다.

먼저 시계열의 안정성을 검정에서 수준변수(원자료)의 안정성을 확보하지 못하면 1차 차분만으로 대부분의 시계열이 안정성을 확보하게 된다. 대부분의 불안정적이 시계열은 1차 차분만으로 안정성을 확보할 수 있기 때문이다. 둘째, 식별의 문제로 자료계열 내 관측 값들 사이의 상관관계를 측정하는 두 개의 도구인 자기상관함수(*ACF*), 편자기상관함수(*PACF*)를 이용하며, 두 개의 측정된 상관함수를 통해 되도록 간단히 자료 계열 내에 존재하는 통계적 관계를 요약하게 된다. 식별단계에서는 ARIMA모형의 AR모형의 차수($p$)와 MA모형의 차수($q$)를 선택해야 하는데 간단한 식별방법은 〈표 10.7〉과 같다.

**▌표 10.7 ARIMA모형의 차수($p$ 또는 $q$)식별 방법**

| 모형 | 자기상관함수(ACF) | 편자기상관함수(PACF) |
|---|---|---|
| AR(1) | – | $p=1$ 시차에서 유의 |
| AR(2) | – | $p=2$ 시차에서 유의 |
| MA(1) | $q=1$ 시차에서 유의 | – |
| MA(2) | $q=2$ 시차에서 유의 | – |

자료: 한국문화관광정책연구원(2006).

셋째, ARIMA모형의 추정방법은 일반적으로 조건부 최소자승(conditional least squares), 비조건부 최소자승법(unconditional least squares), 최우추정법(maximum likelihood estimation) 등이 이용된다.

넷째, 추정된 모형이 통계적으로 적절한지를 결정하는 단계로 이 진단검증에 부합하는 모형은 기각되어 최종모형을 찾을 때까지 식별, 추정, 모형진단의 3단계를 계속해서 반복해야 한다. ARIMA모형에서 최적모형이라 함은 1차적 모형선정 후 해당잔차가 시차에 따라 무작위(random)하게 배열되는 '백색잡음(white-noise)'의 가정을 만족시키는 모형이라고 할 수 있다. 잔차의 백색잡음 가정은 잔차의 ACF, PACF를 보고 판단할 수 있고, 통계수치로는 라그랑지안 승수법(Godfrey, 1979)과 Portmanteau 검정법(Ljung & Box, 1978) 등을 통해 알아볼 수 있는데 지역의 관광객 추정을 위해서는 주로 자기상관함수(auto correlation function: ACF)와 부분자기상관함수(partial auto correlation function: PACF)를 이용하여 판단하게 된다. 즉, 전 시차에 ACF, PACF값이 유의적으로 큰 값을 가지지 않고, Q-통계량 값이 주어진 신뢰수준 내에서 0으로부터 유의하지 않은 경우 잔차는 백색잡음이라고 간주하게 된다.

다섯째, 상기의 과정을 거친 유의적인 모형을 토대로 예측을 실시하게 된다.

### 3) ARIMA법의 적용

ARIMA법은 여러 형태의 단변량 시계열 자료를 확률과정모형 즉, AR, MA, ARMA, ARIMA 및 계절 ARIMA에 접목시켜 효과적으로 시계열을 분석하는 방법이다. 그러나 시계열모형 중 비교적 복잡한 산술적, 통계적 과정을 거쳐야 하고 경우에 따라 사용자의 주관적 판단이 요구되기도 한다. 예측치의 정확도가 높기 때문에 단기 또는 중기의 관광수요 예측에 적합한 방법이지만, 다른 시계열모형에 비하여 응용하기가 어렵고 많은 시간과 비용이 소요되는 단점이 있으며, 또한 ARIMA를 이용해 시계열을 예측하고자 하는 경우 최소 50개 이상의 자료가 필요하다.

**❙ 표 10.8 ARIMA법의 사례(연도별 자료)**

| 시점 | 원자료 | 전기대비증감 |
|---|---|---|
| 2003 | 65,989 | 1,956.0 |
| 2004 | 67,945 | 512.0 |
| 2005 | 68,457 | 1,482.0 |
| 2006 | 69,939 | 2,115.0 |
| 2007 | 72,054 | 1,633.0 |
| 2008 | 73,687 | 2,828.0 |
| 2009 | 76,515 | −4,443.3 |
| 2010 | 72,072 | 5.2 |
| 2011 | 72,077 | 4.9 |
| 2012 | 72,082 | 4.6 |
| ⋮ | ⋮ | 4.4 |
| 2020 | 72,112 | 4.1 |

ARIMA예측법은 대부분 예측값이 낮은 것이 특징이다. 또한 시계열 확보가 중요하기 때문에 연도별 자료보다는 시계열 자료 확보가 용이한 분기별, 월별 자료를 이용하여 예측하는 것이 유용하다. 〈표 10.8〉에서 ARIMA예측법의 실제 적용사례를 보면 시계열이 2003년부터 2010년까지 8개에 불과하기 때문에 2010년 이후의 예측값이 지나치게 낮게 나타나고 있다. 이처럼 예측오차가 크고 예측력이 떨어지기 때문에 연도별 자료를 이용한 ARIMA 예측법은 장기예측에 적합하지 않는 방법이다.

따라서 월별자료를 이용한 적용사례를 보면 다음과 같다.

[그림 10.3]은 2000년 1월부터 2013년 12월까지 168개의 월별자료를 이용한 원자료와 계절조정한 자료이다. 1단계인 정상성 확인결과 단계에서 안정화 변환(variance stabilizing transformation)과 차분(difference)을 거치고 계절조정을 통해 계절성을 제거한 자료이다.

2단계 식별단계로 ARIMA모형은 (1 1 1)(0 0 1)18(0 1 1)을 적용하였다. 이 모형은 여러 모형들 중 AIC와 SBC의 정보기준이 가장 작은 최적의 모형으로 판단하였다.

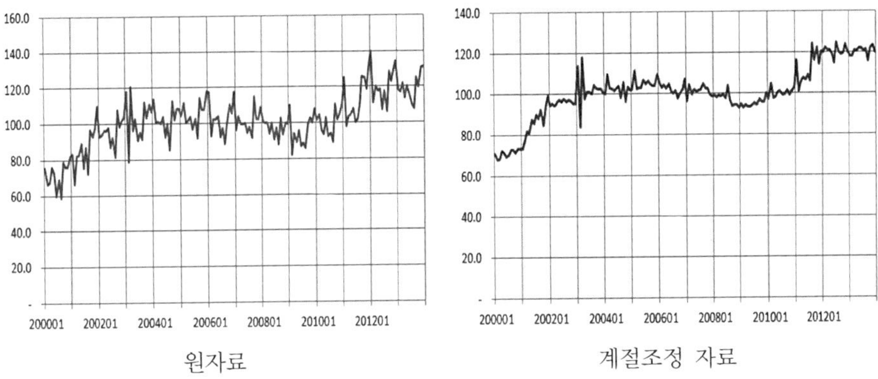


**▎그림 10.3 원자료와 계절조정 자료**

3단계는 추정단계로 ARIMA모형의 추정방법 중 가장 일반적으로 이용되는 비조건부 최소제곱법(unconditional least squares)을 적용하여 분석하였다.

4단계는 모형진단단계로 추정된 모형이 통계적으로 적절한지를 결정하는 단계이다. 이 진단검증에 부합하는 모형은 기각되며, 이 단계에서 나타난 결과들을 통해 고려한 모형이 얼마나 좋은지를 알 수 있고, 최종모형을 찾을 때까지 식별, 추정, 모형진단의 3단계를 되풀이 하였다.

ARIMA모형에서 최적모형이라 함은 1차적 모형선정 후 해당잔차가 시차에 따라 무작위(random)하게 배열되는 '백색잡음(white-noise)'의 가정을 만족시킴을 의미한다.

잔차의 백색잡음 가정은 육안으로는 잔차의 ACF(auto correlation function), PACF(partial auto correlation function)를 살펴보았으며 잔차가 ACF와 PACF가 전 시차에 걸쳐 유의적으로 큰 값을 가지지 않고, Q-통계량 값이 주어진 신뢰수준 내에서 유의한 결과를 나타냈다.

5단계는 예측단계로 〈표 10.9〉와 같다. 예측 결과를 보면 시간의 변화에 따라 예측치가 감소하는 것을 알 수 있다.

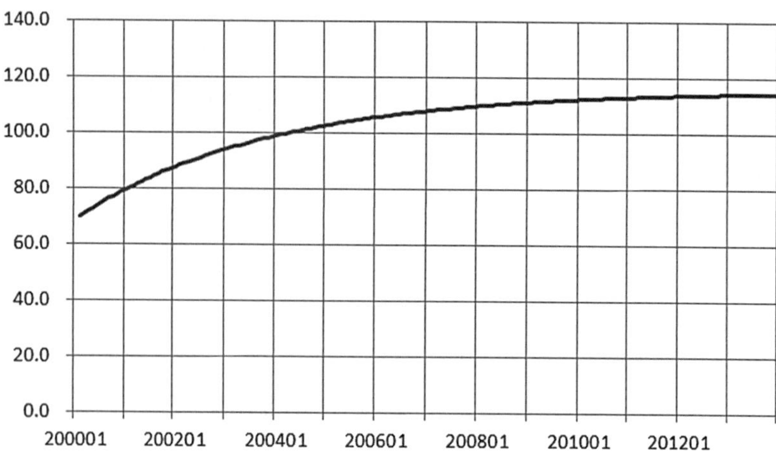


▌그림 10.4 ARIMA법에 의한 예측자료

▌표 10.9 ARIMA법의 사례(월별 자료)

| 시점 | 원자료 | 계절조정자료 | 예측자료 |
|---|---|---|---|
| 2000.01 | 75.4 | 71.0 | – |
| 2000.02 | 66.5 | 67.9 | 70.0 |
| 2000.03 | 67.3 | 68.3 | 71.0 |
| 2000.04 | 76.1 | 72.2 | 71.9 |
| 2000.05 | 72.6 | 71.1 | 72.8 |
| 2000.06 | 59.8 | 69.5 | 73.7 |
| 2000.07 | 69.1 | 70.3 | 74.6 |
| 2000.08 | 58.8 | 73.0 | 75.5 |
| ⋮ | ⋮ | ⋮ | ⋮ |
| 2013.09 | 125.0 | 115.6 | 114.4 |
| 2013.10 | 119.7 | 121.6 | 114.4 |
| 2013.11 | 130.4 | 123.5 | 114.4 |
| 2013.12 | 131.0 | 119.8 | 114.4 |

# 4. 회귀분석법

## 1) 회귀분석법의 개념

회귀분석(regress analysis)은 종속변수(또는 피설명변수)라고 불리는 하나의 변수와 독립변수(또는 설명변수)라고 불리는 하나 또는 하나 이상의 변수들 사이의 관계를 연구하는 것이다. 즉, 한 변수가 다른 변수와 어떻게 관련을 맺고 있는가를 설명하는 이론이 존재한다. 예를 들면, 수요의 법칙이라는 이론은, 재화의 수요량은 그 재화의 가격, 기타 변수에 의해서 영향을 받는다. 표기를 일치시키기 위해서 이제부터 $Y$를 종속변수, $X$를 독립변수(또는 설명변수)라고 하자. 만약 설명변수가 2개 이상이면 적절한 하첨자를 이용하여 $X_1$, $X_2$, $X_3$ 등으로 나타낸다. 그러나 회귀분석이 반드시 인과관계를 의미하는 것은 아니다.

## 2) 회귀분석법의 유형

회귀분석은 독립변수와 종속변수간의 인과관계를 측정하는 방법이다. 독립변수가 하나이면 단순회귀분석, 둘 이상이면 다중회귀분석이라고 한다.

단순회귀분석법은 종속변수 $Y$와 독립변수 $X$간에 선형관계가 성립하는 단순선형회귀모형은 〈식 10.19〉와 같이 나타낼 수 있다.

$$Y_t = \alpha_0 + \alpha_1 X_i + \varepsilon_i$$

$$\varepsilon_i \sim N(0,\ \sigma^2)$$

$$cov(\varepsilon_i,\ \varepsilon_j) = E(\varepsilon_i,\ \varepsilon_j) = 0 \qquad \text{〈식 10.19〉}$$

고전적 가정에 따르면 독립변수 $X_i$는 고정화된 일정한 수이며, $\varepsilon_i$는 정규분포를 따르면서 평균은 0이고 분산은 항상 $\sigma^2$이다. 또한 $\varepsilon_i$와 $\varepsilon_j$는 서로 독립인 경우를 가정하고 있다. 회귀분석 결과를 해석할 때에도 적합도검정($F$-검정), 개별회귀계수의 유의도 검정($t$-검정), 모형의 설명력($R^2$) 등에 주의하면서 분석을 수행해야 한다.

다중회귀모형은 인과모형 중 가장 많이 이용되는 것으로 다중변량의 함수라고 가정한다. 또한 특수한 상황 또는 정책으로 인한 충격은 추세를 고려한 더미(dummy)변수를 이용할 수 있다. 다변량 회귀모형은 두 개 이상의 독립변수를 포함하며 독립변수와 종속변수 간의 인과관계를 규명할 수 있다는 점에서 단변량모형(시계열모형)에 비하여 논리적 장점을 가진다.

다변량 회귀모형의 또 다른 장점 중 하나는 수요탄력도(demand elasticity)를 제시해 주는 것으로써 관광수요에 영향을 미치는 주요 변수를 확인해내고, 설명변수의 탄력도를 추정하는데 유용하다. 그러나, 각각의 독립변수들을 모두 예측해야 하므로 관광수요를 예측하는 데에는 시계열모형에 비하여 그 이용빈도가 높지 않고, 더구나 각각의 독립변수들을 설명 해주는 변수들에 대한 정확한 자료가 존재하지 않아 대리변수(proxy variable)들을 사용할 경우 예측모델의 정확도가 비교적 단순한 시계열모형에 비하여 높지 않을 수 있으며, 다중공선성과 자기상관이 발생할 가능성이 있다. 다중 회귀분석은 단순 회귀분석의 확장개념으로서 다음과 같은 가설을 전제로 하여 분석이 이루어진다.

다중회귀식은 〈식 10.20〉과 같이 표현된다.

$$Y = f(X_1,\ X_2,\ X_3,\ \cdots\ X_i)$$

$$Y_i = \alpha_0 + \alpha_1 X_1 + \alpha_2 X_2 + \alpha_3 X_3 + \cdots + \alpha_i X_i + \varepsilon_i \qquad \text{〈식 10.20〉}$$

여기서 $Y_i$는 예측치, $\alpha$는 회귀계수, $X$는 수요에 영향을 미치는 독립변수, $\varepsilon$은 오차항을 나타낸다.

다중회귀분석은 관광수요에 영향을 미치는 주요변수들을 확인해내고, 독립변수의 탄력도를 추정하는데 유용하기 때문에 학계에서 주로 연구방법으로 많이 활용되고 있다. 그러나 미래수요를 예측할 때는 각각의 독립변수들을 모두 예측해야 하는 어려움이 있기 때문에 이용빈도가 높지는 않다. 다만 독립변수를 시간변수로 하는 추세분석이 주로 이용되고 있다.

또한, 각각의 독립변수들을 설명해주는 변수들에 대한 정확한 자료가 존재하지 않아 대리변수를 사용할 경우 예측의 정확도가 떨어질 수 있으며, 다중공선성과 자기상관이 발생할 가능성이 있다. 다중공선성(multicollinearity)은 다중회귀분석에서 독립변수들 간에 강한 상관관계가 존재할 때 나타나는데, 다중공선성이 발생하면 추정계수의 표준편차가 커져 추정치가 불완전하게 되고, t값도 작아져서 귀무가설의 기각을 어렵게 함으로써 회귀분석에서 의미 있는 변수를 중요하지 않은 것으로 오인할 위험을 크게 한다.

다중공선성이 존재할 경우에는 릿지회귀(ridge regression)나 요인분석(factor analysis)를 통해 회귀함수를 다시 추정하거나 문헌연구나 연구의 상황, 또는 회귀분석의 분석옵션을 사용하여 다중공선성을 일으키는 변수를 제거 또는 변환해야 한다.

자기상관(autocorelation, serial corelation)은 주로 시계열자료에 많이 존재하는데, 독립으로 가정된 인접한 시기의 오차항 사이에 강한 상관관계가 존재하는 경우이다. 자기상관이 존재하게 되면 통계적 중요성 여부를 검증하는 $F$ 또는 $t$-검증($t$-test)을 유효하지 않게 하므로 자기상관이 존재하면 가중회귀(weighted regression)분석이나 코크란-오컷(Cochrane-Orcutt)방법으로 회귀함수를 다시 추정해야 한다.

### 3) 회귀분석법의 분석방법

회귀분석은 하나의 독립변수가 종속변수에 얼마나 영향을 미치는가를 측정하는 것이다. 즉, 독립변수의 값에 따라 종속변수가 변화한다.

따라서 다음과 같은 과정에 따라 분석한다.

#### (1) 이론 또는 가설의 설정

우선 연구하고자 하는 주제에 대해서 경제이론이 주장하고자 하는 것이 무엇인지를 찾아야 한다.

#### (2) 자료수집

실험을 위해 2변수에 대한 양적인 정보가 필요하다. 일반적으로 실증분석에 사용되는 데 필요한 자료에는 시계열 자료, 횡단면 자료, 합동자료(시계열 자료와 횡단면 자료의 조합) 등 3가지가 있다.

시계열 자료는 GDP, 고용, 실업, 화폐공급, 정부의 재정적자 등과 같이 장시간에 걸쳐 수집한 자료이다. 이러한 자료는 일, 월, 분기, 년과 같이 규칙적인 간격으로 수집된다. 이들 자료는 양적(화폐공급, 가격, 소득 등)인 자료와 질적(남녀, 실업과 고용, 기혼과 미혼, 흑백 등)인 자료로 구분된다. 여기서 더미변수 또는 범주변수라고 하는 질적변수는 양적변수와 함께 중요한 역할을 한다.

횡단면 자료는 매 10년마다 이루어지는 미국의 인구조사, 미시간 대학의 소비지출조사, 갤럽, 해리스 등에서 조사되는 투표조사와 같이 특정 시점에 모아진 하나 이상의 자료이다. 합동자료는 시계열과 횡단면 자료의 특성을 모두 가지고 있다.

### (3) 수리모형의 설정

추정을 위해 종속변수 $Y_t$와 설명변수 $x_t$를 설정한다.

$$Y_t = \alpha_0 + \alpha_1 x_t \qquad \text{〈식 10.21〉}$$

시계열분석을 통해 특정 지역의 수요를 추정할 때는 설명변수를 시간변수로 두고 추정하는 것이 효과적이다. 따라서 일반 단순회귀모형은 〈식 10.22〉와 같이 수정한다.

$$Y_t = \alpha_0 + \alpha_1 t \qquad \text{〈식 10.22〉}$$

### (4) 통계적 모델 설정

단순회귀분석의 기본 함수형태는 〈식 10.23〉과 같은 선형함수 형태로 표현할 수 있다. 앞의 수리모형에 오차항을 포함한 모형이다.

$$Y_t = \alpha_0 + \alpha_1 x_t + e_t \qquad \text{〈식 10.23〉}$$

여기서 $Y_t$는 종속변수, $\alpha_0$는 상수, $\alpha_1$은 회귀계수, $x_t$는 독립변수, $e_t$는 오차항을 나타낸다.

다중회귀분석은 단순회귀분석의 확장된 모형이라고 설명할 수 있다. 다중회귀분석의 함수형태는 〈식 10.24〉와 같이 나타낼 수 있다.

$$Y_t = \alpha_0 + \alpha_1 x_{1t} + \alpha_2 x_{2t} + \cdots + \alpha_n x_{nt} + e_t \qquad \text{〈식 10.24〉}$$

즉, $Y_t$는 종속변수, $x_{nt}$는 독립변수이다. 이 경우 독립변수는 $n$개가 된다. 여기서 $\alpha_0$는 상수항으로 생략할 수 있다. 또한 $\alpha_1 \sim \alpha_n$은 회귀계수(regression coefficient)라 하고 $e_t$는 오차항을 나타낸다.

이러한 모형은 추세변수를 포함한 선형시간추세모형으로 수정할 수 있다. $Y_t$는 시간에 대해 회귀한 것으로 선형시간추세모형이라 부르고 시간변수 $t$를 추세변수라 한다. 그러나 추세변수 $t$는 교란항 $e_t$가 안정적(stationary)인 경우에만 적용할 수 있다.

$$Y_t = \alpha_0 + \alpha_1 t + e_t \qquad \text{〈식 10.25〉}$$

### (5) 모수추정

위의 시간변수를 포함한 모형을 이용하여 인구를 추정하면 〈식 10.26〉과 같은 결과를 얻을 수 있다.

$$\hat{Y}_t = 47{,}419{,}236 + 245{,}685t \qquad \text{〈식 10.26〉}$$

$\hat{Y}_t$는 추정량을 의미하며 $\alpha_1$의 추정량은 245,685이다. 이 추정값은 개략적인 값으로 정확한 값을 의미하지는 않는다. 만약 시간이 1년 지나면 다른 조건이 불변일 때 인구($Y_t$)는 245,685명 증가한다는 것을 알 수 있다. 이 값은 오차항이 존재하기 때문에 정확한 값을 의미하기 보다는 평균값을 의미한다.

### (6) 적합도 검정

추정된 자료를 이용하는데 문제가 있다고 할지라도 모든 변수를 포함해서 모형을 설정하지는 않는다. 왜냐 하면 모형을 설정하는 목적은 모든 실제 현실을 다 잡아내는 것에 있는 것이 아니라 실제 현상 중에서 현저한 특성들을 찾아내는 것이기 때문이다. 만약 모든 변수들을 다 포함해서 모형을 설정한다면 그 모형은 유용성이 적으며 또한 너무 다루기 힘든 모형이 될 것이다. 궁극적으로 현실을 합리적으로 잘 반영하는 모형을 선택해야 한다.

(7) 가설의 검정

모형설정을 확정한 후에는 가설검정을 시행한다. 즉, 추정된 모형이 의미를 갖고 있는지, 추정결과가 실제값과 일치하는지 알아보아야 한다. 회귀분석에서는 회귀모형의 모수를 추정하는 것뿐만 아니라 경제이론과 선험적 경험이 제시하는 가설들을 검정한다는 사실을 알아야 한다.

(8) 예측

추정된 모형을 이용해 실제값과 예측값의 차이를 알 수 있는데 이를 예측 오차라 한다. 따라서 가능한 예측 오차가 작게 나오게 추정하여야 한다.

### 4) 회귀분석법의 적용

경제학자, 기업인 및 정부 관료는 경제 변수에 대한 성장률에 관심이 있다. 예를 들면 정부 재정 적자(흑자)에 대한 예측은 경제 활동의 가장 중요한 변수인 국내총생산의 예측 성장률에 의존한다. 이러한 성장률 추정모형은 특정 시설의 수요, 관광객 수요 등에도 적용할 수 있다. 회귀분석법을 적용한 사례에서는 이러한 선형시간 추세모형을 적용하게 된다.

앞에서 추세변수를 이용하여 인구를 추정하였으며 〈식 10.27〉과 같은 추정 결과를 얻었다.

$$\hat{Y}_t = 47{,}419{,}236 + 245{,}685t \qquad \langle 식\ 10.27\rangle$$

기울기가 양(+)의 부호이므로 $Y_t$는 상승추세를 가지고 있으며 평균적으로 매년 245,685명씩 인구가 증가한다는 것을 보여주고 있다. 2010년 4,742만명인 인구가 10년 후인 2020년에는 4,988만명으로 증가한 것으로 추정되었다. 다만 이러한 추세변수 $t$를 적용함에 있어서는 교란항 $e_t$가 안정적인 경우에만 적용할 수 있다는 제약이 있다.

❙ 표 10.10 회귀분석법의 사례

(단위: 만명)

| 시점 | 원자료 | 선형시간추세모형 |
|---|---|---|
| 2000 | 4,829 | 4,496 |
| 2001 | 4,773 | 4,521 |
| 2002 | 4,802 | 4,545 |
| 2003 | 4,822 | 4,570 |
| 2004 | 4,838 | 4,595 |
| 2005 | 4,858 | 4,619 |
| 2006 | 4,878 | 4,644 |
| 2007 | 4,899 | 4,668 |
| 2008 | 4,926 | 4,693 |
| 2009 | 4,954 | 4,717 |
| 2010 | 4,977 | 4,742 |
| 2011 | – | 4,766 |
| 2012 | – | 4,791 |
| ⋮ | ⋮ | ⋮ |
| 2020 | – | 4,988 |

## 5. 중력모형법

### 1) 중력모형법의 개념

중력모형(gravity model)은 일정한 두 지점간의 흐름의 양을 추정하는 것으로 뉴튼의 중력법칙을 이용하여 질량을 도시의 인구규모로 대체하여 도시간의 상호 작용관계를 설명하는 것이다. 즉, 중력 모형이 제시하는 기본 원리는 두 도시의 공간적 상호작용의 견인력은 도시의 인구규모에 비례하며 두 도시간의 거리의 제곱에 반비례한다는 것이다.

일반적으로 중력모형은 여행지에 대한 매력도를 측정하고, 인구수와 거리를 활용하여 수요를 예측한다. 중력모형은 사용 가능한 자료에 따라 다양한 방법으로 예측이 가능하며, $i$지역에서 $j$지역으로의 수요를 예측할 경우 다양한 모형이 제시될 수 있다.

중력모형은 1960년대 초부터 Tinbergen, Poynohen이 국제무역이론에 적용하였으나 단순히 실증분석을 시도하는 수준에 그쳤다. 이후 중력모형의 이론적 근거가 되는 이론으로 제품차별화모형(differentiated products model), 헥셔-올린모형(Heckscher-Ohlin model)이 등장했다. Evenett & Keller는 중력모형이 국제무역의 규모를 가장 잘 설명할 수 있는 모형이라고 주장하면서 국가별 동조적 재화와 차별화된 재화를 동시에 생산하는 불완전한 분업체제를 전제로 할 경우 제품차별화 모형과 헥셔-올린모형 모두 중력모형의 이론적 근거로 활용될 수 있다고 했다.

중력모형은 특정한 무역이론에 국한된 것이 아니라 대상이 되는 국가의 경제구조나 무역패턴에 따라 다양하게 적용할 수 있다. 일반적으로 제품차별화이론은 산업내 교역이 발달한 선진국들간의 교역 팬턴을 설명하는데 유용하고 헥셔-올린모형은 산업간교역이 발달한 개발도상국의 교역패턴을 설명하는데 효과적이다.

중력모형의 이론이 체계적으로 정립된 것은 1990년 이후이며 이때부터 다양한 실증분석이 시도되었다. Frankel은 중력모형의 개념을 심화하여 거리 인구 등 지리적 요소가 교역규모에 미치는 영향을 부각시켰다. 또한 Garman는 중력모형을 바탕으로 라틴아메리카의 지역내통합체가 역내무역규모에 미치는 영향을 규명하였다. Wall은 미국의 보호무역의 경제적 비용을 추정하기 위해 중력모형을 사용하였다.

### 2) 중력모형법의 특징과 유형

중력모형은 기본모형, 단순중력모형, 관람도비율도출방식 등으로 구분할 수 있는데 모형은 〈식 10.28〉, 〈식 10.29〉, 〈식 10.30〉과 같다.

기본공식: $T_{ij} = k\frac{P_i \times P_j}{D_{ij}}$ 〈식 10.28〉

단순중력모형: $g = \frac{p}{d^2}$ 〈식 10.29〉

$$관람도비율도출방식: A = a\left(P_i \times \frac{1}{r_i^2}\right)$$ 〈식 10.30〉

여기서 $T_{ij}$: $i$지역에서 $j$지역간의 관광수요, $D_{ij}$: $i$지역에서 $j$지역 간의 거리, $P_i$: $i$지역의 인구수, $P_j$: $j$지역의 인구수를 의미한다.

### 3) 중력모형법의 추정모형과 분석방법

도시간의 견인력은 인구규모에 비례하며, 두 도시간의 거리의 제곱에 반비례 한다고 가정하고, 여행지에 대한 매력도를 측정하고 인구수와 거리를 활용하여 수요를 예측한다. 중력모형은 사용가능한 자료에 따라 다양한 방법으로 예측이 가능하며, $i$지역에서 $j$지역으로의 수요예측을 실시할 경우 다양한 모형이 제시될 수 있다.

여러 가지 중력모형 중 한국개발연구원이 적용한 관람비율도출방식 중력모형은 〈식 10.31〉과 같다.

$$A = a\left(P_i \times \frac{1}{r_i^2}\right)$$ 〈식 10.31〉

$A$: 특정지역의 평균관람인원
$P_i$: 각 지역의 인구
$r_i$: 특정 시설을 중심으로 한 거리
$a$: 특정시설의 거리를 고려한 잠재인구 중에서 관람가능한 인구

관람 가능한 인구를 측정하기 위해서는 최근 3~5년간의 평균 관람객을 주로 적용하는데 기준이 되는 시설은 규모, 특성 등이 유사한 지역을 선택한다.

### 4) 중력모형법의 적용

#### (1) 유사시설을 이용한 기준 설정

A공원 이용객 추정은 최근 3년간 B, C, D공원을 기준으로 이용객 통계를 적용하여 관람가능 인구를 추정한다. 여기서는 유사한 3개 시설의 최근

3년간의 평균 이용객은 1년차 411,332명, 2년차 423,586명, 3년차 453,462명으로 평균 이용객은 429,460명으로 계산할 수 있다.

**표 10.11 유사시설의 이용객 추정**

(단위: 명)

| 구분 | 1년차 | 2년차 | 3년차 | 3년간 평균 |
|---|---|---|---|---|
| B공원 | 290,806 | 343,226 | 397,719 | 343,917 |
| C공원 | 192,769 | 264,361 | 257,499 | 238,210 |
| D공원 | 750,422 | 663,172 | 705,169 | 706,254 |
| 평균 | 411,332 | 423,586 | 453,462 | 429,460 |

### (2) 2013년 인구수와 거리를 이용한 중력모형

특정시설을 중심으로 한 거리(10km 단위) $r_i$를 산출하기 위해 A공원 후보지를 기준으로 산출한다. 후보지로부터 유효수요가 존재하는 지역의 소재지를 기준으로 거리를 측정한다. 각 지역의 이용객 $P_i$를 측정하기 위해서 해당 지역의 추계인구, 주민등록인구 등을 적용한다. 여기서는 추계인구를 적용하였다.

잠재인구 중 이용객비율($a$)은 〈식 10.32〉와 같이 산출되었다.

$$429.460\text{천명} = a\left[\left(76.335\times\frac{1}{0.982^2}\right)\cdots\left(51.903\times\frac{1}{8.537^2}\right)\right]$$

〈식 10.32〉

$i=1,\ 2,\ 3,\ \cdots 19$
$a=0.18$(거리를 고려한 잠재인구 중 이용객 비율)

**▌표 10.12 지역별 인구수를 적용한 중력모형**

| 지역 | 추계인구수(명) | 거리(10km) | $P_i(1/r_i^2)$ |
|---|---|---|---|
| $(i=1)$ | 76,335 | 0.982 | 79.1593 |
| $(i=2)$ | 332,594 | 0.937 | 378.8215 |
| $(i=3)$ | 221,585 | 1.392 | 114.3569 |
| $(i=4)$ | 169,189 | 1.054 | 152.2966 |
| $(i=5)$ | 447,699 | 1.533 | 190.5031 |
| $(i=6)$ | 452,644 | 0.769 | 765.4268 |
| $(i=7)$ | 595,311 | 1.566 | 242.7505 |
| $(i=8)$ | 176,001 | 4.654 | 8.1257 |
| $(i=9)$ | 398,483 | 6.175 | 10.4505 |
| $(i=10)$ | 101,576 | 4.183 | 5.8052 |
| $(i=11)$ | 236,976 | 0.795 | 374.9468 |
| $(i=12)$ | 24,278 | 6.863 | 0.5155 |
| $(i=13)$ | 43,606 | 2.91 | 5.1494 |
| $(i=14)$ | 34,384 | 6.462 | 0.8234 |
| $(i=15)$ | 44,599 | 5.822 | 1.3158 |
| $(i=16)$ | 116,357 | 4.427 | 5.9371 |
| $(i=17)$ | 61,709 | 7.497 | 1.0979 |
| $(i=18)$ | 62,928 | 10.405 | 0.5812 |
| $(i=19)$ | 51,903 | 8.537 | 0.7122 |

### (3) 이용객 추정 결과

후보지 잠재수요 중 이용비율을 적용하여 추정한 이용객은 5년 후인 2015년 A지역은 428,073명으로 추정되었다. 여기서 기준이 되는 유사시설의 평균면적 또는 가장 합리적인 면적에 비례하여 A후보지 수요를 산출할 수 있다.

여기서는 유사시설 중 가장 합리적인 면적으로 운영되는 시설 C공원을 기준으로 약 2.62배의 실제 수요를 적용하였다. 따라서 2015년 A공원은 1,121,143명으로 추정되었으며 2015~2020년까지 총 이용객은 6,693,199명으로 추정되었다.

**표 10.13 후보 지역별 이용객 추정 결과**

(단위: 명)

| 연도 | A지역추정치 | A지역추정치(면적비례) |
|---|---|---|
| 2015 | 428,073 | 1,121,143 |
| 2016 | 427,291 | 1,119,095 |
| 2017 | 426,452 | 1,116,899 |
| 2018 | 425,556 | 1,114,552 |
| 2019 | 424,606 | 1,112,062 |
| 2020 | 423,608 | 1,109,448 |

## 제 4 절 정성적 방법

### 1. 시나리오기법

#### 1) 시나리오기법의 개념

시나리오기법은 현재의 상황과 경향을 전개하여 향후의 상황을 파악하는 방법이다. 시나리오기법은 불확실성을 포함하는 미래에 대하여 2~3개 이상의 시나리오를 구성함으로써 중장기적 변화를 예측하여 의사결정에 활용한다. 시나리오기법은 다양한 미래의 변화 가능성에 대해 예측할 때 활용되어 핵심변수별 시나리오의 변화를 구성함으로써 다가올 미래에 대한 예측 및 대응이 가능하게하기 때문에 시나리오기법은 상호 일관적인 변수들의 관계에 기초한 가능한 미래에 대한 묘사이다. 예를 들면, GDP의 성장과 쇠퇴, 경제적 상황의 변화, 사회적, 정치적 변화, 기후와 천재지변 등에 대한 시나리오 구성을 통한 예측 및 의사결정에 활용된다.

시나리오기법은 현 시점이나 주어진 상황에서 출발하여 장래에 일어날 수 있는 상황을 해명할 것인가에 관해 이론적으로 사항의 당연한 귀결로서 단계별로 밝혀 나가는 예측기법이다. 이 기법은 문제에 관한 대안적 전개를 상정하고, 가능하다고 여겨지는 의사결정 목록을 작성하고, 정치적 대안모형 · 사회발전 · 계량화하기 힘든 요인을 포함하는 문제의 대안모형에 적합하다.

대부분의 다른 예측 기법들이 어떤 한 가정에 근거해 한 가지 미래상을 예측해 보는데 비해 시나리오기법은 몇 가지 대안적 예측을 하는 점이 다른 점이다. 대안적 예측을 하는 것이 일반적이라고는 하지만 대개 세 가지 정도의 시나리오를 쓰는 것이 효과적이다. 세 가지 중 한 가지 시나리오는 현재의 경향이 그대로 지속된다는 가정 하에 설정하는 시나리오이고 나머지 두 가지는 현재 경향을 볼 때 가장 중요한 요인들이 변한다고 가정할 때 예측되는 발산적 시나리오(divergent scenario)이다. 그러나 미래환경에 대한 다양한 시나리오를 설정하고 이를 근거로 수요를 예측하는 방법으로 연구자의 주관이 크게 영향을 받는다는 한계점이 있다.

### 2) 시나리오기법의 특징과 유형

주로 미래학(futurology)에서 주로 이용되며 베를린 사태, 쿠바사태의 위기관리에 이용되었다. 시나리오 기법은 어떤 사건에서 일어날 수 있는 여러 가지 가상적인 결과나 그 구체적인 과정을 계획적이고 전략적으로 예측을 수행한다. 전략적 예측에서 시나리오는 다음과 같은 특징을 가지고 있다.

① 다양한 미래를 설정하는 스토리 구축
② 동인(drivers or forces) 변화에 기초한 분석
③ 단순예측(predictions or forecasts)은 지양
④ 결정권자가 미래를 예측하도록 지원
⑤ 복잡한 현상의 단순화

시나리오기법은 사회적 · 정치적 · 경제적 · 문화적 요인 등 다양한 환경요소들을 고려하여 미래에 대한 통찰력을 제시하며, 이로 인하여 시나리오기법은 장기적 관점을 통하여 미래에 대한 대응이 가능하고, 분석 대상의 비전 및 목표를 명확하게 한다는 장점이 있다. 그러나 시나리오기법은 많은 시간과 에너지를 필요로 하며, 부정적 시각에 집중하는 경향이 있다. 또한

시나리오기법의 가장 큰 문제점은 예측가들의 아이디어를 통하여 미래를 예측함으로써 예측결과가 부정확할 수 있다는 것이다.

시나리오기법의 장점으로는 첫째, 기획도구로서 조직의 결정권자에게 미래의 모습을 이야기식으로 쉽게 전달할 수 있기 때문에 강력한 도구로 활용된다. 둘째, 효과적인 학습도구로서, 시나리오는 이해 당사자, 우리의 잠재력 등이 서로 어떻게 영향을 미치는지를 쉽게 이해하도록 도와준다. 셋째, 불확실성이 높은 중장기 예측에 여타의 예측기법보다 더 정확한 결과를 보여준다.

시나리오기법의 단점으로는 첫째, 미래에 대한 하나의 답을 제공하지 않기 때문에 의사결정시의 안정성을 담보하지 못한다. 둘째, 전통적인 방법보다 전체적이고, 체계적으로 접근하므로, 단순한 방법에 익숙한 관리자에게 어렵게 느껴진다. 셋째, 정성적인 기법이기 때문에 숫자에 익숙한 사람들에게 적합하지 못하다. 넷째, 워크숍 기반의 시나리오 프로세스는 참여자들이 오랜 시간을 소비해야 결과를 얻을 수 있다. 다섯째, 회사에서 채택된 대부분의 시나리오 프로세스는 비공개가 원칙이므로 실용적인 측면이 결여되어 있다.

시나리오기법의 유형 중 단일시나리오는 하나의 미래 모습을 제시하는데 초점을 맞추고 있기 때문에 일반적인 시나리오 분석에서는 활용되고 있지는 않다. 단일 시나리오기법은 다음의 특징을 지닌다.

① 예측 결과에 대한 설명과 의사소통의 도구가 된다.
② 미래발전의 일관성에 대한 분석, 미래발전이 어떠한 관점으로 통합될 수 있는지에 대한 분석 틀을 제공한다.
③ 미래의 모습과 구성요소, 기본가정이 무엇인지에 대한 구체적인 내용을 만들기 위해 토론을 구조화하고 토론 방향을 안내하는 역할을 한다.

단일 시나리오 분석으로는 다양한 불확실성이 존재하는 미래를 제대로 파악하기 어렵기 때문에 주로 복수 시나리오기법을 적용한다. 복수 시나리오기법은 둘 이상의 다양한 미래 가능성을 제시하는 것이다. 일반적으로 시나리오 분석이라 함은 복수 시나리오를 일컫는다. 복수 시나리오기법은 다음과 같은 특징을 가지고 있다.

① 여러 가지 다양한 미래 가능성을 제시하여 지금까지 받아들여졌던 지식에 도전한다.
② 트렌드의 상호작용을 이해하는데 도움이 되고 정형화된 미래상황으로부터 파생되는 다양한 변화들에 대한 함의를 제공한다.
③ 상이한 발전 통로에 대한 정책 및 전략적 결론의 건전성에 대하여 검증하고 어떤 경로가 있는지 보여 주는 신호역할을 한다.

복수 시나리오의 적정한 수에 대한 확실한 해답은 없으며 사업의 목적과 예산 등에 따라 결정되지만 일반적으로 3~6개의 시나리오를 도출한다. 미래는 본질적으로 불확실하기 때문에 시나리오 중 가장 가능성이 높은 시나리오를 판단하는 것은 의미가 없으며 모든 시나리오를 동등하게 고려하여 조사한다.

복수 시나리오기법은 최소접근법과 표준접근법이 있다.

최소접근법(minimal approach)은 두 개의 불확실성 축을 이용하여 4가지 시나리오를 작성하는 방식으로 간단하고 쉽게 시나리오를 작성할 수 있는 방식으로 목적에 맞게 불확실성 축을 조정할 수 있다.

표준접근법(standard approach)은 불확실성을 2개 이하로 줄일 수 없는 경우에 추천되는 방식으로 보다 다양한 미래 가능성을 고려할 수 있다. 윌슨 매트릭스(Wilson matrix)와 형태분석(morphological analysis)방법의 결합에 의해 시나리오를 제시하며, 윌슨 매트릭스는 모든 변화요인들을 불확실성과 영향력의 두 가지 매트릭스에 의해 평가하는 방식이다. 형태분석은 윌슨 매트릭스에서 핵심 불확실성으로 파악된 요인들의 변화를 차트로 정리하여 일관성 있는 변화의 조합에 의하여 시나리오를 결정하는 방식이다. 불확실성은 낮고 영향력은 높은 기결정 요인은 모든 시나리오에 공통으로 들어간다.

최대접근법(maximum approach)은 불확실성과 영향력이 모두 높은 요인

**▌표 10.14 복수 시나리오기법의 단계**

| 단계 | 내용 |
|---|---|
| 1 | 결정과 전략적 관심사를 검토분석 |
| 2 | 주요 결정 요인의 명확화 |
| 3 | 주요 환경적 요인 검토 |
| 4 | 주요 환경 요인 분석 |
| 5 | 시나리오 로직 정의 |
| 6 | 시나리오 작성 |
| 7 | 주요 결정 요인의 의미 분석 |
| 8 | 결정과 전략의 의미 분석 |

들이 너무 많아 표준 접근법으로 시나리오를 명확하게 결정할 수 없을 때 사용하는 방식으로, 표준 접근법에서 사용되는 방식 이외의 다음의 단계가 필요하다.

① 교차영향분석(cross-impact analysis)을 사용하여 요인들 중 가장 파급 효과가 큰 핵심요인을 선정하여 고려될 요인의 수를 줄인다.

② 형태분석 차트에 요인들의 모든 변화요소들이 작성되면 일관성 분석이 이루어지고 일관성 있는 배열을 가진 시나리오만이 최종 선정된다.

③ 많은 수의 요인을 고려한 복잡한 계산보다는 적은 수의 요인을 주의 깊게 고려한 방식이 훨씬 더 좋은 결과를 가져올 수 있다.

### 3) 시나리오기법의 추정모형과 분석방법

#### (1) 시나리오기법의 추정

시나리오기법은 연구 대상에 따라 여러 가지 프로세스가 있을 수 있지만 대개 다음의 순서로 진행된다.

① 초기 자료분석: 시나리오기법을 위해 마련된 초기 데이터는 통상적으로 아직 구조화되지 않은 상태인 경우가 많다. 이 단계에서는 아직 구조화되지 않은 데이터를 정리, 분석하여 연구 대상 시스템의 전반적 개괄을 하

게 된다. 이를 통하여 그 시스템의 원동력(driving forces)을 이해하게 된다.

② 흐름 연구: 이 단계에서는 시스템의 주요 변수들이 역사적으로 어떤 패턴이나 흐름을 보여 왔는지를 분석하게 된다. 적어도 앞으로 예측할 만큼의 기간을 뒤로 돌아가서 과거의 흐름을 분석해 보아야 한다. 뿐만 아니라 이 단계에서는 각 영향요소들 간의 인과 관계의 도표 그리기, 내재적인 원동력 파악, 파악된 원동력들 간의 예측 불확실성의 정도에 따른 순위 매기기, 파생적 이슈들에 대한 아이디어 도출 등도 이루어지게 된다.

③ 시나리오 구조 파악: 영향 도표를 그림으로써 각 영향 요인들 간의 인과 관계를 파악하고 또한 그러한 상황이 나타나게 한 원동력을 파악한 후에는 미래에 대한 통찰력이 서서히 나타나게 된다. 이 단계에서는 이러한 통찰력을 미래에 투영하여 몇 가지의 기본 시나리오 구조를 밝히는 단계이다. 시나리오 구조 파악 기법은 다시 두 가지로 분류되는데 그중 하나는 귀납적 방법(inductive scenario structuring)이고 또 다른 하나는 연역적 방법(dedcutive structuring)이다. 귀납적 방법은 시나리오를 구축해 나가는 과정에서 자연스럽게 그 구조가 드러나게 하는 방법이다. 즉 전반적 프레임웍이 먼저 세워지는 것이 아니라 자료가 쌓여감에 따라 자연스럽게 형성되게 하는 방법이다. 이에 반해 연역적 방법은 우선 초기에 전반적 프레임웍을 추정하여 세워 놓고 여러 데이터를 여기에 맞추어 나가면서 수정, 보완하는 방법이다.

④ 시나리오 스토리 흐름 전개: 시나리오의 기본 골격이 설정된 다음에는 좀 더 구체적인 스토리 흐름을 전개해 나가야 된다. 주로 시나리오는 전반부, 중반부, 후반부로 나뉘어 전개되게 된다. 이 단계에서 주의할 점은 과거와 현재 그리고 미래가 부드럽게 이어져야 한다는 점과 앞서 파악된 구조에 맞춰 일관성 있는 흐름을 가져야한다는 점이다.

⑤ 시나리오 평가 및 수정, 보완: 이 단계에서는 전 단계에서 도출된 시나리오의 1차 안을 시나리오의 전체적 구조에 부합되는 지의 일관성을 검증하게 된다. 보통 이러한 일관성 평가는 시나리오를 정량화 하거나 혹은 시나리오에 등장하는 다양한 요인을 평가하는 방법이 있다.

**표 10.16 트렌드 분석에 기초한 시나리오**

| 단계 | 내용 |
|---|---|
| 1 | 이슈 명확화 및 시간 분석 |
| 2 | 핵심 동인 명확화 |
| 3 | 핵심 동인 계획 설계 |
| 4 | 영향을 주는 사건을 확인 |
| 5 | 사건의 가능성 분류 |
| 6 | 트렌드에 대한 사건의 영향 평가 |
| 7 | 교차 분석 완성 |
| 8 | 모형 실행 |

### (2) 시나리오기법의 유형별 추정방법

시나리오기법의 유형에는 직관적 논리에 기초한 시나리오기법과 교차분석(cross-impact analysis), 트렌드 분석(trend-impact analysis)에 기초한 시나리오기법 등이 있다.

첫째, 직관적 논리(intuitive logics)에 기초한 시나리오기법

직관적 논리에 기초한 시나리오기법은 조직의 미래를 위한 의사결정이 정치, 경제, 기술, 사회, 자원·환경적 요인들 사이에서의 복잡한 관계에 기반을 두는 것을 원칙으로 한다. 대부분 이러한 요인들은 조직 외부에서 작용하는 것이지만 이는 통찰력을 제공해주고 혁신, 새로운 도전, 조직 확장,

**표 10.15 직관적 논리에 기초한 시나리오**

| 단계 | 내용 |
|---|---|
| 1 | 주제선정 및 주요 시나리오 동인 명확화 |
| 2 | 시나리오 공간(scenario space) 작성 |
| 3 | 중요한 트렌드 연구 및 시계열 자료 수집 |
| 4 | 단순한 외삽법(extrapolation) 마련 |
| 5 | 영향을 미치는 사건 리스트 수립 |
| 6 | 발생할 사건들의 가능성(probabilities) 수립 |
| 7 | 외삽법(extrapolation) 수정 |
| 8 | 내러티브(narratives) 작성 |

신전략과 관련된 결정을 내리기 위해 이해되어져야만 하는 것들이다. 몇몇 이러한 변수들은 양적 데이터로 측정이 가능한 것도 있지만 많은 경우 소비자 태도, 정치, 재정적 구조, 라이프 스타일과 제품 수요와 같이 쉽게 측정하고 예측하기가 어려운 것 들이다.

둘째, 추세분석(trend-impact analysis)에 기초한 시나리오기법

추세분석은 1970년대 초기부터 많은 미래학자들과 기업들에 의해 수행되어오고 있다. 추세 분석은 주요 종속변수의 독립적인 예측에 의존하며, 그것은 강한 영향을 주는 사건발생을 기초로 하여 이루어진다.

셋째, 교차분석(cross-impact analysis)에 기초한 시나리오기법

오랜 기간 동안 사회과학자들은 전문적인 견해와 통찰력에 기반 하여 예측하는 직관적 방법론을 사용하여 왔다. 서베이, 인터뷰, 델파이기법, 형태분석법, 명목집단 기법 및 브레인스토밍과 같이 체계적으로 정보를 수집하기 위해 개발된 꽤 많은 기법들이 있지만 어떤 예측가들은 무언가를 예측함에 있어 그것과의 관련성을 다른 사건들과 분리되어 예측하는 것을 비현실적이라고 생각한다. 따라서 교차분석은 직관적 예측에 상호관계를 부여하기 위해 개발된 기법이다(윤성수, 2004).

### 4) 시나리오설정법의 적용

세계지속가능발전기업위원회(world business council for sustainable development: WBSCD)는 2025년의 물 시나리오를 도출하기 위해 기업, 정부, 국제기구, NGO, 학교 등 다양한 기관과 조직에서 온 200여명의 참여자를 대상으로 5번의 워크숍을 통하여 시나리오를 작성하였다. 물 산업에 영향을 미치는 사람, 지구, 정치, 정책의 5가지 동인을 고려한 시나리오를 작성하였다. 그 내용은 〈표 10.17〉과 같다.

**표 10.17 물 산업에 영향을 미치는 5개 동인에 의한 3가지 시나리오**

| 구분 | 내용 |
|---|---|
| 물 | • 효율화에 대한 스토리를 담고 있음<br>• 물 세상에서 새로운 사업기회를 만들어 내기 위해서는 기술뿐만 아니라 사고의 방식에서 과거로부터 물려받은 유산으로부터 벗어나야 함을 강조<br>• 특히 기술적인 혁신을 통하여 새로운 도시화된 세상에서 얻을 수 있는 거대한 경제적 기회를 강조 |
| 강 | • 가진 자와 가지지 못한 자 모두를 위한 양질의 충분한 물에 대한 즉, 안보에 대한 스토리를 담고 있음<br>• 기업의 입장에서는 경계해야 하는 스토리이며, 안보에는 많은 다른 측면이 있다는 것을 인식해야 함<br>• 다양한 이해당사자가 함께 물 문제를 해결해야 하며 기업은 경제적 관점으로만 접근해서는 안됨 |
| 대양 | • 전체 시스템의 지속가능성을 설명하는 상호연결에 대한 스토리를 담고 있음<br>• 기업은 복잡하고 상호 연결된 보다 큰 세상에서 역할을 고려해야 하며 다른 지역에서 물 스트레스를 가하는 대가로 특정 지역이 번성하도록 도울 수 없다는 것을 인식해야 함<br>• 기업은 사회와 정부가 더욱 포괄적이며 통합된 형태의 안보를 달성하도록 도우면서 새로운 기회를 창출 |

**참고자료**

시나리오기법에 대한 더 자세한 방법은 충북대학교 윤성수(2010) 교수의 "장기미래예측과 시나리오 방법론"을 보면 도움이 될 것이다. 또한 임형록·신유형(2010)의 "접근법을 이용한 시장선점우위 규명과 시차효과 분석"에서도 시나리오법을 적용하였다.

## 2. 델파이기법

### 1) 델파이기법의 개념

델파이기법(Delphi method)[1]은 현재의 상태에서 일반화·표준화된 자료

1) 델파이라는 말은 미국 RAND 연구소의 철학자 Kaplan에 의해 고안되었고, 1950년대 Helmer, Dalkey와 Douglas사의 Gorden 등이 국방성의 요청에 따라 미국에 대규모 원자탄 공격이 가해졌을 경우 예상되는 효과를 평가할 목적으로 델파이기법을 개발하였다. 델파이기법은 전통적인 회의식기법이 갈등이 심하고 토의 분위기에 영향을 받아 주관적 판단을 흐리게 된다는 비판에 따라 개발되었다.

가 부족할 때 전문가의 경험적 지식을 통해 문제를 해결하거나 미래를 예측하는 기법이다. 이 방법은 전문가들의 의견수립, 중재, 타협의 방식으로 반복적인 피드백을 통한 하향식 의견 도출 방법으로 문제를 해결하는 기법으로 1948년 미국의 RAND연구소에서 개발되어 IT, R&D, 교육, 군사 등 다양한 분야에서 활용되고 있다.

델파이기법은 각각의 전문가들로부터 설문서와 결과를 전달, 회수하는 과정을 거듭함으로써 독립적이고 동등한 입장에서 의견 접근이 이루어진다. 따라서 응답자는 익명성이 보장되므로 외부적인 영향력으로 결론이 왜곡되거나 표현이 제한되는 경우는 매우 드물다. 또한 통제된 피드백(feedback) 과정을 반복하기 때문에 동일한 주제에 대한 지속적인 관심을 유도하기 때문에 의견차이 정도를 파악할 수 있고 강한 소수의견에 대해서도 내용을 판단할 수 있다. 그러나 질문서가 잘못 구성될 경우 델파이조사 자체가 잘못된 결정을 유도할 수 있다는 문제점도 있다(오문향, 2013).

### 2) 델파이기법의 특징과 유형

델파이기법의 종류는 전통적인 델파이기법, 정책 델파이기법, 의사결정 델파이기법 등 3가지로 구분할 수 있다.

또한 델파이기법은 전문가 선정에 매우 신중해야 한다. 델파이기법이 전문가적 직관을 객관화된 수치로 나타내는 방법이기 때문에 조사에 참여한 전문가의 자질은 매우 중요하다. 때문에 전문가 선정 기준으로는 다음과 같은 조건을 충족해야 한다.

① 전문가들은 응답을 위한 필수적 지식을 일정 수준이상 가지고 있어야 한다.
② 조사에 참여하는 전문가들의 거주지는 다양해야 한다.
③ 객관적이고 합리적인 사고를 할 수 있어야 한다.
④ 조사에 열성적으로 참여해야 한다.
⑤ 델파이 과정에 소요되는 시간에 적극적으로 참여할 수 있어야 한다.

**표 10.18 델파이기법의 유형**

| 구 분 | 방 법 |
|---|---|
| 전통적 기법 | 미지의 값을 예측하는 기법으로 특정 사건이 야기될 시점이나 성취가능성을 조사하는 수량적 측정 방법 |
| 정책적 기법 | 정책문제 해결을 위한 정책대안을 개발하고 정책결정자가 간과한 것들을 주관적 입장에서 대립되는 의견을 제시하는 방법<br>정책이슈를 분석하기 위한 기법 |
| 의사결정기법 | 현실창조를 목적으로 하는 기법 |

### 3) 델파이기법의 추정모형과 분석방법

델파이기법의 단계는 〈표 10.19〉의 절차에 따른다.

**표 10.19 델파이기법의 단계**

| 구 분 | 방 법 |
|---|---|
| 전문가 구성 | 30~100명의 전문가 구성 |
| 1차 질문 | 개방형 질문을 통해 모든 견해 수집, 폐쇄형 설문지 작성 |
| 2차 질문 | 폐쇄형 설문지 작성, 문항별 점수 및 중요도 측정 |
| 3차 질문 | 전문가 전체의 도수, 평균, 표준편차 등 제시 |
| 4차 질문 | 피드백 단계, 3차 질문 결과에 대한 면담 실시, 합의도출시 까지 계속해서 질문 |

델파이기법에는 시간 절약, 연구자 통제, 다수의 전문가 의견수렴, 피드백, 익명성, 정직한 조사 등의 장점이 있음에도 불구하고 한계점도 있다. 첫째, 질문지 조사방법 자체에 문제가 있을 수 있다. 질문지 작성자의 주관적 견해가 질문지에 나타날 수 있고 회수율이 높지 않다. 둘째, 반복적인 조사로 인해 장기 조사가 필요하다. 셋째, 통계처리 결과에 순응해야 한다. 넷째, 전문가들의 과도한 확신으로 조작될 가성성도 있다. 다섯째, 델파이기법은 불확실성을 연구대상으로 하고 있기 때문에 참여 전문가들이 신중하지 못할 때 전혀 다른 결과를 도출할 수 있다는 한계가 있다(이경석 외, 2011).

### 4) 델파이기법의 적용

대표적인 델파이기법은 정책적 기법으로 국토연구원에서 국토에 대한 비전과 장기계획을 수립하기 위하여 국토의 미래상을 조망할 목적으로 조사한 사례이다(노승용, 2006). 국토의 미래 모습에 대해서는 다양하고 상충된 의견이 존재할 수 있어 이 분야에 대한 전문가의 의견을 수렴할 필요가 있었다. 이 조사연구를 델파이기법의 일반적 절차에 따라 정리하면 〈표 10.20〉과 같다.

이 연구는 일반적인 델파이분석의 절차에 따라 이루어진 연구로서, 구체적 항목은 물론 항목별 발생 시기 등을 파악하였다는 점에서 정책 델파이에 수량적 델파이를 보완한 대표적인 사례라 할 수 있다. 또한 1차 및 2차의 설

**▮표 10.20 국토미래상 조망을 위한 델파이 조사 내용**

| 단 계 | 조사절차 | 내 용 |
|---|---|---|
| 사전준비 단계 | 이슈의 명료화 | • 2020년 인구·경제활동 및 국토의 모습에 대한 전망<br>• 2020년 강조될 국토정책의 방향<br>• 2020년까지 각 현상이 나타날 가능성과 발생가능 시기 |
| | 전문가 선정 | 대한국토·도시계획학회 회원, 한국지역학회 회원, 미래학회 회원, 관련 공무원, 연구기관 종사자 등 300명 |
| | 설문조사 설계 | 국토연구원 내 전문가 대상 사전조사 실시 후 설문 항목을 확정하고 2라운드 설문조사 계획 수립 |
| 설문조사 단계 | 1차 설문조사 실시 및 설문결과 분석 | 1999년 2월 6일~2월 24일까지 전문가 300명에게 설문조사를 실시하여 192명(64%) 응답 |
| | 2차 설문서 개발 | 1차 설문조사 결과를 바탕으로 발생가능 현상 및 발생가능 시기에 대한 평가 |
| | 2차 설문조사 실시 및 설문결과 분석 | 1999년 2월 27일~3월 15일까지 전문가 300명에게 설문조사를 실시하여 184명(61%) 응답 |
| 평가 및 정리 단계 | 결과의 정리 및 평가 | 2020년 국토 미래상을 총괄·도시구조 및 주거환경·SOC·지역개발·통일분야로 정리하고 각 분야별 발생 가능한 구체적 현상과 그 가능시기를 제시 1996년 연구 결과와 비교 분석 |
| | 최종 보고서 작성 | 조사결과의 종합 및 비교 분석 후 시사점 제시 |

문조사를 각각 약 15일 만에 신속하게 실시함으로써 델파이분석의 단점으로 지적되는 설문조사의 순환속도가 느리고 시간이 많이 걸린다는 문제를 보완하였다. 특히, 300명 정도의 대규모 패널을 대상으로 하였음에도 불구하고 조사가 신속하게 이루어졌다는데 큰 의미가 있다.

그러나 설문조사의 대상으로 선정된 전문가 집단이 다양하고 전문가들의 연구 성향이나 업적이 다양해서 구체적인 조사가 가능했는지 판단하기 어렵다는 지적도 있다.

**참고자료**

델파이기법에 대한 자세한 내용은 오문향(2013)의 "델파이 기법과 AHP를 활용한 국가 간 관광산업 경쟁력 평가지표 개발"과 이경석·이태희·신영근·김태형·한승우(2011)의 "델파이 기법을 이용한 정성적 공법 선정 요인의 정량적 평가 분석"에 자세히 기술하고 있다.

## 탐구학습

1. 주요 개념

- 수요추정
- 지불의사액(WTP)
- 정량적기법
- 정성적기법
- 시계열모델
- 추세분석법
- 등차급수법
- 등비급수법
- 로지스틱모형
- 지수평활
- 단순지수평활법
- 홀트의 선형지수평활법
- 홀트·윈터스의 선형지수평활법
- ARIMA
- 백색잡음
- 회귀분석법
- 릿지회귀
- 중력모형법
- 조건부가치측정법
- 시나리오기법
- 트렌드분석
- 교차분석
- 델파이기법

2. 토론과 과제
- 지불의사액 산출방법
- 사업유형에 따른 수요 추정방법
- 정성적 분석과 정량적 분석
- 시나리오기법과 델파이기법의 비교

## 참고문헌

노승용(2006), 델파이 기법: 전문적 통찰로 미래예측하기, 국토연구원.

류광훈(2003), 관광산업의 사회·경제적 효과 측정지표 개발 연구, 한국문화관광연구원.

한국문화관광정책연구원(2006), 관광수요예측 가이드라인 설정 연구, 심경섭(2006), 경제경영수학입문, 범한서적주식회사.

오문향(2013), "델파이 기법과 AHP를 활용한 국가 간 관광산업 경쟁력 평가지표 개발", 박사학위논문, 세종대학교 대학원.

윤성수(2010), "장기미래예측과 시나리오 방법론", 한국관개배수회지, 제45호, pp. 15-30, 한국관개배수위원회.

이강욱(2006), 관광수요예측 가이드라인 설정 연구, 한국문화관광연구원.

이경석·이태희·신영근·김태형·한승우, "델파이 기법을 이용한 정성적 공법 선정 요인의 정량적 평가 분석", 한국건축시공학회지, 제11권 제2호 통권 제46호(2011. 4), 한국건축시공학회.

이성근·이춘근(2008), 최신 지역경제론, 법문사.

이성태 외(2008), 2008 관광수요예측, 한국문화관광연구원.

이종원(2006), 경제예측론, 해남.

이홍재 외(2005), Eviews를 이용한 금융경제 시계열분석, 경문사.

임형록·신유형(2010), "접근법을 이용한 시장선점우위 규명과 시차효과 분석", 전문경영인연구, 제13권 제3호 통권 26호, 한국전문경영인학회.

정동빈·원태연(2003). 시계열 자료와 단순화 분석Ⅱ, SPSS 아카데미.

조광익(1999), "관광수요 예측 및 경제적 파급효과 분석", 한국문화관광연구원.

조근태·조용곤·강현수(2005), 계층분석적 의사결정, 동현출판사.

최해선(1999), 델파이 기법을 이용한 진료재료 보험인정기준을 위한 연구, 연세대학교 보건행정대학원.

홍현표 · 성진우 · 이헌동(2004), "수산관측의 경제적 효과 분석", 해양정책연구, 제19권 제2호.

한국개발연구원(2000), 문화 · 관광 · 체육 · 과학부분사업의 예비타당성조사 표준지침 연구.

Burger, C. J. S. C., Dohnal, M., Kathrada, M. & Law, R.(2001), "A Practitioners Guide to Time-series Methods for Tourism Demand Forecasting - A Case Study of Durban, South Africa", *Tourism Management*, Vo. 22, No. 4.

Calantone, R. J. & Anthony di Benedetto, C.(1991), "Knowledge Acquisition Modeling in Tourism", *Annals of Tourism Research*, Vo. 18, No. 2.

Goh, C. & Law, R.(2002), "Modeling and Forecasting Tourism Demand for Arrivals with Stochastic Nonstationary Seasonality and Intervention", *Tourism Management*, Vol. 23, No. 5.

Gujarati, Damodar N. & Porter, Dawn C.(2013), *Essentials of Econometrics*, 4th edition, McGraw-Hill Education Korea, Inc.

Li, G., Song, H. & Witt, S. F.(2006), "Time Varying Parameter and Fixed Parameter Linear AIDS: An Application to Tourism Demand Forecasting", *International Journal of Forecasting*, Vol. 22, No. 1.

Lim & McAleer(2001), "Forecasting Tourist Arrivals", *Annals of Tourism Research*, Vol. 28, No. 4.

Oppenheim, Nobert(1980), *Applied Models in Urbam and Regional Analysis*, Prentice-Hall, Inc.

# 경제성분석방법

## 제 1 절 비용편익분석

### 1. 비용편익분석의 의의

비용편익분석이란 국가적인 차원에서 정해진 공공목표를 달성하기 위하여 예상되는 여러 대안들에 대하여 각각의 비용과 편익을 측정하고 비교 평가하여 최선의 대안을 도출하는 기술적 방법이다. 따라서 이 분석은 사업대안들의 비용과 편익을 측정하고 평가하는 일반적인 절차를 모두 내포하고 있다. 그러나 공공투자사업은 매우 다양하고 광범위하므로 전체를 포괄하는 일반절차를 규정하기가 어렵다. 따라서 실제적으로는 특정사업의 성격을 고려하면서 적절한 방법을 통해 평가해야 한다.

비용편익분석은 기업차원의 재무성 분석과는 달리 사회적 관점 또는 국민경제 전체의 관점에서 비용과 편익을 파악한다. 따라서 민간기업에서 새로운 사업을 추진할 때 사용되는 타당성 검토와 비교해 볼 때 접근방법은 비슷하다고 하더라도 개념적으로는 아주 다르다. 가장 근본적인 차이는 비용과 편익의 성격과 내용에 있다. 국민경제적 관점에서의 편익이란 특정사업의 국민생산에 대한 공헌을 뜻하며, 비용이란 국가자원의 낭비를 뜻하는 것이다.

공공사업에 대한 타당성 분석은 주로 경제적 타당성 분석 위주로 검토하며, 분석방법은 주로 편익비용비(benefit-cost ratio)와 순현재가치(net present value: NPV), 내부수익률(internal rate of return: IRR)을 이용하고 있다. 비용편익분석은 정부나 지방자치단체의 공공사업이나 정책적 평가를 위해 사용하는 일반적 분석이며, 소요비용과 그로 인한 편익을 측정하여 최선의 대안을 찾아내는 기법이라 할 수 있다.

비용편익분석에서 중요한 것은 편익의 평가방법이다. 공공사업은 여러 경로를 통해 사회적 편익이 발생하는데 이를 화폐가치로 평가하는 것은 쉽지 않으나 중요한 부분이기도 하다. 또한 편익의 계산에 주관적 판단이 배제될 수 없기 때문에 객관성 확보가 무엇보다도 중요하다고 할 수 있다. 그러므로 계량화할 수 있는 방법을 객관적으로 증명할 수 있는 분석이 필요하다.

대규모 공공사업은 지역경제발전을 위한 사업이므로 수익성과 경제적 파급효과를 고려해야 하므로 경제적 타당성 분석이 수행되어야 한다. 일반적으로 시장이 파레토최적(Pareto optimality) 상태에 있거나 공공사업이 파레토개선(Pareto improvement) 상태에 있으면 굳이 비용편익분석을 할 필요는 없겠지만 사업의 규모, 시기, 적정가격 등을 결정하기 위해서는 투자사업의 타당성 분석이 필요하다. 따라서 경제적 타당성 분석은 사업의 경제적 가치를 판단하는 방법이라 할 수 있다.

## 2. 비용편익분석의 방법

예비타당성조사에서 경제성분석은 편익비용비, 순현재가치, 내부수익률 등 세 가지를 모두 고려한 의사결정이 사업타당성에 합리성을 부여할 수 있다. 타당성분석은 경제적, 재무적, 기술적, 경영관리적 타당성 등 모든 분야가 제시되어야 한다. 이러한 타당성 분석의 기본원칙과 기준을 제시하면 다음과 같다.

### 1) 비용편익분석의 절차

비용편익분석 절차는 [그림 11.1]과 같다. 예비타당성조사와 타당성조사

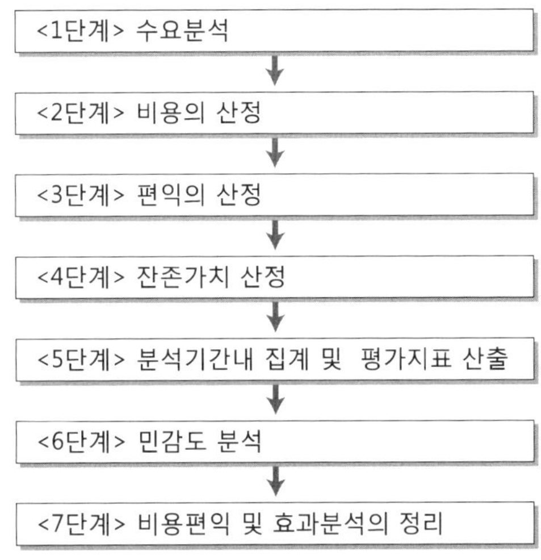


**그림 11.1 비용편익분석의 절차**

에서 실시하는 절차보다 사업의 기본구상단계에서 일반적으로 적용하는 방법이다. 이러한 측면을 고려하여 첫째, 사업실시 유무에 따라 각각의 수요를 정리한다. 둘째, 공급자의 수입과 지출을 구분하고 건설비, 부지매입비, 재투자비용 등을 포함한 초기투자비와 관리비 등을 산정한다. 그리고 운영을 위한 인건비를 포함하는 경상운영비를 산출한다.

셋째, 수요자와 공급자에 대한 각각의 편익을 산출하는데 수요자 편익의 산정은 항목별로 정리한다. 그리고 소비자 잉여에 의한 이용자 편익도 산정한다. 그러나 공공사업의 편익은 대부분 수요자 입장에서 산출하기 때문에 공급자 편익은 배제될 수 있다.

넷째, 분석대상 기간 동안의 잔존가치를 산정해야 하는데, 감가상각자산, 부지 등에 대한 처리를 해야 한다. 다섯째, 계산 기간내 집계와 평가지표로 편익의 현재가치, 비용의 현재가치를 추계하고 평가지표를 산출한다. 여섯째, 사회적 할인율의 변화에 따른 편익비용비가 지나치게 과대평가 또는 과소평가되기 때문에 민감도 분석을 수행할 필요가 있다. 일곱째, 비용편익과 효과분석을 정리하는데, 사업의 종합적 체계적 평가가 가능하도록 정리해야 한다.

또한 타당성 분석에서 다음 사항은 기본적으로 고려해야 할 사항이다.

첫째, 사업의 성격에 따라 경제성분석, 정책적 분석(지역균형발전분석, 경제적 파급효과분석), 재무성분석 등 분석할 방법을 제시한다.

둘째, 분석대상기간을 설정하고 현재가치화를 위해 필요한 기준연도를 설정한다. 기준연도를 설정하는 이유는 경제성 분석에서 기준연도를 기점으로 할인율을 적용하기 때문이다.

셋째, 분석에 이용된 사업비 중에서 국비, 지방비, 민자를 구분하는지 여부를 제시할 필요가 있다. 시나리오나 여러 가지 대안을 설정하여 분석할 때 적용할 수 있다.

넷째, 해당사업의 특성을 반영하여 할인율을 적용한다. 사회적 할인율은 현재 한국개발연구원(KDI)의 일반지침서에서 제시한 5.5%를 적용하는 경우가 대부분이다.

다섯째, 사회적 할인율 추정시 발생하는 오차를 감안하여 민감도 분석에 적용되는 할인율의 범위를 제시한다.

### 2) **편익비용비**(benefit-cost ratio: B/C ratio)

편익비용비가 높을수록 사업의 타당성이 높다고 판단할 수 있으며 사업비용 단위당 편익을 계산하므로 소규모 사업장에 유리하게 적용된다. 편익비용비는 예산 제약으로 인해 대규모사업을 수행하기 어려울 때 적절한 사회적 할인율을 적용하여 사업의 타당성을 판단한다.

$$\text{B/C ratio} = \sum_{t=0}^{n} \frac{B_t}{(1+r)^t} \Big/ \sum_{t=0}^{n} \frac{C_t}{(1+r)^t} \qquad \langle 식\ 11.1 \rangle$$

$$(t = 0,\ 1,\ 2,\ \cdots,\ n)$$

### 3) **순현재가치**(net present value: NPV)

순현재가치는 현금유입의 현재가치와 현금유출의 현재가치의 차이를 말한다. 여기서 현금유입현가－현금유출현가＞0이면 투자를 선택하고, 현금유입현가－현금유출현가＜0이면 투자를 기각하게 된다. 순현재가치법은 세금까지 계산한 세후소득을 고려한 것이다. 현금유입의 현재가치＝각 연도 말의 현금유입분×현가계수로 계산된다. 또한 순현재가치(NPV)＝현금유출－현금유입의 현재가치 총합으로 다음과 같이 나타낼 수 있다.

$$NPV = \frac{B_0 - C_0}{(1+r)^0} + \frac{B_1 - C_1}{(1+r)^1} + \cdots + \frac{B_n - C_n}{(1+r)^n}$$

$$= \sum_{t=0}^{i} \frac{B_n - C_n}{(1+r)^n} \quad (t = 0,\ 1,\ 2,\ \cdots,\ n) \qquad \langle 식\ 11.2 \rangle$$

$r$은 사회적 할인율, $n$은 사업의 연수

이 분석방법은 대규모 사업에 유리하게 적용된다는 단점이 있으나 해당 연구의 사업규모가 상이하고 각각의 사업별로 분석하므로 분석의 의미를 부여할 수 있다.

### 4) 내부수익률(internal rate of return: IRR)

내부수익률은 투자에 소요되는 현금 유출액의 현재가치와 투자로 인해 예상되는 현금유입액의 현재가치를 일치시키는 할인율이다. 내부수익률은 투자대상에 대한 기대수익률이다. 내부수익률은 요구수익률과 비교해서 요구수익률보다 크면 투자를 선택하게 된다. 순현재가치법은 $A-B$이며, 내부수익률은 요구수익률과 비교하게 된다. 따라서 요구수익률에 따라 투자가 결정된다. 즉 기회비용에 따라 결정된다.[1)]

$$IRR: \sum_{t=0}^{i} \frac{B_t}{(1+r)^t} = \sum_{t=0}^{i} \frac{C_t}{(1+r)^t} \quad (t = 0,\ 1,\ 2,\ \cdots,\ n) \qquad \langle 식\ 11.3 \rangle$$

$IRR > r$: 사업이 타당하다고 봄

투자에 소요되는 현금 유출액의 현재가치와 투자로 인해 예상되는 현금유입액의 현재가치를 일치시키는 할인율을 내부수익률이라 한다. 즉 투자안의 순현재가치를 0으로 만들어주는 할인율을 이용한 투자의 의사결정 방법

---

1) 분수는 1과 비교, 가감으로 된 것은 0과 비교하게 된다.

으로 케인즈(J. M. Keynes)가 제시한 투자의 한계효용이론을 바탕으로 한 분석이다. 기대수익률과 이자율이 일치하는 점까지 투자를 확대해 나가는 방법으로 내부수익률이 사회적 할인율($r$)보다 크면 타당성이 있는 것으로 판단하고 내부수익률이 클수록 유리한 사업으로 판정한다.

### 5) 편익비용비, 순현재가치, 내부수익률의 관계

편익비용비, 순현재가치, 내부수익률의 관계를 보면 일반적으로 내부수익률은 편익비용비가 1보다 클 경우 할인율보다 크게 나타난다. 그리고 편익비용비가 1보다 클 경우 순현재가치는 0보다 큰 값을 가지게 된다.

[그림 11.2]에서 내부수익률이 할인율 5.5%보다 크면 사업의 타당성이 있다고 판단할 수 있으며 할인율보다 작다면 사업의 타당성이 없는 것으로 판단한다.

〈표 11.1〉에서는 내부수익률과 순현재가치의 관계를 나타내고 있다. 내부수익률과 할인율이 낮은 경우 순현재가치가 높게 나타나고, 반대로 내부수익률이 높고 할인율도 높은 경우에는 순현재가치가 높게 나타난다.

내부수익률법은 상호 배타적인 사업에는 적용할 수 없다는 단점이 있기 때문에 일반적으로는 사업의 독립성을 전제로 한 타당성 분석에서 활용한

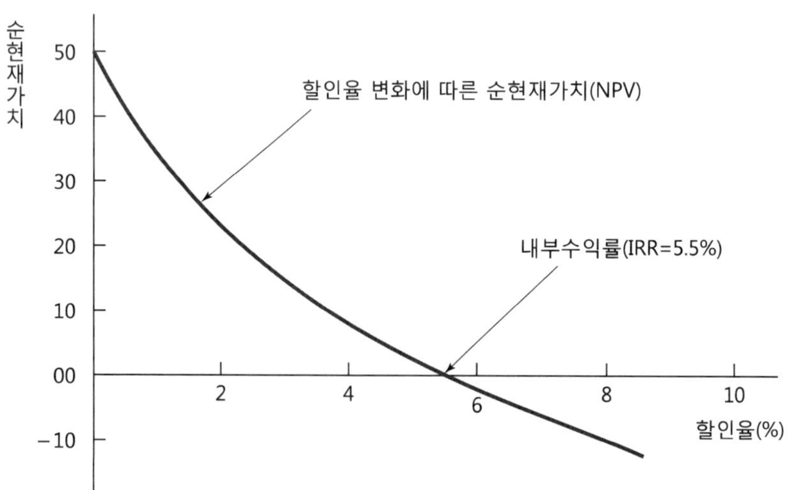


▌그림 11.2 할인율의 변화에 따른 내부수익률의 변화

**▌표 11.1 내부수익률과 순현재가치**

| | 연도별순편익 | | | 내부 수익률 | 각 할인율에 따른 현재가치 | | |
|---|---|---|---|---|---|---|---|
| | 0차 | 1차 | 2차 | | 0.02 | 0.052 | 0.07 |
| A | −1,000 | 0 | 1,209 | 약 10% | 150 | 80 | 45 |
| B | −1,000 | 1,140 | 0 | 약 15% | 115 | 80 | 61 |

다. 정리하면 내부수익률은 투입된 자본을 활용한 사업 실시로 발생하는 수익이 연도별로 변화해 갈 때 반환율이 어느 정도일 때 사업이 수지맞는가를 알아보는 것이다.

## 3. 비용편익분석의 적용

### 1) 사업비와 사업기간별 투입 비중 산정

공사비는 해당사업의 개시와 함께 투자되는 건설비용과 예비비 등이다. 토지보상비는 사업지역의 토지 매입비, 지장물 보상비, 기타 비용 등이며 유지관리비는 사업의 초기 투자비용과 경상운영비 등을 포괄하는 비용이다. 또한 시설의 규모와 내용을 바탕으로 유사시설의 운영 현황을 보고 추정하되 토지보상비는 해당지역의 표준지공시지가를 활용한다. 용지보상비는 토지자체의 취득비용, 지장물보상비, 간접보상비 및 기타부대비용으로 구성한다. 토지보상비는 사업의 기본구상에 제시된 시설의 정확한 위치, 지번 및 면적이 명시된 위치도를 바탕으로 추정한다. 지장물 보상비와 간접보상비는

**▌표 11.2 지역별 지목별 보상비율**

| 지역 | | 전 | 답 | 대지 | 임야 |
|---|---|---|---|---|---|
| 수도권 | 시부 | 1.50 | 1.50 | 1.40 | 2.00 |
| | 군부 | 1.75 | 1.75 | 1.50 | 2.50 |
| 비수도권 | 시부 | 1.75 | 1.75 | 1.65 | 2.30 |
| | 군부 | 1.80 | 1.80 | 1.65 | 2.50 |

자료: 안상훈 외(2008)

「공공사업을 위한 토지 등의 취득 및 보상에 관한 법률 시행규칙」 및 과거의 보상사례를 바탕으로 추정한다.

예비비, 감리비, 설계비 등의 산출은 기획재정부에서 제시하는 「예산 및 기금운용계획 집행지침에 따른 용역대가산정(건축부문)」을 적용하고 부가세를 포함한 총 사업비의 10%를 적용한다.

건축공사비 추정은 각종 공사비 항목의 사업량과 공사단가를 별도로 추정하는 것이 용이하다. 공사단가는 한국감정원의 건물신축단가표를 활용하거나 시공전문업체의 자문을 통하여 추정한다.

이러한 기준에 근거하여 사업비를 산정하고 사업유형에 따라 사업 항목을 구분하고 사업기간을 설정한 후 사업비를 배분한다. 사업비 배분은 사업기간(건설단계)중 초기 투입비용이 클수록 순현재가치는 크고, 초기투입비용이 낮으면 순현재가치가 크게 나타난다.

이해를 돕기 위해 총사업비 1000억원, 매년 편익 110억원, 비용 15억원인 사업을 예로 들어보자. 이때 사회적 할인율 5.5%를 적용하고, 사업기간은 5년, 운영기간은 30년으로 전체 분석대상기간이 35년일 경우의 NPV를 보면 〈표 11.3〉과 같다.

사업기간 동안 초기투자에 80%의 사업비를 지출하고 나머지 4년 동안 균등하게 5%씩 지출할 경우 편익비용비가 0.939로 나타나 타당성이 없는 것으로 판단할 수 있다. 반면에 다른 조건은 변화 없이 사업비 지출을 초기

**표 11.3 사업비 투입비율과 NPV 변화**

| 투자비중 | 1년차 | 2년차 | 3년차 | 4년차 | 5년차 | B/C<br>NPV |
|---|---|---|---|---|---|---|
| A(초기) | 800 | 50 | 50 | 50 | 50 | 0.939<br>−73.372 |
| B(후기) | 50 | 50 | 50 | 50 | 800 | 1.060<br>63.678 |
| C(균등) | 200 | 200 | 200 | 200 | 200 | 0.997<br>−3.014 |

부터 4년차까지 5%를 투자하고 마지막 5년차에 80%를 지출할 경우 편익비용비는 1.060으로 타당성이 있는 사업으로 판단할 수 있다.

이처럼 총 사업비 배분은 경제성분석에서 중요한 역할을 할 수 있다.

### 2) 기준연도와 분석기간

기준연도를 중심으로 할인계수가 적용되므로 기준연도 설정에 신중할 필요가 있다. 대개 기준년도는 사업이 시작되는 당해년 또는 전년도를 지정한다. 편익과 비용은 서로 다른 시점에서 발생되므로 비교 가능한 시점을 기준으로 일치시켜야 하는 문제가 있다. 만약 2015년에 사업이 시작된다면 2014년 말을 기준연도로 설정하고 2015년 하반기 사업은 2015년 상반기를 기준연도로 설정할 수 있다.

분석기간은 각 사업들의 특성상 분석대상기간이 다르다. 교통은 20년, 철도 및 기타사업은 30년을 분석대상기간으로 설정하는데 중앙정부 사업을 제외한 모든 지방자치단체사업은 주로 문화·관광·체육·산업단지 조성 등이므로 30년을 기준으로 분석한다. 다만 수자원은 50년을 기준으로 분석한다.

분석기간 동안 지출되는 사업의 연차별 비중은 사업의 성격에 따라 다르게 나타나지만 기획재정부에서는 동일한 지침을 제시하고 있다. 예를 들어, 고속도로 사업의 경우, 용지보상비는 사업초기 2년도에 각각 30% 및 70%를 지출하도록 설정하고, 공사비의 경우는 공사기간이 5년이라면 매년도 각각 5%, 15%, 25%, 35% 및 20%씩 지출하도록 가정하고 있다.

### 3) 경상운영비 산출

운영비는 크게 인건비와 기타경비로 구분할 수 있다. 인건비는 경상운영비에서 차지하는 비중이 크기 때문에 경제성 분석의 중요한 요인이 될 수 있다.

### 4) 편익의 산출

분야별 편익산출 기준을 보면 직접편익과 간접편익으로 구분할 수 있다. 도로와 철도의 직접편익은 차량운행비용 절감, 통행시간 절감, 교통사고 감소 등은 계량적인 수치의 산출 및 화폐가치화 과정이 비교적 용이하다.

항공과 해운은 전환수요에 의한 편익으로 명확한 편익항목으로 반영해야 할 필요성이 인정되는 측면이 있으나, 계량화가 어렵다.

간접편익은 철도사업 시행시 교통시설 이용에 관계없이 모든 사람에게 발생하는 파급효과, 철도사업의 간접편익에는 도로사업의 간접편익인 환경비용 절감, 지역개발 효과, 시장권 확대, 지역 산업구조 개편 이외에 고속도로 유지관리비 절감, 주차수요 감소로 인한 주차공간 기회비용 절감, 공사로 인한 교통 혼잡 및 도로공간의 축소로 발생하는 부(−)의 편익 등을 포함한다.

산업별로는 산업단지, 문화, 관광, 체육, 과학단지 등은 성격과 추정방법이 상이하다. 그러나 수요자의 지불의사액에 입각한 편익 산출방법도 적용이 가능하다. 체육시설의 편익은 연수, 심사, 대회개최 등 시설 내에서 제공되는 각종 프로그램으로 인한 수익과 부대수입 및 시설 사용료 등을 감안하여 산출한다.

**표 11.4 사업별 편익측정 방법**

| 구분 | 직접편익 | 간접편익 |
|---|---|---|
| 도로 | • 차량운행비용 절감<br>• 통행시간 절감<br>• 교통사고 감소<br>• 쾌적성 증가, 정시성 향상, 안정성 향상 등 | • 환경비용 절감<br>• 지역개발 효과<br>• 시장권의 확대<br>• 지역 산업구조 개편 |
| 철도 | • 철도 사용자 및 화물의 통행시간 절감<br>• 쾌적성 증가, 정시성 향상, 안정성 향상 등<br>• 차량운행비용 절감<br>• 도로, 항공, 해운의 전환수요에 의한 통행시간의 절감<br>• 교통사고 감소<br>• 건널목 개선에 따른 사고/지체 감소 | • 환경비용 절감<br>• 지역개발효과<br>• 시장권의 확대<br>• 지역 산업구조 개편<br>• 고속도로 유지관리비 절감<br>• 주차공간 기회비용 절감<br>• 공사 중 교통혼잡의 부(−)편익 |
| 수자원 | • 생활용수, 공업용수, 농업용수 공급, 홍수피해 경감, 전력생산, 환경비용절감, 원수수질 개선<br>• 자연자원 개선, 레크리에이션, 비상용수 공급, 내륙수운 수송, 자산 고도화, 토지조성<br>• 교통 활성화, 피해방지, 공중보건위생 향상 | |
| 산업단지 조성 | • 추가적으로 발생하는 산업생산<br>• 부가가치수입(이전수입배제) | • 지불의사액(WTP) |
| 문화관광 | • 입장수입, 부대시설매출액<br>• 시설사용료, 상가시설매출액 | • 지불의사액(WTP) |
| 체육시설 | • 연수, 심사, 대회 개최로 인한 수익<br>• 대회 등을 인한 파생수입 시설사용료, 숙박, 음식료 판매수입, 대관료 수입 | • 지불의사액(WTP) |

자료: 한국개발연구원(2008).

### 5) 잔존가치의 처리

경제성분석에서 잔존가치는 주로 내구연한에 따라 결정된다. 도로의 경우는 용지 구입비만을 적용하고 철도의 경우는 용지 구입비와 재투자 차량 및 시설을 포함한다. 다만 재투자비용이 많이 발생하는 사업은 분석기간 종료시점의 처분가치를 포함하여 잔존가치로 처리한다. 교통시설의 경우에는 법령에 의해 내구연한이 지정되어 있는 경우 이를 적용하고 지정되어 있지 아니한 시설은 「교통시설 투자평가지침」(국토교통부, 2007)에서 제시된 내구연한을 기준으로 하여 재투자 비용 및 잔존가치를 산정하도록 하고 있다. 도로나 철도부문 이외의 사업에 대해서도 내구연한을 기준으로 잔존가치를 반영하고 종료시점의 시장가격을 적용하는 것이 적합하다.

### 6) 비용편익분석 사례

비용-편익분석의 사례를 보면 다음과 같다.

#### (1) 사업비 산출

A테마파크의 총 사업비로 156,525백만원이 소요될 것으로 예상되며, 총 공사비 118,132백만원, 부대비 11,300백만원, 용지보상비 12,863백만원이 소요될 것으로 추정하였다. 총 사업비는 대지면적 960,974㎡에 대한 용지보상비 12,863백만원을 포함한 비용이며, 숙박, 상업시설은 분양 및 임대를 가정하였다. 상세한 내용은 〈표 11.5〉에 제시되어 있다.

〈표 11.6〉의 사업비에 대한 연차별 투자계획은 2010~2015년까지 6년간 총 156,525백만원을 투자하며, 초기 투자에는 설계감리비, 용지보상비, 예비비 등이 포함되어 있다. 투자비중은 1차연도에 총 사업비의 6.4% 투입하고 사업이 완료되는 6차연도에 35.8%를 투입하는 것으로 가정하였다. 다만 연차별 투자는 사업이 진행되는 동안 변동될 수 있다.

**표 11.5 총 사업비**

(단위: 백만원)

| 구 분 | 합 계(백만원) | | | | | 구성비(%) |
|---|---|---|---|---|---|---|
| | 소 계 | 국비 | 도비 | 시비 | 민자 | |
| 대지면적 | 960,974㎡ | | | | | |
| 연 면 적 | 32,639㎡ | | | | | |
| A. 총공사비 | 118,132 | 65,268 | 8,392 | 19,579 | 24,893 | 75.5 |
| A－1. 부지조성공사 | 13,402 | 9,382 | 1,206 | 2,813 | － | 8.6 |
| A－2. 건축공사 | 82,542 | 43,393 | 5,580 | 13,018 | 20,552 | 52.7 |
| A－3. 조경공사 | 22,188 | 12,493 | 1,606 | 3,748 | 4,341 | 14.2 |
| B. 설계감리비 | 11,300 | 6,243 | 802 | 1,874 | 2,381 | 7.2 |
| B－1. 설계비 | 6,018 | 3,325 | 427 | 998 | 1,268 | 3.8 |
| B－2. 감리비 | 4,101 | 2,266 | 291 | 680 | 864 | 2.6 |
| B－3. 측량비 및 조사비 | 1,181 | 652 | 84 | 196 | 249 | 0.8 |
| C. 용지보상비 | 12,863 | － | － | 12,863 | － | 8.2 |
| 소 계 | 142,295 | 71,511 | 9,194 | 34,316 | 27,274 | 90.9 |
| D. 예비비 | 14,230 | 7,151 | 1,633 | 2,718 | 2,728 | 9.1 |
| E. 총사업비 | 156,525 | 78,662 | 10,827 | 37,034 | 30,002 | 100.0 |

주: 1) 부가가치세 포함
2) 국비는 문화체육관광부 지원예산임.

**표 11.6 연차별 투자계획**

(단위: 백만원)

| 구 분 | 합계 | 2010년 | 2011년 | 2012년 | 2013년 | 2014년 | 2015년 |
|---|---|---|---|---|---|---|---|
| 공사비 | 118,132 | － | 1,176 | 16,863 | 19,385 | 33,213 | 47,495 |
| 설계감리비 | 11,300 | 5,682 | 205 | 410 | 615 | 820 | 3,568 |
| 용지보상비 | 12,863 | 3,253 | 9,610 | － | － | － | － |
| 예비비 | 14,230 | 1,045 | 1,099 | 1,727 | 2,000 | 3,404 | 4,955 |
| 총 사업비 | 156,525 | 9,980 | 12,090 | 19,000 | 22,000 | 37,437 | 56,018 |

주: 부가가치세 포함

### (2) 용지보상비

A테마파크 조성에 필요한 사업용지의 평균보상비는 13,386원이며 960,974㎡에 대한 평균 보상비용을 의미한다. 용지 보상비 산출 내역은 〈표 11.7〉과 같다.

**표 11.7 용지 보상비**

| 구분 | 구분 | 비고 |
|---|---|---|
| 단위당 보상비(원/㎡) | 13,386 | 평균보상비용 |
| 부지면적(㎡) | 960,974 | |
| 보상가격(백만원) | 12,864 | |
| 잔존가치(백만원) | −12,864 | 2045년 잔존가치로 환원 |

### (3) 경상 운영비

A테마파크 연간 운영비는 총 5,092백만원으로 추정되며, 재정사업비, 외부시설비, 인건비를 합하여 30년간 총 152,757백만원이 소요될 것으로 추정된다. 운영비는 연간 민자사업비 11,039백만원을 제외한 재정사업비 3,738백만원과 외부시설비 570백만원을 합계한 4,308백만원을 적용한다. 이와 같은 A테마파크의 연간 운영비는 유사시설의 운영비를 준용하였다.

**표 11.8 운영비 종합**

(단위: 백만원)

| 구 분 | 연간운영비 | 총운영비(30년) | 비 고 |
|---|---|---|---|
| 건축시설(재정사업) | 3,738 | 112,140 | 재투자비 제외 |
| 외부시설 | 570 | 17,100 | |
| 인건비 | 784 | 23,520 | |
| 합 계 | 5,092 | 152,760 | |

주: 1) 민자는 민간투자유형으로 민간이 주체가 되어 운영되는 시설을 의미함.
2) 민자사업 연간운영비 11,039백만원(30년간 운영비 33,176백만원)은 제외함.

### (4) 인건비

운영인력 24명에 대한 인건비는 연간 784백만원을 적용하였으며 사업기획/홍보 9명, 프로그램기획/운영 7명, 시설/관리 8명을 총 24명의 상근직 인력을 배치하는 것으로 하였다. 1인당 연간 인건비는 일반직공무원 급수별 평균인건비를 바탕으로 사업기획/홍보, 프로그램기획/운영 인력은 연간 34백만원, 시설/관리는 29백만원을 적용하였다.

인건비는 사업시행 연도인 2010년 일반직 공무원 급여기준을 적용하고,

**▎표 11.9 사업기획/홍보, 프로그램기획/운영 인력의 인건비 산출내역**

(단위: 원)

| 일반직공무원 | 5급 | 6급 | 7급 | 8급 | 9급 | 5-9급평균 |
|---|---|---|---|---|---|---|
| 급수별평균 | 2,354,340 | 2,048,169 | 1,827,255 | 1,642,581 | 1,483,306 | 1,871,130 |
| 연봉 | 28,252,080 | 24,578,025 | 21,927,058 | 19,710,968 | 17,799,677 | 22,453,562 |
| 연봉+제경비 | 43백만 | 38백만 | 34백만 | 30백만 | 27백만 | 34백만 |

주: 52개 중앙행정기관(국회, 대법원 등 제외)의 임금총액은 11조 9659억원이었으며 이 중 기본급을 제외한 수당이 차지하는 비중(명예퇴직수당과 기타직보수 제외)은 6조 3201억원으로 전체 임금의 52.8%를 차지함.

**▎표 11.10 시설/관리 인력의 인건비 산출내역**

(단위: 원)

| 기능직 공무원 | 5급 | 6급 | 7급 | 8급 | 9급 | 10급 | 5-10급 평균 |
|---|---|---|---|---|---|---|---|
| 급수별평균 | 2,135,657 | 2,048,169 | 1,827,255 | 1,642,581 | 1,483,306 | 1,351,561 | 1,748,088 |
| 연봉 | 25,627,880 | 24,578,025 | 21,927,058 | 19,710,968 | 17,799,677 | 16,218,735 | 20,977,057 |
| 연봉+제경비 | 36백만 | 34백만 | 31백만 | 28백만 | 25백만 | 23백만 | 29백만 |

주: 기능직 5~10급의 평균급여액과 급여의 40%를 수당으로 적용함.

일반직 공무원 5~9급 평균 임금에 인건비성 경비 52.8%를 적용하였다.

시설/관리직은 2010년 기능직 공무원 급여기준을 적용하고, 기능직 공무원 5~10급 평균 임금에 인건비성 경비 40%를 적용하였다.

당초 KDI 간이예비타당성조사 보고서에서 제시되었던 A테마파크 연구인력의 인건비는 연구원의 업무를 실제 연구가 아닌 관련기업 및 외부 연구기관, 단체 등을 평가하는 기능으로 한정하여 약 50%를 감축하여 연간 300백만원을 적용하였다.

**▎표 11.11 인건비 산출**

(단위: 명, 백만원)

| 구분 | 인원수 | 1인당 연간 인건비 | 연간인건비 |
|---|---|---|---|
| 사업기획/홍보 | 9 | 34 | 309 |
| 프로그램기획/운영 | 7 | 34 | 240 |
| 시설/관리 | 8 | 29 | 235 |
| 합계 | 24 | 83 | 784 |

## (5) 비용흐름의 현재가치

**▎표 11.12 비용의 흐름**

(단위: 백만원)

| 연도 | 인건비 | 건립비용 | 운영비용 | 잔존가치 | 합계 | 비용의 현재가치 |
|---|---|---|---|---|---|---|
| 2009 | 0 | 0 | 0 | 0 | 0 | 0.0 |
| 2010 | 0 | 9,980 | 0 | | −9,980 | 9,459.7 |
| 2011 | 0 | 12,090 | 0 | | −12,090 | 10,862.3 |
| 2012 | 0 | 19,000 | 0 | | −19,000 | 16,180.7 |
| 2013 | 0 | 22,000 | 0 | | −22,000 | 17,758.8 |
| 2014 | 0 | 37,437 | 0 | | −37,437 | 28,644.3 |
| 2015 | 0 | 56,018 | 0 | | −56,018 | 40,626.8 |
| 2016 | 784 | | 4,308 | | 7,286 | 3,500.4 |
| 2017 | 784 | | 4,308 | | 8,275 | 3,317.9 |
| 2018 | 784 | | 4,308 | | 9,263 | 3,144.9 |
| 2019 | 784 | | 4,308 | | 10,252 | 2,980.9 |
| 2020 | 784 | | 4,308 | | 11,240 | 2,825.5 |
| 2021 | 784 | | 4,308 | | 12,228 | 2,678.2 |
| 2022 | 784 | | 4,308 | | 13,217 | 2,538.6 |
| 2023 | 784 | | 4,308 | | 14,205 | 2,406.3 |
| 2024 | 784 | | 4,308 | | 15,194 | 2,280.8 |
| 2025 | 784 | | 4,308 | | 16,182 | 2,161.9 |
| 2026 | 784 | | 4,308 | | 17,170 | 2,049.2 |
| 2027 | 784 | | 4,308 | | 18,159 | 1,942.4 |
| 2028 | 784 | | 4,308 | | 19,147 | 1,841.1 |
| 2029 | 784 | | 4,308 | | 20,136 | 1,745.1 |
| 2030 | 784 | | 4,308 | | 21,124 | 1,654.2 |
| 2031 | 784 | | 4,308 | | 22,112 | 1,567.9 |
| 2032 | 784 | | 4,308 | | 23,101 | 1,486.2 |
| 2033 | 784 | | 4,308 | | 24,089 | 1,408.7 |
| 2034 | 784 | | 4,308 | | 25,078 | 1,335.3 |
| 2035 | 784 | | 4,308 | | 26,066 | 1,265.7 |
| 2036 | 784 | | 4,308 | | 27,055 | 1,199.7 |
| 2037 | 784 | | 4,308 | | 28,043 | 1,137.1 |
| 2038 | 784 | | 4,308 | | 29,031 | 1,077.8 |
| 2039 | 784 | | 4,308 | | 30,020 | 1,021.7 |
| 2040 | 784 | | 4,308 | | 31,008 | 968.4 |

| | | | | | | |
|---|---|---|---|---|---|---|
| 2041 | 784 | | 4,308 | | 31,997 | 917.9 |
| 2042 | 784 | | 4,308 | | 32,985 | 870.1 |
| 2043 | 784 | | 4,308 | | 33,973 | 824.7 |
| 2044 | 784 | | 4,308 | | 34,962 | 781.7 |
| 2045 | 784 | | 4,308 | −11,706 | 47,656 | −962.4 |
| 합계 | 23,520 | 156,525 | 129,240 | −11,706 | 503,729 | 175,500.5 |

### (6) 편익의 산정

편익은 2010~2015년까지 사업이 수행되기 때문에 2016년부터 발생하는 것으로 가정하였다. 기준연도는 2009년으로 설정하고 연간 5.5%의 사회적 할인율을 적용하였다. 또한 편익산출을 위한 수요는 해당 사업지역의 방문객 추정 결과와 방문객 대상 설문조사 결과를 바탕으로 추정하였다. 설문조사 결과에 따르면 2016년 이후 추정 방문객은 당일수요 78%와 숙박수요 22%로 배분되며 평균 방문 목적지는 3.2개소인 것으로 나타났다.

**표 11.13 A테마파크 방문객 추정**

(단위: 명)

| 연도 | 평균($m$) | | | 1인당 평균지출액 | 관광수입총액 |
|---|---|---|---|---|---|
| | | 숙박수요($a$) | 방문수요($b$) | | |
| 2016 | 476,961 | 104,931 | 372,030 | 83,047 | 12,378 |
| 2017 | 515,047 | 113,310 | 401,737 | 83,047 | 13,367 |
| 2018 | 553,132 | 121,689 | 431,443 | 83,047 | 14,355 |
| 2019 | 591,218 | 130,068 | 461,150 | 83,047 | 15,343 |
| 2020 | 629,303 | 138,447 | 490,856 | 83,047 | 16,332 |
| 2021 | 667,389 | 146,826 | 520,563 | 83,047 | 17,320 |
| 2022 | 705,475 | 155,205 | 550,271 | 83,047 | 18,309 |
| 2023 | 743,560 | 163,583 | 579,977 | 83,047 | 19,297 |
| 2024 | 781,646 | 171,962 | 609,684 | 83,047 | 20,285 |
| 2025 | 819,732 | 180,341 | 639,391 | 83,047 | 21,274 |
| 2026 | 857,818 | 188,720 | 669,098 | 83,047 | 22,262 |
| 2027 | 895,904 | 197,099 | 698,805 | 83,047 | 23,251 |
| 2028 | 933,990 | 205,478 | 728,512 | 83,047 | 24,239 |
| 2029 | 972,076 | 213,857 | 758,219 | 83,047 | 25,227 |
| 2030 | 1,010,162 | 222,236 | 787,926 | 83,047 | 26,216 |

| 2031 | 1,048,248 | 230,615 | 817,633 | 83,047 | 27,204 |
|---|---|---|---|---|---|
| 2032 | 1,086,334 | 238,993 | 847,341 | 83,047 | 28,193 |
| 2033 | 1,124,420 | 247,372 | 877,048 | 83,047 | 29,181 |
| 2034 | 1,162,506 | 255,751 | 906,755 | 83,047 | 30,170 |
| 2035 | 1,200,592 | 264,130 | 936,462 | 83,047 | 31,158 |
| 2036 | 1,238,678 | 272,509 | 966,169 | 83,047 | 32,146 |
| 2037 | 1,276,764 | 280,888 | 995,876 | 83,047 | 33,135 |
| 2038 | 1,314,850 | 289,267 | 1,025,583 | 83,047 | 34,123 |
| 2039 | 1,352,936 | 297,646 | 1,055,290 | 83,047 | 35,112 |
| 2040 | 1,391,022 | 306,025 | 1,084,997 | 83,047 | 36,100 |
| 2041 | 1,429,108 | 314,404 | 1,114,704 | 83,047 | 37,088 |
| 2042 | 1,467,194 | 322,783 | 1,144,411 | 83,047 | 38,077 |
| 2043 | 1,505,280 | 331,162 | 1,174,118 | 83,047 | 39,065 |
| 2044 | 1,543,366 | 339,541 | 1,203,825 | 83,047 | 40,054 |
| 2045 | 1,581,452 | 347,919 | 1,233,533 | 83,047 | 41,042 |

주: 지수평활법은 연도자료이므로 평활화방법 No-seasonal을 적용함.

방문객 평균지출은 문화체육관광부의 「2010년 국민여행실태조사」결과를 적용하였다. 여행객 1인당 당일여행지출비용은 61,241원, 숙박여행지출비용은 200,449원으로 나타났다.

관광객은 2013년 기준 연평균 증감률(시계열 추정치) 7.9%를 적용하되, 2013~2015년까지는 테마파크 조성 기간이므로 2013년 추정치를 2016년 추정치로 가정하였다. 공사기간을 제외한 2016년 추정치를 적용할 경우 과대추정의 문제가 있으며, 시계열분석의 특성상 예측기간이 길어질수록 예측오차가 급격히 증가하는 문제를 고려한 것이다.

P시설, Q시설의 3년간 평균 관광객 증감률은 각각 10.5%, 7.4%로 나타

**표 11.14 주요 관광지 평균 관광객 증감률**

(단위: 명, %)

| 구 분 | 2010년 | 2011년 | 2012년 | 평균 |
|---|---|---|---|---|
| P시설 | 798,166<br>(12.6) | 754,397<br>(11.3) | 359,006<br>(7.5) | 637,190<br>(10.5) |
| Q시설 | 480,639<br>(7.6) | 311,199<br>(4.7) | 477,123<br>(9.9) | 422,987<br>(7.4) |

났다. 따라서 2016~2045년까지 30년간 연평균 7.9%의 관광객이 증가한다는 가정하에 추정한 것이다. 연평균 증감률은 두 시설의 평균값에서 1%를 뺀 값이다.

### (7) 편익흐름의 현재가치

**▌표 11.15 편익의 흐름**

(단위: 백만원)

| 연도 | 편익 | | 할인계수 |
|---|---|---|---|
| | 경상가치 | 현재가치 | |
| 2009 | 0 | 0 | 1.000 |
| 2010 | 0 | 0 | 1.055 |
| 2011 | 0 | 0 | 1.113 |
| 2012 | 0 | 0 | 1.174 |
| 2013 | 0 | 0 | 1.239 |
| 2014 | 0 | 0 | 1.307 |
| 2015 | 0 | 0 | 1.379 |
| 2016 | 12,378 | 8,509 | 1.455 |
| 2017 | 13,367 | 8,710 | 1.535 |
| 2018 | 14,355 | 8,866 | 1.619 |
| 2019 | 15,343 | 8,982 | 1.708 |
| 2020 | 16,332 | 9,063 | 1.802 |
| 2021 | 17,320 | 9,110 | 1.901 |
| 2022 | 18,309 | 9,128 | 2.006 |
| 2023 | 19,297 | 9,119 | 2.116 |
| 2024 | 20,285 | 9,087 | 2.232 |
| 2025 | 21,274 | 9,032 | 2.355 |
| 2026 | 22,262 | 8,959 | 2.485 |
| 2027 | 23,251 | 8,869 | 2.621 |
| 2028 | 24,239 | 8,764 | 2.766 |
| 2029 | 25,227 | 8,646 | 2.918 |
| 2030 | 26,216 | 8,517 | 3.078 |
| 2031 | 27,204 | 8,377 | 3.248 |
| 2032 | 28,193 | 8,229 | 3.426 |
| 2033 | 29,181 | 8,073 | 3.615 |
| 2034 | 30,170 | 7,911 | 3.813 |
| 2035 | 31,158 | 7,745 | 4.023 |

| | | | |
|---|---|---|---|
| 2036 | 32,146 | 7,574 | 4.244 |
| 2037 | 33,135 | 7,400 | 4.478 |
| 2038 | 34,123 | 7,223 | 4.724 |
| 2039 | 35,112 | 7,045 | 4.984 |
| 2040 | 36,100 | 6,866 | 5.258 |
| 2041 | 37,088 | 6,686 | 5.547 |
| 2042 | 38,077 | 6,506 | 5.852 |
| 2043 | 39,065 | 6,327 | 6.174 |
| 2044 | 40,054 | 6,149 | 6.514 |
| 2045 | 41,042 | 5,972 | 6.872 |
| 합계 | 886,405 | 241,445 | – |

### (8) 비용편익분석 결과

지금까지 추정한 수요, 건설비 및 운영비 등을 기초로 현금흐름 및 편익비용비를 추정하였다. 공공사업에 적용하는 할인율을 사회적 할인율이라 하며 공공사업은 여러 가지 외부효과를 창출하기 때문에 시장금리보다 낮게 책정되어야 하므로 KDI의 최근 자료를 참고하여 5.5%의 사회적 할인율 적용하였다. 또한 2016년 이후에는 공사비 증액이나 성장이 없는 것으로 가정하였다. 추정결과는 〈표 11.16〉과 같다.

**표 11.16 비용편익분석 결과**

(단위: 백만원)

| 총편익의 현재가치 | 총비용의 현재가치 | 순현재가치 | 편익비용비 | 내부수익률(IRR) |
|---|---|---|---|---|
| 241,445 | 175,500 | 62,507 | 1.376 | 8.320 |

A테마파크 조성 사업과 관련한 순현재가치(NPV)는 62,507백만원으로 내부수익률(IRR)은 8.320%로 평가되며, 편익비용비(B/C Ratio)는 1.376으로 경제적 타당성이 있는 것으로 나타났다.

할인율 적용에 따라 타당성 여부가 달라지므로 사회적 할인율 변화에 따른 편익비용비와 순현재가치(NPV)의 변화는 〈표 11.17〉과 같다. 따라서 이 사업은 경제적 타당성을 충분히 확보할 수 있는 사업이라 할 수 있다.

**▌표 11.17 사회적 할인율의 변화에 따른 순현재가치(NPV)와 편익비용비의 변화**

(단위: 백만원)

| 사회적 할인율 | 3.5% | 4.5% | 5.5% | 6.5% | 7.5% |
|---|---|---|---|---|---|
| B/C ratio | 1.749 | 1.549 | 1.376 | 1.225 | 1.094 |
| NPV | 149,818 | 99,902 | 62,507 | 34,431 | 13,330 |

# 제 2 절 사회적 비용편익분석

## 1. 사회적 비용편익분석의 의의

### 1) 개 념

공공사업에 대한 비용편익분석은 경제적인 타당성에 중심을 둔 의사결정으로 소득분배의 효과를 정확히 파악하기 어렵다는 문제를 내포하고 있다. 따라서 소득분배의 개선효과를 반영하기 위하여 계층별로 구분하여 사업의 타당성을 검토해 볼 필요가 제기된다. 이렇게 소득분배효과를 고려하면서 사업의 타당성을 검토하는 방법을 사회적 비용편익분석(social cost-benefit analysis)이라고 한다(김동건, 2008: 219-220). 즉, 사회적 비용편익분석은 국민경제적 관점에서 공공사업의 효과 즉, 소득분배효과를 고려하면서 사업의 타당성을 검토하는 분석을 말한다.

사회적 비용편익분석은 소득분배를 세대 내 소득분배와 세대 간 소득분배로 구분하여 살펴본다. 세대 내 소득분배는 세대 내의 부자와 빈자 간의 소득분배에 초점을 두고, 현재의 빈곤문제를 해결하기 위하여 빈민층에게 혜택을 더 많이 제공할 수 있는 방법을 찾는 데 역점을 두고 있다. 세대 간 소득분배는 현재세대와 미래세대 간의 소득분배에 대한 것으로, 공공사업을 통하여 국가경제발전에 이바지할 수 있는가에 역점을 두고 있다. 이렇듯 사회적 비용편익분석은 공공사업으로 인하여 혜택을 받는 계층이 누구인가에 초점이 맞추어져 있다는 점에서 기존의 비용편익분석과는 차이가 있다.

### 2) 수익성 분석과의 차이

사회적 비용편익분석이 민간기업의 수익성 분석과 다른 점은 비용과 편익의 항목차이, 사용가격의 차이, 외부경제의 반영여부 등 세 가지로 집약할 수 있다.

첫째, 항목조정은 사기업과 국민경제가 보는 관점이 다르기 때문에 필요하며 주로 세금과 이익의 조정을 말한다. 세금은 사기업의 입장에서는 비용이나 국민경제의 입장에서는 세금과 이익의 조정을 말한다. 세전이익은 사기업에 귀속되든 세금이 되든 사회적 편익으로 남아있게 되나, 이 기업이 세전 이익을 본국으로 송금한다면 이 부문만큼은 사회적 비용이 된다.

둘째, 자원의 희소가치를 제대로 반영하지 못하는 가격을 조정해야 한다. 예를 들어, 공정 환율이 자국통화를 과대평가하고 있는 경우에 그러한 공정 환율을 기준으로 자원배분을 하면 자원배분의 왜곡을 가져온다. 이처럼 왜곡된 시장가격을 조정해서 제대로 자원의 기회비용을 반영하게 한 가격을 잠재가격이라고 한다.

셋째, 외부경제란 공해나 교육 훈련과 같이 사회적으로는 발생하나 민간기업의 수익성에서는 제대로 반영되지 않는 항목들의 조정을 가리킨다. 이러한 세 가지의 조정을 거친 후의 순편익이 정(+)의 값을 가질 때 해외투자는 바람직한 것이다.

그러나 실제의 사회적 비용편익분석에서는 잠재가격의 산정, 외부효과의 추정에 어려움이 있어 객관적인 분석이 곤란하다. 예를 들면 외국인 직접투자가 국내경제에 긍정적인 효과를 얻으려면 국내의 여러 가격에 해당되는 자원의 희소가치를 제대로 반영하고 있어야 한다. 또한 이러한 상황에서 사업을 추진한 후 획득한 이윤에 대해서 정부가 제대로 과세할 수 있어야 한다.

## 2. 사회적 비용편익분석의 방법

### 1) 사회적 편익의 의미

일반적으로 시행되는 비용편익분석과 달리 사회적 비용편익분석은 편익 산출에 있어서 화폐단위로 측정할 수 없는 가치를 화폐가치로 추정하는 것을 의미한다. 여기서 사회적 가치는 생산자잉여를 제외한 소비자잉여만을 평가하는 것이다. [그림 11.3]과 같이 $P_m$에서 시장균형가격이 결정되면 시설이용량은 $Q_m$으로 결정된다. 이때 시장가격 이상으로 시설을 이용할 의사가 있는 소비자들의 지불의사금액 $P_HP_mC$는 사회적 편익이 되고 생산자잉여 $P_LP_mC$는 편익에서 제외된다. 이와 같이 소비자잉여를 평가하여 사업의 존재가치를 측정하여 편익으로 적용하는 것을 사회적 편익이라 한다. 간혹 편익을 적용할 때 $\square P_m0Q_mC$를 이용하는 경우가 있는데 이는 잘못된 것이다. 왜냐하면 이는 생산자잉여와 비용이 포함된 것으로 이것이 편익을 의미하지 않기 때문이다. 이와 같이 사회적 비용편익분석은 사업비, 운영비, 인건비 등을 포함하는 비용측면은 그대로 두고 편익부분만을 측정하게 된다.

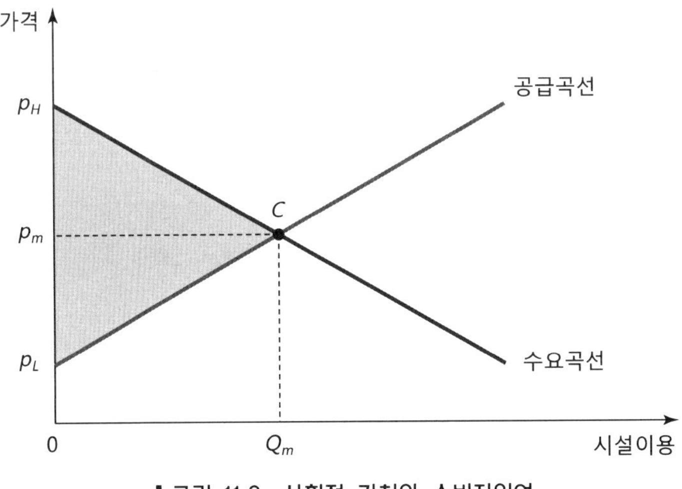


▌그림 11.3 사회적 가치와 소비자잉여

### 2) 사회적 편익의 산출

공공투자사업에 대한 사회적 편익을 측정할 때에는 기존의 경제성 중심 측정과는 달리 저축과 소비에 의한 분배효과를 고려한다. 만약 산출물의 증가가 소비를 증가시키고 저축을 하지 않는다면 사회적 비용이 발생했다고 볼 수 있다. 반면, 소비의 증가가 저소득 계층에 의해서 발생한 것이라면 사회적으로 추가편익이 발생했다고 볼 수 있을 것이다. 따라서 공공투자사업에 대한 사회적 편익을 측정할 경우에는 양자를 모두 고려해 주어야 한다(김동건, 2008: 222). 따라서 사회적 편익이란 공공투자사업으로 인해서 발생한 순증효과를 말한다고 볼 수 있다. 사회적 편익은 소비자잉여를 측정하는 방법을 적용하는데 주로 소득세 형태로 지불가능한 금액을 추정하여 측정한다.

사회적 편익＝경제적 편익－소비증가에 의해 포기된 저축의 가치
＋소비증가에 의해 발생한 편익

### 3) 사회적 비용의 산출

사회적 비용 측정의 방법은 사회적 편익의 측정방법과 유사하다. 사회적 비용은 공공투자사업에 활용되는 투입물의 기회비용과 투입물로 인하여 발생하는 소득의 증가에 따른 저축의 감소분을 의미한다. 물론 여기에는 저소득계층에서 발생된 소비의 증가분은 사회적인 편익으로 보고 이에 대한 고려도 해주어야 한다. 이를 식으로 나타내면 다음과 같다(김동건, 2008: 223).

사회적 비용＝기회비용＋소비증가에 의해 포기된 저축의 가치
－소비증가에 의해 발생한 편익

### 4) 사회적 가중치의 산출

사회적 비용편익분석의 가치측정은 기존 경제성 중심의 비용편익분석과 달리 소비와 저축에 대한 효과를 반영한다는 점에서 큰 차이가 있다. 공공투자사업 때문에 소비가 증가했다면 이는 긍정적 효과(편익)로 볼 수 있지

만, 이로 인하여 저축이 감소했다면 부정적인 효과로 볼 수도 있다. 따라서 사회적 비용편익분석에서는 양자간의 순효과에 따라 내부수익률(IRR)이 달라지기도 한다. 이렇게 비용과 편익의 분배효과를 저축이나 소비를 활용하여 고려한다고 해도 양적 개념으로 정확히 측정하기 어렵기 때문에 분배효과를 직접적으로 측정하지 않고 공통수치를 적용하여 분배효과를 밝히는 방법을 활용하게 된다. 이때 활용되는 것이 사회적 가중치(social weight)이다(김동건, 2008: 224). 애킨슨(Atkinson)의 사회후생함수를 이용한 사회적 가중치를 구하는 방법은 아래와 같다(Ray, 1986).

### (1) 소득에 의한 분배가중치

사회복지를 소득에 대해 미분하게 되면 소득수준 $Y_i$(평균소득)와 $Y_j$(각 계층의 소득)는 다음과 같은 식으로 표현할 수 있다.

$$\frac{\partial W}{\partial Y} = \left(\frac{Y_j}{Y_i}\right)^{-n} \qquad \text{〈식 11.4〉}$$

$$\frac{\partial W}{\partial Y} = \left(\frac{Y_i}{Y_j}\right)^{n}$$

$$d_j = \left[\frac{Y_i}{Y_j}\right]^{n}$$

$d_j$: $j$계층의 소득분배 가중치,
$Y_i$: 평균계층의 소득,
$Y_j$: 각 소득계층의 소득,
$n$: 한계효용탄력치

위 식에 의하면, 평균소득보다 낮은 소득집단에게는 높은 가중치를 평균소득보다 높은 소득집단에는 낮은 가중치를 부과하여 소득계층간 소득의 이전을 가져와 소득분배가 이루어지도록 할 수 있다. 이러한 가중치의 변화를 그림으로 나타내면 [그림 11.4]와 같다. [그림 11.4]는 한계효용탄력치($n$)에 따라 소득분배가중치가 소득분배에 미치는 영향을 나타낸 것으로 한계효용탄력치가 증가할수록 저소득계층과 고소득계층 간의 소득분배차이를 급속하

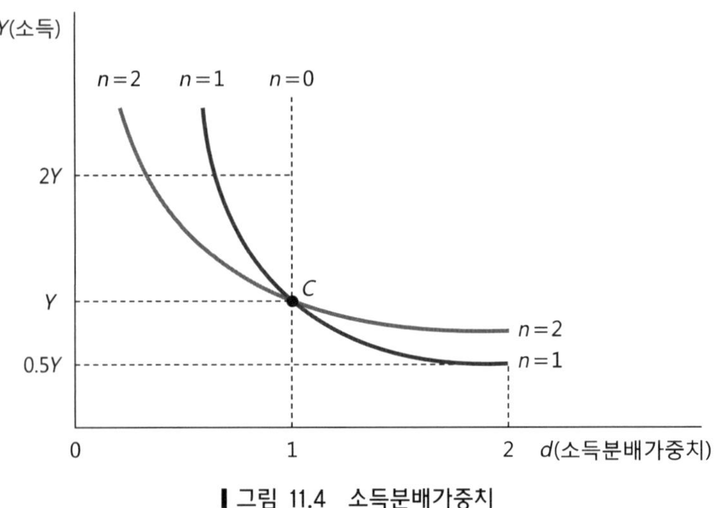


▎그림 11.4 소득분배가중치

게 줄일 수 있음을 보여주고 있다. 따라서 사회적 가중치의 크기는 소득분배의 불균형 정도와 한계효용탄력치에 의해서 좌우된다고 볼 수 있다.

(2) 소비에 의한 분배가중치

소비수준에 근간을 두고 분배가중치를 산출할 수도 있다. 여기서는 기본적으로 '소비에 따른 한계효용성은 현재의 소비수준이 높을수록 낮다'고 가정한다. 즉, 저소득층의 한계효용탄력성이 고소득층의 한계효용탄력성 보다 높다고 할 수 있다. 이를 식으로 나타내면 〈식 11.5〉와 같다.

$$U_c = c^{-n} \qquad \text{〈식 11.5〉}$$

$U_c$: 소비수준 $c$에서의 한계효용성
$c$: 소비수준
$n$: 한계효용탄력치

위 식에 의하면 한계효용탄력치가 높아질수록 한계효용성의 감소폭이 더욱 커지게 된다. 만약 한계효용탄력치가 2가 된다면 한계효용성은 4배가 되는 것이다. 여기서 소비분배의 가중치는 〈식 11.6〉과 같은 식으로 도출할 수 있다.

$$d = \left(\frac{\bar{c}}{c_i}\right)^n \qquad \langle 식\ 11.6\rangle$$

$d$: 소비분배의 가중치
$\bar{c}$: 연간평균소비수준
$c_i$: 소비수준
$n$: 한계효용탄력치

위 식에 의하면 한계효용탄력치가 0보다 크고 소비수준 $C_i$가 평균소비수준보다 작은 한 사회적 가중치는 1보다 크게 된다. 즉, $n$이 0보다 크면 소비수준이 평균소비수준보다 낮은 계층에게는 1보다 큰 사회적 가중치가 적용된다는 의미이다. 이를 활용하여 총효용성 $U_c$는 〈식 11.7〉과 같이 구할 수 있다.

$$\begin{aligned} U_c &= c^{-n} \\ &= \frac{1}{1-n}c^{1-n} \quad (n \neq 1) \\ &= \log_e c \quad (n = 1) \end{aligned} \qquad \langle 식\ 11.7\rangle$$

## 3. 사회적 비용편익분석의 적용

### 1) 사회적 비용편익분석 적용 대상

사회적 비용편익분석은 형평성을 고려하면서 행해지므로 주로 노동집약적인 성격을 가지고 있는 사업이나 저소득계층에게 혜택이 부여되는 사업들에 주로 활용할 수 있다. 하지만 사업의 편익이 주로 고소득 그룹에게 발생하게 된다든가 또는 정부에게 아주 제한된 규모의 저축을 가져다주는 사업들은 사업선정의 우선순위에서 밀릴 수밖에 없다. 이러한 사업들은 경제적 측면에서는 존립가능성이 있다고 하더라도 사회적 측면에서는 큰 의미가 없는 것이다. 이처럼 사회적 비용편익분석은 소득분배측면에서 매우 중요한 의미를 지니고 있으므로 타당성을 평가하는 모든 사업에 일률적으로 적용시켜야 한다(김동건, 2008: 232-233).

그러나 실제로는 자료나 전문인력의 부족, 정치권의 가치판단개입 등과 같은 현실적인 복잡성과 정보의 부족으로 인한 저축프리미엄 설정, 사회적 가치(한계저축성향, 자본의 한계생산성, 사회적 할인율) 결정의 한계 등으로 인하여 사회적 비용편익분석 산정을 위한 변수선정에 어려움이 많다.

### 2) 사회적 비용편익분석 적용 사례

#### (1) 사업비 추정

A사업은 기반 기술사업 6,400백만원, 응용제품화 기술개발 45,000백만원을 합하여 총 51,400백만원을 투자하는 사업이다. 사업비는 기반기술과 응용제품화 기술에 대한 비용 검정을 진행하고 규모의 적절성을 검토하여 추정한다.

**표 11.18 사업별 사업비**

(단위: 백만원)

| 사업명 | 사업비 |
|---|---|
| 기반 기술개발 | 6,400 |
| 응용제품화 기술개발 | 45,000 |
| 총 계 | 51,400 |

연차별 사업비는 2015~2019년까지 5년간 51,400백만원 지출, 1~3차년도까지 13,600백만원, 4~5차년도 5,300백만원을 투자하는 것으로 가정하였다. 사업비는 총액 기준으로 국비 70.0%, 지방비 20.0%, 민자 10.0% 적용하였다.

**표 11.19 연차별 사업비 지출**

(단위: 백만원)

| 구 분 | 2015년 | 2016년 | 2017년 | 2018년 | 2019년 | 총 계 |
|---|---|---|---|---|---|---|
| 국 비 | 9,520 | 9,520 | 9,520 | 3,710 | 3,710 | 35,980 |
| 지방비 | 2,720 | 2,720 | 2,720 | 1,060 | 1,060 | 10,280 |
| 민 자 | 1,360 | 1,360 | 1,360 | 530 | 530 | 5,140 |
| 합 계 | 13,600 | 13,600 | 13,600 | 5,300 | 5,300 | 51,400 |

주: 1) 연차별 투자계획은 실제 사업이 추진되는 과정에서 달라질 수 있음.
2) 총 사업비는 부가가치세를 포함한 비용임.

### (2) 인력 및 인건비

인력은 2015~2019년까지 5년간 연인원 309명을 투입한다. 이 사업에서 필요한 인력은 주로 연구개발을 위한 인력으로 응용제품화 기술개발에 대부분의 인력이 투입된다.

**표 11.20 연구개발 인력**

(단위: 명)

| 연구분야 | 2015 | 2016 | 2017 | 2018 | 2019 | 합계 | 평균 |
|---|---|---|---|---|---|---|---|
| 기반 기술개발 | 10 | 10 | 9 | 5 | 4 | 38 | 8 |
| 응용제품화 기술개발 | 77 | 74 | 71 | 25 | 24 | 271 | 54 |
| 합계 | 87 | 84 | 80 | 30 | 28 | 309 | 62 |

309명의 인력에 대한 인건비는 2010년 전국 연구기관 1인당 평균 연구개발비 126.8백만원에 2005~2010년까지 5년간 연평균 1인당 연구개발비 증감률 4.3%를 적용하여 산출하였다. 또한 2011~2019년 까지 1인당 연구개발비는 추세분석에 의한 추정치를 적용하였다.

**표 11.21 사업별 1인당 평균 연구개발비**

(단위: 백만원)

| 연구분야 | 2015 | 2016 | 2017 | 2018 | 2019 |
|---|---|---|---|---|---|
| 기반 기술개발 | 156.17 | 162.83 | 169.76 | 176.99 | 184.53 |
| 응용제품화 기술개발 | 156.17 | 162.83 | 169.76 | 176.99 | 184.53 |

사업이 종료되는 2019년 이후 연구 인력은 기존의 사업장에서 존속하므로 비용에 포함하지 않았다. 연구인력은 총 62명이며 연평균 인건비 총액은 4,428백만원을 적용하였다. 연구 인력의 인건비는 연구직 공무원 연구관 평균연봉 71.4백만원을 적용하였다. 연평균 인건비는 연봉과 제경비(2013년 공무원 급여 기준)를 합계한 금액으로 평균연봉의 1.528배를 적용하였다.

**표 11.22 연구인력의 연평균 인건비**

(단위: 명, 백만원)

| 연구분야 | 인력 | 연인원 | 1인당 인건비 | 연평균인건비 |
|---|---|---|---|---|
| 기반 기술개발 | 박사급(명) | 8 | 71.4 | 571 |
| 응용제품화 기술개발 | 박사급(명) | 54 | 71.4 | 3,856 |
| 합계 | 합계(명) | 62 | – | 4,428 |

### (3) 비용흐름의 현재가치

비용의 흐름은 총사업비의 연차별 투입액과 투입액의 현재가치흐름을 나타낸다. 경상운영비는 사업비와 인건비로 구성되며 2015~2019년까지 인력은 기존 연구기관 등의 사업비에 의해 운영된다.

2020~2029년까지 인건비(연평균 4,428백만원)는 신규로 투입되는 인력에 대한 인건비가 아니므로 동 사업의 비용에서 제외하였다.

**표 11.23 비용의 흐름**

(단위: 백만원)

| 연도 | 경상비용 | | 경상비용의 현재가치 | | 할인율 |
|---|---|---|---|---|---|
| | 사업비 | 인건비 | 사업비 | 인건비 | |
| 2013 | 0 | 0 | 0 | 0 | 1.000000 |
| 2014 | 0 | 0 | 0 | 0 | 1.055000 |
| 2015 | 13,600 | 0 | 12,219 | 0 | 1.113025 |
| 2016 | 13,600 | 0 | 11,582 | 0 | 1.174241 |
| 2017 | 13,600 | 0 | 10,978 | 0 | 1.238825 |
| 2018 | 5,300 | 0 | 4,055 | 0 | 1.306960 |
| 2019 | 5,300 | 0 | 3,844 | 0 | 1.378843 |
| 2020 | 0 | 4,428 | 0 | 3,044 | 1.454679 |
| 2021 | 0 | 4,428 | 0 | 2,885 | 1.534687 |
| 2022 | 0 | 4,428 | 0 | 2,735 | 1.619094 |
| 2023 | 0 | 4,428 | 0 | 2,592 | 1.708144 |
| 2024 | 0 | 4,428 | 0 | 2,457 | 1.802092 |
| 2025 | 0 | 4,428 | 0 | 2,329 | 1.901207 |
| 2026 | 0 | 4,428 | 0 | 2,207 | 2.005774 |
| 2027 | 0 | 4,428 | 0 | 2,092 | 2.116091 |
| 2028 | 0 | 4,428 | 0 | 1,983 | 2.232476 |
| 2029 | 0 | 4,428 | 0 | 1,880 | 2.355263 |
| 합계 | 51,400 | 44,280 | 42,678 | 24,204 | – |

### (4) 편익 산출방법

**① 조건부가치평가법(CVM)을 위한 질문서 작성**

R&D상용화 기반 구축에 대한 사회적 가치측정방법은 조건부가치평가법(CVM)의 개방형 질문법을 적용하였다. CVM은 지불의사액 질문의 설계방법에 따라 경매법(bidding game), 지불카드법(payment cards), 양분선택형 질문법(dichotomous choice question) 개방형 질문법(open ended question) 등으로 분류할 수 있다. 개방형 질문법은 응답자가 직접 WTP를 대답하도록 개방형으로 질문하는 방식으로 질문방식이 단순하고 조사방법은 쉬운 측면이 있다. 다만 무응답이나 극빈치(out-lier)가 발생할 가능성이 높으므로 이러한 경우 표본에서 제외하였다.

지불수단 유도를 위해 설문대상자를 가구주와 배우자로 제한하여 실시하며 제시한 금액을 토대로 전국 가구수를 적용하여 지불가능의사가 있는 대상자의 비중을 산출하였다.

설문대상자들이 자영업자나 가구주가 아닌 응답자가 포함될 경우 정확한 설문조사가 어렵기 때문에 세대주와 그 배우자로 조사대상을 제한하였다. 개방형 조건부 가치측정 질문 형태는 귀하의 가구는 "「A연구개발 사업」의 추진을 위해 향후 5년 동안 매년 가구당 일정액의 소득세를 추가로 지불할 의사가 있으십니까?"라는 질문에 대해 지불의사를 밝힌 세대를 대상으로 한다. 설문조사는 전화면접조사(telephone interview) 및 직접면접조사(face to face interview)를 병행하였다.

조사대상은 전국에 거주하는 소득이 있는 가구의 만 20세 이상 65세 이하의 세대주 또는 세대주 배우자 300명을 대상으로 하였다. 지역별로는 경북지역 120명, 대구지역 60명, 수도권 30명, 부산·울산·경남지역 40명, 대전·충청·강원지역 30명, 광주·전라지역 20명으로 표본을 할당하였다.

**② 모형의 설정**

지불가능금액 추정은 로짓모형(logit model)을 이용하는데 이는 로짓모형이 프로빗모형(probit model)에 비해 상대적으로 추정이 용이하고 적합도가 높게 나타나기 때문이다. 로짓모형은 다음과 같다.

$$F_{\theta}[\Delta V]=\frac{1}{1+\exp-(\Delta V)} \qquad \langle 식\ 11.8\rangle$$

함수형태는 선형함수(linear function) 또는 로그함수(logarithmic function)로 가정할 수 있으나 본 조사 분석에서는 선형함수를 가정하여 다음과 같이 모형을 설정하였다.

$$F_{\theta}[\Delta V]=(1+e^{-(\alpha+\beta X_j)})-1 \qquad \langle 식\ 11.9\rangle$$

추정된 계수 $\alpha$와 $\beta$를 이용한 WTP산출은 주로 중앙값과 평균값을 적용하였다. 여기서 $\alpha$와 $\beta$의 추정은 추정모델에서 제시한 5개의 독립변수 중 통계적으로 유의한 변수만을 적용하였다. 이 경우 제시금액을 제외한 응답자의 특성변수인 독립변수의 추정계수에 각각의 평균값을 곱하여 계산한다. 이러한 선형로지스틱 모형의 지불의사액(WTP)의 평균값은 다음과 같이 나타낼 수 있다.

$$WTP\ 평균값=\int_0^{\infty}F_{\theta}(\Delta V)dA=\frac{1}{-\beta}\ln(1+e^{a}) \qquad \langle 식\ 11.10\rangle$$

**③ 모형의 추정**

모형추정 결과 추정계수는 상수항($\alpha$) 3.141682, WTP($X_3$) 0.000156, 교육수준($X_4$) −0.853451로 나타났다. 유의성 검정 결과 5.0% 유의수준에서 통계적 유의성이 확보된 변수는 상수항($\alpha$), WTP($X_3$), 교육수준($X_4$)이며, 성별($X_1$), 연령($X_2$), 소득수준($X_5$) 등은 의미 있는 통계량을 확보하지 못했다. 지불의사액(WTP) 추정을 위한 이항로짓(binomial logit)모형 추정결과는 다음과 같이 나타낼 수 있다.

$$Y=1-@CLOGISTIC(-(0.475963*X_1-0.00906*X_2+0.00015*X_3$$
$$-0.85345*X_4+0.06753*X_5+3.13168)) \qquad \langle 식\ 11.11\rangle$$

**표 11.24 모형의 추정결과**

| 변수 | 추정계수 | 표준오차 | $Z$-통계량 | $p$-값 |
|---|---|---|---|---|
| 성별($X_1$) | 0.47596 | 0.33150 | 1.43578 | 0.15110 |
| 연령($X_2$) | −0.00907 | 0.01901 | −0.47720 | 0.63320 |
| WTP($X_3$) | 0.00016 | 0.00005 | 3.11180 | 0.00190 |
| 교육수준($X_4$) | −0.85345 | 0.36999 | −2.30670 | 0.02110 |
| 소득수준($X_5$) | 0.06754 | 0.07116 | 0.94912 | 0.34260 |
| 상수($\alpha$) | 3.13168 | 1.48975 | 2.10215 | 0.03550 |
| 관측치수/Log-likelihood | 300/−122.2365 | | | |
| LR-statistic | 41.37332 | | | |

이상에서 산출된 결과를 이용하여 5년 동안 매년 지불의사가 반영된 사회적 총 편익에 연간 할인율을 적용하여 계산한 결과, 1인당 평균 지불 가능 금액은 2,270원으로 추정되었다. 추정된 평균 지불가능금액에 전국 세대수를 곱하는데, 2013년 전국 추계 세대수는 18,206,328세대이며 이를 적용할 경우 사회적 가치가 과대 추정될 수 있어 설문조사에서 방문의사를 밝힌 응답자 비중으로 추정세대수를 산출하였다. 조사대상자 중 지불의사를 밝힌 세대는 47.9%로 나타났다. 이를 적용하여 산출한 5년간 총 편익은 99,032백만원, 총편익의 현재가치는 59,154백만원으로 나타났다.

**표 11.25 사회적 편익 추정결과**

| 세대당 평균 WTP | 추정 연간 WTP | 총편익 | 총편익의 현재가치 |
|---|---|---|---|
| 2,270원 | 19,806백만원 | 99,032백만원 | 59,154백만원 |

### (5) 편익흐름의 현재가치

2017~2029년까지 총편익은 99,032백만원, 현재가치는 59,147백만원으로 추정되었다.

**표 11.26 편익흐름의 현재가치**

(단위: 백만원)

| 연도 | 경상가치 | 현재가치 | 할인계수 |
|---|---|---|---|
| 2013 | 0 | 0 | 1.000000 |
| 2014 | 0 | 0 | 1.055000 |
| 2015 | 0 | 0 | 1.113025 |
| 2016 | 0 | 0 | 1.174241 |
| 2017 | 7,618 | 6,149 | 1.238825 |
| 2018 | 7,618 | 5,829 | 1.306960 |
| 2019 | 7,618 | 5,525 | 1.378843 |
| 2020 | 7,618 | 5,237 | 1.454679 |
| 2021 | 7,618 | 4,964 | 1.534687 |
| 2022 | 7,618 | 4,705 | 1.619094 |
| 2023 | 7,618 | 4,460 | 1.708144 |
| 2024 | 7,618 | 4,227 | 1.802092 |
| 2025 | 7,618 | 4,007 | 1.901207 |
| 2026 | 7,618 | 3,798 | 2.005774 |
| 2027 | 7,618 | 3,600 | 2.116091 |
| 2028 | 7,618 | 3,412 | 2.232476 |
| 2029 | 7,618 | 3,234 | 2.355263 |
| 합계 | 99,032 | 59,147 | – |

### (6) 사회적 비용편익분석 결과

사회적 편익을 적용한 비용편익분석 결과는 2015년 이후에는 연구개발비 증액이 없는 것으로 가정하였으며, 편익비용비(B/C ratio)는 1.386, 순편익의 현재가치(NPV)는 59,147백만원, 내부수익률(IRR)은 11.983%로 나타났다.

**표 11.27 비용편익분석 결과**

(단위: 백만원, %)

| | | |
|---|---|---|
| 순편익의 현재가치 | 총편익의 현재가치 | 59,147 |
| | 총비용의 현재가치 | 42,678 |
| | 순편익의 현재가치 | 16,469 |
| B/C 비율 | | 1.386 |
| 내부수익률(IRR) | | 11.983 |

공공투자사업은 대부분 대규모사업이므로 한번 잘못된 선택을 한 경우에 발생하는 피해는 크고 장기적이며, 불가역성을 나타낸다. 공공투자사업에 대한 타당성 여부를 사전에 평가할 때 불확실성에 대한 상황을 미리 고려하여 이것이 사업의 성패에 어떠한 영향을 미치는가에 대한 분석이 필요하다. 이를 위해 할인율 변화에 따른 편익비용비의 변화를 분석하였다. 분석 결과 이 사업은 할인율 변화에 따른 위험성은 없는 것으로 나타났다.

**표 11.28 할인율 변화에 따른 민감도 분석**

(단위: 백만원, %)

| 할인율 | 편익흐름 | 비용흐름 | 순현재가치 |
|---|---|---|---|
| 3.0 | 74,140 | 46,359 | 27,781 |
| 4.0 | 67,625 | 44,835 | 22,790 |
| 5.0 | 61,815 | 43,380 | 18,435 |
| 5.5 | 59,147 | 42,678 | 16,469 |
| 6.0 | 56,622 | 41,992 | 14,630 |
| 7.0 | 51,971 | 40,666 | 11,305 |
| 8.0 | 47,796 | 39,399 | 8,397 |
| 9.0 | 44,041 | 38,188 | 5,853 |

# 제 3 절 재무성분석

## 1. 재무성분석의 의의

공공투자사업은 그 영향이 전 국민에게 미치는 것이므로 경제성 분석으로 사업 타당성을 평가한다. 이러한 분석과 더불어 사업주체의 관점에서 시행하는 재무성 분석도 병행하여 수행할 필요가 있다. 재무성 분석은 주로 사업 전망이 좋아 정부의 막대한 재정 예산을 투입할 필요가 없는 사업에 대해 민간자본을 이용하여 추진할 경우 효과적 분석이 된다.

재무성 분석은 주로 경제적 타당성이 높은 사업을 대상으로 해당 사업의 수익성을 검토하는 방법이다. 또한 공공투자사업을 민간에서 추진할 수 있는지 여부를 판단하는데 유용하게 활용된다. 이러한 경제성분석과 재무성분석을 비교하면 다음과 같이 정리할 수 있다.

재무성 분석은 순전히 사업주체의 입장에서 현금의 유입과 유출, 초기 투자자본의 현재가치 등을 고려하여 재무적 타당을 평가하는 것으로 재무적 순현재가치는 〈식 11.12〉와 같이 정의한다.

$$FNPV = \sum(\text{현금유입의 현재가치} - \text{현금지출의 현재가치}) - \text{초기 투자자본} \qquad \langle\text{식 } 11.12\rangle$$

이처럼 재무성 분석에는 소비자 지불의사, 간접적 효과, 무형의 가치 등은 포함되지 않고 오로지 시장에서 결정되는 현금의 흐름만을 대상으로 타당성 여부를 분석한다. 이때 적용하는 할인율은 재무적 할인율이라 한다.

**❙표 11.29 재무적 타당성분석 기법**

| 구분 | 경제성분석 | 재무성분석 |
|---|---|---|
| 목표 | 사회적 순현재가치의 측정 | 재무적 순현재가치의 측정 |
| 제무제표산출 | 사회적편익과 사회적 비용 | 사업주체의 현금유입과 현금유출 |
| 소득과 손실의 포함규칙 | 직간접, 유무형의 사회적 영향 | 현금의 흐름 |
| 양(+)의 변수 | 소비자의 지불의사액(사회적 편익) | 현금유입(화폐단위) |
| 음(–)의 변수 | 사업으로 인한 자원소비의 기회비용과 초기 투자비용 | 연차별 현금의 유출과 초기투자비용 |
| 소득과 손실의 가치평가 | 잠재가격으로 평가 | 현재가격으로 평가 |
| 할인과정 | 국채이자율, 사적투자수익률, 사적시간선호율, 사회적 시간선호율, 가중평균 응용 이자율 등 | 주식과 부채 등에 대한 가중평균자본비용 |
| 법률적 정의 | 자금의 원천에 따름 | 법적 출처와 관계없이 현금흐름 포함 |
| 분배적 공평성 | 정치적으로 결정된 가중치나 제약이 적용 | 전혀 고려하지 않음 |

자료: 한국개발연구원(2008).

## 2. 재무성분석의 방법

재무성 분석 기법은 주로 현금흐름할인법(discounted cash flow method: DCF)을 이용하는데 미래의 현금흐름을 예측한 후 자본의 기회비용으로 할인한 현재가치를 구하여 비교하는 방법이다. 현금흐름할인법에는 순현재가치법(net present value method: NPV) 및 내부수익률법(internal rate of return method: IRR), 수익성지수법(profitability index method: PI) 등이 있다. 또한 현금흐름할인법 이외에 회수기간법(payback period method: PB) 등을 통해 재무적 타당성을 평가해 볼 수 있다(심상달 외, 2004).

일반적으로 활용되는 순현재가치법과 내부수익률법을 비교해 보면, 단일 투자안의 투자가치를 평가할 때는 동일한 결과를 가져오지만 이론적 배경에서 순현재가치법이 내부수익률보다 우위에 있다고 할 수 있다. 순현재가치법은 재투자수익률에 대한 가정에 있어서 내부수익률법보다 합리적이라고 평가되고 있고, 해당 사업가치의 증가분을 계량화하여 나타내 준다는 장점이 있다. 반면, 내부수익률법으로 평가할 경우에는 투자로부터 기대되는 현금흐름의 방향이 한 번 이상 변할 경우 복수의 내부수익률이 존재할 가능성도 있어 평가에 어려움이 발생할 수 있다. 결국 공공투자분석에서 수익지수법, 순현재가치법과 내부수익률법을 모두 적용하는 것이 효과적이다.

### 1) 재무적 순현재가치

사업에 대한 투자로부터 기대되는 미래의 현금유입액 현가합계와 유출액 현가합계의 차이를 재무적 순현재가치(financial net present value: FNPV)라고 한다. 순현재가치법은 산출된 순현재가치(FNPV)가 0보다 크면 재무적 타당성이 있다고 평가하는 방법으로 FNPV>0일 경우 타당성이 있는 것으로 판단한다.

$$NPV=\sum_{t=0}^{n}\frac{R_t}{(1+r)^t}-\sum_{t=0}^{n}\frac{C_t}{(1+r)^t}\quad (t=0,\ 1,\ 2,\ \cdots,\ n) \qquad \langle 식\ 11.13\rangle$$

$r$: 할인율, $n$: 분석기간, $R_t$: $t$기의 현금유입액, $C_t$: $t$기의 현금유출액

### 2) 수익성지수

수익성지수(profitability index: PI)는 미래의 현금유입액 현가합계액을 유출액 현가합계로 나눈 것이다. 투자안의 수익성지수(PI)가 1보다 크거나 같으면 채택하게 된다. 반면 수익성지수는 투자안에 대한 상대적 비율을 나타내기 때문에 어떤 투자안의 상대적 수익성을 판단하는 기준으로만 사용이 가능하고 가치가산의 원칙이 정의되지 않는다는 문제점이 있다.

$$\Pi = \frac{\sum_{t=0}^{n} \frac{R_t}{(1+r)^t}}{\sum_{t=0}^{n} \frac{C_t}{(1+r)^t}} \quad (t=0,\ 1,\ 2,\ \cdots,\ n) \qquad \text{〈식 11.14〉}$$

### 3) 재무적 내부수익률

재무적 내부수익률(financial internal rate of return: FIRR)이란 투자에서 발생한 현금유입액과 현금 유출액을 일치시키는 할인율이며, 이 할인율이 자본비용보다 높은 경우 재무적 타당성이 있는 것으로 판단한다. 재무적 내부수익률이 자본비용보다 크면 해당 사업은 채택이되고 재무적 내부수익률이 큰 사업을 우선적으로 시행하게 된다.

$$NPV = \sum_{t=0}^{n} \frac{R_t}{(1+FIRR)^t} - \sum_{t=0}^{n} \frac{C_t}{(1+FIRR)^t} = 0 \qquad \text{〈식 11.15〉}$$

$$(t=0,\ 1,\ 2,\ \cdots,\ n)$$

### 4) 회수기간법

회수기간(payback period: PB)법이란 허용 가능한 목표회수기간을 사전적으로 설정하고 그 기간보다 짧은 회수기간을 갖는 투자안을 채택하는 방법이다. 이때 회수기간이 짧을수록 유리한 사업에 해당된다. 목표회수기간보다 투자안의 회수기간이 짧아야 한다. 그러나 회수기간법은 순현재가치법이나 내부수익률법과 달리 분석기간 전체를 대상으로 하지 않기 때문에 사업의 특성에 따라 결과가 다르게 나타날 수 있다. 따라서 체계적 판단기준으로는 활용하기 어렵다.

### 5) 분석의 일반원칙

재무성분석에서 중요한 구성요소 중 하나는 현금흐름을 추정하는 것이다. 장부 가치나 손익계산서 금액 등은 역사적 원가를 기준으로 평가하기 때문에 사업의 정확한 시장가치를 평가하는 데는 한계가 있다. 재무성분석에서는 시장가치에 의미를 두고 있기 때문에 이를 기준으로 기업 가치를 정확하게 평가해야 한다.

현금흐름을 추정하는 과정에서는 많은 요소들이 물가에 영향을 받고 있는데, 이러한 물가의 영향을 어떻게 반영하는가가 중요하다. 재무성분석을 불변가격 기준으로 수행하느냐 아니면 경상가격 기준으로 수행하느냐가 중요한 문제이다. 현재 민간투자 사업을 평가할 때는 불변가격 현금흐름방식을 적용하고 있으나 국제금융사회에서 사회간접자본 사업평가에는 경상가격 현금흐름방식을 적용하고 있다. 그러나 불변가격이든 경상가격이든 일관성 있는 할인율을 적용한다면 추정된 순현재가치는 동일한 결과가 나타난다.

할인율은 불변가격을 적용할 경우 실질할인율을 사용하고, 경상가격을 적용할 경우 명목할인율을 사용해야 한다. 재무성분석에 사용하는 실질할인율은 실질 가중평균할인율을 적용한다. 이것은 건설기간, 운영기간 동안의 자기자본과 타인자본의 비중에 따라 가중평균자본비용을 산출하고 피셔효과(Fisher effect)를 고려하여 산출한다.

$$\text{피셔효과(Fisher effect) 실질할인율} = \frac{1+\text{명목할인율}}{1+\text{물가상승률}} - 1 \quad \langle \text{식 } 11.16 \rangle$$

재무적 할인율은 시장에서 결정되는 기회비용으로 증권가격이 내포되어 있는 기대수익률에 해당된다. 즉, 투자자본의 기회비용 또는 자본비용이라고 한다.

## 3. 재무성분석의 적용

### 1) 예비타당성조사의 재무성분석 사례

천안-오창 간 고속화도로 건설사업의 재무성분석 사례를 보면 다음과 같다. 재무적 타당성 분석에서는 수익부문 추정이 중요하다. 천안-오창간 고속화도로 건설사업은 정부가 시행주체로서 보조금이 전혀 없는 경우와 보조금이 50.0%, 77.0% 지원이 있는 경우로 구분하여 평가하였다.

정부 보조금이 전혀 없는 경우 수익성 지수가 0.424로 재무적 타당성은 없다고 판단된다. 시행주체가 민간이며 정부 보조금이 50% 수준인 경우, 건설비의 50%를 보조금으로 받을 경우 수익성지수 0.789, FNPV −401억원, FIRR 3.18%로 재무적 타당성이 없는 것으로 평가하였다. 만약 국고보조금이 77%라면 민간참여가 가능하다. 민간사업체가 참여하기 위한 국고보조금 수준(수익성지수 1)은 건설비의 77% 수준이며, 이 경우 FNPV는 0억원, FIRR은 9.75%로 평가되었다.

**표 11.30 재무성분석의 전제조건**

| 구분 | 내용 |
|---|---|
| 기준연도 | 2002년 |
| 분석 기간 | 건설기간 및 개통 후 20년 |
| 물가상승률 | 4% |
| 재무적 할인률 | 9.75%(자기자본비율 25%를 가정한 지침 제시 가중평균자본비용) |
| 통행료수입 | 한국도로공사의 km당 통행료 적용 |
| 감가상각비 | 20년 정액 상각 |
| 부채이자율 | 7% (민자사업의 부채평균이율 7~8% 수준, 도로공사 10년채 유통수익률 5.2% 수준 감안) |
| 기타 | 유지운영비 외에 자산화할 만한 재투자는 없는 것으로 가정 |

**❙ 표 11.31 재무성분석 요약**

| 구분 | | | | 평가지표 |
|---|---|---|---|---|
| 수익성 | 수익성지수 | 정부가 시행주체로서 보조금이 없는 경우 | | 0.424 |
| | | 보조금이 50% 있는 경우 | | 0.789 |
| | | 보조금이 77% 있는 경우 | | 1.00 |
| | FIRR | 보조금이 50% 있는 경우 | | 3.18 |
| | | 보조금이 77% 있는 경우 | | 9.75 |
| 손익계산서 상의 당기순이익 | | 보조금이 50% 있는 경우 | 단년 | 495억원 |
| | | | 누적 | 3,496억원 |
| | | 보조금이 77% 있는 경우 | 단년 | 618억원 |
| | | | 누적 | 6,157억원 |
| 현금흐름표 상의 현금수지 | | 보조금이 50% 있는 경우 | 단년 | 454억원 |
| | | | 누적 | 4,144억원 |
| | | 보조금이 77% 있는 경우 | 단년 | 442억원 |
| | | | 누적 | 6,448억원 |

자료: 한국개발연구원(http://www.kdi.re.kr).

## 2) 재무성분석 사례

### (1) 사업비

D공원 이전사업에 대한 재무성분석의 사례를 살펴보면 다음과 같다. 동 사업의 사업비는 토지보상율에 따라 변동될 수 있다. 시설이 조성될 예정지

**❙ 표 11.32 총사업비 추정**

(단위: 억원)

| 구분 | 금액 |
|---|---|
| 합계 | 549 |
| 토지보상비 | 136 |
| 용역비 | 28 |
| 공사비 | 340 |
| 부담금 | 18 |
| 예비비 | 27 |

주: 정확한 사업비는 이전 대상 후보지가 결정된 후 기본계획 및 실시계획에서 산정이 가능함. 토지보상율에 따라 전체사업비가 변동될 수 있음.

의 토지보상비, 용역비, 공사비, 부담금, 예비비를 합하여 549억원으로 산출하였다.

연차별 투자계획은 2014~2020년까지 7년간 투입되는 총 사업비로 초기 투자에는 설계감리비, 용지보상비, 예비비 등이 포함되어 있다. 투자비중은 1차 연도에 부지매입비를 제외한 총 사업비의 9.0%를 투입하고 4차 연도에 25.0%를 투입하고 사업이 완료되는 7차 년도에 9.0%를 투입하는 것으로 가정하였다. 이 사업 또한 연차별 투자계획은 실제 사업이 진행되면서 변경될 가능성이 높다.

**표 11.33 연차별 투자계획**

(단위: 백만원, %)

| 구 분 | 1단계 (2014) | 2단계 (2015) | 3단계 (2016) | 4단계 (2017) | 5단계 (2018) | 6단계 (2019) | 7단계 (2020) | 합계 |
|---|---|---|---|---|---|---|---|---|
| 공사비 | 17,337 | 8,260 | 6,195 | 10,325 | 4,956 | 4,130 | 3,717 | 54,920 |
| 비중 | 9.0 | 20.0 | 15.0 | 25.0 | 12.0 | 10.0 | 9.0 | 100.0 |

주: 1) 부지매입비는 연차별로 투입하며 실제 사업이 추진되는 과정에서 달라질 수 있음.
2) 총사업비는 부가가치세를 포함한 비용임.

### (2) 토지보상비, 용역비, 공사비

이전 대상 후보지의 공시지가(2012년 기준) 및 제곱미터(㎡)당 평균지가는 전체 54.4억원, 제곱미터당 평균지가는 16.7천원으로 추정되었다. 토지보상비는 공시지가를 토대로 KDI 예비타당성조사 일반지침의 토지보상배율 중 최고치인 2.5를 기준으로 산출하였다. 따라서 총 토지 보상비는 136.2억원으로 추정되었다.

**표 11.34 토지보상비 추정**

(단위: 천원)

| 구분 | 금액 |
|---|---|
| 전체 공시지가 | 5,446,903.7 |
| 평균 공시지가/㎡ | 16.7 |
| 토지보상비 | 13,617,259.2 |

주: KDI예비타당성조사 일반지침의 토지보상배율은 1.5~2.5배이며 여기서는 최고 보상비율인 2.5를 적용하여 산출하였음.

### (3) 용역비

용역비는 기본 및 설계비, 감리비, 조사측량 등 부대비로 구분되며, 기본 및 설계비 20억원, 감리비 5억원, 조사측량비 3억원 등 총 28억원이 소요될 것으로 예상되었다.

**▌표 11.35 용역비 추정**

| 구분 | | | 사업규모 | 사업비(억원) | 비고 |
|---|---|---|---|---|---|
| 용역비 | 계 | | | 28 | |
| | 기본 및 설계비 | 소계 | – | 20 | |
| | | 조성계획 | 1식 | 5 | 공사비 1.38% 적용 |
| | | 실시설계 | 1식 | 10 | 공사비 2.76% 적용 |
| | | 제평가 | 1식 | 5 | 환경, 재해, 교통 등 |
| | 감리비 | | 1식 | 5 | 공사비 1.35% 적용 |
| | 부대비용 | | 1식 | 3 | 공사비 1.35% 적용 |

주: 공사비 적용기준은 300억원 적용, 금액 중 소수점 이하는 절삭함.

공사비는 크게 토목공사와 건축공사로 구분하였다. 토목공사는 토공, 포장비, 상하수도, 배수, 전기통신, 조경, 부대공사 등이며, 건축공사는 시설 및 교육 및 치료센터, 아케이드 등 각종 시설 등이 포함된다.

총 공사비는 340억원이며, 세부적으로는 토목공사비 190억원, 건축공사비 150억원 등이다.

**❙ 표 11.36 공사비 추정**

<table>
<tr><th colspan="3">구분</th><th>사업규모</th><th>사업비(억원)</th><th>비고</th></tr>
<tr><td rowspan="16">공사비</td><td colspan="2">계</td><td></td><td>340</td><td></td></tr>
<tr><td rowspan="8">토목 등</td><td>소계</td><td>–</td><td>190</td><td></td></tr>
<tr><td>토공</td><td>330,000㎡</td><td>56</td><td>• 방사장 조성(20,000㎡) 포함<br>• 구조물공 포함</td></tr>
<tr><td>포장공</td><td>38,000㎡</td><td>17</td><td>• 주차장 A=15,000㎡<br>• 도로 L=3.0km, B=2~15m<br>• 광장 등</td></tr>
<tr><td>상하수공</td><td>1식</td><td>6</td><td>• 오수, 상수</td></tr>
<tr><td>배수공</td><td>1식</td><td>10</td><td></td></tr>
<tr><td>전기통신공</td><td>1식</td><td>10</td><td></td></tr>
<tr><td>조경공</td><td>1식</td><td>78</td><td>• 방사장 조성(20,000㎡) 포함<br>• 조경 식재 등</td></tr>
<tr><td>부대공</td><td>1식</td><td>13</td><td>• 안전시설(휀스 등)</td></tr>
<tr><td rowspan="7">건축 공사</td><td>계</td><td>–</td><td>150</td><td></td></tr>
<tr><td>정원</td><td>2,510㎡</td><td>46</td><td></td></tr>
<tr><td>교육/치료센터</td><td>720㎡</td><td>15</td><td>• 교육관, 기숙사 포함</td></tr>
<tr><td>아케이드</td><td>1,500㎡</td><td>32</td><td>• 관리동 포함</td></tr>
<tr><td>곤충관</td><td>900㎡</td><td>25</td><td></td></tr>
<tr><td>숲속어드벤처</td><td>1식</td><td>15</td><td></td></tr>
<tr><td>기타</td><td>1식</td><td>17</td><td>• 화장실, 창고 등</td></tr>
</table>

### (4) 경상운영비

유사시설의 운영비는 일반운영비, 청소관리, 조경지 및 수목관리, 시설물 유지관리, 인력운영비, 기본경비 등으로 〈표 11.37〉과 같이 구성되어 있다.

2011~2012년까지 최근 3년간 유사시설의 연간운영비 평균은 약 28억원으로 나타났다. 경상운영비는 운영인력에 비례하여 산출하였다. 운영인력은 유사시설의 약 2.1배에 해당되므로 이를 적용하여 운영비를 산출하였다. 비용흐름표에서 운영비는 2,540백만원으로 인력운영비를 제외한 금액이다.

운영인력은 관리, 경비, 기술직 등을 포함한 73명으로 증원하여 산출하였다. 경비와 관리직은 유사시설의 인력 수준을 적용하여 기술인력은 유사

**▌표 11.37 운영비 구성**

| 사업명 | 세부내역 | 세부내역 |
|---|---|---|
| 운영일반 | • 사무관리비<br>• 공공운영비<br>• 국내여비<br>• 시책업무추진비<br>• 특정업무경비<br>• 행사실비보상금 | • 기간제근로자보수<br>• 사무관리비<br>• 국내여비<br>• 시책업무추진비<br>• 재료비<br>• 자산 및 물품취득비 |
| 정원청소관리 | • 민간위탁금 | • 공공운영비 |
| 조경지 및 수목관리 | • 기간제근로자보수<br>• 공공운영비<br>• 재료비 | • 보수<br>• 기타직보수<br>• 직급보조비<br>• 성과상여금 |
| 시설물유지관리 | • 사무관리비<br>• 공공운영비<br>• 재료비<br>• 시설비<br>• 시설부대비 | • 사무관리비<br>• 공공운영비<br>• 국내여비<br>• 정원가산 업무추진비<br>• 부서운영 업무추진비<br>• 직책급 업무수행경비<br>• 자산 및 물품취득비 |

시설 인력 1인당 면적(540㎡)에 비례산출하여 56명을 적용하였다.

1인당 연간 인건비는 보수, 기타직 보수, 직급보조비, 성과상여금을 포함하여 4천 409만 9천원을 적용하였다.

**▌표 11.38 운영비 추정**

(단위: 천원)

| 사업명 | 유사시설 | 신규시설 |
|---|---|---|
| 운영일반 | 40,184 | 83,384 |
| 청소관리 | 265,000 | 549,890 |
| 조경지 및 수목관리 | 61,782 | 128,201 |
| 시설물 유지관리 | 168,673 | 350,006 |
| 부속물 관리 | 360,008 | 747,036 |
| 부속물 유지관리 | 41,988 | 87,128 |
| 인력운영비 | 1,543,480 | 3,202,807 |
| 기본경비 | 286,720 | 594,961 |
| 계 | 2,767,836 | 5,743,412 |
| 계(인력운영비 제외) | 1,224,356 | 2,540,606 |

**표 11.39 인건비 추정**

(단위: 백만원)

| 직급 | 인력 | 1인당 연간 인건비 | 연간인건비 |
|---|---|---|---|
| 관리, 기술, 경비 | 73 | 44.099 | 3,203 |

주: 민간투자사업으로 추진될 경우 동물원 운영인력은 감축할 수 있음.

### (5) 비용흐름의 현재가치

**표 11.40 비용의 흐름**

(단위: 백만원)

| 연도 | 인건비 | 사업비* | 운영비 | 잔존가치 | 합계 | 비용의 현재가치 |
|---|---|---|---|---|---|---|
| 2013 | 0 | | 0 | | 0 | 0 |
| 2014 | 0 | 6,534 | 0 | | 6,534 | 6,193 |
| 2015 | 0 | 14,520 | 0 | | 14,520 | 13,046 |
| 2016 | 0 | 10,890 | 0 | | 10,890 | 9,274 |
| 2017 | 0 | 18,150 | 0 | | 18,150 | 14,651 |
| 2018 | 0 | 8,712 | 0 | | 8,712 | 6,666 |
| 2019 | 0 | 7,260 | 0 | | 7,260 | 5,265 |
| 2020 | 0 | 6,534 | 0 | | 6,534 | 4,492 |
| 2021 | 3,203 | | 2,541 | | 5,743 | 3,742 |
| 2022 | 3,203 | | 2,541 | | 5,743 | 3,547 |
| 2023 | 3,203 | | 2,541 | | 5,743 | 3,362 |
| 2024 | 3,203 | | 2,541 | | 5,743 | 3,187 |
| 2025 | 3,203 | | 2,541 | | 5,743 | 3,021 |
| 2026 | 3,203 | | 2,541 | | 5,743 | 2,863 |
| 2027 | 3,203 | | 2,541 | | 5,743 | 2,714 |
| 2028 | 3,203 | | 2,541 | | 5,743 | 2,573 |
| 2029 | 3,203 | | 2,541 | | 5,743 | 2,439 |
| 2030 | 3,203 | | 2,541 | | 5,743 | 2,311 |
| 2031 | 3,203 | | 2,541 | | 5,743 | 2,191 |
| 2032 | 3,203 | | 2,541 | | 5,743 | 2,077 |
| 2033 | 3,203 | | 2,541 | | 5,743 | 1,968 |
| 2034 | 3,203 | | 2,541 | | 5,743 | 1,866 |
| 2035 | 3,203 | | 2,541 | | 5,743 | 1,769 |
| 2036 | 3,203 | | 2,541 | | 5,743 | 1,676 |
| 2037 | 3,203 | | 2,541 | | 5,743 | 1,589 |
| 2038 | 3,203 | | 2,541 | | 5,743 | 1,506 |
| 2039 | 3,203 | | 2,541 | | 5,743 | 1,428 |
| 2040 | 3,203 | | 2,541 | | 5,743 | 1,353 |
| 2041 | 3,203 | | 2,541 | | 5,743 | 1,283 |
| 2042 | 3,203 | | 2,541 | | 5,743 | 1,216 |

| 2043 | 3,203 | | 2,541 | | 5,743 | 1,152 |
|---|---|---|---|---|---|---|
| 2044 | 3,203 | | 2,541 | | 5,743 | 1,092 |
| 2045 | 3,203 | | 2,541 | | 5,743 | 1,035 |
| 2046 | 3,203 | | 2,541 | | 5,743 | 981 |
| 2047 | 3,203 | | 2,541 | | 5,743 | 930 |
| 2048 | 3,203 | | 2,541 | | 5,743 | 882 |
| 2049 | 3,203 | | 2,541 | | 5,743 | 836 |
| 2050 | 3,203 | | 2,541 | −30,000 | −24,257 | −3,346 |
| 합계 | 96,084 | 72,600 | 76,218 | −30,000 | 214,902 | 112,832 |

주: *는 부지매입비는 300억원을 적용하고 사업비는 연차별로 배분함.

### (6) 추정수요에 의한 수익산출방법

동사업의 추진으로 인한 수익은 입장료 수입, 임대료 수입, 주차료 수입으로 살펴볼 수 있다. 수익은 첫째, 입장료 수입이다. 재무적 수입은 주로 입장료 수입에 의존하고 있다. 수익은 수요 추정 결과와 평균 입장료를 이용하여 산출하였다. 입장료는 2011년 이후 추정된 연평균 관광객에 평균입장료 8,000원을 곱하여 적용하였다. 입장료는 유사시설의 입장료를 준용하여 산출하였다.

입장료 수입은 운영이 시작되는 2021년 9,405백만원에서 매년 추계인구 감소분을 고려하여 2031년 8,950백만원, 2041년 8,436백만원, 2050년 8,010백만원으로 추정되었다.

**표 11.41 입장료 추정**

(단위: 원)

| 구분 | 권종 | 어린이/경로 | 청소년 | 성인 | 평균 |
|---|---|---|---|---|---|
| 개인 | 입장권 | 5,000 | 7,000 | 12,000 | 8,000 |
| 단체 | 입장권 | 4,000 | 6,000 | 9,000 | 6,333 |

둘째, 임대료 수입이다. 임대료는 유사시설의 사례를 중심으로 추정하여 약 1,210백만원으로 추정하였다.

**표 11.42 시설별 임대료 추정**

(단위: 개, 백만원)

| 구분 | 편의점 | 커피숍 | 음식점 | 대형음식점 | 연간수수료 |
|---|---|---|---|---|---|
| 유사시설 | 1 | 1 | 9 | 1 | 726 |
| 신규시설 | 2 | 2 | 15 | 1 | 1,210 |

셋째, 주차료 수입이다. 주차료는 최소금액을 적용하되 단위시간당 주차료 산출방식 대신 1회 주차시 적용되는 방식을 적용하였다. 1회 주차료는 2,000원을 적용하고 주차대수는 각 연도별 추정관광객을 2012년 전국 평균 세대당 인구수(2.5명)으로 나누고 1일 방문지 체류계수(0.52)를 곱하여 산출하였다.

주차료 수입은 2021년 478백만원, 2031년 462백만원, 2041년 435백만원, 2050년 413백만원으로 추정되었다. 만약 시설이 공공에서 운영할 경우 주차료 수입은 징수하지 않고 민간투자사업으로 운영할 경우에는 징수할 수 있다. 따라서 산출한 주차료 수입은 산출 근거만을 제시하고 실제 징수는 하지 않는 것으로 하였다.

### (7) 수익흐름의 현재가치

이상의 세 가지 수입산출 방법을 이용하여 산출한 총 수익은 2021~2050년까지 310,667백만원으로 추정되었고, 현재가치는 105,262백만원으로 나타났다.

**▌표 11.43 방문객 수요에 의한 편익흐름의 현재가치**

(단위: 백만원)

| 연도 | 방문객수요에 의한 수익 추정 | | | | | 할인계수 |
|---|---|---|---|---|---|---|
| | 경상가치 | | | | 현재가치 | |
| | 계 | 입장료 | 임대료 | 주차료 | | |
| 2013 | 0 | 0 | 0 | 0 | 0 | 1.000000 |
| 2014 | 0 | 0 | 0 | 0 | 0 | 1.055000 |
| 2015 | 0 | 0 | 0 | 0 | 0 | 1.113025 |
| 2016 | 0 | 0 | 0 | 0 | 0 | 1.174241 |
| 2017 | 0 | 0 | 0 | 0 | 0 | 1.238825 |
| 2018 | 0 | 0 | 0 | 0 | 0 | 1.306960 |
| 2019 | 0 | 0 | 0 | 0 | 0 | 1.378843 |
| 2020 | 0 | 0 | 0 | 0 | 0 | 1.454679 |
| 2021 | 10,477 | 9,267 | 1,210 | 0 | 6,827 | 1.534687 |
| 2022 | 10,449 | 9,239 | 1,210 | 0 | 6,454 | 1.619094 |
| 2023 | 10,421 | 9,211 | 1,210 | 0 | 6,101 | 1.708144 |
| 2024 | 10,392 | 9,182 | 1,210 | 0 | 5,767 | 1.802092 |
| 2025 | 10,363 | 9,153 | 1,210 | 0 | 5,451 | 1.901207 |
| 2026 | 10,332 | 9,122 | 1,210 | 0 | 5,151 | 2.005774 |
| 2027 | 10,300 | 9,090 | 1,210 | 0 | 4,868 | 2.116091 |
| 2028 | 10,267 | 9,057 | 1,210 | 0 | 4,599 | 2.232476 |
| 2029 | 10,234 | 9,024 | 1,210 | 0 | 4,345 | 2.355263 |
| 2030 | 10,198 | 8,988 | 1,210 | 0 | 4,104 | 2.484802 |
| 2031 | 10,160 | 8,950 | 1,210 | 0 | 3,876 | 2.621466 |
| 2032 | 10,121 | 8,911 | 1,210 | 0 | 3,660 | 2.765647 |
| 2033 | 10,078 | 8,868 | 1,210 | 0 | 3,454 | 2.917757 |
| 2034 | 10,033 | 8,823 | 1,210 | 0 | 3,259 | 3.078234 |
| 2035 | 9,985 | 8,775 | 1,210 | 0 | 3,074 | 3.247537 |
| 2036 | 9,933 | 8,723 | 1,210 | 0 | 2,899 | 3.426152 |
| 2037 | 9,878 | 8,668 | 1,210 | 0 | 2,733 | 3.614590 |
| 2038 | 9,819 | 8,609 | 1,210 | 0 | 2,575 | 3.813392 |
| 2039 | 9,759 | 8,549 | 1,210 | 0 | 2,426 | 4.023129 |
| 2040 | 9,695 | 8,485 | 1,210 | 0 | 2,284 | 4.244401 |
| 2041 | 9,646 | 8,436 | 1,210 | 0 | 2,154 | 4.477843 |
| 2042 | 9,598 | 8,388 | 1,210 | 0 | 2,032 | 4.724124 |
| 2043 | 9,550 | 8,340 | 1,210 | 0 | 1,916 | 4.983951 |
| 2044 | 9,502 | 8,292 | 1,210 | 0 | 1,807 | 5.258069 |
| 2045 | 9,454 | 8,244 | 1,210 | 0 | 1,704 | 5.547262 |
| 2046 | 9,407 | 8,197 | 1,210 | 0 | 1,607 | 5.852362 |
| 2047 | 9,360 | 8,150 | 1,210 | 0 | 1,516 | 6.174242 |
| 2048 | 9,313 | 8,103 | 1,210 | 0 | 1,430 | 6.513825 |
| 2049 | 9,266 | 8,056 | 1,210 | 0 | 1,348 | 6.872085 |
| 2050 | 9,220 | 8,010 | 1,210 | 0 | 1,272 | 7.250050 |
| 합계 | 297,211 | 260,911 | 36,300 | 0 | 100,692 | – |

### (8) 재무성분석 결과

2014년 이후에는 공사비 증액이나 성장이 없는 것으로 가정하고 분석대상 기간은 30년으로 하여 추정하였다. 토지매입비는 제외하고 운영에 따른 효과만을 분석하기 위해 할인율은 5.5%를 적용하였다. 시설 운영에 따른 수입은 입장료, 임대료로 구분하고 이를 추정하여 적용한 결과 순현재가치(FNPV)는 −12,139백만원으로 추정되었다. 내부수익률(FIRR)은 4.063%로 평가되었고 수익성지수(PI)는 0.892로 추정되어 재무적 타당성은 없는 사업으로 판명되었다.

**▌표 11.44 비용·수익 분석 결과**

(단위: 백만원, %)

| 순편익의 현재가치 | 총편익의 현재가치 | 100,692 |
|---|---|---|
| | 총비용의 현재가치 | 112,832 |
| | 순편익의 현재가치 | −12,139 |
| 수익성지수(PI) | | 0.892 |
| 내부수익률(FIRR) | | 4.063 |

할인율 변화에 따른 민감도 분석 결과에 따르면, 수익성은 할인율 4.0% 수준에서 타당성을 확보할 수 있었다.

**▌표 11.45 할인율 변화에 따른 민감도 분석**

(단위: 백만원, %)

| 할인율 | 편익흐름 | 비용흐름 | 순현재가치 |
|---|---|---|---|
| 3.0% | 159,451 | 146,513 | 12,938 |
| 4.0% | 131,872 | 131,209 | 663 |
| 5.0% | 109,953 | 118,433 | −8,480 |
| 5.5% | 100,692 | 112,832 | −12,139 |
| 6.0% | 92,384 | 107,684 | −15,300 |
| 7.0% | 78,184 | 98,572 | −20,388 |
| 8.0% | 66,616 | 90,789 | −24,172 |
| 9.0% | 57,120 | 84,089 | −26,970 |

토지매입비 변화에 따른 수익성 변화를 보면, 토지매입비 100억~500억원 범위에서 수익성 변화를 추정한 결과 토지매입비 100억원 수준에서 타당성을 확보할 수 있다. 수익성이 1.00 이상이 되는 토지매입비 수준은 152억원 이하 수준이어야 하는 것으로 나타났다.

**표 11.46 입장료 수익에 의한 비용·수익 분석 결과**

(단위: 백만원, %)

| 시나리오 | 총 수익의 현재가치 | 총 비용의 현재가치 | 순현재가치 | 수익성지수 | 내부수익률 (FIRR) |
|---|---|---|---|---|---|
| 100억원 | 100,692 | 99,175 | 1,517 | 1.015 | 5.745 |
| 200억원 | 100,692 | 106,003 | −5,311 | 0.950 | 4.773 |
| 300억원 | 100,692 | 112,832 | −12,139 | 0.892 | 4.063 |
| 400억원 | 100,692 | 119,660 | −18,967 | 0.841 | 3.527 |
| 500억원 | 100,692 | 126,488 | −25,796 | 0.796 | 3.110 |

주: 수익성지수 산출에 적용된 총 수익은 3차권역 관광수요추정 결과를 적용하였음.

# 제 4 절 비용효과분석

## 1. 비용효과분석의 의의

비용편익분석은 비용과 편익 항목이 명확하게 분류되고 측정이 가능할 때 적용하는 방법이다. 비용편익분석시 가장 심각한 문제는 측정의 문제이며 특히 편익 측정에서 여러 가지 문제점에 부딪히게 된다. 설문조사, 계량예측모형 등의 기법들이 개발되어 이용되고 있지만 모든 것이 사업의 적절성 여부를 명확하게 판단하는 데는 한계가 있다. 이러한 문제를 해결하기 위해 비용효과분석(cost-effectiveness analysis)을 도입하여 대안으로 활용한다.

비용효과분석은 두 가지 방법 중 한 가지를 선택해서 시행한다. 첫째, 효과가 알려지고 주어져 있다고 할 때 이 목표를 달성하는 데 비용이 가장 적게 드는 대안을 선택하는 것이다. 둘째, 비용이 주어져 있을 때 예산하에서 목표를 최대한으로 달성할 수 있는 방법을 선택하는 것이다. 주의할 사항은 각 대안들이 동일하거나 유사한 효과를 가지고 있는 경우로 제한하고 동일한 측정방법으로 평가해야 한다.

## 2. 비용효과분석의 방법

비용효과분석은 비용편익 분석의 제약된 형태로 볼 수 있는데, 평가 대상사업의 효과가 화폐가치로 계산되어질 수는 없으나 식별가능하고 계량화가 가능한 경우에 주로 사용된다. 즉, 화폐화된 편익의 추정이 어려운 상황이기 때문에 대신 비금전적 효과를 측정하여 편익비용비 대신 비용효과비(C/E Ratio; 비용 1원당 효과, 또는 효과 1단위당 비용)를 계산하여 최적의 대안을 찾는 방법인 것이다. 실제 적용에 있어서 비용효과분석은 주로 화폐화된 편익의 측정이 어려운 환경 및 수자원사업, 보건복지부문, 문화·체육부문에 활용될 수 있는 방법이다.

비용효과분석의 의사결정기준은 4가지 형태로 구분할 수 있다. 첫째, 한 개의 사업을 채택하는 경우로 해당 사업의 비용효과 비율이 정책결정자의 지출가능 예산과 어느 정도 차이가 있느냐에 따라 달라지는 것으로 지출가능 예산보다 낮거나 같은 경우 사업을 채택한다. 예를 들어, 금연사업에 총 예산이 1억원이고 금연 성공가능 인원이 100명이라면 비용효과비율은 1백만원이 된다. 정책결정자가 이 정도의 예산지출을 감수할 의사가 있다면 이 사업은 채택이 된다. 둘째, 상호 독립적인 사업들 중에서 몇 개를 선택하는 방법으로 예산에 제약이 있는 경우와 예산제약이 없는 경우로 구분할 수 있다.

비용효과분석은 비용편익분석을 실시하는 데 제약이 있는 경우 사업효과를 정량적으로 분석할 수 있는 유용성이 있다. 또한 편익가치의 화폐적 계량화가 어려운 경우 주어진 예산안에서 가장 효과적인 대안을 선택하는데 분명한 판단기준을 제시해 줄 수 있다는 장점이 있다. 그러나 비용효과분석은 경제학적 이론기반이 약할 뿐만 아니라 아래 예시에서 볼 수 있듯 경우에 따라 평가결과가 왜곡될 수 있는 치명적 약점을 가지고 있다. 따라서 가장 효과적인 대안이라고 해서 반드시 효율적인 것은 아니라는 점에 유념해야 할 필요가 있다.

비용효과분석은 대안 자체의 적절성에 대해 근본적으로 고려할 수 없다는 점이 단점으로 꼽힌다. 즉, 분석의 초점이 목표를 달성하는데 필요한 대안의 비용규모에 맞추어지기 때문에 대안간 비교를 통해 비용효과적인 안을 수월하게 선별할 수는 있지만 선택된 대안들이 과연 정책수행을 위해 타당하고 효율적인지에 대해서는 고려할 수 없다는 점이 한계로 지적된다.

결국 공공투자사업 평가에 있어 비용효과분석은 사업효과 및 편익이 명백히 존재하지만 화폐가치로의 환산이 불가능한 경우에 한하여 제한적으로 활용되어야 하며 비용효과적인 사업 및 대안을 가장 효율적이고 타당한 것으로 해석하는 데 있어 유의해야 할 것이다.

## 3. 비용효과분석의 적용

비용효과분석의 예로 교통량이 많은 구간에 다음과 같은 세 가지 대안 중 비용효과비가 가장 낮은 방법을 택하여 교통혼잡을 줄이고자 한다. 첫 번째 대안은 기존 도로에 차선을 더 늘려 더 많은 차들이 다닐 수 있도록 하는 것이다. 두 번째 대안은 첫 번째 대안에서 더 나아가 확장된 도로를 버스전용노선으로 지정하는 것이다. 마지막 대안은 지하철 건설이다. 각 대안에 대한 비용과 그에 따라 줄어든 교통혼잡 발생시간, 절약되는 시간당 비용 즉, 비용효과(CE)비는 〈표 11.47〉과 같이 정리된다.

**❙ 표 11.47 비용효과분석 예제**

| 구분 | 도로 확장 | 버스전용도로 | 지하철 |
|---|---|---|---|
| 비용 | 40억원 | 45억원 | 100억원 |
| 매년 절약되는 시간 | 80시간 | 150시간 | 250시간 |
| 비용효과비율 | 5,000만원 | 3,000만원 | 4,000만원 |

비용효과비율 기준에 따라 교통 혼잡 발생시간을 줄이는 비용이 가장 낮은 두 번째 대안이 가장 최선의 선택이라고 할 수 있다.

비용효과분석을 사용하는 경우 유의할 점은 비용이나 편익 둘 중 하나에서 비슷한 규모의 정책대안들을 비교해야 한다는 점이다. 비용효과비는 한 단위의 비용당 효과 또는 한 단위 편익당 비용만을 비교하므로 비용이나 편익 규모에서 큰 차이가 나는 정책대안들을 비교할 시에 이러한 규모 차이를 고려하지 않아 실질적으로 높은 편익을 발생시키는 대안을 선택하지 않는 우를 범하게 한다. 예를 들어, 교통사고 사망자를 줄일 수 있는 두 가지 정책적 대안이 있다고 하자. 첫 번째 대안의 총 비용은 100만원이며 편익으로 5명의 사망자 발생률을 줄일 수 있다. 두 번째 대안의 총 비용은 1억원이지만 250명을 구할 수 있다고 하자. 비용효과비를 비교할 경우 첫 번째 대안은 한 명당 20만원이고 두 번째 대안의 경우 40만원이므로 첫 번째 대안이 선택될 것이다. 사람의 생명을 화폐화하는 것이 도덕적으로 문제가 되고 기술적으로도 어렵기 때문에 이러한 면에서 비용효과분석이 비교적 간단하다고 할 수 있겠으나, 앞에서 살펴본 예에서와 같이 생명의 가치화 없이 단순한 비용효과비 비교에 의한 선택은 합리적이라 보기 어렵다. 따라서 이러한 경우 비용효과비를 사용하되 최소한으로 달성되어야 할 편익을 구체적으로 정하여 합리적인 의사결정 수단으로서 비용효과분석을 할 수 있도록 돕고 있다.

마지막으로 비용편익분석에서는 화폐적 가치로 환산하기 힘드나 반드시 고려되어야 할 중요한 사회적 비용이나 편익을 포함시키지 않아 사회적 분배적 효율성을 달성시키기 어렵다는 단점이 있다.

## 탐구학습

1. 주요 개념
   - 비용편익분석
   - 순현재가치(Net Present Value: NPV)
   - 편익비용비(B/C ratio)
   - 내부수익률(Internal Rate of Return: IRR)
   - 사회적 비용편익분석
   - 재무성분석
   - 비용효과분석

2. 토론과 과제
   - 비용편익분석의 절차
   - 비용편익분석 방법의 주요내용과 한계
   - 사회적 비용편익분석의 의의와 적용사례
   - 재무성분석과 비용편익분석의 차이
   - 비용효과분석의 의의와 적용사례

## 참고문헌

권오상(2010), 환경경제학(제2판), 서울: 박영사.

김동건(2012), 비용편익분석, 서울: 박영사.

______(2008). 비용편익분석(제3판), 서울: 박영사.

______(1997), 비용편익분석, 서울: 박영사.

김상봉(2009), 공공투자분석, 세창출판사.

김재형 외(2000), 예비타당성조사 수행을 위한 일반지침 연구, 한국개발연구원.

김태윤, 김상봉(2004), 비용편익분석의 이론과 실제, 박영사.

박완규 譯(2012), 비용편익분석개론, 박영사.

심상달 외 8인(2004), 예비타당성조사 수행을 위한 일반지침 수정·보완 연구(제4

판), 한국개발연구원.

엄영숙(1998), "대기오염 감소를 위한 지불의사액을 추정", 환경경제연구, 제7권 제1호.

이춘근·임규채(2009), 타당성조사 수행을 위한 기본연구, 대구경북연구원.

한국개발연구원(2008), 예비타당성조사 수행을 위한 일반지침연구(제5판).

Anthony, E. Boamsheam(2006), *Cost-Benefit Analysis.*

Dasgupta, A. K. and Pearce, D. W.(1978), *Cost-Benefit Analysis*, London: The Macmillan Press, Ltd.

Ray, Anandarup(1986), *Cost-Benefit Analysis: Issues and Methodologies*, The World Bank.

Schmid, A. A.(1989), *Benefit-Cost Analysis*, London: Westview Press.

Schofield, J.(1987), *Cost-Benefit Analysis in Urban & Regional Planning*, London: Allen & Unwin.

# 제12장 산업연관분석

## 제 1 절 산업연관분석의 개념과 기본구조

### 1. 산업연관분석의 개념

한 국가 경제 내에서 각 산업들은 다양한 재화와 서비스를 구입하여 원·부재료로 사용하거나 소비·투자·수출과 관련된 활동을 하는데, 이러한 산업과 산업 간의 연관관계를 수량적으로 파악하는 기법을 산업연관분석이라 한다. 산업연관분석은 파급효과분석을 위해 가장 보편적으로 사용하는 기법이다. 산업연관분석은 일정기간동안 한 지역에서 생산된 모든 재화와 용역의 각 산업간 거래, 최종수요부문과 산업간 거래, 생산부문과 산업간 거래관계를 분석하는 기법으로서 투입산출분석이라고도 한다.

산업연관표는 그물과 같이 복잡하게 얽혀 있는 산업부문간의 모든 상호연관관계를 한눈에 파악할 수 있는 구조로 되어 있다. 산업연관표의 세로방향은 각 산업부문에서 구입한 원재료와 노동이나 자본의 투입을 나타내는 비용으로 구성되어 있고, 가로방향은 각 산업부문에서 생산된 생산물이 중간재나 최종재로 판매된 내역을 나타낸다.

산업연관표는 1930년대 초 레온티에프(W. W. Leontief) 교수에 의하여 시작된 이후 현재 선진국에서 개발도상국에 이르기까지 많은 나라에서 작성되어 경제구조분석은 물론 각종 경제정책의 파급효과 측정이나 경제계획수립 등의 기초자료로 다양하게 이용되고 있다.

우리나라의 산업연관표는 1958년 당시의 부흥부 산업개발위원회가 1957년 및 1958년의 산업연관표를 작성하면서 비롯되었다. 그러나 산업연관표는 일종의 시산표에 불과하였으며 비교적 체계있는 형식과 내용을 갖춘 실질적인 산업연관표가 작성된 것은 제1차 경제개발5개년계획 수립을 위한 기초자료로 이용하기 위하여 한국은행에서 1960년 산업연관표를 작성하면서부터라고 할 수 있다. 그 이후로 한국은행은 경제규모의 확대와 경제발전에 따른 산업구조의 변화를 더욱 정확히 파악하기 위하여 일정 기간을 두고 연장표를 지속적으로 작성하고 있다.

지역산업연관표는 지역별로 서로 다른 생산기술구조와 지역간의 거래형태를 반영하기 위하여 전국을 지역으로 구분하여 산업별 거래내역을 나타낸 것이다. 지역산업연관표는 2003년 국가균형발전위원회의 요청으로 시작되었고 3년간의 작업을 통해 2003년 지역산업연관표를 2007년 3월에 공표하였다. 이 표는 전국을 수도권, 강원권, 충청권, 전라권, 경북권, 경남권의 6개 권역으로 분할하여 작성한 우리나라 최초의 공식적인 지역산업연관표이다. 이어서 2009년에는 기준표인 2003년 지역산업연관표와 2005년 전국산업연관표를 활용하여 전국을 16개 시도로 분할한 2005년 지역산업연관표를 공표하였다(한국은행, 2007).

## 2. 산업연관분석의 기본구조

산업연관모형은 전국산업연관표와 지역산업연관표로 구분되고, 지역산업연관표는 다시 지역내 산업연관표와 지역간 산업연관표로 구분된다.

산업연관표는 거래액의 가격평가방법, 수입의 취급방법에 따라 여러 가지 형태로 작성될 수 있다. 부문간의 물량거래를 어떠한 가격으로 평가하느냐에 따라 구매자가격 평가표와 생산자가격 평가표로 구분된다. 또한 수입거래액과 국산거래액을 합하느냐 분리하느냐에 따라 경쟁이입형표와 비경쟁이입형표로 구분되며, 그 절충형으로서 경쟁비경쟁 이입형표가 있다.

지역산업연관표를 작성하는 데는 여러 가지 기법들이 이용되고 있으며, 주요한 기법으로는 가중치조정법, 입지상계수법, 수요공급균형법, 지역구매계수법, RAS법 등이 있다. 가중치조정법이란 지역산업구조의 특성을 반영시킨 기술계수를 이용하여 전국산업연관표에 반영하여 계산하는 방법이다. 입지상계수법은 지역별 산업의 입지계수를 계산하여 전국 투입계수행렬에 곱해주는 방법이며, 수요공급균형법은 아이자드(W. Isard)의 지역상품균형접근법을 기초로 개발된 방법으로 각 산업의 지역총산출액에서 지역총요구액을 차감하여 지역상품의 과잉 또는 과소분을 추정하고, 이를 이용하여 지역투입계수를 추계하는 방법이다. 지역구매계수법은 스티븐스(B. H. Stevens)를 중심으로 1980년대에 개발된 이론으로서 지역기술계수를 지역투입계수로 전환시키는데 필요한 지역구매계수를 구하는 방법이다. RAS법은 전국표와 지역표로부터 중간수요와 중간투입량을 계산하여 산출하는 방법이고, 중력법은 뉴턴의 만유인력법칙을 지역간 거래변수에 활용하는 분석기법이다.

산업연관표는 재화와 서비스의 산업간 상호거래관계를 나타내는 중간재 거래부문, 각 산업부문에서의 노동, 자본 등 본원적 생산요소의 구입부문, 각 산업부문 생산물의 최종소비자에게로의 판매부문 등 크게 세 가지로 구분한다.

산업연관표에서 세로방향은 각 산업부문이 재화 및 용역을 생산하기 위하여 지출한 생산비용의 구성 즉, 투입구조를 나타낸다. 투입구조는 원재료 투입을 나타내는 중간투입부문과 임금, 이윤, 간접세 등 본원적 생산요소의 구입비용을 나타내는 부가가치부문으로 구분되며 그 합계를 총투입액이라고 한다. 가로방향은 각 산업부문의 생산물이 어떤 부문에 중간수요 또는 최종수요의 형태로 판매되었는지 알 수 있는데, 이를 배분구조라 한다. 배분구조는 생산을 위하여 직접 투입되는 중간수요부문과 소비재, 자본재, 수출 등의 최종재로 판매되는 최종수요부문으로 구분되며 중간수요액과 최종수요액의 합계를 총수요액이라고 한다. 그리고 총수요액에서 수입을 공제한 것을 총산출액이라고 하는데 각 산업부문의 총산출액과 이에 대응되는 총투입액은 항상 일치한다.

| | | 내생부문 | | | | | | 외생부문 | | | | | | 수입(공제) | 총산출액 |
|---|---|---|---|---|---|---|---|---|---|---|---|---|---|---|---|
| | | 1 | ··· | $j$ | ··· | $n$ | 중간수요계 | 소비 | | 투자 | | 수출 | 최종수요계 | | |
| 내생부문 | 1 | $X_{11}$ | ··· | $X_{1j}$ | ··· | $X_{1n}$ | $W_1$ | $C_1$ | ··· | $I_1$ | ··· | $E_1$ | $Y_1$ | $M_1$ | $X_1$ |
| | : | : | | : | | : | : | : | | : | | : | : | : | : |
| | $i$ | $X_{i1}$ | ··· | $X_{ij}$ | ··· | $X_{in}$ | $W_i$ | $C_i$ | ··· | $I_i$ | ··· | $E_i$ | $Y_i$ | $M_i$ | $X_i$ |
| | : | : | | : | | : | : | : | | : | | : | : | : | : |
| | $n$ | $X_{n1}$ | ··· | $X_{nj}$ | ··· | $X_{nn}$ | $W_n$ | $C_n$ | ··· | $I_n$ | ··· | $E_n$ | $Y_n$ | $M_n$ | $X_n$ |
| | 중간투입계 | $U_1$ | ··· | $U_j$ | ··· | $U_n$ | | | | | | | | | |
| 외생부문 | 피용자보수 | $R_1$ | ··· | $R_j$ | ··· | $R_n$ | | | | | | | | | |
| | 영업잉여 | $S_1$ | ··· | $S_j$ | ··· | $S_n$ | | | | | | | | | |
| | 고정자본소모 | $D_1$ | ··· | $D_j$ | ··· | $D_n$ | | | | | | | | | |
| | 순생산세 | $T_1$ | ··· | $T_j$ | ··· | $T_n$ | | | | | | | | | |
| | 부가가치계 | $V_1$ | ··· | $V_j$ | ··· | $V_n$ | | | | | | | | | |
| 총투입액 | | $X_1$ | ··· | $X_j$ | ··· | $X_n$ | | | | | | | | | |

**▌그림 12.1 산업연관표의 기본구조**

재화와 서비스의 산업부문 상호간의 거래인 중간수요와 중간투입을 기록하는 부분을 내생부문이라 하고 최종수요와 부가가치를 기록하는 부분을 외생부문이라고 한다. 내생부문이란 외생부문의 수치가 모형 밖에서 주어지면 모형 내에서 그 값이 결정되는 부분으로 산업연관표 작성에서 가장 어렵고 가장 중요한 부분이다. 외생부문이란 내생부문과 관계없이 모형 밖에서 값이 결정되는 부분으로 이 외생부문 값의 변동이 국민경제에 어떠한 파급효과를 미치는가를 알아보려는 것이 산업연관표의 근본 작성 목적이라고 할 수 있다.

산업연관표의 일반적인 형식은 [그림 12.1]에서 볼 수 있는데, 먼저 가로방향으로 보면 다음과 같다. $i$ 부문의 총 산출액 $X_i$와 수입 $M_i$를 합한 총 공급액($X_i+M_i$)은 중간수요인 $W_i(=\sum_{j=1}^{n}X_{ij})$만큼 자부문 및 타부문의 중간재로 판매되었고, 최종수요인 $Y_i(=C_i+I_i+E_i)$만큼 소비, 투자, 수출을 통해 최종재로 판매되었다. 세로방향으로 보면 $j$부문은 $X_j$만큼의 생산을 위해 중간투입인 $U_j(=\sum_{j=1}^{n}X_{ij})$만큼 자부문 및 타부문에서 원재료를 구입하였고, 부가가치인 $V_j$ $(=R_j+S_j+D_j+T_j)$만큼 본원적 생산요소를 구입하였다.

이처럼 해당산업의 생산증가는 이 산업이 중간재를 사용하는 산업의 생산증가를 초래하며, 이 과정에서 다시 부가가치와 고용을 유발하게 된다. 그리고 이러한 직접 및 간접적인 파급효과는 생산 활동을 통해서만 이루어지는 것이 아니라 소득증가, 소비증가의 연쇄적인 과정을 통해서도 파급된다. 즉, 각 산업에 있어서의 생산증가는 그 생산 활동에 참가한 사람들의 소득을 높이고, 그 결과 소비를 증대시키며, 이 소비증가가 다시 산업생산을 유발하는 연쇄과정으로 다른 산업에 $n$차까지 영속적으로 영향을 미친다(한국은행, 2007).

## 제 2 절 산업연관분석의 방법

### 1. 산업연관분석의 기본개념

#### 1) 투입산출계수

투입산출계수(input-output coefficient)를 투입계수(direct input coefficient) 또는 기술계수(technical coefficient)라고 부르기도 한다. 산업연관모형에서는 $i$산업에서 $j$산업으로의 흐름은 전적으로 $j$산업의 총생산량에 의존하게 된다. $i$산업의 제품 또는 서비스를 1단위 생산하기 위하여 투입되는 $j$산업의 제품 또는 서비스의 양은 〈식 12.1〉과 같이 계산된다.

$$aij = \frac{Zij}{Xj} \qquad \text{〈식 12.1〉}$$

여기서 $Zij$는 $j$산업 생산을 위해 투입된 $i$산업의 중간 수요량을 나타낸다. 이와 같이 산업연관모형에서는 특정 산업간의 투입산출계수가 특정한 값으로 고정되어 있어, 생산에 있어서의 규모의 경제효과를 고려할 수 없는 한계가 있다.

### 2) 생산유발계수

생산유발계수는 최종수요가 1단위 증가하였을 때 이를 충족시키기 위하여 각 산업부문에서 직간접적으로 유발되는 생산액 수준을 나타내는 것으로, 이는 도출과정에서 역행렬이라는 수학적 방법이 이용되므로 역행렬계수라고도 한다. 이러한 생산유발계수는 최종수요로부터 파생되는 파급효과를 나타내는 승수의 성질을 가지므로 케인즈의 투자승수와 구별하여 다부문승수(multi-sector multiplier) 혹은 레온티에프승수(Leontief multiplier)라고도 한다.

일반적으로 국산품과 수입품을 통합하여 표시한 경쟁수입형의 산업연관표로부터 도출된 $(I-A)^{-1}$형의 레온티에프 역행렬에서 계산되는 생산유발계수와 국산품과 수입품을 분리한 비경쟁수입형의 산업연관표에서 도출된 $(I-A_d)^{-1}$형의 역행렬에서 계산되는 생산유발계수는 다른 값을 갖게 된다. 그 차이는 수입중간재의 사용여부와 관계되는 것으로서, 만약 모든 산업부문이 국산중간재만 사용한다고 가정하면 두 계수는 같게 될 것이다. 따라서 두 계수의 차이가 큰 산업부문은 그 산업 또는 연관산업의 수입의존도가 높은 산업이라고 판단할 수 있다.

생산유발계수를 이용하여 산출된 생산유발효과는 소비, 투자, 수출 등의 최종수요를 충족시키기 위하여 이루어지는 모든 생산활동을 의미한다. 다른 산업의 중간재로 투입되는 생산재는 궁극적으로 최종재 생산에 필요한 중간재를 공급하는 것이므로 간접적으로 최종수요를 충족시키는 것으로 볼 수 있다. 이렇게 산출된 생산유발액은 부가가치유발액과 중간재투입액으로 구성된다.

### 3) 영향력계수와 감응도계수

전후방연관효과는 영향력계수와 감응도계수로 구분할 수 있다. 영향력계수(impact factor)는 어떤 산업부문의 생산에 대하여 최종수요가 1단위 발생할 때 전산업부문에 미치는 영향을 나타낸 계수이다. 곧 어떤 산업이 다른 산업 생산물을 자본재로 구입하는 정도를 나타낸 것으로 후방연쇄효과(backward linkage effect)라고 한다.

$$\text{영향력계수} = \frac{\sum_{i=1}^{n}}{\frac{1}{n}\sum_{j=1}^{n}\sum_{i=1}^{n} r_{ij}} = \frac{\text{생산유발계수의 열합계}}{\text{생산유발계수의 열합계의 전산업 평균}}$$

〈식 12.2〉

영향력계수는 미국의 경제학자 허쉬만(A. Hirschman)이 1985년 산업간 연쇄효과를 나타내기 위하여 처음 사용한 용어로, 각 산업의 생산유발계수(production inducement coefficients)의 열(列)합계를 전산업 평균으로 나누어 계산한다. 이 계수가 크면 자본재를 생산하는 산업도 동시에 생산량이 많았음을 뜻하므로 타산업에 미치는 영향이 크다. 철강이나 전기·전자 등과 같이 생산유발 효과가 큰 산업부문일수록 계수도 커지게 된다.

감응도계수(index of the sensitivity of dispersion)는 모든 산업부문의 생산물에 대한 최종수요가 한 단위씩 발생할 때 어떤 산업이 받는 영향을 계수로 나타낸 것으로 전방연쇄효과(forward linkage effect)라고 한다.

$$\text{감응도계수} = \frac{\sum_{j=1}^{n}}{\frac{1}{n}\sum_{i=1}^{n}\sum_{j=1}^{n} r_{ij}} = \frac{\text{생산유발계수의 행합계}}{\text{생산유발계수의 행합계의 전산업 평균}}$$

〈식 12.3〉

각 산업의 생산유발계수의 행(行)합계를 전 산업평균으로 나누어 구하는데, 전방연쇄효과가 어느 정도인가를 전 산업평균에 대한 상대적 크기로 나타낸다. 석유제품과 같이 각 산업부문에 중간재로 널리 사용되는 산업일수록 수치가 크다.

### 4) 부가가치유발계수

부가가치유발계수는 어떤 산업부문의 국내생산물에 대한 최종수요가 한 단위 증가했을 때 발생하는 직간접의 부가가치를 나타내는 것으로서, 산업별 부가가치행렬과 생산유발계수를 곱하여 계산된다. 또한 부가가치유발액은 피용자보수, 영업잉여, 고정자본소모, 순생산세로 구성된다.

피용자보수(compensation of employees)는 국민소득계정 및 가계와 민간비영리단체의 경상계정과 자본조달계정 중의 한 항목으로서 민간과 정부기업 등에 고용되고 있는 사람(정확히 말해서는 거주자)에 대해 노동의 대가로 지불되는 현금, 현물 등 일체의 보수를 가리킨다. 임금봉급, 기타 급여 및 수당, 사회보험 고용주부담의 3종류인데 임금봉급은 세금이나 사회보험 고용주부담을 공제하기 전의 금액이 계상되고 기타의 급여 및 수당 속에서 임원봉급, 국회의원세비, 팁, 겸업소득도 포함하게 되어 있다.

순생산물세는 국내총생산(GDP)은 국내에서 생산된 재화나 서비스의 총금액에서 생산 과정에 들어간 중간투입비용을 뺀 부가가치의 합이다. 부가가치의 합에는 상품이나 서비스에 붙는 세금인 부가가치세나 특별소비세, 관세 등의 간접세가 포함된다. 이러한 간접세에는 정부가 민간에 지급한 보조금이 포함돼 있는 만큼 이를 빼야 하는데, 이렇게 간접세에서 정부보조금을 뺀 것이 바로 '순생산물세'이다.

영업잉여(operating surplus)는 시장에서의 이윤추구를 목적으로 하는 산업이 생산활동에 참여한 대가이며 부가가치를 구성하는 한 요소이다. 공공 및 사회서비스를 저렴한 가격으로 공급하는 정부서비스생산자와 가계에 대한 사회서비스를 제공하는 민간비영리서비스생산자는 영업잉여를 산출하지 않는다.

고정자본소모(consumption of fixed capital)는 건물, 구축물, 설비, 기계 등 재생산 가능한 유형고정자산에 대하여 통상적인 마손 및 예견되는 멸실 등 일반적으로 발생하는 정도의 가치 감소분을 평가한 것이다. 국민계정에서는 생산자가 현 수준의 생산활동을 영위할 수 있도록 지속적으로 비축하고 있는 부가가치의 일부분을 고정자본소모라 한다. 대부분의 유형고정자산에서는 고정자본소모가 계상되고 있으나 도로, 댐, 방파제 등은 수리비나 유지비와 같은 경상적 지출에 의하여 그 원상이 유지된다고 보아 고정자본소모를 계산하지 않는다. 생산이나 국민자본형성 등에서 고정자본소모의 포함여부에 따라 총고정자본형성(총생산)과 순고정자본형성(순생산)으로 구분한다.

### 5) 취업유발계수

취업유발계수는 어떤 산업부문의 최종수요가 단위당(10억원) 증가하였을 때 발생하는 직간접의 취업유발효과를 나타내는 것으로서, 취업유발효과는 산업별 취업유발계수 행렬과 생산유발계수를 곱하여 계산된다.

## 2. 지역내 산업연관분석

지역경제의 생산유발효과를 측정하기 위해서는 사업추진에 따른 투자지출이 최종수요의 한 항목으로 취급되기 때문에 최종수요가 발생되는 각 산업별 생산유발효과를 분석할 수 있다. 지역내 산업연관표의 투입구조는 다음과 같다.

총산출액＝총투입액
총투입액＝중간투입＋부가가치[투입구조]
총산출액＝중간수요＋최종수요(소비＋투자＋수출＋이출)
－수입－이입[배분구조]
※ 총수요(＝총공급)＝중간수요＋최종수요

투입계수는 각 산업부문이 재화나 서비스의 생산에 사용하기 위하여 다른 산업으로부터 구입한 각종 원재료, 연료 등 중간투입액을 총 투입액으로 나눈 것으로 각 부문 생산물 1단위 생산에 필요한 각종 중간재 단위를 나타낸다. 투입계수 산출과정은 다음과 같다. 제 1산업부문의 중간투입내역 $X_{11}$, $X_{21}$, ⋯, $X_{n1}$을 총 투입액 $X_1$으로 나눈 값을 각각 $a_{11}$, $a_{21}$, ⋯, $a_{n1}$이라 하면 이것이 제 1산업부문 생산물 한 단위를 생산하기 위하여 필요한 각 산업부문의 크기를 나타내는 투입계수가 된다.

생산유발효과 분석은 최종수요가 1단위 증가하였을 때 이를 충족시키기 위하여 각 산업부문에서 직·간접으로 유발되는 생산액수준을 측정하는 것이 생산유발효과분석이다. 산업연관표의 각 산업부문 생산물의 수급관계를 보면 중간수요와 최종수요의 합계에서 수입을 차감하면 총산출액과 일치하므로 〈식 12.4〉와 같은 수급방정식을 만들 수 있다.

$$X_{11}+X_{12}+X_{13}+Y_1-M_1=X_1$$
$$X_{21}+X_{22}+X_{23}+Y_2-M_2=X_2$$
$$X_{31}+X_{32}+X_{33}+Y_3-M_3=X_3 \qquad \text{〈식 12.4〉}$$

투입계수는 각각의 중간투입액을 총 산출액으로 나누어 산출하였으므로 〈식 12.4〉는 투입계수를 이용하여 〈식 12.5〉와 같이 전환할 수 있다.

$$a_{11}X_1+a_{12}X_2+a_{13}X_3+Y_1-M_1=X_1$$
$$a_{21}X_1+a_{22}X_2+a_{23}X_3+Y_2-M_2=X_2$$
$$a_{31}X_1+a_{32}X_2+a_{33}X_3+Y_3-M_3=X_3 \qquad \text{〈식 12.5〉}$$

〈식 12.5〉는 미지수가 $X_1$, $X_2$, $X_3$ 셋이고 독립적인 방정식의 수가 셋으로 구성된 3원 1차 연립방정식체계이므로 미지수에 대하여 풀어볼 수 있으며, 이를 행렬형식으로 표현하면 〈식 12.6〉과 같이 나타낼 수 있다.

$$\begin{bmatrix} a_{11} & a_{12} & a_{13} \\ a_{21} & a_{22} & a_{23} \\ a_{31} & a_{32} & a_{33} \end{bmatrix} \begin{bmatrix} X_1 \\ X_2 \\ X_3 \end{bmatrix} + \begin{bmatrix} Y_1 \\ Y_2 \\ Y_3 \end{bmatrix} - \begin{bmatrix} M_1 \\ M_2 \\ M_3 \end{bmatrix} = \begin{bmatrix} X_1 \\ X_2 \\ X_3 \end{bmatrix} \qquad \text{〈식 12.6〉}$$

〈식 12.6〉을 행렬기호를 사용하여 간단히 다시 써 보면 〈식 12.7〉과 같다.

$$A^dX+Y-M=X \qquad \text{〈식 12.7〉}$$

$A$는 투입계수행렬, $X$는 총 산출액 벡터, $Y$는 최종수요 벡터, $M$은 수입액 벡터를 의미한다. 〈식 12.7〉을 전개하여 $X$에 대해 풀면 다음의 〈식 12.8〉과 같이 나타낼 수 있다.

$$X-A^dX=Y-M$$
$$(I-A^d)X=Y-M$$

$$X=(I-A^{d})^{-1}(Y-M) \qquad \langle 식\ 12.8\rangle$$

여기서 $(I-A^{d})^{-1}$행렬은 생산유발계수라고 하며, $I$는 주대각요소가 모두 1이고 그 밖의 요소는 모두 0인 단위행렬을 가리킨다. 생산유발계수를 미리 계산해 두면 최종수요($Y$)와 수입($M$)의 변동에 따라 각 산업부문에서 직간접으로 유발되는 총 산출액($X$)을 구할 수 있다. 생산유발계수를 국산과 수입을 구분한 비경쟁수입형 지역산업연관표로부터 도출한 $R=(I-A^{d})^{-1}$로 정의하고 이 값에 최종수요를 곱하여 생산유발효과를 구한다. 생산유발계수에 부가가치유발계수와 고용유발계수를 곱하여 부가가치유발효과와 고용유발효과를 구한다(한국은행, 2007).

## 3. 지역간 산업연관분석

지역간 산업연관표의 가로 방향은 특정 지역에서 생산된 생산물이 자기지역 및 타 지역의 생산활동에 원·부재료로 판매된 내역과 자기지역 또는 타 지역의 소비와 투자로 판매되거나 해외로 수출된 내역을 나타낸다. 여기서 지역 1의 가로 방향은 지역 1에서 생산된 제품은 자기지역의 생산활동에 사용된 중간수요($Z_{11}$) 및 타 지역의 생산활동에 사용된 중간수요($Z_{12}+\cdots+Z_{1n}$)와 자기지역의 소비 투자 수출(해외)로 사용된 최종수요($Y_{11}^{d}$) 및 타 지역의 소비 투자로 사용된 최종수요($Y_{12}^{d}+\cdots+Y_{1n}^{d}$)로 배분되었다(한국은행, 2007).

다수지역 산업연관표는 작성 방법에 따라 지역간 산업연관표(inter-regional input-output able: IRIO)와 다지역 산업연관표(multi-regional input-output table: MRIO)로 구분되며 2개 지역의 지역간 산업연관표의 행렬식은 〈식 12.9〉와 같이 나타낼 수 있다.

$$\begin{bmatrix} X_1 \\ X_2 \end{bmatrix}=\begin{bmatrix} Z_{11} & Z_{12} \\ Z_{21} & Z_{22} \end{bmatrix}+\begin{bmatrix} Y_1 \\ Y_2 \end{bmatrix} \qquad \langle 식\ 12.9\rangle$$

〈식 12.9〉에 투입계수 $A_{ij}(=Z_{ij}/X_j)$를 적용하면 〈식 12.10〉과 같이 나타낼 수 있다.

$$\begin{bmatrix} X_1 \\ X_2 \end{bmatrix} = \begin{bmatrix} A_{11} & A_{12} \\ A_{21} & A_{22} \end{bmatrix} \begin{bmatrix} X_1 \\ X_2 \end{bmatrix} + \begin{bmatrix} Y_1 \\ Y_2 \end{bmatrix} \quad \langle 식\ 12.10 \rangle$$

$$A = \begin{bmatrix} A_1 & 0 \\ 0 & A_2 \end{bmatrix}, \quad C = \begin{bmatrix} \widehat{C_{11}} & \widehat{C_{12}} \\ \widehat{C_{21}} & \widehat{C_{22}} \end{bmatrix} \quad \langle 식\ 12.11 \rangle$$

다지역 산업연관표는 지역 기술계수와 교역계수를 이용하여 작성되는데 지역간산업연관표에서의 지역투입계수와 유사한 형태로 표현할 수 있다.

$$CA = \begin{bmatrix} \widehat{C_{11}}A_1 & \widehat{C_{12}}A_2 \\ \widehat{C_{21}}A_1 & \widehat{C_{22}}A_2 \end{bmatrix} \quad \langle 식\ 12.12 \rangle$$

$$\begin{bmatrix} A^d_{11} & A^d_{12} \\ A^d_{21} & A^d_{22} \end{bmatrix} \begin{bmatrix} X_1 \\ X_2 \end{bmatrix} + \begin{bmatrix} Y^d_1 \\ Y^d_2 \end{bmatrix} = \begin{bmatrix} X_1 \\ X_2 \end{bmatrix} \quad \langle 식\ 12.13 \rangle$$

위 식을 이용하여 최종수요와 생산과의 관계를 〈식 12.14〉와 같이 표시할 수 있다.

$$A^d X + Y^d = X$$

$$(I - A^d)X = Y^d$$

$$X = (I - A^d)^{-1} Y^d \quad \langle 식\ 12.14 \rangle$$

생산유발계수 $(I-A^d)-1$를 투입계수를 이용하여 〈식 12.15〉와 같이 나타낼 수 있다.

$$(I - A^d)^{-1} = \left( \begin{bmatrix} I & 0 \\ 0 & I \end{bmatrix} - \begin{bmatrix} A^d_{11} & A^d_{12} \\ A^d_{21} & A^d_{22} \end{bmatrix} \right)^{-1} = \begin{bmatrix} I - A^d_{11} & -A^d_{12} \\ -A^d_{21} & I - A^d_{22} \end{bmatrix}^{-1}$$

〈식 12.15〉

지역간산업연관표의 생산유발계수는 지역의 구분에 따라 분할행렬(block matrix) 형태로 〈식 12.16〉과 같이 다시 표현할 수 있다.

$$\begin{bmatrix} X_1 \\ X_2 \end{bmatrix} = \begin{bmatrix} B_{11} & B_{12} \\ B_{21} & B_{22} \end{bmatrix} \begin{bmatrix} Y^d_1 \\ Y^d_2 \end{bmatrix} \quad \langle 식\ 12.16 \rangle$$

여기에서 $X_1 = B_{11}Y_1^d + B_{12}Y_2^d$, $X_2 = B_{21}Y_1^d + B_{22}Y_2^d$로 나타낼 수 있다. 위 식에서 $B = (I - A^d) - 1$의 관계가 성립함으로 〈식 12.17〉과 같이 나타낼 수 있다.

$$\begin{bmatrix} I - A_{11}^d & -A_{12}^d \\ -A_{21}^d & I - A_{22}^d \end{bmatrix} \begin{bmatrix} B_{11} & B_{12} \\ B_{21} & B_{22} \end{bmatrix} = \begin{bmatrix} I & 0 \\ 0 & I \end{bmatrix} \qquad \text{〈식 12.17〉}$$

위 식을 이용해서 생산유발계수의 각 요소를 풀면 〈식 12.18〉과 같다.

$$\begin{aligned} B_{11} &= (I - A_{11}) - 1 + (I - A_{11}) - 1A_{12}B_{21} &&: Y_1 \rightarrow X_1 \\ B_{12} &= (I - A_{11}) - 1A_{12}B_{22} &&: Y_2 \rightarrow X_1 \\ B_{21} &= (I - A_{22}) - 1A_{21}B_{11} &&: Y_1 \rightarrow X_2 \\ B_{22} &= (I - A_{22}) - 1 + (I - A_{22}) - 1A_{21}B_{12} &&: Y_2 \rightarrow X_2 \qquad \text{〈식 12.18〉} \end{aligned}$$

## 제 3 절 산업연관분석의 적용

### 1. 산업연관분석의 활용분야

한 나라의 산업구조는 보통 총산출액이나 부가가치를 기준으로 하여 각 산업부문별 구성비를 계산해 봄으로써 알 수 있다. 산업연관표는 산업부문 총산출액 뿐만 아니라 부가가치도 동시에 파악할 수 있으므로 두 가지 기준으로 산업구조를 분석할 수 있다. 그러나 일반적으로 국민소득계정에서 산업구조를 분석할 경우에는 부가가치를 기준으로 분석하는데 비하여 산업연관분석에서는 산업구조를 분석할 때 보통 총산출액을 기준으로 분석하고 있다. 따라서 산업연관분석은 최종수요가 발생하는 업종의 전후방연관효과를 분석함으로써 직접적인 생산효과를 파악하는 것이다. 경제적 파급효과는 주로 공공투자사업이나 특정 지역에서 발생하는 경제적 효과를 파악하기 위해 활용한다. 그리고 산업연관표의 중요한 용도중의 하나는 특정 경제정책의 집행을 가정하고 이에 따른 비용과 편익이 어느 정도인지를 추정함으로써 경제정책의 효율성을 제고할 수 있다.

산업연관표는 투입계수의 안정성을 전제로 하여 장래의 경제예측이나 경제정책의 수립을 위한 기초자료로 이용되고 있다. 경제예측과 경제정책을 수행하기 위해서 통상 거시계량경제모형이 많이 이용된다. 그러나 거시계량경제모형은 각종 경제변수의 데이터를 이용하여 비교적 신속한 예측을 가능하게 하는 반면, 산업연관분석모형과 같이 최종수요와 각 산업별 생산액 등을 동시에 정합성이 있는 형태로 예측하기는 어렵다는 한계를 갖고 있다.

이와 같은 관점에서 산업연관분석모형은 경제예측과 경제정책의 효과를 분석하기 위한 수단으로 매우 유용하다. 예컨대, 경제예측의 경우 예측연도의 최종수요를 경제모형을 이용하여 별도 추정한 다음 여기에 부합하는 산업별 생산액, 수입액, 필요 고용량 등을 산업연관분석모형을 이용하여 예측하는 방법이다. 그런데, 경제예측 등에 이용하고자 하는 산업연관표의 작성연도와 예측(계획)연도 사이의 기간이 길수록 예측결과의 정도가 낮아지게 되므로 최근의 기술구조를 반영할 수 있는 간이연장표 등을 작성하여 이용할 필요가 있다(한국은행, 2007).

## 2. 산업연관분석의 적용

### 1) 투입부문의 설정

산업연관분석을 이용한 경제적 파급효과를 분석하기 위해서는 투입부문의 설정이 필요하다. 사업추진을 위해 부지매입, 공사비, 설계비, 예비비 등을 최종수요발생 업종을 투입부문으로 설정하였다. 한국은행의 산업연관표 통합대분류(28부문)의 투입부문은 건설, 부동산 및 사업서비스, 기타로 설정하였다. 투입금액은 총 549억 2천만원이며 투입지역을 대구로 설정하였다.

### 2) 분석결과 해설

대구시 생산유발효과는 66,558백만원, 부가가치유발효과는 34,504백만원, 취업유발효과는 637명으로 추정되었다. 기타지역은 생산유발효과 35,267백만원, 부가가치유발효과 12,778백만원, 취업유발효과 224명으로 추정되었다. 여기서 기타지역은 대구를 제외한 전국 15개 광역자치단체를 말한다. 전국은 생산유발효과 101,825백만원, 부가가치유발효과 47,282백만원, 취업유발효과 861명으로 추정되었다.

**표 12.1 생산유발효과, 부가가치유발효과, 취업유발효과**

(단위: 백만원, 명)

| 지 역 | 생산유발액 | 부가가치유발액 | 취업유발효과 |
|---|---|---|---|
| 대구 | 66,558 | 34,504 | 637 |
| 기타지역 | 35,267 | 12,778 | 224 |
| 전국 | 101,825 | 47,282 | 861 |

업종별로는 생산유발액과 부가가치유발액은 건설, 부동산 및 사업서비스, 기타, 비금속광물 등에서 크게 나타났다. 취업유발효과는 건설, 부동산 및 사업서비스, 음식점 및 숙박, 도소매, 운수 및 보관 등에서 크게 나타났다. 결과는 〈표 12.2〉와 같다.

**▌표 12.2 대구지역 업종별 경제적 파급효과**

(단위: 백만원, 명)

| 산업코드 | 부문명칭 | 생산유발액 | 부가가치유발액 | 취업유발인원 |
|---|---|---|---|---|
| 001 | 농림수산품 | 25 | 15 | 2 |
| 002 | 광산품 | 51 | 32 | 0 |
| 003 | 음식료품 | 192 | 58 | 1 |
| 004 | 섬유 및 가죽제품 | 56 | 16 | 1 |
| 005 | 목재 및 종이제품 | 284 | 78 | 2 |
| 006 | 인쇄, 출판 및 제 | 78 | 35 | 1 |
| 007 | 석유 및 석탄제품 | 2 | 0 | 0 |
| 008 | 화학제품 | 416 | 112 | 3 |
| 009 | 비금속광물제품 | 1,247 | 390 | 8 |
| 010 | 제1차금속제품 | 201 | 38 | 0 |
| 011 | 금속제품 | 760 | 258 | 8 |
| 012 | 일반기계 | 227 | 60 | 1 |
| 013 | 전기 및 전자기기 | 781 | 178 | 3 |
| 014 | 정밀기기 | 19 | 5 | 0 |
| 015 | 수송장비 | 52 | 13 | 0 |
| 016 | 가구 및기타제조업제품 | 82 | 24 | 1 |
| 017 | 전력,가스 및 수도 | 82 | 38 | 0 |
| 018 | 건설 | 34,536 | 15,601 | 377 |
| 019 | 도소매 | 371 | 228 | 11 |
| 020 | 음식점 및 숙박 | 680 | 268 | 19 |
| 021 | 운수 및 보관 | 478 | 254 | 12 |
| 022 | 통신 및 방송 | 574 | 291 | 2 |
| 023 | 금융 및 보험 | 1,126 | 647 | 8 |
| 024 | 부동산 및 사업서비스 | 19,193 | 14,361 | 149 |
| 025 | 공공행정 및 국방 | 1,840 | 1,259 | 20 |
| 026 | 교육 및 보건 | 164 | 112 | 3 |
| 027 | 사회 및 기타서비스 | 262 | 133 | 6 |
| 028 | 기타 | 2,779 | 0 | 0 |
| 합계 | | 66,558 | 34,504 | 637 |

지역별 파급효과는 산업구조에 의해 크게 영향을 받는데 주로 투입지역과 투입업종의 효과가 가장 크게 나타난다. 대구의 업종별 최종수요는 서울,

경기, 경남, 울산의 경제적 파급효과에 크게 기여하는 것으로 나타났다. 이러한 현상은 사업규모나 최종수요 발생업종이 무엇인가에 따라 달라지는 것은 아니다. 지역의 산업규모와 구조에 의존하기 때문의 대부분의 경제적 파급효과에서 공통적으로 나타나는 현상이라 할 수 있다.

**표 12.3 지역간 경제적 파급효과**

(단위: 백만원, 명)

| 지역 | 생산유발액 | 부가가치유발액 | 취업유발인원 |
|---|---|---|---|
| 서울 | 5,380 | 2,970 | 48 |
| 인천 | 1,915 | 621 | 11 |
| 경기 | 5,152 | 1,976 | 37 |
| 대전 | 402 | 188 | 4 |
| 충북 | 961 | 334 | 7 |
| 충남 | 1,730 | 542 | 9 |
| 광주 | 324 | 129 | 4 |
| 전북 | 552 | 200 | 7 |
| 전남 | 2,427 | 658 | 9 |
| 대구 | 66,558 | 34,504 | 637 |
| 경북 | 7,210 | 2,212 | 35 |
| 부산 | 1,944 | 720 | 17 |
| 울산 | 2,914 | 796 | 6 |
| 경남 | 3,745 | 1,159 | 23 |
| 강원 | 510 | 224 | 5 |
| 제주 | 99 | 49 | 2 |
| 전국 | 101,825 | 47,282 | 861 |

주: 28부문 지역간 산업연관분석에 의한 결과임.

**참고자료**

지역경제 파급효과 분석에 대한 자세한 방법은 한국은행의 각 년도별 「산업연관표」와 「산업연관분석해설」이 많은 도움을 줄 것이다. 또한 한국개발연구원(KDI) 공공투자관리센터의 연구보고서인 「공공투자지출의 국민경제적파급효과 분석」을 참고하면 될 것이다.

# 제 4 절 산업연관분석의 한계와 개선방안

## 1. 산업연관분석의 한계

산업연관모형을 통한 지역경제 파급효과 분석 결과로 제시하는 생산유발효과, 부가가치 유발효과, 고용유발효과, 임금 유발효과 등의 해석에는 다음과 같은 제약이 따른다.

첫째, 각 효과들이 곧바로 경제적 편익을 의미하지는 않는다는 것이다. 산업연관모형을 통하여 얻은 경제적 파급효과를 국민경제적 관점에서 편익으로 산정하기 위해서는 ① 해당 사업이 시행되지 않을 경우 경제적 효과가 발생하지 않았고, ② 해당 사업에 투입된 생산요소가 사업 미시행 시 다른 용도로 사용되지 않았고, ③ 해당 사업의 추진이 다른 경제활동을 대체하지 않았어야 한다는 조건을 만족하여야 한다.

우리나라와 같이 실업률이 높지 않고 토지 이용이 집약적인 경제상황에서 위와 같은 조건을 만족하는 공공투자사업은 많지 않다. 다만, 개발이 낙후된 지역에서 공공투자사업으로 인한 지역경제 파급효과가 정책결정에 미치는 현실을 고려하여 이를 경제적 편익으로는 반영하지 않아 정책적 분석의 고려사항에 포함시키고 있는 것이다.

둘째, 산업연관모형을 통하여 분석된 지역경제 파급효과는 사업의 시행으로 인하여 발생하는 효과에 한정한다. 즉, 수요주도형(Demand Driven) 파급효과 모형에서 정부투자라는 외생적 충격이 가해졌을 때 발생하는 직접적인 효과와 연계효과만을 반영하고 있다.

산업연관모형이 지역경제 분석과 관련하여 유용한 정보를 제공해 주는 것이 사실이지만, 다른 한편으로 모형 자체가 갖는 한계점을 비롯하여 모형의 정립 과정 및 추정결과의 해석상에 있어서 여러 가지 제약을 내포하고 있는 것도 문제점으로 지적된다.

우선 모형 자체가 갖는 한계로 인해 제기될 수 있는 비판을 보면, 첫째,

산업연관표의 기본가정, 즉, 투입계수의 안정성의 가정(생산물이 동질적이고, 규모의 경제가 존재하지 않는다)이 제약에 직면한다는 비판이 제기될 수 있다. 이러한 비판은 산업연관분석에 있어서 원천적으로 내재되어 있는 제약이다.

둘째, 산업연관모형은 사업비 지출에 따른 정(正)의 파급효과만을 분석할 뿐이며, 재원 조달에 따른 부(負)의 파급효과를 함께 고려할 수 없는 모형이라는 비판이다. 즉, 지출을 위해서는 이를 위한 재원조달이 필요하며 다른 곳에 투자할 재원이 현재의 사업으로 투입됨에 따라 여타 투자가 위축되는 구축효과(crowding out effect) 즉, 기회비용이 발생하게 되는데 산업연관분석은 이를 고려하지 못하는 모형이라는 비판이다. 구축효과는 분명 발생한다고 보아야 할 것이다. 그러나 구축효과까지를 완벽하게 고려해 주는 모형은 대단히 드물며, 모든 파급효과를 동시에 분석해 주기 위해서는 다지역·다부문 모형의 정립이 필요하게 된다. 현재 지역의 시계열 자료의 축적이 상당히 열악한 상태에서 다지역·다부문 모형의 정립은 단계적으로 접근해야 할 과제라고 판단된다.

## 2. 산업연관분석의 개선방안

산업연관모형의 추정결과를 해석할 때에는 다음과 같은 점에 유의하여야 한다.

첫째, 산업연관모형은 사업비 지출에 따른 간접효과를 분석하는 것이므로 그 사업으로 인해 발생하는 경제적 편익, 즉, 사업의 완료 후 얻을 수 있는 파급효과를 추정하는 것은 아니라는 점이다. 따라서 지역경제 파급효과는 비용편익 분석에서 이용되는 사업 완료 후의 경제적 편익과는 다른 것이다.

둘째, 투입계수의 안정성과 관련하여 사업비 지출의 분석기간 중 투입계수는 지속적으로 불변인 것으로 가정하므로, 시간의 경과에 따라 산업구조 및 생산기술 등이 변화하여 발생할 수 있는 동태적·경제적 파급효과를 파악하는 것은 불가능하다는 점이다. 동태적 파급효과 분석은 모형의 동태화 작업이 선행되어야만 가능하게 될 것이다.

셋째, 사업비 지출에 따른 정(正)의 파급효과만을 분석할 뿐이며, 재원조달에 따른 부(負)의 파급효과를 함께 고려하지 않기 때문에, 여러 사업들 간에 사업비의 지출에 따른 경제적 파급효과의 상대적 비교는 가능하나 서로 다른 사업 간 절대적 비교나 특정사업에 대한 효과의 절대적인 크기를 판단하는 데는 그 유용성에 한계가 있다는 사실이다.

한편 서로 다른 사업 간의 상대적 파급효과 비교 시에도 비교의 목적이 지역 간 파급효과의 상대적 크기에 있다면, 사업 간 특성의 차이에 따른 투입구조 및 투자배분구조의 차이 등에 따른 파급효과의 차이가 항상 내재되어 있다는 점도 잊지 말아야 할 것이다.

이와 같이 산업연관모형은 여러 가지 한계점을 가지고 있다. 이러한 산업연관분석의 문제점을 보완할 수 있는 것이 일반연산균형모형이다. 일반연산균형모형의 특징은 다음과 같다(김의준, 1993: 7-8).

첫째, 일반연산균형모형은 다부문모형으로 재화, 노동 및 자본의 수요와 공급간의 관계를 거시적으로 분석하며, 또한 생산, 노동, 소비, 투자, 재정 등의 부문별 모형을 설정하여 생산량, 노동, 자본수요 등 미시적인 변화도 파악한다. 또한 모형의 다부문성으로 인해 부문별 계획의 경제적인 파급효과를 감지할 수 있고, 변수간의 상충성을 제거하여 분석결과의 일관성을 유지할 수 있다.

둘째, 일반연산균형모형은 수량과 가격을 내생적으로 결정하는 계량모형이다. 즉, 수요-공급의 제약조건을 반영하여 수량과 가격이 상호간 영향을 주면서 결정되도록 설계되어 있다.

셋째, 일반연산균형모형은 적정화 개념을 도입하였기 때문에 경기예측보다는 시뮬레이션에 적합하다. 예컨대, 일반연산균형모형을 지역별 배분문제에 적용할 수 경우, 어느 지역에 얼마만큼의 자원을 배분해야 성장을 극대화할 수 있는가 혹은 지역간 소득격차를 최소화할 수 있는가를 분석할 수 있다.

## 탐구학습

1. 주요 개념
   - 산업연관표
   - 최종수요
   - 중간수요
   - RAS방법
   - 생산유발효과
   - 부가가치유발효과
   - 취업유발효과
   - 다지역 산업연관표
   - 영향력계수
   - 감응도계수
   - 일반연산균형모형

2. 토론과 과제
   - 산업연관모형의 의미
   - 생산유발효과와 부가가치유발효과
   - 고용유발효과와 취업유발효과
   - 부가가치유발효과의 구성

## 참고문헌

강광하(2001), 산업연관분석론, 비봉출판사.

宮澤健一 編(1995), 産業聯關分析入門, 日本經濟新聞社.

김의준(1993), 공공투자분석을 위한 일반연산균형모형의 구축, 국토연구원.

김재형 외(2001), 공공투자지출의 국민경제적 파급효과 분석, 한국개발연구원.

________(2001), 공공투자사업의 지역경제 파급효과 추정을 위한 다지역산업연관모형(MRIO) 구축 및 분석, 한국개발연구원.

김현정(2009), "산업간 지식전파효과분석: 사업서비스를 중심으로", 금융경제연구, 제396호, 한국은행 금융경제연구원.

이춘근(2006), 지역산업연관분석론, 학문사.

한국은행(2007), 산업연관분석해설.

________(2008), 2005년 산업연관표.

허재용 · 유승훈 · 곽승준(2007), "IT산업의 산업파급효과 분석: RAS기법의 응용을 중심으로", 한국산업경제학회 추계학술대회 논문집, 한국산업경제학회.

Bulmer-Thomas, V.(1982), *Input-Output Analysis in Developing Countries: Sources, Methods and Applications*, Chichester: John Wiley & Sons.

Caiden, N. & Wildavsky, A.(1974), *Planning and Budgeting in Poor Countries*, N. Y.: John Wiley & Sons.

Hewings, G. J. D. & Jensen, R. C.(1996), "Regional Interregional and Multi-regional Input-Output Analysis", P. Nijkamp, eds., *Handbook of Regional and Urban Economics*, Vol. 1, Regional Economics, North-Holland.

Isard, W.(1951), "Interregional Input-Output Analysis: a Mode of a Space Economy", *Review of Economics and Statistics*, Vol. 33, No. 4.

# 다기준결정분석: AHP분석

## 제 1 절 AHP분석의 의의

### 1. AHP분석의 개념

계층화분석법(analytic hierarchy process: AHP)은 다수 대안에 대한 다면적 평가기준을 통한 의사결정방법으로 1980년 미국의 토머스 셔티(Thomas Saaty)교수가 처음 개발하였다. AHP분석은 경제, 국방, 정치 등 다양한 분야에 쉽게 적용할 수 있다. 의사결정문제에 대해 상호관련된 의사결정 사항들의 계층으로 분류하여 의사결정모형을 설정한다. 일반적으로 의사결정문제는 다중요소의사결정의 속성을 갖고 있으므로 관련된 의사결정 요소와 기준을 명문화하여 계층적인 구조를 작성한다.

최소 구현 모형은 3계층 구성으로, 최상위계층인 목표(goal), 평가의 기준계층인 기준(criteria), 최하위계층인 대안(alternative)로 구성된다. 또한 AHP는 평가대상이 되는 여러 대안들에 대한 종합순위를 얻기 위하여 고유치(eigen-value)방법을 사용하여 의사결정요소의 상대적 가중치를 추정하는 방법이다.

### 2. AHP분석의 필요성

우리나라의 공공투자분석은 경제성분석과 정책적분석을 중심으로 진행해 오고 있다. 경제성분석은 사회적 비용편익분석을 기본 방법론으로 하여 수요, 편익, 비용을 추정하여 타당성 여부를 평가한다. 정책적분석은 지역경제 파급효과, 지역낙후도 평가, 재원조달 가능성 평가, 관련 계획 및 정책과의 일치성, 사업의 추진의지 및 선호도 평가 등을 기본항목으로 하여 분석한다. 공공투자의 마지막 단계에서는 이 두 가지 분석결과를 종합하여 사업 시행여부를 판단한다. 그러나 경제성분석과 정책적분석 결과를 종합하는 데에는 몇 가지 어려움이 따른다. 첫째, 경제성분석은 정량적분석이고, 정책적분석은 정성적분석이므로 이를 종합하는 것이 쉽지 않다. 둘째, 경제성분석의 경우도 서로 다른 척도를 갖는 평가항목을 통합하여 평가하기는 어렵다. 예를 들면, 고용창출효과는 크게 나타나는데 비해 편익비용비가 1.0 이하가 되면 사업시행 가부(可否)를 판단하기 어렵기 때문이다. 셋째, 국가전략사업이나 문화재보호 등과 같은 특수한 사업의 경우 종합평가에서 지나치게 큰 비중을 차지하게 되면 타 사업과의 평가의 일관성이 결여된다. 넷째, 종합평가 참여자들의 상반된 평가로 인한 최종의사결정 문제이다.

이러한 문제를 해결하기 위해 다기준 분석(multi-criteria analysis) 방법론이 요구된다. 다기준분석은 다수의 속성들을 고려하여 다양한 목적을 충족시킬 수 있는 최적의 대안을 도출하는 의사결정기법으로 주로 AHP분석을 이용한다.

# 제 2 절 AHP분석방법과 적용

## 1. AHP분석의 방법과 절차

### 1) 평가자 선정과 평가의 개념화

평가를 위해 다수의 전문가를 구성하고, 이들의 의견이 종합평가에 반영되기 때문에 집단의사결정의 성격을 갖는다. 때문에 평가자 선정에 주의를 기울이고 다음 기준을 충족해야 한다. 첫째, 평가자는 해당사업에 충분한 지식을 가진 전문가여야 한다. 둘째, 공공의 이익이라는 특수한 관점을 고려할 때 객관성을 충분히 지니고 있어야 한다. 평가자 대상자의 범위는 중앙부처의 담당부처, 예산부처, 해당 시·도, 시·군·구 공무원, 관련분야의 교수, 해당분야 연구기관의 연구진, 엔지니어링 회사 등이다.

AHP분석의 첫 단계는 평가의 목표, 평가요소, 고려대안, 제약조건, 평가자, 이해 관계자 등 평가에 대한 개념적 틀(conceptual framework)을 형성하는 개념화 단계이다. 효율적이고 효과적인 개념화 과정을 위해 브레인스토밍(brainstorming)기법이 사용된다. 브레인스토밍이란 평가대상 사업과 관련된 모든 고려사항들을 가능한 한 많이 무비판적으로 열거하여 검토해 나가는 아이디어촉진 기법이다.

### 2) 평가기준 확정 및 계층구조 설정

식별된 평가요소들에 대한 검토를 거쳐 평가기준을 확정하고, 동질적인 집합으로 군집화한 뒤, 이 집합을 적절한 수준으로 계층화하는 구조화 단계이다.

한국개발연구원(KDI)의 예비타당성조사에서 적용하는 AHP의 기본 구조는 [그림 13.1]과 같다.

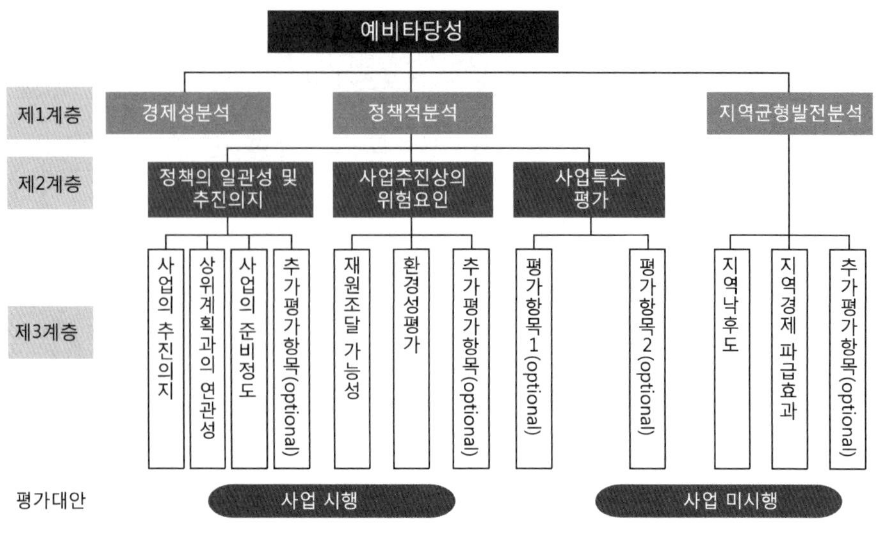


**그림 13.1 예비타당성조사의 AHP 기본 구조**

### 3) 평가기준 가중치 측정

계층구조의 각 수준별로 평가항목 간 상대적 중요도를 결정하는 단계이다. 동일한 수준, 동일한 군집에 속하는 두 평가항목의 모든 짝(pair)에 대해 평가자들에게 평가항목 간 상대적 중요도(또는 선호도)를 비교하는 질문을 반복하여 수행한다. 이때 사용되는 척도는 인간이 느낄 수 있는 차이를 최대한으로 반영할 수 있는 범위로 정하여야 한다. AHP분석에서는 인지심리학에 기초하여 9점 척도를 기본형으로 이용하는 것이 일반적이다.

쌍대비교를 통한 상대적인 평가를 위해서는 신뢰할 만한 평가척도가 필요하다. 이를 판단하는 것이 일치성(consistency)이다. 일치성은 평가자가 얼마나 일관성을 가지고 평가에 임했는지를 판단할 수 있는 지표이다. 예를 들면 어떤 평가자가 3가지 대안을 놓고 A는 B보다 더 중요하고, B는 C보다 더 중요하다고 판단해놓고, A보다 C가 더 중요하다는 판단을 하게 되면 이 평가자는 일관성이 떨어지는 비교를 한 것이 된다. 따라서 이러한 결과를 도출한 평가자의 신뢰성은 떨어지게 된다. 이러한 논리적 모순을 구별하는 것이 일치성지수(consistency index: CI)이다. 평가자가 해당 분야에 대한 전문성이 높을수록 일치성 지수는 낮게 나타난다.

일치성지수는 〈식 13.1〉과 같이 나타낼 수 있다.

$$\text{일치성지수} = \frac{\lambda_{max} - n}{n-1} \qquad \text{〈식 13.1〉}$$

AHP분석에서 응답자의 일관성 비율이 0의 값을 갖는다는 것은 응답자가 완전한 일관성을 유지하며 쌍대비교를 수행하였다는 것을 의미한다. 비일관성비율이 0.1 미만이면 합리적인 일관성을 갖는 것으로 판단하고, 0.2 미만일 경우 허용 가능한 수준의 비일관성을 구비한 것으로 판단한다. 비일관성비율이 0.2 이상이면 재조사가 필요한 경우이다. 이러한 응답자에 대해서는 환류(feedback)과정을 통해 일관성을 높이도록 조정한다.

### 4) 대안간 선호도 측정

다음으로 평가 항목에 대한 선호도에 점수를 부여하는 것이 중요하다. 사전적으로 선택된 항목 가운데 중요도를 평가하고 조사과정에서 수집한 정보를 토대로 평점을 산정한다.

### 5) 종합판단 및 정책제언 도출

이 단계는 대안별 종합평점(weighted sum)을 구하는 단계이다. 비교대안 중 높은 종합평점을 받은 대안이 AHP분석에 의해 선택된 대안이 된다. AHP분석에 의한 종합평가는 집단의사결정의 성격을 가지므로, 개별 평가자의 평가요소 가중치, 대안들의 평점, 종합평점이 평가집단 공동의 가중치, 평점, 종합평점으로 종합되는 과정이 필요하다.

개별 평가자의 평가를 종합하는 방법으로 첫째, 개인별로 얻어지는 모든 쌍대비교행렬의 결과를 기하평균(geometric mean)을 이용하여 집단 전체의 쌍대비교행렬을 먼저 구하고 고유벡터 계산법을 적용하는 방법과 둘째, 개인의 쌍대비교행렬에 고유벡터 계산법을 적용하여 가중치와 평점에 대한 우선순위 벡터들을 구한 뒤, 이 벡터값들을 기하평균 하는 방법이 있을 수 있다. 본 지침에서는 두 번째 방법을 선택하는데, 그 이유는 이 방법이 전문가 집단에 의한 종합적 판단을 반영하는 데 더 적합하기 때문이다.

AHP분석의 마지막 단계는 환류과정을 거친 후에 도출된 종합평점을 근거로 '사업 시행' 대안과 '사업 미시행' 대안 간에 최종적인 결정을 내리고, 정책담당자에게 제시할 정책제언을 도출하는 단계이다. AHP 분석을 통하여 최종적으로 얻는 산출물은 '사업 시행' 대안과 '사업 미시행' 대안 각각에 대한 평가기준별 가중치와 각 기준에 대한 대안들의 평점을 곱해서 계산한 대안별 종합평점(weighted sum)이다. 기존 지침에서는 사업시행 대안이 사업 미시행 대안보다 상대적으로 높은 종합평점(0.5를 초과하는 점수)을 얻으면, 사업의 타당성이 있다는 결론을 도출하도록 하였다. 이와 같은 기계적인 결론 도출 방식은 예비타당성조사의 최종적인 결과가 사업을 지속적으로 추진하기 위한 예산을 배분할 것인지 또는 배분하지 않을 것인지 하는 양자택일적 의사결정(binary decision)에 활용하기 위한 기초자료의 성격이 있기 때문이다(한국개발연구원, 2008).

## 2. AHP분석의 적용

### 1) 평가대안

본 AHP분석의 최종목표는 A박물관 건립 유무를 판단하기 위한 의사결정방법으로 각 평가기준의 중요도를 평가하여 종합적 결론을 제시하는 것이다. 경제성분석, 정책성분석, 지역균형발전분석은 A박물관 건립의 타당성을 판단하기 위한 필수적인 요소이다.

### 2) 조사대상집단

종합평가를 위한 AHP분석에는 향토사학자, 국사편찬위원회, 관련분야 전문 교수, 국학 및 문화재 관련 전문가로 구성되며 객관성을 전제로 평가한다. 평가대상자는 A박물관 건립 유치 타당성 조사 연구를 수행하는 연구

책임자, 교수, 관계전문가 12명을 대상으로 평가한 결과이다.

### 3) AHP구조 및 평가항목

최적대안은 제1계층 3항목, 제2계층 5항목, 제3계층 11항목에 대해 쌍대비교를 통해 가중치를 산출하고 각 항목별 기준으로 사업의 시행, 미시행을 평가한다.

최적대안과 사업의 미시행 대안을 동시에 비교하여 사업시행 여부를 판단하는 통합된 AHP분석을 수행한다.

**▎표 13.1 AHP 평가항목**

| 제1계층 | 제2계층 | 제3계층 |
|---|---|---|
| 경제적 타당성 | – | – |
| 정책적 타당성 | 정책추진의 일관성 | 사업추진의지 |
| | | 상위계획과의 연관성 |
| | | 사업의 준비정도 |
| | | 역사문화자원의 활용 |
| | 사업추진상의 위험요인 | 재원조달 가능성 |
| | | 환경성 평가 |
| | | 운영비 확보 |
| | | 타 지역과의 중복성 |
| | 사업의 특수성 | 국가 이미지 업그레이드 |
| | | 국민적 자부금 가시화, |
| | | 전통문화의 보전 |
| 지역균형발전 | 지역낙후도 | – |
| | 지역경제파급효과 | – |

### 4) AHP분석 방법

평가항목의 가중치는 평가항목 간 쌍대비교 질문에 대한 응답결과로 결정되고, 9점 척도를 채택하여 제시한다. 일치성지수는 응답자의 일관성을 평가하는 지표로 CI<0.1이면 평가자료에 대한 일관성을 받아들인다. 그러

나 각 항목별 조사에서 논리적 일관성을 부여하지 못하는 전문가의 응답은 가중치 산출에서 제외한다.

### 5) AHP분석 결과

#### (1) 가중치 산정 결과

제1계층의 경제적 타당성, 정책적 타당성, 지역균형발전의 상대적 중요도가 73.1 : 20.9 : 6.0의 비율로 분석되었다.

제2계층의 정책추진의 일관성, 사업추진상의 위험요인, 사업의 특수성의 상대적 중요도가 61.4 : 30.9 : 7.7의 비율로 분석되었다. 지역낙후도, 지역경제파급효과의 상대적 중요도가 72.2 : 27.8의 비율로 분석되었다.

제3계층의 사업추진 의지, 상위계획과의 연관성, 사업의 준비정도, 역사문화자원의 활용의 상대적 중요도는 46.1 : 35.9 : 14.8 : 3.2의 비율로 분석되었다. 재원조달 가능성, 환경성 평가, 운영비 확보, 타 지역과의 중복성에 대한 상대적 중요도는 58.9 : 25.4 : 10.1 : 5.6의 비율로 분석되었다. 국가이미지 업그레이드, 국민적 자부심 가시화, 전통문화의 보전의 상대적 중요도는 69.9 : 23.7 : 6.4의 비율로 분석되었다.

**▍표 13.2 제1계층 가중치 산정결과**

| 구분 | 경제적 타당성 | 정책적 타당성 | 지역균형발전 | 변이지수 (consistency index) |
|---|---|---|---|---|
| 평가자1 | 0.651 | 0.304 | 0.045 | 0.0710 |
| 평가자2 | 0.776 | 0.189 | 0.035 | 0.2821 |
| 평가자3 | 0.815 | 0.140 | 0.044 | 0.1571 |
| 평가자4 | 0.799 | 0.170 | 0.032 | 0.2878 |
| 평가자5 | 0.814 | 0.156 | 0.030 | 0.3268 |
| 평가자6 | 0.710 | 0.136 | 0.154 | 0.2913 |
| 평가자7 | 0.811 | 0.115 | 0.075 | 0.0371 |
| 평가자8 | 0.799 | 0.170 | 0.032 | 0.2878 |
| 평가자9 | 0.708 | 0.222 | 0.070 | 0.1557 |
| 평가자10 | 0.797 | 0.142 | 0.061 | 0.1947 |
| 평가자11 | 0.796 | 0.160 | 0.043 | 0.1999 |
| 평가자12 | 0.795 | 0.169 | 0.036 | 0.2843 |
| 종합 | 0.731 | 0.209 | 0.060 | – |

주: inconsistency index의 값이 0에 가까울수록 응답자의 일관성이 높아서 그 결과의 신뢰성이 높아짐.

**▍표 13.3 제2계층(정책적 타당성) 가중치 산정결과**

| 구분 | 정책추진의 일관성 | 사업추진상의 위험요인 | 사업의 특수성 | 변이지수 (consistency index) |
|---|---|---|---|---|
| 평가자1 | 0.646 | 0.255 | 0.099 | 0.0270 |
| 평가자2 | 0.776 | 0.189 | 0.035 | 0.2821 |
| 평가자3 | 0.474 | 0.474 | 0.053 | 0.0000 |
| 평가자4 | 0.581 | 0.363 | 0.055 | 0.0273 |
| 평가자5 | 0.643 | 0.310 | 0.047 | 0.0879 |
| 평가자6 | 0.496 | 0.310 | 0.194 | 0.0269 |
| 평가자7 | 0.581 | 0.363 | 0.055 | 0.0273 |
| 평가자8 | 0.777 | 0.185 | 0.038 | 0.2446 |
| 평가자9 | 0.619 | 0.315 | 0.066 | 0.1234 |
| 평가자10 | 0.632 | 0.307 | 0.061 | 0.0927 |
| 평가자11 | 0.638 | 0.308 | 0.053 | 0.0899 |
| 평가자12 | 0.689 | 0.258 | 0.053 | 0.1152 |
| 종합 | 0.614 | 0.309 | 0.077 | – |

주: inconsistency index의 값이 0에 가까울수록 응답자의 일관성이 높아서 그 결과의 신뢰성이 높아짐.

**❙ 표 13.4 제2계층(지역균형발전) 가중치 산정결과**

| 구분 | 지역낙후도 | 지역경제파급효과 | 변이지수 (consistency index) |
|---|---|---|---|
| 평가자1 | 0.500 | 0.500 | 0.0000 |
| 평가자2 | 0.667 | 0.333 | 0.0000 |
| 평가자3 | 0.500 | 0.500 | 0.0000 |
| 평가자4 | 0.875 | 0.125 | 0.0000 |
| 평가자5 | 0.667 | 0.333 | 0.0000 |
| 평가자6 | 0.900 | 0.100 | 0.0000 |
| 평가자7 | 0.667 | 0.333 | 0.0000 |
| 평가자8 | 0.900 | 0.100 | 0.0000 |
| 평가자9 | 0.833 | 0.167 | 0.0000 |
| 평가자10 | 0.875 | 0.125 | 0.0000 |
| 평가자11 | 0.667 | 0.333 | 0.0000 |
| 평가자12 | 0.889 | 0.111 | 0.0000 |
| 종합 | 0.722 | 0.278 | – |

주: inconsistency index의 값이 0에 가까울수록 응답자의 일관성이 높아서 그 결과의 신뢰성이 높아짐.

**❙ 표 13.5 제3계층(정책추진의 일관성) 가중치 산정결과**

| 구분 | 사업추진 의지 | 상위계획과의 연관성 | 사업의 준비정도 | 역사문화자원의 활용 | 변이지수 (consistency index) |
|---|---|---|---|---|---|
| 평가자1 | 0.653 | 0.271 | 0.059 | 0.017 | 0.535 |
| 평가자2 | 0.594 | 0.311 | 0.074 | 0.021 | 0.392 |
| 평가자3 | 0.240 | 0.526 | 0.200 | 0.034 | 0.142 |
| 평가자4 | 0.372 | 0.485 | 0.118 | 0.025 | 0.240 |
| 평가자5 | 0.583 | 0.241 | 0.148 | 0.028 | 0.273 |
| 평가자6 | 0.716 | 0.188 | 0.046 | 0.050 | 0.251 |
| 평가자7 | 0.352 | 0.491 | 0.130 | 0.028 | 0.243 |
| 평가자8 | 0.458 | 0.404 | 0.110 | 0.028 | 0.260 |
| 평가자9 | 0.645 | 0.248 | 0.087 | 0.021 | 0.321 |
| 평가자10 | 0.556 | 0.334 | 0.083 | 0.027 | 0.223 |
| 평가자11 | 0.380 | 0.454 | 0.118 | 0.048 | 0.234 |
| 평가자12 | 0.461 | 0.359 | 0.148 | 0.032 | 0.092 |
| 종합 | 0.461 | 0.359 | 0.148 | 0.032 | – |

주: inconsistency index의 값이 0에 가까울수록 응답자의 일관성이 높아서 그 결과의 신뢰성이 높아짐.

▎표 13.6 제3계층(사업추진상의 위험요인) 가중치 산정결과

| 구분 | 재원조달 가능성 | 환경성 평가 | 운영비 확보 | 타지역과의 중복성 | 변이지수 (consistency index) |
|---|---|---|---|---|---|
| 평가자1 | 0.437 | 0.376 | 0.109 | 0.078 | 0.248 |
| 평가자2 | 0.359 | 0.488 | 0.124 | 0.029 | 0.217 |
| 평가자3 | 0.518 | 0.238 | 0.062 | 0.183 | 0.360 |
| 평가자4 | 0.504 | 0.295 | 0.171 | 0.031 | 0.148 |
| 평가자5 | 0.484 | 0.340 | 0.077 | 0.099 | 0.170 |
| 평가자6 | 0.528 | 0.376 | 0.056 | 0.040 | 0.041 |
| 평가자7 | 0.371 | 0.461 | 0.097 | 0.071 | 0.230 |
| 평가자8 | 0.463 | 0.387 | 0.095 | 0.055 | 0.244 |
| 평가자9 | 0.433 | 0.423 | 0.099 | 0.044 | 0.206 |
| 평가자10 | 0.648 | 0.251 | 0.072 | 0.029 | 0.232 |
| 평가자11 | 0.441 | 0.393 | 0.110 | 0.056 | 0.271 |
| 평가자12 | 0.650 | 0.132 | 0.145 | 0.073 | 0.007 |
| 종합 | 0.589 | 0.254 | 0.101 | 0.056 | 1.000 |

주: inconsistency index의 값이 0에 가까울수록 응답자의 일관성이 높아서 그 결과의 신뢰성이 높아짐.

▎표 13.7 제3계층(사업의 특수성) 가중치 산정결과

| 구분 | 국가이미지업그레이드 | 국민적 자부심 가시화, | 전통문화의 보전 | 변이지수 (consistency index) |
|---|---|---|---|---|
| 평가자1 | 0.474 | 0.474 | 0.053 | 0.000 |
| 평가자2 | 0.772 | 0.188 | 0.040 | 0.283 |
| 평가자3 | 0.814 | 0.156 | 0.030 | 0.327 |
| 평가자4 | 0.799 | 0.170 | 0.032 | 0.288 |
| 평가자5 | 0.795 | 0.169 | 0.036 | 0.284 |
| 평가자6 | 0.814 | 0.156 | 0.030 | 0.327 |
| 평가자7 | 0.817 | 0.125 | 0.058 | 0.069 |
| 평가자8 | 0.721 | 0.172 | 0.108 | 0.227 |
| 평가자9 | 0.728 | 0.211 | 0.061 | 0.095 |
| 평가자10 | 0.755 | 0.205 | 0.040 | 0.203 |
| 평가자11 | 0.762 | 0.196 | 0.042 | 0.145 |
| 평가자12 | 0.777 | 0.137 | 0.086 | 0.027 |
| 종합 | 0.699 | 0.237 | 0.064 | – |

주: inconsistency index의 값이 0에 가까울수록 응답자의 일관성이 높아서 그 결과의 신뢰성이 높아짐.

### (2) 종합 평가

이상의 결과를 종합하면, 이 사업은 경제적 타당성에 중점을 두고 추진하는 것이 효과적인 것으로 나타났다. 세부적으로는 정책추진의 일관성, 지역낙후도, 사업추진 의지, 재원조달 가능성, 국가이미지 업그레이드에 사업의 중요도를 두고 추진하는 것이 효과적인 것으로 조사되었다.

사업시행 대안의 각 평가항목에 대한 적합도와 각 평가항목의 가중치를 곱하여 최종 AHP평점은 0.6311로 나타나서 타당성이 높다고 판단할 수 있다. 상대적인 가중치를 종합하여 최종평점을 산출하고 AHP점수가 0.5 이상일 경우 사업의 타당성이 있는 것으로 판단한다.

**표 13.8 AHP 종합평점**

| 제1계층 | 경제성 | 정책성 | | | | | | | | | | | 지역균형발전 | |
|---|---|---|---|---|---|---|---|---|---|---|---|---|---|---|
| 가중치 | 0.4 | 0.45 | | | | | | | | | | | 0.15 | |
| 제2계층 | – | 정책추진의 일관성 | | | | 사업추진상의 위험요인 | | | | 사업의 특수성 | | | 지역낙후도 | 지역경제파급효과 |
| 가중치 | – | 0.61 | | | | 0.31 | | | | 0.08 | | | 0.72 | 0.28 |
| 제3계층 | – | 사업추진의지 | 상위계획과의연관성 | 사업의준비정도 | 역사문화자원의활용 | 재원조달가능성 | 환경성평가 | 운영비확보 | 타지역과의중복성 | 국가이미지업그레이드 | 국민적자부금가시화 | 전통문화의보전 | – | – |
| 가중치 | – | 0.46 | 0.36 | 0.15 | 0.03 | 0.59 | 0.25 | 0.10 | 0.06 | 0.70 | 0.24 | 0.06 | – | – |
| 사업시행 대안적합도 | 0.7 | 0.6 | 0.6 | 0.5 | 0.7 | 0.3 | 0.8 | 0.3 | 0.5 | 0.7 | 0.7 | 0.7 | 0.8 | 0.4 |
| 사업미시행 대안적합도 | 0.3 | 0.4 | 0.4 | 0.5 | 0.3 | 0.7 | 0.2 | 0.7 | 0.5 | 0.3 | 0.3 | 0.3 | 0.2 | 0.6 |

## 제 3 절 AHP분석의 한계와 개선방안

### 1. AHP분석의 한계

예비타당성조사는 경제성분석과 정책적분석을 양대 축으로 하여 조사를 진행하고 있다. 경제성분석에서는 비용편익분석을 기본 방법으로 수요, 비용, 편익을 추정한 후 경제성을 평가한다. 정책적분석은 지역경제 파급효과 추정, 지역낙후도 평가, 재원조달 가능성 평가, 관련 계획 및 정책과의 일치성, 사업의 추진의지 및 선호도 평가 등 기본 평가항목과 추진되는 각 사업의 특수성을 반영하여 분석을 실시한다.

한국개발연구원에서 수행하는 예비타당성조사의 마지막 단계는 경제적분석과 정책적분석 결과를 종합하여 사업의 추진 여부에 대한 최종적인 판단을 도출하는 단계이다. 경제성 분석과 정책적 분석 결과를 종합하는 데에는 다음과 같은 한계가 있다.

첫째, 정량적분석 결과와 정성적 분석 결과를 통합하는 어려움이다. 경제성분석은 그 결과가 편익비용비(B/C ratio), 순편익의 현재가치(NPV), 내부수익률(IRR) 등 정량적으로 제시되는 반면, 정책적분석에 포함되는 평가항목, 예컨대 지역의 사업추진의지, 국고조달 가능성, 관련 계획과의 일치성 등은 계량화가 어려우므로 정성적 표현으로 제시된다. 예를 들면, 편익비용비는 높지만 상위계획과 일치하지 않는 사업의 타당성을 어떻게 종합평가할 것인가는 쉽지 않은 문제이다.

둘째, 정량적분석의 경우에도 서로 상이한 척도(scale)를 갖는 평가항목을 통합하는 데 어려움이 따른다. 예를 들면, 어떤 공공투자사업의 편익비용비가 1.0보다 작은 0.9이지만 2,000명이라는 매력적인 고용창출 효과를 갖는 경우, 어떠한 기준으로 사업시행 또는 미시행이라는 최종판단을 내려야 할 것인가의 문제가 발생한다.

## 2. AHP분석의 개선방안

AHP분석의 문제점을 개선하기 위해 다기준분석(multi-criteria analysis)론이 제시된다. 다기준분석이란, 다수의 속성들(multi-attributes)을 고려하여 다차원의 목적들(multi-objectives)을 충족하는 최적대안을 도출하는 의사결정기법이다. 예비타당성조사의 종합평가에서도 다수의 정량적, 정성적 평가항목을 고려하여 경제성 높으면서 정책적으로도 타당한 사업을 식별하고자 한다.

KDI는 예비타당성조사의 종합평가를 위한 가장 적합한 방법론을 찾아내기 위해 다양한 다기준분석을 비교 · 평가하였다. 그 결과 AHP분석을 채택하고, 예비타당성조사에 적합하게 수정 · 적용하여 조사하고 있다.

### 탐구학습

1. 주요 개념
   - 분석적 계층화법(AHP)
   - 브레인스토밍
   - 일치성
   - 일치성지수
   - 환류과정
   - 종합평점
   - 가중치

2. 토론과 과제
   - 분석적 계층화법의 절차
   - 분석적 계층화법의 구성
   - 일치성지수와 표본
   - 종합평점 산출법

## 참고문헌

고길곤(2007), “다차원 공공투자의사결정 문제에 있어서 정책분석가들의 의사결정 행태분석”, 한국정책학회보, 제16권 제1호.

노화준(1988), 계량분석개론, 서울: 법문사.

박희정(1997), 편익분석을 통한 지방공공시설의 투자결정, 한국지방행정연구원.

한국개발연구원(2008), 예비타당성조사를 위한 일반지침 수정·보완 연구(제5판).

황진수·장동헌(2010), “계층분석과정(AHP)을 이용한 향토산업육성사업의 우선순위 분석”, 산업경제연구, 제23권 제3호, 한국산업경제학회.

Dyer, J.(1990), “Remarks on the Analytic Hierarchy Process”, *Management Science*, Vol. 36, No. 3.

Gass, S. I.(2005), “Model World: The Great Debate - MAUT Versus AHP”, *Interfaces*, Vol. 35, No. 4.

Goodwin & Wright(2004), *Decision Analysis for Management Judgment*(3rd ed.), Chichester, England: John Wiley & Sons, Ltd.

Millet, I & Satty, T. L.(2000), “On the Relative of Relative Measure-Accommodating both Rank Preservation and Rank Reversals in the AHPO”, *Europe Journal of Operational Research*, 121.

Munger, M. C.(2000), *Analyzing Policy*, New York, London: W. W. Norton & Company.

Saaty, T. L.(1997), “This is Not the Analytic Hierarchy Process: What the AHP Is and What It Is Not”, *Journal of Multi-Criteria Decision Analysis*, Vol. 6.

Saaty, T. L.(1990), “An Exposition of the AHP in Reply to the Paper: Remarks on the Analytic Hierarchy Process”, *Management Science*, Vol. 36, No. 3.

Schoner, B. & Wedley, W. C.(1989), “Ambiguous Criteria Weights in AHP: Consequences and Solutions”, *Decision Science*, 20.

Schoner, B. & Wedley, W. C.(1993), “A Unified Approach to AHP with Linking Pins”, *Europe Journal of Operational Research*, 64.

# 지방재정력 및 투자가용재원 분석

## 제 1 절 지방재정분석의 의의

### 1. 지방재정분석의 개념

지방재정분석은 1998년부터 운영하고 있는 제도로써 「지방재정법」 제55조에 근간을 두고 있다. 이는 지방자치단체의 정책결정, 유사 자치단체간 상대비교, 재정정보 수요자에 대한 재정정보 제공, 그리고 국가의 지방재정에 대한 거시적 조망 및 정책활용 차원에서 중요한 의의를 지니고 있다.

이러한 지방재정분석은 재정상태의 범위를 어떻게 보느냐에 따라 다양한 정의가 존재한다. 최협의로는 지방정부가 단기간에 지불할 수 있는 현금지불능력, 협의로는 예산상의 지불능력, 광의로는 장기적인 지불능력을 의미하며, 최광의의 개념으로는 시민이 원하는 서비스에 부응하기 위한 서비스 수준 지불능력을 의미한다(Grove, 1980). 이를 보다 구체적으로 정의하면 지방자치단체의 각종 사업에 소요되는 경비의 지불능력, 지역경제 파탄에의 저항능력, 미래의 수요변화에 대한 대처능력을 분석하는 것을 의미한다(배인명, 2007).

이러한 지방재정분석제도는 지방자치단체의 재정상태와 운영실태 및 성과를 객관적인 통계자료를 토대로 종합 점검, 분석, 평가함으로써 지방재정의 건전성, 안정성, 효율성, 투명성을 높이고 자치단체의 재정확충 및 예산

절감의 노력을 진작시키는데 그 목적을 두고 있다(한국지방행정연구원, 2012).

## 2. 지방재정분석의 필요성

지방재정분석은 지방자치단체의 재정여건이나 운영상태 또는 구조적인 문제를 체계적으로 분석하고 이를 바탕으로 재정진단, 재정건전화 계획 수립, 중기재정계획수립 등에 이용하기 위하여 도입된 제도이다(김종희, 2006).

우리나라의 경우 지방자치단체 재정자립도는 계속 하락하고 있는 추세로 통계작성이 시작된 1997년에는 63.0%였으나 2013년에는 51.1%로 하락했다. 또한 재정자립도가 30%에도 미치지 못하는 지방자치단체가 177개이고, 자체 수입으로 공무원의 봉급을 충당하지 못하는 기초자치단체는 125개(55%)나 된다. 우리나라의 경우는 지방재정을 보전하기 위하여 지방재정관리제도를 도입하고 있어 지방자치단체의 파산가능성은 낮아지고 있으나, 부실운영에 대한 책임제도는 미흡한 실정이다. 이와 더불어 경기침체, 산업구조 변화 등의 외적요인과 무리한 공약실천, 지역경제쇠퇴, 행정관리 실패 등 내적요인이 결부되어 지방자치단체의 세입은 감소하고 세출은 증가하는, 즉 재정건전성이 악화되고 있다. 이에 따라 지방자치단체의 재정건전성을 강화하고 재정위기를 사전에 진단하기 위하여 필요한 것이 지방재정분석제도이다. 동 제도의 필요성을 구체적으로 살펴보면 다음과 같다(한국지방행정연구원, 2012).

첫째, 지방자치단체의 자율성과 책임성을 균형있게 조화시킬 수 있도록 지방자치단체의 재정책임성을 제고하고, 이를 통해 재정위기를 예방하기 위하여 필요하다.

둘째, 국가와 지방이 협력적 동반자로 공생발전할 수 있도록 재정의 건전성, 효율성, 투명성 등을 주기적으로 점검해볼 필요가 있다. 지방재정상태 및 재정운용상황에 대한 검증, 운영실태 및 개선노력 파악, 재정위기상황의 진단 및 사전검증을 통하여 조기경보시스템 역할을 할 수 있도록 하는 것이 지방재정분석제도이다.

셋째, 투명한 행정과 지역주민의 참여를 촉진시키기 위하여 객관적인 자료를 지역주민 등 이해관계자에게 제공하여야 한다. 따라서 지방자치단체의 세입확충 및 예산의 절감도, 예산운용에 있어서의 계획성·투명성을 객관적으로 분석한 결과를 공개하여 재정선진화를 도모하고, 주민 감시 및 통제·참여유도를 촉진하기 위하여 재정분석을 실시한다.

넷째, 지방재정상태의 다양한 비교평가 및 정책지원의 근거를 제공해주고 재정운영의 점검을 통해 재정선진화를 유도하기 위해서 지방재정분석이 필요하다.

다섯째, 지역주민에게 제공되는 행정서비스의 질 확보를 위하여 재정측면의 균형발전 정도를 파악하는 장치가 필요하다. 또한 지방재정분석을 통하여 재정측면에서의 자치단체간 재정성과와 균형발전 정도를 파악해볼 수 있다.

## 3. 지방재정분석의 활용

첫째, 중앙정부가 지방으로의 재정을 이전하기 위한 객관적인 판단기준이 된다(윤영진, 1998). 재정력을 측정하기 위하여 기준재정수입액과 기준재정수요액을 산정하고 이를 바탕으로 교부세를 배분하는 것이 이에 해당된다. 둘째, 지방자치단체의 재정상태나 재정운영에 대한 비교평가를 위한 자료로 활용할 수 있다. 또한 해당 지방자치단체가 동일유형의 상위 목표를 설정하고 이를 달성하도록 유도함으로써 자율재정분석시스템으로도 사용할 수 있다. 셋째, 지방자치단체가 스스로 재정에 대하여 진단해봄으로써 문제점을 발견하고 해결책을 모색하기 위하여 활용할 수 있다. 미국에서 활용되고 있는 재정추이감시제도[1]가 이에 해당된다고 볼 수 있다(배인명, 2007). 넷째, 국가의 지방재정에 대한 거시적 조망 및 정책 수립에 활용할 수 있다.

1) 환경, 조직, 재정적 요인이 지방자치단체의 재정상태에 영향을 미치는 지를 분석하는 관리도구로서, 지방자치단체의 재정상태의 변화추이 뿐만 아니라 자신들의 재정상태에 대한 종합적 분석이 가능하도록 하는 제도를 말한다(Grove, 1980).

즉, 지방재정분석은 자치단체의 수입, 지출 및 재정수지, 자산 및 부채와 관련된 정책이 미칠 영향을 미리 예측하는 '사전적 활동'의 성격과 정책(예산) 집행 이후 나타나는 상태와 결과를 측정하는 '사후적 활동'의 특성을 함께 지니고 있다(한국지방행정연구원, 2010).

## 제 2 절 지방재정력 분석

### 1. 재정력 분석의 의의

지방자치단체의 재정력은 주민들에게 안정적인 공공서비스를 제공하기 위한 기초가 된다(김주영, 2002). 재정력이라는 용어는 다음과 같은 두 가지 의미로 해석해 볼 수 있다. 첫째, 협의의 개념으로서 지방자치단체의 재정수입 확보능력(revenue raising ability)을 의미한다. 이런 차원에서 본다면 지방재정력은 지방자치단체가 예산회계상의 재정적자 없이 장기적으로 재화와 서비스의 공급수준을 유지하면서 새로운 재정수요에 대처할 수 있는 능력을 의미한다(안용식 · 이종수, 1997). 재정수입 확보능력을 나타내는 지표로는 재정자립도와 자주재원비율을 주로 활용하고 있고, 그 외에 1인당지방세수입, 재정력지수 등이 있다. 둘째, 광의의 개념으로서 지방자치단체의 재정운영상태 혹은 재정상태(fiscal condition)를 의미한다.

지방자치단체는 재정능력을 객관적으로 판단하여 재정계획 및 각종 사업계획을 효율적으로 추진해야 한다. 또한 지역주민들에게 안정적인 공공서비스를 제공해주어야 한다. 이를 위해서 필요한 것이 지방자치단체의 재정력 분석이라고 할 수 있다. 뿐만 아니라 중앙정부에서 지방교부세 배분, 성장촉진지역 선정, 지방채 승인 등 국가사업의 기준으로 활용되기도 한다. 또한 지방자치단체의 자주재원, 자체수입 확보방안을 모색하기 위한 근거자료로도 활용된다.

## 2. 재정력 분석의 유형과 방법

### 1) 재정력 분석지표

우리나라의 지방재정 분석은 지방교부세 산정시 회귀방정식을 일부 이용하나 대부분 재정지표 값의 측정을 통해 이루어져 왔다. 안전행정부는 재정지표 측정의 결과를 지방자치단체의 재정능력 측정 및 예산편성, 지방교부세 산정 및 배분, 국고 보조금의 차등보조, 지방채 허가, 재정진단 및 공개 등의 시행과정에 활용하고 있다. 현재 협의의 개념으로서 재정력을 측정하는 지표로 재정자립도, 재정자주도, 재정력지수 등을 활용하고 있다.

### 2) 재정자립도

재정력을 수입확보 능력이라고 정의하는 경우 가장 많이 쓰이는 재정지표는 재정자립도이다. 재정자립도는 지방자치제 실시 이전부터 일반인들에게도 가장 널리 알려져 있는 재정력 지표로, 지방자치단체의 전체 재원에 대한 자체수입의 비율을 의미한다. 즉, 지방자치단체의 수입 자체조달능력을 의미한다. 자치단체의 재정이 경제활동이나 행정활동의 변화에 대응할 수 있는 탄력성을 어느 정도 가지고 있는가를 표현하는 지표로서의 기능도 갖는다.

재정자립도 = (자체수입 /자치단체 예산규모) × 100

* 자체수입 = 지방세 + 세외수입
* 지방세 = 보통세 + 목적세(지방교육세 제외) + 과년도 수입
* 세외수입 = 경상적 세외수입 + 임시적 세외수입
* 자치단체 예산규모 = 지방세(지방교육세 제외) + 세외수입 + 지방교부세
  + 조정교부금 및 재정보전금 + 보조금
  + 지방채 및 예치금 외수 + 보전수입 등 내부거래

재정자립도는 다음과 같은 특성을 갖는다. 첫째, 단순성과 명료성을 지니고 있다. 재정자립도 지표는 비교적 이해하기 쉬운 항목들로 구성되어 있을 뿐 아니라, 그 산식도 간단하여 이해하기 편리하며 개념이 단순명료하게

전달된다. 분모인 지방자치단체의 총수입을 구성하는 자체수입과 의존수입은 쉽게 이해될 수 있으며, 분모에 사용된 자체수입이 다시 분자에 들어감으로써 단순한 산식으로 구성되어 있다는 것이다. 이와 같은 장점은 지표의 계산을 매우 쉽게 하는 요인이 되기도 한다. 둘째, 재원조달의 자립성 지표가 된다. 재정자립도는 지방재정의 여러 측면 중에서도 재원조달 측면에 초점을 맞춘 지표이다. 지방자치단체의 자체수입 조달능력에 관심을 둔 지표이다. 관점을 바꿔서 보면, 해당 자치단체의 중앙정부 의존도를 파악하고자 하는 지표이다. 한편 재정자립도 지표가 재원조달 면에서의 자립성을 나타내기는 하지만, 재원사용면에서의 자주성을 표현하지는 않는다. 재원사용면에서 지방자치단체가 어느 정도의 자율성 내지 자주성을 갖는가는 자주적으로 사용할 수 있는 재원인 자체수입과 지방교부세[2)]가 총수입에서 차지하는 비율을 표시하는 재정자주도에 의해 표현될 수 있다.

셋째, 지방재정조정제도 운용의 근거지표가 된다. 재정자립도 개념은 자체수입을 중시하는 지표로서 지방재정조정제도 운용과도 밀접한 관계를 맺고 있다. 현행의 국세와 지방세간 세원의 불균형 하에서는 지방재정의 중앙의존성이 높을 수밖에 없다. 이러한 현실에서 재정자립도의 수준은 재정적 자치능력 평가지수로서 지방재정의 상황을 한 눈에 알 수 있게 하는 유용한 지표로 활용되어왔다.

### 3) 재정자주도

재정자주도는 지방자치단체의 세입 중에서 특정목적이 정해져 있지 않은 일반재원의 비율을 의미한다. 이는 재정자립도와는 달리 지방자치단체가 자율적으로 사용할 수 있는 재원을 지수 산출에 포함시킴으로써 지방자치단체의 실질적인 재원활용능력을 파악할 수 있다는 특징이 있다. 따라서 재정자주도는 지방자치단체의 세입 중 지방자치단체가 재량권을 가지고 사용할 수 있는 재원의 규모 파악과 지방재정조정제도에 의한 재원 재배분 결과를 파악하는데 활용할 수 있다.

---

2) 엄밀히 표현하면, 특별교부세를 제외한 지방교부세와 자체수입의 합이어야 한다.

재정자주도 = (자체수입 + 자주재원 /자치단체 예산규모) × 100

* 자체수입 = 지방세(보통세 + 목적세(지방교육세 제외) + 과년도 수입)
+ 세외수입(경상적 세외수입 + 임시적 세외수입)
* 자주재원 = 지방교부세 + 조정교부금 및 재정보전금
* 자치단체 예산규모 = 자체수입(지방교육세 제외) + 자주재원 + 보조금
+ 지방채 및 예치금 외수 + 보전수입 등 내부거래

재정자립도가 재원조달면에서 지방자치단체의 자립정도를 나타내는 것이라면, 재정자주도는 재원사용면에서 지방자치단체의 자주권·자율권을 나타내는 지표이다(안전행정부, 2014b).

### 4) 재정력지수

재정자립도가 지닌 이해의 용이성, 계산의 편이성 등과 같은 유용성에도 불구하고 지방재정의 일면만 제한적으로 나타낸다는 단점이 존재하여 등장하게 된 것이 재정력지수이다. 재정력지수는 기본적인 행정수행을 위한 재정수요의 실질적인 확보능력을 나타내는 지표로, 전국의 지방자치단체의 표준적인 수준의 재정수요를 충족시킨다고 가정할 때, 해당 지방자치단체가 갖고 있는 표준적인 규모의 재원으로 재정수요를 얼마나 충당할 수 있는가 하는 비율이다. 일반적으로 비율이 높을수록 세입자주기반이 좋은 것을 의미하며, 1을 초과하면 기본적인 재정수요액을 충족했다고 본다. 우리나라의 경우 재정력지수는 지방자치단체에 보통교부세를 교부하는 기준으로서 기준재정수요액과 기준재정수입액을 산정하는 과정에서 부수적으로 측정되고 있다.

재정력지수 = (기준재정수입액/기준재정수요액) × 100

먼저, 기준재정수요액은 지방자치단체가 일정한 행정수준을 유지하는데 필요로 하는 기본적인 행정수요를 말한다. 다시 말하면, 자치단체별 자연적·지리적·사회적 제반 여건에 대응하는 합리적인 수준의 표준적인 재정수요를 의미한다. 기준재정수입액은 기준재정수요액에 대응하는 개념으로서 각 자치단체의 재정수입을 합리적으로 측정하기 위하여 표준수준의 일반재

원수입액을 기초로 산정한 금액이다.

기준재정수요액 = 기초수요액 + 보정수요액 + 수요자체노력

기준재정수입액 = 기초수입액 + 보정수입액 + 수입자체노력

재정력지수의 성격을 재정자립도 지표의 성격과 대비하여 살펴보면 다음과 같다. 첫째, 재정력지수는 재정자립도에 비해 산식이 다소 복잡하고, 그 개념이 명확하지 않다는 단점이 있다. 재정력지수의 구성요소인 기준재정수요액이나 기준재정수입액이라는 개념 자체가 모호하고, 집계과정이 매우 복잡하다. 집계과정이 복잡하다는 것은 결국 이 지표를 일반인이 이해하기 어렵다는 것을 의미한다.

둘째, 재정자립도가 재원조달의 자립성을 강조하는데 비해, 재정력지수는 재정수요를 충족하는 데 있어서 확보가능한 재원규모는 얼마나 되는가 하는 점을 표현한다는 점에서 차이가 있다. 그러나 재원조달 측면을 파악한다는 점에서는 유사하다. 또한 재정력지수가 태생적으로 의존수입인 지방교부세를 배분하는 기준으로서 산정되고 있기 때문에 재정자립도와 마찬가지로 의존수입의 존재는 무시하고 있다.

셋째, 재정력지수는 기준재정수입액에서 자체수입 규모, 재정수입확보능력, 인구규모 등이 고려된다는 점에서 재정자립도와 차이가 있다. 그러나 지수형태이기 때문에 자체수입의 규모나 재정수입확보 능력, 총량규모 등이 비율로서만 표현되지 절대규모로서는 표현되지 못한다는 점에서는 재정자립도 지표와 유사하다.

넷째, 재정력지수는 재정자립도 지표가 지출측면에서의 공공서비스 생산비 차이를 전혀 반영하지 못하는데 비해 기준재정수요액 산정시 적용되는 보정계수를 통해 지출측면에서의 생산비 차이를 반영한다는 점에서는 현저한 차이를 보인다. 또한 기준재정수요액 산정시 지방자치단체의 재정지표를 활용하고 있다는 점도 긍정적인 요소라고 할 수 있다.

다섯째, 재정자립도가 총세입 규모가 확정되어야 사후적으로 산정될 수 있는 반면에, 재정력지수는 기준재정수요액과 기준재정수입액이라는 사전적

인 예상치를 이용한다는 점에서도 차이가 있다.

# 제 3 절 투자가용재원 분석

## 1. 투자가용재원 분석의 의의

### 1) 투자가용재원 분석의 개념

투자가용재원이란 지방자치단체의 세입재원 중 경직성 경비(인건비와 부서운영비, 채무상환비 등 반드시 지출되어야 하는 경비)와 법정 의무경비(지방교육세, 징수교부금, 교육재정교부금, 적립기금 등), 보조사업비와 지방비부담금 등 기본적이고 필수적인 지출수요 충당경비를 제외한 금액으로 지방자치단체가 투자사업 등 새로운 지출수요에 충당할 수 있는 재원을 말한다(한국지방행정연구원, 2003).

이것은 일반적으로 사업타당성 조사 등에 있어서 한계가용재원의 효율적 배분을 위한 유용한 기준으로 사용되고 있다. 정부나 지방자치단체의 재정활동은 향후에 확보될 수 있는 가용재원이 계획적으로 확보되기가 곤란하다면 아무리 좋은 사업계획이라도 원활히 추진되기가 어렵다. 따라서 향후 사업에 필요한 재원규모를 판단하는 것도 중요하지만 사업을 추진하는 기관의 전체적인 자금흐름을 파악한 후, 향후 가용재원을 정확하게 파악하는 것도 중요하다.

실질적인 가용재원 규모는 의존재원(국고보조금, 지방교부세, 시·도보조금, 광역지역발전특별회계)을 제외한 자치단체의 자체투자사업비를 대상으로 하되, 자체사업 중 당해 연도에 지출이 의무화되어 있거나 정책적 판단이 필요하지 않은 투자사업(계속사업, 소규모투자사업 등)을 제외한 금액으로 산정하여야 한다.

### 2) 투자가용재원 분석의 필요성

지방자치단체는 정부의 재정능력과 투자가능한 재원의 범위와 수준을 판단하여 재정계획을 효과적으로 추진하는 것이 중요하다. 이를 위해서는 무엇보다도 조달가능한 세입규모와 필수적으로 지출되어야 하는 법정, 의무적 경비 및 특정경비의 내용을 분석한 후 실제로 투자할 수 있는 가용재원의 규모를 파악하여야만 계획과 의사결정에 있어서 새로운 개발수요 또는 추가적인 지출수요에 대응하기 위한 외부재원의 조달규모와 수단을 강구할 수 있다. 투융자심사사업의 경우 지방자치단체의 목표달성을 위한 개별사업의 타당성 및 대안분석, 투자우선순위 조정, 적정소요 판단에 따른 총사업비 및 사업기간의 확정 등 연차별 투자계획을 수립함에 있어서 보다 합리적인 판단과 효율적인 재원배분을 위해 가용재원의 산정이 필요하다.

## 2. 투자가용재원 분석의 방법

투자가용재원의 산출방식은 현재 사용용도에 따라 다르게 적용되고 있다. 다시 말하면, 중기지방재정계획의 투자가용재원 산출방식과 투융자 심사시의 투자가용재원 산출방식, 재정지표에 의한 투자가용재원 산출방식이 다르다.[3)]

첫째, 중기재정계획상에서 투자가용재원은 세입추계에서 경상지출추계를 차감한 값을 활용하고 있다. 즉, 세입예산에서 행정운영경비 등 경상지출을 제외한 금액을 투자가용재원으로 활용한다.

투자가용재원 = 세입예산(지방채 제외) − 경상지출(행정운영경비 + 재무활동 + 예비비)

3) 안전행정부에서는 투자가용재원 산출방식이 다름으로써 야기되는 문제와 지방의 현실을 고려하여 표준투자가용재원 산출방식을 개발하였으나(e-호조 활용) e-호조시스템 체계에서는 계속사업비 등 특정경비에 대한 재원분석에 한계가 있어 정확한 가용재원 산출에는 한계가 있다는 지적이 있다.

**▌표 14.1 중기재정계획상의 투자가용재원의 산정**

| 구 분 | 항 목 |
|---|---|
| 세입추계( I ) | • 지방세, 세외수입, 지방교부세, 재정보전금, 국고보조금, 시·도비 보조금, 조정교부금, 지방채 |
| 경상지출( II ) | • 경상비 및 의무적 경비<br>• 채무상환, 기타제지출금 |
| 투자가용재원<br>( I − II ) | • 의존재원사업<br>• 자체가용재원 |

중기지방재정계획 수립시에는 재정전망에 초점을 맞추어 투자가용재원을 판단하고, 이에 기초하여 투자수요에 대한 부족재원 대책을 수립하게 된다.

둘째, 지방재정 투융자심사분석에 의한 가용재원 산출방법을 살펴보면 다음과 같다. 세입합계(자체재원, 의존재원)에서 세출합계(경상비, 의존재원사업, 채무상환, 예비비 등)를 차감하여 가용재원을 산출하며, 가용재원은 다시 자체사업재원과 신규투자가용재원으로 구분한다.

투자가용재원(자체사업재원, 신규투자가용재원)

= 세입합계 − 세출합계(경상경비 + 기추진사업 + 신규사업 중 보조금)

셋째, 지방재정지표와 관련하여 재정운영의 효율성을 판단하는 지표로서 투자가용재원을 들 수 있다. 이때에는 투자가용재원으로써 자체사업비와 예

**▌표 14.2 지방재정 투융자사업심사상의 투자가용재원 산정**

| 구 분 | 항 목 |
|---|---|
| 세입합계( I ) | • 자체재원: 지방세, 세외수입, 재정보조금,<br>• 의존재원: 국비보조금, 시·도보조금, 교부세, 지방채 |
| 세출합계( II ) | • 경상비 인건비, 경상적 경비<br>• 의존재원사업: 의존재원, 지방비 부담금<br>• 채무상환: 지방채상환, 채무부담행위<br>• 예비비 등: 예비비, 기타 |
| 자체사업<br>가용재원 | • 자체사업재원(Ⅲ)<br>−소규모사업, 계속사업, 투자심사제외사업, 시·군·구 지원사업 |
| | • 신규투자가용재원( Ⅰ − Ⅱ − Ⅲ) |

**▎표 14.3 재정분석지표상의 투자가용재원의 내역**

| 구 분 | 항 목 | 검토의견 |
|---|---|---|
| 가용재원(A) | • 자체사업비<br>• 예비비 | • 자체사업비와 예비비를 가용재원으로 한정하기에는 무리가 있음 |
| 세출총액(B) | • 일반회계세출결산액 | |
| 가용재원율(%) | • 가용재원/세출총액×100 | |

비비를 포함하여 산정한다.

## 3. 투자가용재원 분석의 문제와 개선방안

투자가용재원분석은 지방자치단체에서 투자우선 순위를 책정하는 등 예산편성에 활용할 수 있다. 그리고 지방자치단체의 신규지출 수요에 충당할 수 있는 재원을 합리적이고 객관적인 분석을 통하여 충당할 수 있다는 점에서 재정운영에 있어서의 효율성을 제고할 수 있다는 장점을 지니고 있다. 그러나 다음과 같은 문제점이 제기되고 있다. 첫째, 조례에 의한 협약사업, 계속비 사업 등은 자치단체별로 특성이 다르고 편차가 크기 때문에 의도적인 조작이 가능하다는 문제점을 안고 있다. 둘째, 계속사업비, 기금전출금 등은 예산과목 내 다른 사업비와 혼재되어 있기 때문에 일괄적으로 산출이 곤란하다(안전행정부 내부자료, 2014a). 셋째, 사용용도에 따라 산출방식이 다르게 적용되고 있어 계획과 예산에의 적용에 있어서 혼란이 발생할 수 있다.

이러한 문제를 해결하기 위하여 e-호조시스템을 통해 전국 자치단체의 표준투자가용재원을 일괄 산정하여 재정운영의 경직도 등을 비교분석하고자 하는 노력을 기울이고 있다. 즉, 지방자치단체의 특성과 여건 등에 따른 예산을 배제하고 공통의 법정·의무적 경비를 제외한 표준재원을 산정하고 있다. 그러나 표준투자가용재원을 산정할 경우에는 계속사업비와 같은 경비에 대한 분석에 한계가 있어 정확한 가용재원을 산출하기는 어렵다.

표준투자가용재원 = 총세입 − 법정·의무적 경비

1. 법정의무적 경비
   ① 인건비성 경비(인건비, 직무수행경비, 연금부담금)
   ② 보조사업비(국비, 시 · 도비 보조금, 지방비부담액) * 용도지정 세출
   ③ 기준경비(업무추진비, 의회비)
   ④ 법정교부금(징수교부금, 조정교부금, 재정보전금) * 용도지정 세출
   ⑤ 법정전출금(교육비특별회계 전출금)
   ⑥ 채무상환액(지방채 원리금 상환, 채무부담행위액), 예수금 원리금 상환
   ⑦ 자치단체간 부담금
   ⑧ 보조금 사용잔액 반환금
   ⑨ 당겨쓰기 충당금
   ⑩ 기타 세출경비(통리반장활동비, 공익근무요원인건비)

2. 고정경비: 지방에서는 고정경비 포함을 주장함.

## 탐구학습

1. 주요 개념
   - 지방재정력의 개념
   - 지방재정력 측정지표
   - 재정자립도
   - 재정력지수
   - 투자가용재원의 개념

2. 토론과 과제
   - 지방재정 분석의 필요성
   - 지방재정력 분석의 방법
   - 투자가용재원 분석의 필요성
   - 투자가용재원 분석의 방법

## 참고문헌

김종희(2006), 지방재정론, 서울: 범론사.

김주영(2002), "경기도 기초자치단체의 재정력 분석과 결정요인 연구", 경기논단, 제4권 제1호, 경기: 경기개발연구원.

배인명(2007), "지방재정분석제도의 실효성에 대한 연구", 국정관리연구, 제2권 제2호, 성균관대학교 국정관리대학원.

안용식 · 이종수, "지방재정력 측정을 위한 모델개발과 FMS 컴퓨터 프로그램의 설계", 지방재정학보, 제2권 제1호, 한국지방재정학회.

안전행정부(2014a), 내부자료.

안전행정부(2014b), 지방자치단체 통합재정개요.

윤영진(1998), "지방재정진단모형의 이론적 동향", 지방재정학보, 제3권 제1호, 한국지방재정학회.

한국지방행정연구원(2012), FY 2011 지방자치단체 재정분석 종합보고서.

한국지방행정연구원(2003), 투융자심사기법개발.

Grove, Sanford M.(1980), *Evaluating Financial Condition: An Executive Overview for Local Government*, Washington, D.C.: ICMA.

# 제 4 부

# 공공투자분석의 미래

# 제15장 공공투자분석의 전망과 과제

## 제1절 공공투자분석의 전망

### 1. 정부의 역할 변화와 공공투자의 확대

정부의 역할에 대한 논의는 시장과 정부간 관계와 중앙정부와 지방정부간 관계로 구분된다. 먼저 시장과 정부간 관계는 고전이론, 케인즈이론, 복지국가론으로 이어져 왔고 최근에는 거버넌스체제가 중심 화두이다. 따라서 정부형태도 작은 정부, 큰 정부와 정부실패, 민영화에 이어 정부간 협력이 중요하게 논의되고 있다. 특히 최근에는 규제개혁총량제 도입이 검토되고 있다. 그러나 여전히 신자유주의에 기반한 정부기능의 확대와 공공투자의 중요성이 강조되고 있다.

다음은 중앙정부와 지방정부간의 기능 재정립에 관한 논의이다. 그간 우리나라는 국가중심의 통치구조로 사무와 재원이 중앙정부에 집중되었다. 따라서 공공투자 또한 국가주도로 이루어져 왔다. 그러나 지방자치제 실시 20년이 지난 현재 지방주도의 지역개발에 대한 논의가 활발하다. 앞으로 공공투자는 여전히 국가주도 지역개발이 계속되는 한편 지방주도의 창의적 지역개발사업이 확대될 것으로 전망된다.

## 2. 메가트렌드와 공공투자 재정수요의 변화

그간의 공공투자는 도로, 교량, 철도, 항만, 통신 등의 물적 SOC사업이 대부분을 차지하였다. 그러나 앞으로는 지금까지와는 달리 새로운 메가트렌드에 따라 신규 공공투자와 재정수요에 큰 변화가 있을 것으로 예상된다. 대표적으로 초고령 사회로의 진입과 사회복지서비스의 수요증대, 기후변화에 대한 대응·적응시스템의 구축, 광역화·과소화와 도시재생사업의 확대, 그리고 지방중심 행정서비스의 수요증대로 다양한 재정수요가 발생할 전망이다.

한편 우리나라는 저성장시대가 지속되고 있고, 이에 따라 정부의 세입이 감소할 전망이다. 따라서 정부수입의 원천적 한계로 국가재정도 어렵고, 국가재정에 의존하고 있는 지방재정도 영향을 받게 된다. 이 경우 정부가 선택할 수 있는 대안은 공공투자사업의 합리적 결정이 될 것이다.

## 3. 재정운용의 합리화

재정운용은 세입측면과 세출측면, 그리고 행태적 측면에서 합리화가 요구될 전망이다. 먼저 세입측면에서는 합리적 예산편성으로 사전적 재정운용이 강화될 전망이다. 최근 도입된 주민참여예산제도와 성인지예산제도,[1] 그리고 사업예산제도의 정착으로 합리적 예산운용이 기대된다. 다음은 세출측면에서 중기지방재정 5개년계획의 철저한 관리, 중앙과 지방의 세입과 세출의 역진현상에 대한 세출의 효율화가 앞으로 중요한 과제가 될 것이다. 국가와 지방의 비교우위에 기반한 사무배분과 재원배분, 포괄보조금 확대로 외발적 지역발전 접근에서 내발적 지역발전 접근으로 창조적 지역경영이 확대될 전망이다.

---

1) 예산편성과 집행과정에서 성별에 미치는 효과를 고려하여 평등하게 혜택을 받을 수 있도록 하는 제도이다.

### 4. 재정관리시스템의 강화

앞으로 재정관리면에서 건전성과 투명성, 자율성과 책임성이 강화될 전망이다. 최근 지방재정법 개정으로 재정영향평가제도가 도입되었고, 투융자심사센터의 설치로 지방의 투융자심사제도도 강화되었다.

또한 사전중심의 투융자심사에서 사업의 추진과정과 사업의 성과를 평가하는 중간·사후 투융자심사도 강화될 전망이다. 그리고 지방(공기업) 부채와 선심성 행사와 같은 방만한 재정지출을 포함한 지방의 재정위기 관리제도가 강화될 전망이다.

## 제 2 절 공공투자분석의 과제

### 1. 공공투자분석의 기반 구축

합리적 공공투자분석을 위해서는 관련 통계자료를 지속적으로 수집·관리할 수 있는 기반구축이 필요하다. 다양한 공공투자사업의 비용과 편익을 분석하기 위해서는 보다 신속하고 정확한 평가를 위해 관련 DB를 구축해 놓을 필요가 있다. 공공재 편익의 경우, 이미 한국환경정책평가연구원에서는 환경가치 종합정보시스템(EVIS)[2]를 구축하여 국내의 다양한 어메니티(amenity)와 디스어메니티(disamenity) 연구를 수행하고 있다. 직접적인 가치평가 수행은 기본적으로 시간과 비용이 많이 소요되는 작업이므로, 기존의 연구들을 통해서 편익을 도출해 내는 편익이전 등을 이용할 수 있으며, 이를 통해 공공투자분석을 수행하는 시간과 비용 등을 절감할 수 있을 것이다.

---

2) http://evis.kei.re.kr/index.jsp

## 2. 공공투자분석 방법의 개선

그간 공공투자분석에서 한계로 지적되는 문제는 비용과 편익의 판별, 사회적 할인율의 결정, 비시장적 가치(잠재가격)의 측정, 미래 불확실성의 처리이다. 또한 공공투자는 기회비용의 개념에 입각해야 하고 소득재분배 효과에 대한 고려도 해야 한다는 것이다.

따라서 공공투자분석은 이를 극복할 수 있는 기법개발과 신뢰성 있는 분석방법의 적용이 중요하다. 최근에는 특히 적절한 수요추정과 비시장적 가치추정 기법의 활용이 강조되고 있다.

한편 공공투자분석에서 주로 활용하고 있는 비용편익분석은 경제성만을 고려하므로 이를 보완할 대안적인 방법을 모색해야 한다. 예를 들어 보다 다각적인 비용 및 편익 분석을 위해 환경영향평가(environmental impact analysis)를 추가로 검토할 수 있다. 이미 AHP분석을 이용하여 경제성 분석뿐만 아니라 정책적 분석 및 지역균형발전 등도 통합적으로 추구하고 있으나, 부문별 가중치의 차이에 대한 논쟁 등 향후 AHP분석을 개선하기 위한 노력이 필요한 실정이다.

비용편익분석에서 또 다른 과제는 사회적 할인율의 결정이다. 세대간 자원배분을 결정하는 할인율 수준이 너무 높으면 경제적 타당성이 낮아지고, 할인율이 너무 낮으면 경제적 타당성이 높아져서 과도한 투자를 유발할 수 있다. 즉, 할인율 결정이 경제성 분석의 결과에 큰 영향을 미치므로 적절한 사회적 할인율 선정을 위해 기준이자율, 사회적 시간 선호율, 투자수익률 등 다양한 지표를 고려해야 한다.

아울러 성장지역과 낙후지역을 구분하고 사업유형별로 공공투자 결정기준의 가중치가 확대되어야 한다는 주장과 함께 유연한 접근이 검토되어야 할 것이다.

## 3. 공공투자분석의 절차 강화

공공투자분석의 절차를 강화하기 위해서는 먼저 공공투자분석에서 주로 사용되는 효율성 중심의 비용편익분석과 함께 환경적, 기술적, 문화적, 사회적, 정치적, 법률적 타당성 분석을 포함하여 종합적 판단을 할 수 있도록 통합화가 필요하다.

다음으로는 사전중심의 타당성 분석에서 사업추진과정의 타당성 분석과, 사업결과 성과중심의 타당성 분석을 수행함으로써 공공투자사업의 순환적 평가와 함께 시너지효과를 극대화하도록 해야 한다. 이를 통해 공공투자사업의 환류시스템 구축이 가능하다.

공공투자분석을 통해 사업의 타당성을 검토한 후 사업이 집행된 경우, 편익 및 비용이 기대한 만큼 발현되었는가에 대해 검토하는 과정을 더욱 강화해야 한다. 단계적으로 이루어지는 사업의 경우 이러한 사후적 평가는 매우 중요하다고 할 수 있다. 또한 향후 사업평가에 과소 또는 과다 추정된 비용 편익의 오류를 수정하여 보다 정확한 분석이 되도록 해야 한다.

그간의 공공투자분석과정을 보면 소요기간이 짧고 비용이 적어 형식적으로 운영된 측면이 있다. 선진국에서와 같이 공공투자분석 과정에 시간과 비용을 충분히 투입하여 가치중립적이고 종합적 검토가 가능하도록 해야 한다.

## 4. 공공투자관리시스템의 구축

공공투자결정의 사전적 타당성 평가를 위해 예비타당성 제도와 투융자심사제도를 운영하고 있다. 앞으로 지방재정법 개정에 근거한 투융자심사센터 설치·운영으로 공공투자사업의 합리적 결정이 예상된다.

이와는 별도로 공공투자사업의 실명제를 도입하고 공공투자의 중요성에 대한 전체 공무원의 마인드 함양과 공공투자분석에 필요한 역량제고가 요구된다. 또한 공공투자 결정에 정치적 개입을 배제하는 제도적 장치가 필요하다.

## 5. 공공투자분석제도의 개선

향후 예산낭비 방지 및 재정운용의 효율성을 제고하기 위해서 공공투자분석 적용 대상 사업의 확대가 필요하다. 물론 국가 정책적으로 탄력적 운영이 필요한 사업 등에는 공공투자분석 제외사업으로 정하여 효율적으로 제도를 운영할 필요가 있다.

최근 지방재정법의 개정으로 투융자심사센터가 설치·운영될 예정이다. 예비타당성 검토기관인 KDI의 공공투자관리센터와 KISTEP과 같이 국비지원이 요구된다.

앞으로 공공부문의 공공투자 확대와 정부의 제한된 공공투자재원을 감안하면 합리적 공공투자 결정을 위해 공정하고 신뢰성 있는 공공투자분석이 선행되어야 할 것이다. 이를 위해서는 공공투자분석을 가치중립적으로 객관적으로 수행할 수 있는 공인기관지정제도의 도입을 검토할 필요가 있다. 또한 공공투자분석사 자격증제도를 도입하는 것도 대안이 될 수 있다.

대학과 연구소 차원에서 공공투자분석 관련 연구와 교육이 강화되어야 한다. 아울러 공무원의 공공투자분석 교육·훈련, 필요경비 지원을 가능케 하는 지방자치단체 차원의 조례 제·개정을 통한 제도 개선도 필요하다.

# Appendixes: Preface and Contents

## Preface

Public investment analysis provides the theoretical and empirical foundations for government making rational investment decisions. The rationale for public investment analysis is drawn from three academic traditions: microeconomics, welfare economics and public choice theory. Based on these theoretical backgrounds, both the normative and empirical approach taken by public investment analysis creates a holistic justification for public investment project.

In practice, public investment decisions are made based on the economic efficiency criteria which necessarily require cost-benefit analyses. Therefore, it is safe to say that public investment analysis is mainly about the theory and practices of cost-benefit analysis in the public sector.

In recent years, we have seen an increase in public expenditure in not only developed countries but also developing countries. This is largely due to an expansion of the government role in welfare in aging society and a decrease in tax revenue in an era of low growth. Therefore, it is of such importance to utilize public investment analysis to make choices about prioritizing public expenditure to make best use of limited public budgets in this difficult time. In addition, such an analysis helps reduce political influence on the investment decision making.

This book is motivated largely by the following needs. Firstly, there have been needs from practitioners in public sector for rational investment decision process for study materials which contain both principles and practices of public investment analysis. Secondly, there will be growing demands for thoroughly conducted public investment analyses to ensure transparency and prudentiality of local finance and thus for the guidelines which help to understand the whole process of the analysis and to judge the quality of public projects. Thirdly, existing books merely introduce methods based economic justification. Thus, this book attempts to provide comprehensive guideline with both theory and practices for public decision-making.

This book consists of four parts and the clustering of themes: introduction (Part 1), theoretical framework (Part 2), methods (Part 3) and prospect and challenges of public investment analysis (Part 4). Part 1 deals with basic principles of public investment analysis and introduce approaches to public investment analysis and relevant policies. Part 2 covers basic concepts such as, consumer choice, economic efficiency, willingness to pay, consumer surplus and social surplus. Furthermore, it explores identifying and estimating relevant costs and benefits, social discount rates, shadow price, uncertainty, and sensitivity analysis. Finally, various nonmarket valuation methods and their applications are introduced, such as hedonic pricing method, travel cost method, contingent valuation method, conjoint analysis, production function approach and averting behavior model. Part 3 deals with quantitative methods for demand estimation methods such as time series model, exponential smoothing method, ARIMA(autoregressive integrated moving average) method, regression model and gravity model. As qualitative methods, scenario-writing method and the Delphi method are further summarized. For economic analysis, cost-benefit analysis, social cost-benefit analysis, financial analysis, cost-effectiveness analysis are introduced. In addition, ripple effect analysis and AHP (Analytic

Hierarchy Process) are covered. Finally, the analysis on the local government fiscal capability and financial resources available for public investment are discussed.

This book is designed for all levels of readers from students to practitioners in the field. To undergraduate students, this book can be used as introductory materials for public investment analysis. To graduate students, this book will further provide both theory and practices of public investment analysis, in particular, the applications of nonmarket valuation methods, demand analysis, economic impact analysis, AHP and etc. In the future, we will further improve this book to cover as many helpful and updated contents as possible to learners.

We want to thank for all the help given during the preparation of this book. It is impossible to fully acknowledge our debt to the many individuals who have developed and fostered the discipline of public investment analysis. Firstly, Dr. Jongsu Kim and Dr. Sujeong Go provided support for collecting data. Their comments were also invaluable in helping us to revise and clarify this book. The drafts of this book were also read by Dr. Gyuseop Kim, Jungyo Seo and Hyeonjee Lee and they edited the manuscript and helped correct many of our errors of the text. We are very grateful for their help. It would be wrong of us not to express our debt to Hojoon Wee and Choongyoung Jun at JypHyunJae Publishing Co. for their excellence and generous support in all aspects of preparing this book.

August 2014

Seongkeun Lee

Kyuchae Lim

Yunju Ham

# Contents

## Part 1 The framework of public investment analysis

## Part 2 Theory of public investment analysis

# 찾아보기

ㅂ



ㅅ

## ㅇ

## 저자 소개

### 이성근(李盛根, SeongKeun Lee)

학력 및 경력
- 서울대학교 대학원 환경계획학과 졸업(도시 및 지역계획학 전공/행정학 박사)
- 미국 Univ. of Illinois at Urbana-Champaign 연구교수
- 영남대학교 정치행정대학 지역및복지행정학과 교수(현)
  정치행정대학장/행정대학원장/전략기획단장/한국균형발전연구소장/테크노파크추진단장
- 대구경북연구원장
- 대통령소속 지방자치발전위원회 위원(현)
- (사)한국지역개발학회장/(사)대한지방자치학회장

주요 연구실적
- 최신지역경제학(공저, 법문사, 2014)
- 최신지역개발론(공저, 집현재, 2013)
- $H_2O$지역개발론(공저, 집현재, 2012)
- 자립적 지역발전론(공저, 집현재, 2012)
- 녹색성장과 지역경영(공저, 열린시선, 2011)
- 최신지방재정론(공저, 한국행정DB센터, 2009)
- 정책계획론(법문사, 2006)

### 임규채(林圭採, KyuChae Lim)

학력 및 경력
- 영남대학교 대학원 경제학 박사
- 대구경북연구원 부연구위원
- 대구경북연구원 경제동향분석팀장(현)
- 대구광역시 주택정책심의위원회 위원(현)

주요 연구실적
- 경제학(공저, 홍문사, 2014)
- "Vector Autoregression(VAR)모형을 이용한 주택시장의 상호관계에 관한 연구"(2004)
- "임대주택시장의 수요함수 추정"(2007)
- "공공사업의 타당성분석에서 가치측정에 관한 고찰"(2008)

### 함윤주(咸允珠, YunJu Ham)

학력 및 경력
- 영국 버밍엄 대학교 경제학 박사
- 영국 버밍엄 대학교 경제학과 강의조교
- 대구경북연구원 부연구위원(현)

주요 연구실적
- Ham, Y. J., D. J. Maddison & R. J. R. Elliott(2013), "The Valuation of Landfill Disamenities in Birmingham", *Ecological Economics*, Vol. 85
- "Convergence of Recycling Rates in the UK: A Spatial Econometric Perspective", 16th Annual Conference of the European Association of the Environmental and Resource Economists(24-27 June 2009, Amsterdam, the Netherlands)

## 공공투자분석론

2014년 12월 2일 초판인쇄
2014년 12월 5일 초판발행

저 자 이성근 · 임규채 · 함윤주
발행인 위 호 준
발행처 도서출판 **집현재**
121-130 서울특별시 마포구 토정로
198번지 204호
전화 (02)332-4922 Fax (02)3142-4922
홈페이지: www.jhjbook.co.kr
e-mail: jyp4922@naver.com

출판등록 2010년 10월 25일
등록번호 제105-91-57581호

정가 32,000원 ISBN 978-89-97304-35-6

이 도서의 국립중앙도서관 출판예정도서목록(CIP)은 서지정보유통지원시스템 홈페이지(http://seoji.nl.go.kr)와 국가자료공동목록시스템(http://www.nl.go.kr/kolisnet)에서 이용하실 수 있습니다.
(CIP제어번호: CIP2014023886)